CHRISTOPH SCHAPPERT / JÜRGEN KOST

Deutsche Literatur

Vom Mittelalter
bis zur Gegenwart

Bayerischer Schulbuch Verlag

Inhaltsverzeichnis

Sturm und Drang

Klassik

Zwischen Klassik und Romantik

Romantik

Biedermeier

Junges Deutschland und Vormärz

Realismus

Naturalismus

Impressionismus und Symbolismus

Expressionismus und Dadaismus

Bild aus der MANESSISCHEN LIEDERHANDSCHRIFT, 1300–1340

Hieronymus Bosch: DAS NARRENSCHIFF, 1490

Walther von der Vogelweide

Al mîn fröide lît an einem wîbe

Al mîn fröide lît an einem wîbe.
der herze ist ganzer tugende vol,
und ist sô geschaffen an ir lîbe
daz man ir gerne dienen sol.

All mein Glück liegt bei einer Frau.
Deren Herz ist so vollkommen gut
und deren Gestalt so schön,
dass man sich wünscht, ihr zu dienen.

Sebastian Brant

Das Narrenschiff (aus der Vorrede)

Den narren spiegel ich diß nenn
In dem ein yeder narr sich kenn
Wer yeder sy wurt er bericht
Wer recht in narren spiegel sicht
5 Wer sich recht spiegelt
Der lert wol
Das er nit wis sich achten sol.

Den Narrenspiegel nenne ich dies,
In dem ein jeder Narr sich erkenne.
Wer er sei, wird dem berichtet,
Wer recht in den Narrenspiegel sieht.
5 Wer sich recht spiegelt,
Der lernt wohl,
Dass er sich nicht für weise halten soll.

Geschichtlicher Hintergrund

- **800** Kaiserkrönung Karls des Großen

- **962** Kaiserkrönung Ottos I.

- **1096–99** Erster Kreuzzug

- **1152–90** Friedrich I. (Blütezeit der Staufer)

- **1452** Gutenberg druckt die Bibel.

- **1492** Kolumbus entdeckt Amerika.

- **1519–22** Magellan umsegelt die Erde.

- **1509** Kopernikus beweist das heliozentrische Weltbild (Sonne als Mittelpunkt des Universums).

- **1517** Thesenanschlag Martin Luthers (Beginn der Reformation)

Ein ▶ Heldenlied gehört zur germanischen Dichtung des Mittelalters. Es ist eine kürzere Erzählung in Versen, die die Taten vorbildlicher Kämpfer preist.

▶ Gebrauchsliteratur wird für einem bestimmten Zweck (Zauberspruch, Gebet, Kirchenlied) verfasst.

Eine ▶ Evangelienharmonie ist die Verknüpfung der vier Evangelien zu einem einzigen Bericht.

▶ Otfrid von Weißenburg (ca. 800–870) war Mönch und ist der erste namentlich bekannte Dichter der deutschen Literatur.

Ein ▶ Endreim, die heute gebräuchliche Form des Reims, ist der Gleichklang von Wörtern am Versende, z. B. als Paarreim oder Kreuzreim.

Mittelalter und Frühe Neuzeit (750–1600)

Die vorchristliche Literatur

Die **Mythen, Sagen, Märchen und Lieder** der heidnisch-germanischen Literatur wurden **mündlich weitergegeben**. Erst mit der Christianisierung im 8. Jahrhundert beginnt die deutsche Schriftliteratur. Die wenigen Zeugnisse, die aus früheren Zeiten erhalten sind, verdanken wir den Aufzeichnungen von Mönchen aus Fulda. Wichtigstes Dokument ist das in Teilen überlieferte HILDEBRANDSLIED (um 800). Das einzig erhaltene deutsche ▶ **Heldenlied** erzählt von einem tragischen, unausweichlichen Zweikampf zwischen Vater und Sohn, der sich in den Wirren der Völkerwanderung ereignet. Überliefert sind auch Zaubersprüche, die man nach ihrem Fundort MERSEBURGER ZAUBERSPRÜCHE (vor 750) nennt. In magischen Beschwörungen bitten die Sprüche um Gefangenenbefreiung und Heilung einer Beinverrenkung eines Pferdes.

Die geistliche Literatur des Mittelalters

Die christlichen Schriftstücke dieser Zeit gehören überwiegend zur ▶ **Gebrauchsliteratur**, mit der die Heiden zum Christentum bekehrt werden sollten. Zwei Texte sind bemerkenswert: Der HELIAND (830), der Jesus zu einem germanischen Helden stilisiert, und die ▶ EVANGELIENHARMONIE (863–71) ▶ **Otfrids von Weißenburg**, in der sich erstmals in der deutschen Literatur der ▶ **Endreim** und nicht mehr der germanische ▶ **Stabreim** findet.

Die höfische Literatur des Mittelalters

Ihre erste Blüte erlebt die deutsche Literatur unter den Kaisern aus dem Geschlecht der ▶ **Staufer** (1138–1268). Zum neuen Träger der Kultur entwickelt sich der aufstrebende **Ritterstand**. Im Glanze des Kaisertums und durch die Teilnahme an den Kreuzzügen bilden die Ritter ein Selbstbewusstsein und Lebensgefühl aus, das **Daseinsfreude** und **gesellschaftliche Verantwortung** vereint. Die wichtigsten Tugenden lauten **Ehre, Treue, Mäßigung und Freigiebigkeit**. Diese Werte spiegeln sich in der Literatur: im Minnesang, der Liebeslyrik des Mittelalters, und im **höfischen Roman**, Geschichten in Versform aus dem keltischen **Sagenkreis um König Artus** und seiner Tafelrunde. Idealisierte Ritter müssen sich in diesen ▶ **Epen**, die am Adelshof spielen, in gefährlichen Abenteuern vor Gott und den Menschen bewähren. Die großen Werke stammen von ▶ **Hartmann von Aue** (EREC, IWEIN), ▶ **Wolfram von Eschenbach** (PARZIVAL) und ▶ **Gottfried von Straßburg** (TRISTAN UND ISOLDE). Eine Sonderstellung nimmt das

▶ Nibelungenlied ein, das an die vorchristliche Tradition des germanischen Heldenliedes anknüpft.

Die Literatur der Frühen Neuzeit

Im 14. Jahrhunderts bricht ein neues Zeitalter an. Mit der ▶ Renaissance und dem ▶ Humanismus breitet sich eine Geisteshaltung aus, die sich an den diesseitigen Bedürfnissen des Menschen ausrichtet. Wissenschaftliche und geografische Entdeckungen verändern das Weltbild grundlegend. Mit der Entstehung der Städte und dem Aufkommen des Buchdrucks kann sich das neue Wissen rasch verbreiten. Auch ▶ Martin Luthers ▶ Reformation der Kirche ist von dem Geist der Zeit geprägt, der Lehrmeinungen infrage stellt und zum eigenständigen Studium der Bibel auffordert. Das optimistische, lebensbejahende Weltbild zeigt sich auch in der Literatur. Der Ton wird satirisch und humorvoll. Erfolgsschriftsteller sind ▶ Sebastian Brant mit Das Narrenschiff (1494) und der Nürnberger ▶ Hans Sachs mit seinen Fastnachtsspielen. Beliebte Lesestoffe sind die ▶ Volksbücher.

Epochenmerkmale kurz gefasst

Mittelalter

Vorchristliche Literatur
- heidnisch-germanische Vorstellungen von unausweichlichem Schicksal
- Heldenlieder; Zaubersprüche

Höfische Literatur
- Darstellung ritterlicher Ideale wie Ehre, Treue, Mäßigung und Freigiebigkeit
- höfische Romane aus dem Sagenkreis um König Artus; Minnesang

Frühe Neuzeit
- optimistisches Weltbild, Satire und Humor
- Fastnachtsspiele; Volksbücher

Der ▶ Stabreim ist ein Anlautreim, d. h., die Anfangslaute von Wörtern klingen gleich. Er ist eng verwandt mit der Alliteration.

Die ▶ Staufer waren ein schwäbisches Adelsgeschlecht, aus dem im 12. und 13. Jahrhundert deutsche Kaiser und Könige hervorgingen. Die bedeutendsten waren Friedrich I. (Barbarossa) und Friedrich II.

Ein ▶ Epos (Pl.: Epen) ist eine längere Verserzählung. Oft werden Sagen- oder Geschichtsstoffe behandelt.

▶ Hartmann von Aue (um 1168 – um 1219), Wolfram von Eschenbach (▶ S. 16) und Gottfried von Straßburg (um 1215, Liebespaare der Literatur ▶ S. 100) sind die bedeutenden Autoren erzählender Werke der Literatur um 1200.

Nibelungenlied ▶ S. 14

▶ Renaissance – Die von Italien ausgehende Wiederentdeckung antiker Kunst, Kultur und Wissenschaft.

▶ Humanismus – Ein von antiken Vorstellungen geprägtes Bildungsideal, das echte Menschlichkeit anstrebt.

Martin Luther ▶ S. 26f.

▶ Reformation – Die kirchliche Erneuerungsbewegung, die zur Spaltung des westlichen Christentums und zur Entstehung der evangelischen Kirche führte.

▶ Sebastian Brant (1457 oder 1458 – 1521 ebenda) behandelt in Das Narrenschiff (▶ S. 9) närrische Eigenschaften von Personen und merkwürdige Zeiterscheinungen und hält damit seinen Zeitgenossen einen Spiegel vor.

Hans Sachs ▶ S. 22

Volksbuch ▶ S. 20f.

Buch und Buchdruck

Vorläufer des gedruckten Buches

▶ Herbert Marshall McLuhan (1911 – 1980) war ein kanadischer Philosoph. Er prägte die Diskussion über Medien von den späten 1960er-Jahren bis zu seinem Tod.

Als „Gutenberg-Galaxis" bezeichnet der kanadische Philosoph ▶ Herbert Marshall McLuhan eine Kultur, deren wichtigstes Medium das Buch ist. Die Wurzeln dieser Erfolgsgeschichte reichen weit zurück in die Zeiten der ersten Hochkulturen. Um Wichtiges niederzuschreiben, benutzten die Babylonier und Assyrer gebrannte Tontafeln, die Inder zusammengelegte Palmblätter und die Ägypter Papyrusrollen. Die Griechen und Römer übernahmen die frühe Buchform der Ägypter, bis im ersten nachchristlichen Jahrhundert der Kodex entstand, ein gefaltetes Werk aus mehreren Lagen von Pergamentblättern mit festem Einband. Dies ist der eigentliche Vorläufer des heutigen Buches.

Kloster ▶ S. 24f.

Das ▶ BOOK OF KELLS ist wahrscheinlich um 800 im schottischen Kloster Iona entstanden. Neben den vier Evangelien enthält es ganzseitige Abbildungen, ornamentale Verzierungen und leuchtende Farben.

Ihre Blütezeit erlebt die Buchkunst im Mittelalter. In den Schreibstuben der ▶ Klöster (ab dem 6. Jahrhundert), später auch der Universitäten, Fürstenhöfe und Städte, entstehen prachtvolle und kostbare Handschriften. Ein glanzvolles Exemplar mittelalterlicher Buchmalerei ist das ▶ BOOK OF KELLS, das den Text der vier Evangelien enthält. Auch die weltliche Literatur verdankt der mittelalterlichen Buchproduktion ein einzigartiges Schmuckstück, nämlich die ▶ MANESSISCHE LIEDERHANDSCHRIFT.

Die ▶ MANESSISCHE LIEDERHANDSCHRIFT, auch GROSSE HEILDELBERGER LIEDERHANDSCHRIFT genannt, ist die umfangreichste und berühmteste Liedersammlung des Mittelalters. Der Kodex wurde um 1300 – 40 in Zürich angelegt und enthält auf 426 großformatigen Pergamentblättern die Gedichte von 140 Sängern, darunter die bekanntesten Minnesänger. Ihren hohen künstlerischen Wert verdankt das Werk insbesondere den 137 Autorenbildern. Farbige Prachtminiaturen stellen die Dichter bei höfischen Tätigkeiten wie dem Tanz, dem Musizieren, dem Spiel oder dem Liebeswerben vor.

Gutenbergs Erfindung

Der wachsende Bedarf an Büchern kann durch zwei wegweisende Neuerungen gedeckt werden. Im 14. Jahrhundert verbilligt sich die Produktion von Schriftstücken erheblich, indem an Stelle von Pergament das viel preiswertere Papier, in China schon seit dem 2. Jahrhundert bekannt, verwendet wird. Die erste Papierfabrik entsteht 1390 in Nürnberg.

▶ Johannes Gutenberg (um 1400 – 1468) hat den Buchdruck mit beweglichen Buchstaben und der Druckerpresse entwickelt.

Zum Massenartikel wird das Buch mit der Erfindung des Mainzers ▶ Johannes Gutenberg. Er entwickelt zwischen 1440 und 1450 ein Druckverfahren mit beweglichen Buchstaben. Damit ist es möglich, Bücher schneller, billiger und in weitaus größerer Stückzahl herzustellen. An die Stelle des Einzelexemplars der Handschrift tritt die Vielzahl der Auflage.

Das Meisterwerk der Frühzeit des Buchdrucks ist die lateinische GUTENBERG-BIBEL, die zwischen 1452 und 1455 entstanden ist. Sie enthält die wichtigsten Schriften des Alten und Neuen Testaments in zwei Bänden mit jeweils rund 650 Seiten und erscheint in einer Auflage von knapp 200 Stück. 1987 erzielt eines dieser Werke bei einer Auktion den Spitzenpreis von 9,75 Millionen Mark (rund fünf Millionen Euro).

Mit Gutenbergs Entdeckung beginnt das **Informationszeitalter**. Druckerzeugnisse werden erschwinglich, Wissen wird für mehr Menschen zugänglich. Konnten zuvor nur sehr wenige Menschen lesen, zumeist Geistliche, so begünstigen Bücher nun die Alphabetisierung breiterer Bevölkerungsschichten. Neue Ideen finden schneller Verbreitung und werden einer größeren Öffentlichkeit bekannt.

Schon die ▶ **Reformation** profitiert von der Möglichkeit, Bücher und ▶ **Flugschriften** in großen Auflagen verbreiten zu können. Gutenbergs Errungenschaft für die westliche Zivilisation ist so revolutionär, dass ihn amerikanische Journalisten 1988 zum „Mann des Jahrtausends" wählten.

Reformation Martin Luthers ▶ S. 26

Eine ▶ **Flugschrift** ist ein kurzer Text mit einem politischen oder religiösen Thema, der in hoher Auflage verbreitet wird.

Seite aus dem Book of Kells, um 800

Seite aus der Gutenberg-Bibel, 1452–55

Nibelungenlied (um 1200)

Überlieferung und Stoff

Das NIBELUNGENLIED ist der Höhepunkt und Abschluss der **germanischen Helden-dichtung**. Nicht christliche Wertvorstellungen und höfische Idealisierung wie in den zeitgleichen ▶ **Artus-Ro-manen** bestimmen das Handeln der Helden, sondern unbarmherziges **Streben nach Macht, Ehre und Rache**. Historischer Kern ist ein Ereignis aus der Zeit der **Völker-wanderung**: 436 vernichtete der Hunnenkönig Attila die Burgunden unter König Gundahar. Diesen Stoff verbindet das Werk mit Motiven nordischer Heldenlieder, Sagen und Märchen zu einem bluti-

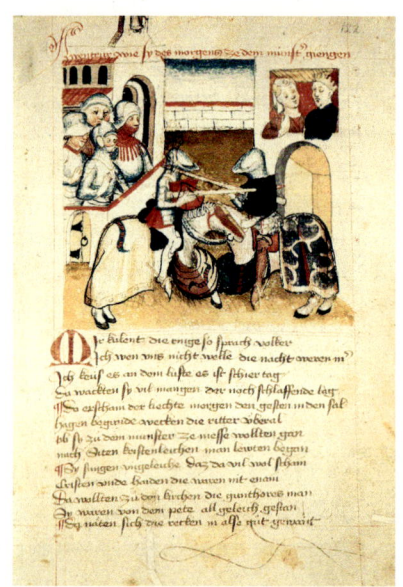

Turnierszene aus dem NIBELUNGENLIED, **um 1200**

gen ▶ **Heldenepos** des Untergangs. Niedergeschrieben hat es **um 1200** ein unbekannter **bayerisch-österreichischer Dichter**. Erhalten ist es in 34 teilweise unvollständigen Pergamenthandschriften, von denen die umfangreichste rund 2400 vierzeilige Strophen (▶ **Nibelungen-strophe**) umfasst.

Nibelungenlied

Die Grundstimmung ist geprägt von dem germanischen **Glauben an unausweichliche Schicksalsmächte**. Maßlose Leidenschaften, bedingungslose Treue und rauschhafte Todesbereitschaft beherrschen die düstere Handlung. Erzählt wird, wie Kriemhild, die Prinzessin von Burgund, den heimtückischen Mord an ihrem Ehemann, dem niederländischen Königssohn Siegfried, grausam rächt. Mithilfe ihres zweiten Ehemanns, dem Hunnenkönigs Etzel (Attila), richtet sie ein Blutbad an, dem ihre Verwandten, darunter König Gunther, die meisten ihrer Gefolgsleute und sie selbst zum Opfer fallen. **Im 19. Jahrhundert** galt das NIBELUNGENLIED als **Nationalepos der Deutschen** und inspirierte Künstler zu beachtlichen ▶ **Neubearbeitungen**. Nach 1945 verblasste sein Ruhm, nachdem es in beiden Weltkriegen **politisch missbraucht** worden war, um den Durchhaltewillen der Soldaten zu stärken.

Artus-Romane ▶ S. 16

Das germanische ▶ **Heldenepos** ist wie das **Heldenlied** eine Erzählung in Versen, allerdings von größerem Umfang.

Das NIBELUNGENLIED ist verfasst in der Form der sogenannten ▶ **Nibelungen-strophe**. Sie besteht aus vier paargereimten Langzeilen, die durch einen Einschnitt in der Mitte in zwei Halbverse zerfallen, einen An- und einen Abvers.

▶ **Neubearbeitungen** des NIBELUNGENLIEDES sind **Friedrich Hebbels** Dramentrilogie DIE NIBELUNGEN (uraufgeführt 1876), **Richard Wagners** vierteiliges Musikdrama DER RING DES NIBELUNGEN (uraufgeführt 1876) und **Fritz Langs** Stummfilmklassiker DIE NIBELUNGEN (1924). Auch die Fantasy-Literatur, z. B. **J.R.R. Tolkiens** Bestseller HERR DER RINGE (1954/55), verdankt viele ihrer Figuren und Motive den Anregungen des Nibelungen-Stoffs.

Nibelungenlied, 1. Aventiure

Dies sind die ersten Strophen des Nibelungenliedes *im mittelhochdeutschen Original und in einer Übertragung.*

Uns ist in alten mæren   wunders vil geseit
von helden lobebæren,   von grôzer arebeit,
von fröuden, hôchgezîten,   von weinen und von klagen,
von küener recken strîten   muget ir nu wunder hœren sagen.

5 Ez wuohs in Burgonden   ein vil edel magedîn,
daz in allen landen   niht schœners mohte sîn,
Kriemhilt geheizen: si wart ein scœne wîp,
dar umbe muosen degene   vil verliesen den lîp.

Der minneclîchen meide   triuten wol gezam.
10 ir muoten küene recken,   niemen was ir gram.
âne mâzen schœne   sô was ir edel lîp.
der juncvrouwen tugende   zierten anderiu wîp.

Uns wird in alten Erzählungen viel Wunderbares berichtet:
Von berühmten Helden, großer Mühsal,
von glücklichen Tagen und Festen, von Tränen und Klagen
und vom Kampf tapferer Männer könnt ihr jetzt Erstaunliches
erfahren.

5 Es wuchs im Burgundenland ein junges Edelfräulein heran,
so schön wie keine andere auf der Welt.
Kriemhild hieß sie. Später wurde sie eine schöne Frau,
um derentwillen viele Krieger ihr Leben verlieren sollten.

Dieses liebenswerte Mädchen musste man gern haben.
10 Tapfere Männer umwarben sie, niemand konnte ihr böse sein.
Ihre unbeschreibliche Schönheit und ihre Vorzüge
ehrten zugleich auch alle anderen Frauen.

Ausspracheregeln
Mittelhochdeutsch
(1050 – 1350):

Vokale:
▶ grundsätzlich kurz
  gesprochen
▶ lange Vokale sind mit ^
  gekennzeichnet â, ê, î, ô, û
▶ Umlaute von â, ô, û werden
  lang gesprochen (ae oder
  æ, oe oder œ, iu)

Diphthonge:
Doppellaute als zwei Vokale
gesprochen, Betonung auf
dem ersten Vokal
▶ ie, ei, ou, uo, üe getrennt
  sprechen
▶ iu kein Diphthong, sondern
  Umlaut von û

Konsonanten:
▶ h wird im Silbenanlaut als
  Hauchlaut, auslautend und
  vor s und t als Reibelaut
  gesprochen
▶ z, tz, zz wird als (ts) oder
  (s) gesprochen
▶ c = k
▶ v = f
▶ ph = pf

Arbeitsvorschläge

1. Bereite einen sinnbetonten mündlichen Vortrag dieser Strophen vor. Beachte die Ausspracheregeln.

2. Nenne die Vorausdeutungen, die die Eingansstrophen enthalten.

3. Erkläre, wie der Erzählbeginn Leser bzw. Zuhörer auf die Handlung neugierig macht.

Wolfram von Eschenbach

▶ 1170/80 Wolfram wird möglicherweise in Eschenbach (heute Wolframs-Eschenbach) bei Ansbach geboren.

Aufenthalt an Orten in Oberfranken und Thüringen; wahrscheinlich am Hofe des Grafen von Wertheim und des Landgrafen Hermann I. von Thüringen

▶ 1220/30 Wolfram stirbt vermutlich in Eschenbach.

Ein ▶ **Fragment** ist ein nicht vollständiges Werk.

▶ **König Artus** und die Ritter seiner Tafelrunde, z. B. Iwein, Erec, Lancelot, Gawain, Galahad, sind Figuren aus dem keltischen Sagenkreis. Den deutschen Dichtern des Mittelalters werden deren Abenteuer über das Werk des Franzosen Chrétien de Troyes bekannt. Neben Wolfram von Eschenbach ist **Hartmann von Aue** mit den höfischen Romanen EREC und IWEIN der bedeutendste Vertreter der Artusepik.

Wolfram von Eschenbach: Parzival (um 1210)

Der Autor und sein Werk

Wolfram von Eschenbachs Versroman PARZIVAL (um 1210 vollendet), der auf eine französische Vorlage zurückgeht, gilt als das **bedeutendste Werk der höfischen Literatur**. Schon im Hochmittelalter war es ein literarisches Ereignis. Kein anderes Werk des 13. Jahrhunderts wurde so oft kopiert und erwähnt. Fast neunzig Handschriften und ▶ **Fragmente** sind überliefert. Worin liegen die Ursachen für diesen Erfolg? Wolfram, über dessen Stand, Person, Herkunft und Bildung wir kein sicheres Wissen besitzen, verknüpft die **zwei Sagenkreise um ▶ König Artus und den Gral**, um eine große Frage des Mittelalters zu lösen: Wie lassen sich **weltliche und religiöse Gebote verbinden?** Die **rund 25000 gereimten Verspaare**

Moritz von Schwind: WOLFRAM VON ESCHENBACH, **um 1880**

erzählen, wie der Titelheld vom unwissenden Knaben zum Artusritter und schließlich zum Hüter des Grals aufsteigt. Der Gral ist ein märchenhaftes Gefäß, das magische Fähigkeiten verleiht und an den christlichen Abendmahlskelch erinnert. Parzival unterliegt auf seinen **Aventiuren** (Abenteuern) Irrtümern, wird von Zweifeln heimgesucht und lädt schwere Schuld auf sich. Sein Lebensweg entspricht den Vorstellungen der **christlicher Heilgeschichte**: vom paradiesischen Unschuldszustand über den Sündenfall zur Erlösung. Parzival wird am Ende zum vorbildlichen Helden. In seiner Person vereint er das ritterliche Ideal der Artusrunde und das religiöse Ideal des Gralshüters.

Weitere Werke

WILLEHALM (unvollendete Verserzählung; um 1220); Minnelieder

Parzival

Anfortas, der Gralskönig, leidet an einer geheimnisvollen Krankheit, von der er nur durch eine Mitleidsfrage geheilt werden kann. Bei der ersten Begegnung mit ihm versäumt es Parzival, diese Frage zu stellen, weil sie nicht dem Höflichkeitsgebot entspricht, zu dem er erzogen wurde. Der Titelheld wird verflucht und gerät in eine tiefe Gotteskrise, von der ihn erst die religiöse Unterweisung eines Einsiedlers befreit. Der Textauszug erzählt den Moment, als Parzival mit seinem Halbbruder Feirefiz zur Gralsburg zurückkehrt. Er erlöst Anfortas von seinem Leid und wird selbst Gralskönig.

Feirefîz unt Parzivâl
trunken unde giengen dan
ze Anfortase dem trûrgen man.
   ir habt wol ê vernomen daz
5 der lente, unt daz er selten saz,
unt wie sîn bette gehêret was.
dise zwêne enpfienc dô Anfortas
Vroelîche unt doch mit jâmers siten.
er sprach, ,ich hân unsanfte erbiten,
10 wirde ich immer von iu vrô. [...]'
alweinde Parzivâl dô sprach
   ,saget mir wâ der grâl hie lige.
ob diu gotes güete an mir gesige,
des wirt wol innen disiu schar.'
15 sîn venje er viel des endes dar
drîstunt ze êrn der Trinitât:
er warp daz müese werden rât
des trûrgen mannes herzesêr.
er rihte sich ûf und sprach dô mêr
20 ,oeheim, waz wirret dir?'
der durch sant Silvestern einen stier
Von tôde lebendec dan hiez gên,
unt der Lazarum bat ûf stên,
der selbe half daz Anfortas
25 wart gesunt unt wol genas.

Feirefiz und Parzival tranken und gingen dann zu dem schwergeprüften Antfortas.

   Ihr habt schon an andrer Stelle davon gehört, dass er nicht aufrecht, sondern nur zurückgelehnt sitzen konn-
5 te und dass sein Bett verschwenderisch ausgestattet war. Anfortas empfing sie mit allen Zeichen der Freude, doch von Schmerzensqualen gezeichnet. Er sprach: „In Schmerzen habe ich darauf gewartet, mit Eurer Hilfe wieder ein glücklicher Mensch zu werden. [...]"

10   Unter Tränen erwiderte Parzival: „Sagt mir, wo ist der Gral? Seine Gemeinschaft wird dann erfahren, ob Gott gewillt ist, durch mich seine Güte zu offenbaren."

   Dreimal warf er sich zu Ehren der Heiligen Drei-
15 einigkeit vor dem Gral auf die Knie und betete um Hilfe für die Herzensnot des schwergeprüften Mannes. Dann richtete er sich auf und sprach laut und feierlich die Worte: „Oheim, was fehlt dir?" Gott, der auf die Bitte des heiligen Silvester einen Stier vom Tod erweckte und lebendig davontraben ließ, der dem Lazarus gebot, sich
20 wieder aufzurichten, bewirkte nun auch, dass Anfortas genas und seine volle Gesundheit zurückerlangte.

Arbeitsvorschläge

1. Erzähle nach, wie es Parzival gelingt, Anfortas von seinem Leiden zu erlösen.

2. Verdeutliche, welche religiösen und ritterlichen Tugenden sich im Verhalten der Figuren zeigen.

3. Die Artusepik zeigt idealisierte Helden. Zeige, wie das hier deutlich wird.

Walther von der Vogelweide

▶ **1170** Walther von der Vogelweide wird im österreichischen Sprachraum geboren.

▶ **1190–98** am Hof in Wien

▶ **1198–1220** Wanderleben, das ihn durch Deutschland und nach Frankreich, Italien und Ungarn führt.

▶ **1220** Er erhält ein Lehen von Kaiser Friedrich II. und wird in Würzburg sesshaft.

▶ **1230** Walther stirbt wahrscheinlich in Würzburg.

Das mittelhochdeutsche Wort ▶ minne bedeutet Liebe.

▶ **Reinmar der Alte** (zweite Hälfte des 12. Jahrhunderts) hat Walther von der Vogelweide beeinflusst. Seine Minnelieder werden inhaltlich und formal als herausragende Beispiele des Hohen Minnesangs angesehen.
Weitere wichtige Minnesänger des 12./13. Jahrhunderts sind Friedrich von Hausen, Heinrich von Morungen, Hartmann von Aue, Wolfram von Eschenbach, Neidhart von Reuenthal.

Als ▶ platonische Liebesbeziehung wird eine Beziehung auf geistiger Ebene ohne Körperlichkeit bezeichnet.

Das ▶ Tagelied gehört zu Gattung des Minnesangs und schildert Abschied und Trennung der Liebenden im Morgengrauen nach einer unerlaubten Liebesnacht.

Walther von der Vogelweide: Under der linden (13. Jahrhundert)

Walther von der Vogelweide

„Ich saß auf einem Stein, / und schlug ein Bein über das andere" – so stellt sich Walther von der Vogelweide selbst dar und so zeigt ihn das Autorenbild in der Mannessischen Liederhandschrift. Aber vermutlich hatte er wenig Zeit, nachdenklich dazusitzen, denn er führte das

Walther von der Vogelweide

für ▶ **Minnesänger** typische Wanderleben: Er wanderte von Hof zu Hof, um seine Lieder der Hofgesellschaft vorzutragen. Seine **Spruchdichtung**, Lieder mit politischem und religiösem Inhalt, decken Missstände in Staat und Kirche auf. Für die Zeitgenossen und die Nachwelt ist er aber vor allem für sein **Minnelieder** bekannt.

Weitere Werke

IR SULT SPRECHEN WILLEKOMMEN; ICH SAZ ÛF EIME STEINE; OWÊ WAR SINT VERSWUNDEN

Under der linden

Die Wurzeln der Minnelieder liegen in den Liedern der südfranzösischen Sänger, den Troubadours. Die Sänger der **Hohen Minne**, zum Beispiel von ▶ **Reinmar der Alte**, stellen ihr Lied in den Dienst einer **höher gestellten adligen Dame**, die sie **idealisieren**. Dieser **Frauendienst** ist ein kunstvolles Spiel: Der Sänger begehrt die Angepriesene, weiß aber, dass seine Wünsche aufgrund der sozialen Unterschiede unerfüllbar sind. Doch in der ▶ **platonischen** Liebe findet der Sänger auf Dauer kein Glück. Die **Niedere Minne** ist die Abkehr von der Verehrung einer unerreichbaren Herrin. Diese Lieder preisen das **körperlich und seelisch erfüllte Liebesglück** zwischen dem Sänger und einer **sozial gleich oder niedriger gestellten Frau**. Walthers bekanntestes Minnelied, das ▶ **Tagelied** UNDER DER LINDEN, beschreibt eine Liebesbegegnung auf Augenhöhe. Es handelt nicht vom entsagenden Werben um eine unerreichbare Herrin, sondern erzählt – aus der Sicht eines Mädchens – von den **Wonnen einer gemeinsam verbrachten Liebesnacht**.

Under der linden

Under der linden	Unter der Linde
an der heide,	auf der Heide,
dâ unser zweier bette was,	wo unser beider Lager war,
Dâ muget ir vinden	da kann man sehn
5 schône beide	5 liebevoll gebrochen
gebrochen bluomen unde gras.	Blumen und Gras.
Vor dem walde in einem tal,	Vor dem Wald in einem Tal
tandaradei,	tandaradei,
schône sanc diu nahtegal.	sang schön die Nachtigall.
10 Ich kam gegangen	10 Ich kam gegangen
zuo der ouwe,	zu der Wiese
dô was mîn friedel komen ê.	da war mein Liebster schon vor mir gekommen.
Dâ wart ich enpfangen	Da wurde ich empfangen
hêre frouwe,	– Heilige Jungfrau! –
15 daz ich bin sælic iemer mê.	15 dass es mich immer glücklich machen wird.
Kuste er mich? wol tûsenstunt!	Ob er mich küsste? Wohl tausendmal,
tandaradei!	tandaradei,
seht, wie rôt mir ist der munt.	seht, wie rot mein Mund ist.
[...]	[...]
20 Daz er bî mir læge,	20 Dass er bei mir lag,
wessez iemen	wüsste es jemand
(nu enwelle got!), sô schamt ich mich.	(das verhüte Gott!), so schämte ich mich.
Wes er mit mir pflæge,	Was er tat mit mir,
niemer niemen	niemals soll jemand
25 bevinde daz wan er und ich –	25 das erfahren als er und als ich –
Und ein kleinez vogellîn:	und die liebe Nachtigall,
tandaradei,	tandaradei,
daz mac wol getriuwe sîn.	Die wird gewiss verschwiegen sein.

Arbeitsvorschläge

1. Lies den mittelhochdeutschen Text und nimm den neuhochdeutschen zu Hilfe, wenn du etwas nicht verstehst. Wer spricht? Wie würdest du die Stimmung des Gedichts beschreiben? Wie würdest du das Gedicht vortragen?

2. Stelle das Verhältnis zwischen Mann und Frau in diesem Gedicht mit eigenen Worten dar.

3. Informiere dich im Internet oder in Lexika über Walthers Leben und bereite einen kurzen Vortrag vor.

Hermann Bote

▶ 1467 Hermann Bote wird in Braunschweig geboren.

▶ 1488 Zollschreiber

▶ 1493 niederer Landrichter

▶ 1520 Bote stirbt, wahrscheinlich in seiner Heimatstadt Braunschweig.

Hermann Bote: Till Eulenspiegel (um 1515)

Das Volksbuch

Mit der **Frühen Neuzeit** wandelt sich die Literatur. Das neue Lebensgefühl verlangt nach einem **Realismus**, der handfeste **Unterhaltung** mit moralischer **Unterweisung** verbindet. Dieses Bedürfnis stillen die – später so bezeichneten – **Volksbücher**. Sie enthalten Sammlungen von Erzählungen und ▶ **Schwänken**, die bis dahin nur mündlich überliefert worden waren. Darunter befinden sich die Urfassungen von Geschichten, die noch heute lebendig sind: DIE SCHILDBÜRGER, REINEKE FUCHS oder DOKTOR FAUSTUS, die Vorlage für ▶ **Goethes** Drama. Der Bestseller war ▶ TILL

Titelseite des TILL EULENSPIEGEL, **1515**

EULENSPIEGEL, der schon im 16. Jahrhundert in viele Sprachen übersetzt wurde. Verfasser war wahrscheinlich der Braunschweiger Zollschreiber **Hermann Bote**, der fremde und eigene Schwänke zu einer Lebensbeschreibung des Schelms zusammenstellte.

Ein ▶ **Schwank** ist eine knappe anekdotenhaft zugespitzte Erzählung eines lustigen Einfalls oder einer komischen Begebenheit, auch in dramatischer Form.

Johann Wolfgang Goethe: FAUST ▶ S. 92f.

▶ TILL EULENSPIEGEL – Der Originaltitel des Volksbuchs von 1515 lautet: EIN KURTZWEILIG LESEN VON DYL ULENSPIEGEL GEBOREN USS DEM LAND ZU BRUNSSWICK. WIE ER SEIN LEBEN VOLBRACHT HATT. 96 SEINER GESCHICHTEN.

Till Eulenspiegel

Die **historische Existenz** Till Eulenspiegels ist **nicht gesichert**, vermutlich handelt es sich um einen sprechenden Namen. Laut Volksbuch wurde er im Jahre 1300 in Kneitlingen am Elm geboren. Nach dem Tod des Vaters verlässt er die Mutter und führt ein ruheloses **Wanderleben**. Gestorben ist er, gemäß der Chronik, 1350 in Mölln, wo heute ein Gedenkstein an ihn erinnert. Die Figur des Till Eulenspiegel wurde zum **Sinnbild des einfachen Mannes**, der sich mit Witz und Schlitzohrigkeit, manchmal auch mit Tücke und Rücksichtslosigkeit, gegen die Mächtigen wehrt. Darin äußert sich **Zeitkritik**, etwa wenn er die Handwerksmeister vorführt, die ihre Gesellen nach Herzenslust schikanieren konnten.

Die 60. ▶ Histori sagt, wie Ulenspiegel die ▶ Metziger zu ▶ Erdford umb ein Braten betrog.

▶ Histori – Geschichte

▶ Metziger – Metzger

▶ Erdford – Erfurt

In Erfurt trifft Till Eulenspiegel auf dem Markt auf einen Metzgermeister, der seine Waren lauthals anpreist. Geschickt nutzt Eulenspiegel das Marktgeschrei des Metzgers aus. Er nimmt dessen Verkaufsangebot („Willst du nicht etwas mit dir nach Hause tragen?") wörtlich und trägt einen Braten davon, ohne zu zahlen. Um sich an ihrem unbeliebten Konkurrenten zu rächen, unterstützen die anderen Metzgermeister Eulenspiegel bei seinem Streich.

Ulenspiegel kunt sein ▶ Schalckheit nit laßen, als er ▶ gen Erdford kam, wann er ward bald bekant von Burgern und Studenten. Er gieng ▶ eins bei die Metzig, da daz Fleisch in ▶ feil was. Da sprach ein Metziger zu ihm, das er etwaz ▶ koffen solt, daz er mit ihm ▶ zu
5 Huß trüg. Ulenspiegel sagt zu ihm: „Was sol ich mit mir nemen?" Der Metziger sprach: „Ein Braten." Ulenspiegel sagt ja und ▶ nimpt den Braten bei dem End und gieng damit dahin. Der Metziger lieff ihm nach unnd sagt zu ihm: „Nein, ▶ nit also, du must den Braten bezalen!" Ulenspiegel sprach: „Von der Bezalung haben Ihr mir nit
10 gesagt, ▶ sunder Ihr sagtet, ob ich nit etwas wolt mit mir nemen", und het ihn gewisen uff den Braten, das er den mit ihm nemen solt zu Huß. Das wolt er beweisen mit seinen ▶ Nachburen, die darbeistunden. Die ander Metziger kamen darzu und sprachen uß Haß ja, es wär war. Die andern waren ihm gram, ▶ darumb dan wan jemans
15 kam zu den andern Metzigern und wolt etwas kauffen, so riefft er den Lüten zu ihm und zug ihnen die ab. Darumb ▶ stifften sie darzu, das Ulenspiegel den Braten behielt. Dieweil der Metziger also zanckt, nam Ulenspiegel den Braten under den ▶ Rock und gieng darmit hinweg und ließ sie sich darüber vertragen, so ▶ best sie kunten.

▶ Schalckheit – Albernheit

▶ gen – nach

▶ eins – einst

▶ feil sein/feil haben – verkaufen

▶ koffen – kaufen

▶ zu Huß – hier: nach Hause

▶ nimpt – nimmt

▶ also – so/auf diese Weise

▶ sunder – sondern

▶ Nachburen – Nachbarn

▶ darumb dan wan jemans – deshalb, weil immer dann, wenn jemand

▶ stifften sie darzu – trugen sie dazu bei

▶ Rock – Mantel/Umhang

▶ best – gut

Arbeitsvorschläge

1. Übertragt zusammen mit einem Partner den Schwank in ein flüssiges Gegenwartsdeutsch.

2. Wandelt in Gruppenarbeit den Schwank in einen Sketch um, probt und spielt ihn. Welche Eigenschaften besitzt ein Schelm?

3. Erkläre, warum es sich bei diesem Text um einen Schwank handelt. Benenne die Zeitkritik, die er enthält.

Ein ▶ Meisterlied ist ein nach starren Regeln gedichtetes Lied der Zunfthandwerker des 14.–16. Jahrhunderts.

Ein ▶ Spruchgedicht ist ein mittelalterliches Gedicht, das der politischen, moralischen oder religiösen Belehrung dient.

Der ▶ Knittelvers ist ein im Paarreim stehender Vers mit vier betonten und beliebig vielen unbetonten Silben.

Eine ▶ Satire ist eine kritische Entlarvung politisch-gesellschaftlicher Missstände oder menschlichen Fehlverhaltens mit den Mitteln der Komik.

Hans Sachs:
Der fahrende Schüler im Paradies (1550)

Hans Sachs

Als Dichter von Fastnachtsspielen und Schwänken ist Hans Sachs auch heute noch bekannt. Der 1494 in Nürnberg geborene Sohn eines Schneidermeisters besuchte die Lateinschule, erlernte das Schuhmacherhandwerk und arbeitete ab 1520 als Schuhmachermeister. Er war Mitglied der Meistersingerzunft und ein erstaunlich **produktiver Dichter**. Sein Gesamtwerk umfasst 6000 Titel. Er schrieb Gedichte und

Hans Sachs

Dramen, darunter zahlreiche Fastnachtsspiele. Verewigt wurde Sachs in Richard Wagners Oper DIE MEISTERSINGER VON NÜRNBERG (1868).

Weitere Werke

Über 4000 ▶ Meisterlieder; 128 Tragödien und Komödien; 85 Fastnachtsspiele; fast 2000 geistliche und weltliche ▶ Spruchgedichte

Das Fastnachtsspiel

Hans Sachs ist der Meister des Fastnachtspiels. Diese derbe Form des **lustigen Volkstheaters** erfreut sich seit dem 15. Jahrhundert in der närrischen Jahreszeit großer Beliebtheit. Ursprünglich wurden Fastnachtsspiele von Handwerksgesellen auf improvisierten Bühnen, meist in Wirtshäusern, aufgeführt. Die Zahl der **Figuren** ist **begrenzt**, die **Handlung einfach**, der **Humor grob**, oft mit einer Vorliebe für Sexuelles. Nur selten sind die Themen auch ernsthafter politischer oder religiöser Natur. Sachs führt diese Tradition fort, erhöht aber den literarischen Anspruch und verbessert die Aufführungsbedingungen. Er lässt an einem festen Spielort mit einer Bühne aufführen. DER FAHRENDE SCHÜLER IM PARADIES ist ein **gespielter Schwank**, im ▶ **Knittelvers** geschrieben, der sich über die Naivität und Dummheit von Bauern lustig macht. Deftige Unterhaltung und Belehrung mittels der ▶ Satire finden sich häufig in der Literatur der Frühen Neuzeit.

Der ▸ fahrende Schüler im Paradies

Eine Bäuerin, die an der Seite ihres geizigen zweiten Ehemanns ein freudloses Leben führt, betrauert ihren gutmütigen ersten Mann, der verstorben ist. Sie wünscht, sie könne ihm noch etwas Gutes tun, als ein Student ihre Stube betritt.

▸ fahrende Schüler – Student

Der farendt Schuler gehet ein vnd spricht:
Wiss, ich bin ein farender Schuler
Vnd far im Lande her vnd hin.
Von Pariß ich erst kummen bin
5 ▸ Itzundt etwa vor dreien tagen.
Die Pewrin spricht:
Secht, lieber Herr, was hör ich sagen,
Kumbt jr her auß dem Paradeiß?
Ein ding ich fragen muss mit fleiß,
10 Habt jr mein Mann nicht drin gesehen?
Der ist gestorben in der nehen,
Doch vast vor einem gantzen Jar,
Der so ▸ frumb vnd einfeltig war.
Ich hoff je, er sey drein gefaren.

▸ Itzundt – gerade; gerade jetzt; eben

▸ frumb – ehrlich und tüchtig

Der Student nutzt die Einfalt der Bäuerin aus, die statt „Paris" „Paradies" versteht. Er berichtet, ihr erster Ehemann lebe dort verarmt. Darauf gibt sie ihm Geld und Kleider für den Verstorbenen mit. Als der Bauer hört, wie seine Frau hereingelegt worden ist, reitet er dem Studenten nach. Auch er wird in eine Falle gelockt und verliert sein Pferd. Der Bauer erklärt den Vorfall seiner Frau so:

15 *Der Pawr spricht:*
Jha, er klagt mir, der weg wer weit,
Auff das er kumb in kurtzer zeit
Ins Paradeiß, zu deinem Mann,
Das Pferd ich jm auch geben hann,
20 Das er geritten kumb hienein,
Bring auch das Pferd dem Manne dein.
Mein Weib, hab ich nit recht gethan?

Arbeitsvorschläge

1. Besorgt euch das Fastnachtsspiel (z. B. www.gutenberg.spiegel.de), schreibt es in Gruppenarbeit in ein heutiges Deutsch um und führt es auf.

2. Erläutere die Merkmale und die Absicht eines Fastnachtsspiels.

3. Schreibe ein kurzes Fastnachtsspiel, das der Unterhaltung und Belehrung dient.

Klostergründungen des Mittelalters

- um 370 Marmoutier (bei Tours), möglicherweise von Bischof Martin von Tours gegründet

- 529 Monte Cassino, gegründet von Benedikt von Nursia

- 565 Katharinenkloster auf dem Sinai

- im 6. Jahrhundert Reichsabtei St. Maximin in Trier

- 719 Fürstabtei St. Gallen (Schweiz)

- um 900 St. Georg zu Oberzell auf der Insel Reichenau

- 910 Abtei von Cluny (in Burgund, Frankreich)

- im 12. Jahrhundert Maria Laach in der Eifel

▶ Kloster (lat. claustrum) – verschlossener Ort

Eine ▶ Prachthandschrift ist ein Buch mit vielen wertvollen Illustrationen, für die echtes Gold und wertvolle Farben verwendet wurden.

Buchkunst und Buchdruck ▶ S. 12f.

Das Kloster

Kulturelles Zentrum des Mittelalters

Die ▶ Klöster, deren Ursprung in den asketischen Lebensformen des Orients liegt, sind das geistliche Zentrum des Mittelalters. Sie sind aber auch eine Stätte der Bildung und Kultur. Sie besitzen nahezu eine Monopolstellung, denn Kulturtechniken wie Lesen und Schreiben werden vor allem in Klosterschulen gelehrt und ausgeübt. Im Skriptorium, der Schreibstube, kopieren Mönche Bücher, d. h., sie schreiben sie ab. Damit leisten sie einen bedeutenden Beitrag zum Erhalt und zur Ausbreitung des christlichen Glaubens. In den

Abbildung der Abtei Monte Cassino in Hartmann Schedels WELTCHRONIK, 1493

Schreibstuben entstehen ▶ Prachthandschriften, die als Meisterwerke der christlichen ▶ Buchkunst gelten. Die Klosterbibliothek ist der Ort, an dem gewaltige Schätze von Wissen aufbewahrt und erforscht werden. Indem die Klöster auch Landwirtschaft, Handwerk und Pflanzenzucht betreiben, spielen sie eine wichtige Rolle in der Kulturpolitik der

Kloster Eberbach

Herrschenden. Sie sind die Stützpunkte, von denen die Bekehrung der nicht christlichen Bevölkerung ausgeht. Dies vergrößert die politische Macht und den Einfluss der Klöster. Das Vorbild des christlichen Mönchtums ist das Kloster **Monte Cassino**, das zwischen Rom und Neapel liegt und im Jahre 529 von Benedikt von Nursia gegründet wurde.

Umberto Eco: Der Name der Rose (1980)

Im Jahre 1980 erschien ein Roman des Italieners ▶ Umberto Eco, der ein Welterfolg wurde und zu den Klassikern der Gegenwartsliteratur gehört. ▶ Der Name der Rose, so der deutsche Titel, ist zugleich eine historische Kriminalgeschichte, spannend erzählte Philosophie und ein augenzwinkerndes Spiel mit literarischen Formen.

Die Handlung des Romans vermittelt ein anschauliches Bild vom Leben in einer Ordensgemeinschaft. Sie spielt in einer italienischen **Benediktinerabtei** des 14. Jahrhunderts, die an Monte Cassino erinnert. Der heimliche Mittelpunkt unheimlicher Ereignisse ist die Klosterbibliothek, ein Hort unermesslichen Wissens und die größte Büchersammlung des Abendlandes. In ihr befindet sich ein geheimnisvolles Werk des Philosophen ▶ Aristoteles, das einzige Exemplar Über das Komische. Die rätselhafte Mordserie, die den Klosterfrieden erschüttert, hängt mit dem Besitz dieses Buches zusammen.

Selbst wenn Ecos Mittelalterkrimi eine Fiktion ist, so verdeutlicht er doch auf fesselnde Weise, welche **Bedeutung** einst **Klöster**, **Bibliotheken** und **Bücher** hatten. Die Handlung von Der Name der Rose schließt damit, dass die unersetzliche Bibliothek und ihr gesamter Buchbestand in Flammen aufgehen – ein ironisches Ende der **großen Bildungseinrichtung des Mittelalters**.

▶ Umberto Eco (geb. 1932) ist ein italienischer Schriftsteller, Philosoph und Medienwissenschaftler. Sein erster Roman Der Name der Rose erregte weit über Italien hinaus großes Aufsehen.

▶ Der Name der Rose wurde 1986 mit Sean Connery in der Hauptrolle verfilmt.

Aristoteles ▶ S. 48

Szene aus dem Film Im Namen der Rose, **1986**

Martin Luther

▶ 1483 Martin Luther wird in Eisleben (Thüringen) als Sohn eines Bergmanns geboren.

▶ 1505 Augustinermönch

▶ 1512 Doktor der Theologie in Wittenberg

▶ 1517 Anschlag der 95 Thesen an der Schlosskirche von Wittenberg

▶ 1520 Androhung des Kirchenbannes

▶ 1521 Er lehnt auf dem Reichstag zu Worms einen Widerruf ab. Die Reichsacht (Verbannung und Verlust aller Rechte) wird über ihn verhängt. Freunde bringen ihn auf der Wartburg bei Eisenach in Sicherheit. Dort beginnt er mit der Bibelübersetzung.

▶ 1525 Er heiratet Katharina von Bora, eine ehemalige Ordensschwester.

▶ 1534 Herausgabe der vollständigen Bibelübersetzung

▶ 1546 Luther stirbt in Eisenach.

Luthers Werke:
AN DEN CHRISTLICHEN ADEL DEUTSCHER NATION (Flugschrift von 1520); VON DER FREIHEIT EINES CHRISTENMENSCHEN (1520); GEISTLICHES GESANGBÜCHLEIN (1524); SENDBRIEF VOM DOLMETSCHEN (1530); vollständige Bibelübersetzung (1534), TISCHREDEN (1566)

Ein ▶ Sendbrief ist ein offener Brief.

Die Bibelübersetzung Martin Luthers

Der Reformator

Martin Luther, Augustinermönch und Theologieprofessor, wurde zum Erneuerer der Kirche. Ausgangspunkt waren die 95 Thesen, die er 1517 an der Wittenberger Schlosskirche anschlug. In ihnen klagt er vor allem den Ablasshandel an, mit dem Geistliche Sündenstrafen gegen Geldzahlungen erlassen. Luthers Schriften, die er im Zuge der theologischen Auseinandersetzungen verfasst, die Kirchenlieder und besonders die Bibelübersetzung, sind aber nicht nur von größter kirchengeschichtlicher Bedeutung. Sie übten auch einen **gewaltigen Einfluss auf die Entwicklung der deutschen Sprache** aus.

Lucas Cranach d. Ä.: MARTIN LUTHER, 1529

Die Luther-Bibel

Luthers Lehre besagt, dass der Mensch allein durch seinen Glauben und nicht durch gute Werke vor Gott gerechtfertigt ist. Damit kommt der Lektüre der Heiligen Schrift eine Hauptrolle zu. Um die Bibel einer größeren Zahl Leser zugänglich zu machen, übersetzt Luther sie ab 1521 auf der Wartburg ins Deutsche. Er greift nicht, wie seine Vorgänger, auf die lateinische Ausgabe zurück, sondern auf den griechischen und hebräischen Urtext. Während sich die Übersetzer vor Luther kaum vom Originaltext lösten und ein unnatürliches, schwer lesbares Deutsch schrieben, schafft Luther ein **poetisches Kunstwerk** voller **Wortneuschöpfungen**, **Redensarten** und **ausdrucksstarker Bilder**. Ihm verdankt die deutsche Sprache Ausdrücke wie „Feuertaufe", „Machtwort" oder „Gewissensbisse" und Wendungen wie „Perlen vor die Säue werfen", „die Zähne zusammenbeißen" oder „im Dunkeln tappen". Welchem Grundsatz er dabei verpflichtet war, erklärt er im ▶ SENDBRIEF VOM DOLMETSCHEN:

„[...] man muss nicht die Buchstaben in der lateinischen Sprache fragen, wie man Deutsch reden soll, [...] sondern man muss die Mutter im Hause,

*die Kinder auf der Gassen, den gemeinen Mann auf dem Markt fragen und
denselbigen auf das Maul sehen, wie sie reden."*

Der Erfolg der LUTHER-BIBEL war enorm. Allein zu Luthers Lebenszeit
erschienen über 400 Ausgaben. Generationen lernten mit ihr das
Lesen und selbst katholische Bibelübersetzer ließen sich von ihr anre-
gen. Luthers volkstümliches Deutsch und Gutenbergs Erfindung des
▶ Buchdrucks mit beweglichen Buchstaben sorgten für eine schnelle
Verbreitung. Die sprachgeschichtliche Bedeutung der LUTHER-BI-
BEL liegt darin, dass sie erheblich zur Vereinheitlichung des Deutschen
und zur Herausbildung einer standardisierten Sprache beitrug. Für den
Dichter und Philosophen ▶ Johann Gottfried Herder kommt Luther das
Verdienst zu, *„die deutsche Sprache, einen schlafenden Riesen, aufge-
weckt und losgebunden"* zu haben.

Buchkunst und
Buchdruck ▶ S. 12f.

Johann Gottfried Herder
▶ S. 68

Luthers Leistung verdeutlicht das folgende Beispiel (1.Kor.13):

Nürnberger Bibel (1483):
Ob ich red in der zungen der engel vnd der menschen,
aber hab ich der lieb nit, ich bin gemacht als ein glockspeys
lautend oder als ein schell klingend.

Luther-Bibel (1534):
Wenn ich mit Menschen vnd mit Engel zungen redet /
vnd hette der Liebe nicht /
So were ich ein donend Ertz oder eine klingende Schelle.

Neue Jerusalemer Bibel (1985):
Wenn ich in den Sprachen der Menschen und Engel redete, /
hätte aber die Liebe nicht, /
wäre ich dröhnendes Erz oder eine lärmende Pauke.

Zusammenfassung

Die Literatur des Mittelalters und der Frühen Neuzeit (750–1600) lässt sich in vier große Phasen einteilen. Aus der **vorchristlichen Zeit** sind nur wenige Zeugnisse überliefert. Darunter befinden sich Teile des einzigen erhaltenen germanischen Heldenliedes, des HILDEBRAND-LIEDS, und die MERSEBURGER ZAUBERSPRÜCHE. Aus der **geistlichen Literatur des Mittelalters** ragen zwei literarische Bearbeitungen der Bibel heraus: Der HELIAND und die EVANGELIENHAR-MONIE Otfrids von Weißenburg. Einen ersten Höhepunkt stellt **die höfische Literatur des Mittelalters** dar. Im Glanz des Kaisertums und unter dem Einfluss der Klöster entwickelt sich eine Blütezeit der Kultur. Ausdruck finden die Ideale des Hochmittelalters im höfischen Roman, der vom Verhalten vorbildlicher Ritter handelt, und in der Liebeslyrik des Minnesangs. Ein Überrest aus der germanischen Zeit ist das düstere NIBELUNGENLIED. Mit Renaissance, Humanismus und Luthers Reformation bricht ein neues Zeitalter wissenschaftlicher und geografischer Entdeckungen an. An der Verbreitung des Wissens hat Johannes Gutenbergs Erfindung des Buchdrucks großen Anteil. **Die Literatur der Frühen Neuzeit** ist weltzugewandt. Das Bedürfnis nach Satire und Humor wird von **Schwänken**, **Fastnachtspielen** und **Volksbüchern** befriedigt.

Wichtige Begriffe

Heldenepos; Heldenlied; Historischer Roman; Hohe Minne; Minnesang; Niedere Minne; Zaubersprüche; Bibelübersetzung; Buchdruck; Fastnachtsspiel; Kloster; Reformation; Renaissance; Satire; Schwank; Volksbuch

Zusammenfassung der Teilkapitel

Buch und Buchdruck – In den Schreibstuben des Mittelalters, besonders in denen der Klöster (ab 6. Jahrhundert), entstanden prachtvolle Handschriften aus Pergament, darunter das weltbe-rühmte BOOK OF KELLS (um 800). Auch die deutsche Literatur verfügt über ein einzigartiges Meisterwerk der Buchkunst: Die MANESSISCHE LIEDERHANDSCHRIFT (um 1300–40) ist die größte Sammlung von Minneliedern, den mittelalterlichen Liebesliedern. Die Frühe Neuzeit erlebt die bis dahin größte Umwälzung bei der Herstellung von Büchern. Johannes Gutenbergs Druckverfahren mit beweglichen Buchstaben (zwischen 1440 und 1450) leitet das Informationszeitalter ein und beschleunigt die Verbreitung von Wissen.

Autoren und Werke

NIBELUNGENLIED – Das um 1200 von einem unbekannten Dichter niedergeschriebene germanische Heldenepos um Macht, Treue und Ehre schildert den schicksalhaften Untergang des Burgundengeschlechts. Dieser wird ausgelöst durch den maßlosen Rachefeldzug Kriemhilds für den hinterhältigen Mord an ihrem Ehemann Siegfried.

Wolfram von Eschenbach: PARZIVAL – Der bedeutendste höfische Roman erzählt vom Aufstieg des Helden zum Artusritter und schließlich zum Hüter des Grals, einem kostbaren Gefäß, dem religiöse und märchenhafte Wunderkräfte nachgesagt werden. Das Amt macht Parzival zum höchsten Würdenträger einer ritterlichen Ordensgemeinschaft, die christliche und weltliche Ideale vereint.

Walther von der Vogelweide: UNDER DER LINDEN – Walther von der Vogelweide ist der bedeutendste Minnersänger. In seinem Werk finden sich beide Ausformungen der mittelalterlichen Liebeslyrik. Die Lieder der **Hohen Minne** idealisieren eine unerreichbare adlige Dame. Die Lieder der **Niederen Minne**, darunter das berühmte UNDER DER LINDEN, handeln vom erfüllten Liebesglück mit einer gleich oder niedriger gestellten Frau.

Hermann Bote: TILL EULENSPIEGEL – Der berühmte Schelm ist der Held eines populären Volksbuchs der Frühen Neuzeit. Seine schlitzohrigen Streiche enthalten Zeitkritik, indem sie sich gegen die Willkür und Schikanen der Mächtigen richten. Der Schwank WIE EULENSPIEGEL ZU ERFURT EINEN METZGER UM EINEN BRATEN BETROG entlarvt das feindselige Konkurrenzdenken, das innerhalb einzelner Berufsgruppen in den Städten herrschte.

Hans Sachs: DER FAHRENDE SCHÜLER IM PARADIES – Hans Sachs ist der Meister des literarischen Fastnachtspiels. Diese Volksstücke, die in der närrischen Jahreszeit aufgeführt werden, prangern Torheiten des Menschen mit derbem Humor an. DER FAHRENDE SCHÜLER IM PARADIES ist eine scherzhafte Satire auf die Dummheit und Leichtgläubigkeit der Ungebildeten. Ein frecher Student haut zunächst eine einfältige Bäuerin und dann ihren leichtfertigen Mann übers Ohr.

Das Kloster – Diese wichtigste Bildungseinrichtung des Mittelalters war nicht nur ein geistliches, sondern auch ein politisches und vor allem kulturelles Zentrum. Hier wurden Kulturtechniken wie Lesen und Schreiben vermittelt sowie prächtige Bücher angefertigt und aufbewahrt. Ein anschauliches Bild vom damaligen Klosterleben vermittelt der spannende Kriminalroman DER NAME DER ROSE von Umberto Eco.

Die Bibelübersetzung Martin Luthers – Martin Luther reformierte nicht nur die Kirche, sondern auch die deutsche Sprache. Seine Bibelübersetzung trug zur Vereinheitlichung des Deutschen bei. Unsere Sprache verdankt Luther zahlreiche Wortschöpfungen und Redensarten.

Weitere Autoren und Werke

Heinrich von Veldecke: ENEID; Hartmann von Aue: EREC, IWEIN; Gottfried von Straßburg: TRISTAN; Wernher der Gartenaere: MEIER HELMBRECHT; Johannes von Tepl: DER ACKERMANN AUS BÖHMEN; Sebastian Brant: DAS NARRENSCHIFF; Volksbücher: DIE SCHILDBÜRGER, REINEKE FUCHS, DOKTOR FAUST; Jörg Wickram: ROLLWAGENBÜCHLEIN; Minnelieder: FRIEDRICH VON HAUSEN, HEINRICH VON MORUNGEN, REINMAR DER ALTE, HARTMANN VON AUE, WOLFRAM VON ESCHENBACH, WALTHER VON DER VOGELWEIDE, NEIDHART VON REUENTHAL

Arbeitsvorschläge

1. Betrachte die Seiten noch einmal genau: Welche Inhalte der Literatur des Mittelalters und der Frühen Neuzeit lassen sich mithilfe der Bilder und Texte benennen?

2. Untersuche die Zeitleiste zu Beginn des Kapitels. Welche Zusammenhänge lassen sich zwischen den historischen Merkmalen der Epoche und der Literatur erkennen? Welche Entwicklung kannst du feststellen?

3. Erläutere anhand ausgewählter Textauszüge dieses Kapitels, welche Nachwirkungen der Literatur des Mittelalters und der Frühen Neuzeit sich in der Gegenwart entdecken lassen.

4. Das NIBELUNGENLIED, PARZIVAL, TILL EULENSPIEGEL – drei Helden-Bilder. Welche Werte bestimmen das Handeln der Figuren und welches Welt- und Menschenbild verbirgt sich dahinter?

5. Schreibt den Schwank um Till Eulenspiegel in ein Fastnachtspiel um und führt es auf.

Juan de Valdés Leal: VANITAS, 1660

Christian Hoffmann von Hoffmannswaldau

Vergänglichkeit der Schönheit

Es wird der bleiche Tod mit seiner kalten Hand
Dir endlich[1] mit der Zeit um deine Brüste streichen,
Der liebliche Korall der Lippen wird verbleichen,
Der Schultern warmer Schnee wird werden kalter Sand;

5 Der Augen süßer Blitz[2], die Kräfte deiner Hand,
Für[3] welchen solches fällt, die werden zeitlich[4] weichen.
Das Haar, das itzund[5] kann des Goldes Glanz erreichen,
Tilgt endlich Tag und Jahr als ein gemeines[6] Band.

Der wohlgesetzte Fuß, die lieblichen Gebärden,
10 Die werden teils zu Staub, teils nichts und nichtig werden,
Denn[7] opfert keiner mehr der Gottheit deiner Pracht.

Dies und noch mehr als dies muss endlich untergehen.
Dein Herze kann allein zu aller Zeit bestehen,
Dieweil[8] es die Natur aus Diamant gemacht.

[1] endlich: am Ende
[2] Blitz: Blick
[3] für: vor
[4] zeitlich: mit der Zeit
[5] itzund: jetzt
[6] gemeines: gewöhnlich, allgemein
[7] denn: dann
[8] dieweil: weil

Geschichtlicher Hintergrund

1608–09 Zuspitzung der konfessionellen Auseinandersetzungen mit den Gründungen der protestantischen Union und der katholischen Liga

1618–48 Dreißigjähriger Krieg

1637–57 Ferdinand III. ist deutscher Kaiser.

1640–88 Friedrich Wilhelm von Brandenburg (der Große Kurfürst) führt den Absolutismus ein, eine Regierungsform, die den Herrscher mit uneingeschränkter Macht ausstattet.

1643–1715 Ludwig XIV. ist französischer König; Höhepunkt des Absolutismus

1672–79 Krieg Frankreichs, Schwedens und Englands gegen die Niederlande, Österreich, Spanien und Brandenburg

1688–97 Frankreich kämpft im pfälzischen Erbfolgekrieg gegen Österreich, England, die Niederlande und Spanien.

1701 Gründung des Königreichs Preußen

1701–14 Im spanischen Erbfolgekrieg kämpfen Österreich und Frankreich um die Vormachtstellung in Europa.

▶ **Vanitas mundi** – Vergänglichkeit alles Irdischen

▶ **Carpe diem** – Genieße, nutze den Tag; wörtlich: Pflücke den Tag.

Barock (1600–1720)

Zeitalter der Künste

Mit dem Begriff **Barock** (wahrscheinlich von portug. barocco: unregelmäßige, schiefrunde Perle) bezeichnet man eine Zeit, das herausragende **Musiker** (Johannes Sebastian Bach, Antonio Vivaldi, Georg Friedrich Händel), **Maler** (Caravaggio, Peter Paul Rubens, Vermeer, Rembrandt), **Schriftsteller** (William Shakespeare, Miguel de Cervantes, Pierre Corneille, Jean Racine, Molière) und Meisterwerke der **Architektur** (Petersdom in Rom, die Schlösser Versailles bei Paris und Nymphenburg in München) hervorgebracht hat. Prunk und Glanz dieser Künste entfalteten sich vor allem an den **Fürstenhöfen**, die zu kulturellen Zentren und Auftraggebern der Künstler wurden. Vorbild war das französische Königshaus, dessen verfeinerte Lebensform man nachzuahmen suchte.

Die politische Situation

Die Kehrseite der Pracht am Hof des Herrschers war die Not, die die Bevölkerung durch die **Glaubens- und Machtkämpfe** jener Jahre erlitt. Besonders das letzte Jahrzehnt des **Dreißigjährigen Krieges** (1618–48) stand im Zeichen von Raubzügen, Plünderungen und Seuchen, die Deutschland verwüsteten und große Landstriche entvölkerten. Der Krieg, der große Teile Europas erfasste, endete 1648 mit dem Westfälischen Frieden. Die Friedensverträge regelten die Neuordnung Europas. Die politische Vorherrschaft fiel an Frankreich und die deutschen Landesfürsten erlangten die volle Souveränität, d.h. die alleinige Regierungsgewalt über ihre Territorien.

Das Doppelgesicht der Literatur des Barock

Angesichts von Massensterben, Hungersnöten und Zerstörung überrascht es nicht, dass Todesangst und das Bewusstsein der **Vergänglichkeit** (lat. ▶ **Vanitas mundi**) die vorherrschenden Gefühle dieser Jahre waren. Aus den Erfahrungen des Leids erwuchsen aber auch gieriger Lebenshunger und das Streben nach Genuss. Diese Spannung zwischen **Weltbejahung, Lebenslust und Daseinsfreude** (lat. ▶ **Carpe diem**) auf der einen Seite und **Weltverneinung, Jenseitshoffnung und Erlösungssehnsucht** (lat. ▶ **Memento mori**) auf der anderen Seite kennzeichnet die Literatur des Zeitalters.

Religiös geprägte ▶ **Gegensätze** (griech. **Antithetik**) zwischen Diesseits und Jenseits, Welt und Gott, Leib und Seele, Vergänglichkeit und Ewigkeit bestimmen die wichtigste Form barocker **Lyrik**, das ▶ **Sonett**. Bedeutende Dichter sind ▶ **Martin Opitz**, ▶ **Christian Hoffmann von Hoffmannswaldau**, ▶ **Paul Fleming** und besonders ▶ **Andreas Gryphius**

– der zugleich auch der Hauptvertreter des barocken ▶ **Dramas** ist. Seine Tugend- und Märtyrertragödien zeigen, wie der Mensch im Verzicht auf irdische Güter himmlischen Lohn empfangen kann.

Jacques Callot: DIE SCHRECKEN DES KRIEGES **(Les misères de la guerre), 1632**

Das 17. Jahrhundert erlebt auch den Durchbruch des **Romans**. Er tritt aus dem Schatten des **Epos** und behauptet sich als eigenständige Literaturgattung. Von den zahlreichen, oft mehrere tausend Seiten umfassenden Werken ist heute vor allem noch ▶ DER ABENTHEUERLICHE SIMPLICISSMUS TEUTSCH von Hans Jakob Christoffel von Grimmelshausen bekannt.

In dieser Zeit wird zum ersten Mal die deutsche Sprache und Literatur eine Angelegenheit der Gelehrten. Nach italienischem Vorbild werden **Sprachgesellschaften** gegründet, die sich der Sprachpflege widmen. Martin Opitz' BUCH VON DER DEUTSCHEN POETEREY ist die erste Dichtungstheorie der deutschen Literatur. Sie legt Regeln und Grundsätze einer neuen Dichtkunst fest.

▶ Memento mori – „Gedenke, dass du sterben wirst."

Die **Gegensätze (Antitketik)** des Zeitalters veranschaulichen das Bild und das Gedicht auf ▶ S. 30f.

Sonett ▶ S. 36

▶ Martin Opitz (1597–1639) ist vor allem noch wegen seines BUCHS VON DER DEUTSCHEN POETEREY bekannt, in dem er Regeln für Dichtkunst aufstellt.

▶ Christian Hoffmann von Hoffmannswaldau (1616–1679) gilt als Vertreter des „galanten Stils", der sich durch besondere Freizügigkeit auszeichnet. VERGÄNGLICHKEIT DER SCHÖNHEIT ▶ S. 31

Paul Fleming ▶ S. 38

Andreas Gryphius ▶ S. 36

Typisch für das barocke ▶ Drama ist die Form des Welttheaters: Schauplatz sind Himmel und Hölle, Träger der Handlung sind sinnbildliche Figuren wie Tod, Liebe, Sorge.

H. J. C. von Grimmelshausen: DER ABENTHEUERLICHE SIMPLICISSMUS TEUTSCH ▶ S. 40f.

Epochenmerkmale kurz gefasst

Barock

- Bewusstsein der Vergänglichkeit (lat. Vanitas mundi)
- auf der einen Seite: Weltbejahung, Lebenslust und Daseinsfreude (lat. Carpe diem)
- auf der anderen Seite: Weltverneinung, Jenseitshoffnung und Erlösungssehnsucht (lat. Memento mori)
- religiös geprägte Gegensätze (griech. Antithesen) zwischen Diesseits und Jenseits
- Roman, Sonett, Tragödie

Die Malerei des Barock

Weltverachtung und Daseinsfreude, Frömmigkeit und Sinneslust – die Spannungen, die das barocke Lebensgefühl prägen, finden sich eindrucksvoll in der Malerei des Zeitalters.

Vanitas mundi

Die Erfahrungen von Krieg, Hungersnot und Pest schufen ein Bewusstsein für die Vergänglichkeit und Flüchtigkeit alles Irdischen. In der Kunst drückt sich dies im Motiv der ▶ Vanitas mundi aus. Darauf verweist schon der Titel VANITAS, den das Gemälde des Spaniers ▶ Juan de Valdés Leal trägt. Der Knochenmann mit Sense, der Sarg und das Leichentuch auf dem Bild sind Sinnbilder des Todes und somit des ▶ Memento mori. Zu Füßen des personifizierten Todes liegen die Dinge, die den Glanz der Welt ausmachen: Krone, Rüstung und Bücher. Sie stehen für die Vergänglichkeit von Herrschaft, Macht und Wissen.

Das Stillleben der niederländischen Malerin ▶ Rachel Ruysch ist ein religiöses Bilderrätsel, dessen Vanitas-Motiv sich erst dem genaueren Hinsehen erschließt. Schlangen, Kröten und Eidechsen bekämpfen sich und versuchen die Pflanzen zu zerstören. Die Pflanzenwelt wirkt teilweise abgestorben und blütenlos. Nur die roten und weißen Blütenblätter leuchten hell. Sie symbolisieren die Reinheit Marias.

Der Schmetterling auf der geschlossenen Lilie, die seit dem Mittelalter ein Zeichen für die Gottesmutter ist, steht für die unbefleckte Empfängnis. Die Heuschrecke und der Käfer auf dem oberen Ast spielen auf Psalm 105 an: *„Da kamen Heuschrecken und Käfer [...]"*

Rachel Ruysch: BLUMEN AN EINEM BAUMSTAMM, 2. Hälfte 17. Jh.

Vanitas mundi ▶ S. 32

▶ Juan de Valdés Leal (1622 – 90) war ein spanischer Maler und Bildhauer. Seine Gemälde schmücken auch heute noch viele Kathedralen, Klöster, Kirchen und Krankenhäuser; vgl. auch Abbildung ▶ S. 30

Memento mori ▶ S. 32f.

▶ Rachel Ruysch (1664 – 1750) war eine niederländische Stilllebenmalerin. Sie hat die Stilllebenmalerei auch über die Zeit des Barocks hinaus geprägt.

Carpe diem

Die sinnliche Seite des Lebens verkörpert der BACCHUS des Italieners ▶ Caravaggio. Das Gemälde zeigt den römischen Gott des Weines (Bacchus) mit Trauben und Weinranken im Haar. Vor ihm stehen eine Karaffe mit Rotwein und eine Schale mit Früchten. In der linken Hand hält er einen Weinkelch, den er dem Bildbetrachter zu reichen scheint – eine eindeutige **Aufforderung zum Genuss**. Auffallend ist, dass Bacchus nicht dem Ebenbild eines römischen Gottes entspricht. Er sieht eher aus wie ein sehr irdischer, möglicherweise angetrunkener Jugendlicher. Mit dem verkommenen Zustand des Obstes enthält auch dieses Gemälde einen diskreten Hinweis auf die Vergänglichkeit allen Genusses.

Die Malerei des **Rokoko**, eine Ausformung des Spätbarocks, ist vom schwermütigen Ballast befreit. ▶ Jean-Honoré Fragonards DIE SCHAU-KEL führt ein anmutiges, heiteres Spiel der Schönheit und Liebe vor. Der Liebhaber, der vorne links im Rosengebüsch liegt, schaut der schaukelnden Dame frivol unter den Rock. Diese wiederum streift im Schwung den Schuh ab, streckt das Bein nach vorne und gibt somit den ersehnten Blick auf ihr Bein frei. Der Herr, der die Schaukel anstößt, bemerkt offenbar nichts von dem raffiniert eingefädelten Rendezvous der Dame mit ihrem Rosenkavalier.

Carpe diem ▶ S. 32

▶ Caravaggio (eigentlich Michelangelo Mersi, 1571 – 1610) war ein italienischer Maler. Er gilt mit seiner neuartigen und realistischen Bildgestaltung als Mitbegründer der Barockmalerei. Seine Gemälde fanden viele Nachahmer, die oft als Caravaggisten bezeichnet werden.

▶ Jean-Honoré Fragonard (1732 – 1806) war ein französischer Maler, Zeichner und Radierer. Er zählt neben den Malern François Boucher und Antoine Watteau zu den Meistern des französischen Rokoko.

Caravaggio: BACCHUS, um 1595

Jean-Honoré Fragonard: DIE SCHAUKEL, 1767 – 68

Fruchtbringende Gesellschaft – Sprachgesellschaften ▶ S. 33

▶ **Sonett** – Gedichtform mit vierzehn Versen zumeist in vier Strophen: zwei Quartette (Vierzeiler) und zwei Terzette (Dreizeiler); häufiges Reimschema:
abba abba cdc dcd

Vanitas mundi ▶ S. 32

Antithetik ▶ S. 32f.

▶ **Alexandriner** – ein Vers, dessen Metrum ein sechshebiger Jambus ist, also ein Wechsel von sechs unbetonten und sechs betonten Silben. Nach der dritten Hebung folgt ein Sinneinschnitt (Mittelzäsur). Dadurch besteht er im Grunde aus zwei Halbversen und eignet sich zur Betonung von Gegensätzen, z. B.: *„Was itzund prächtig blüht, // soll bald zutreten werden"*.

Andreas Gryphius: Es ist alles eitel (1637)

Andreas Gryphius

Andreas Gryphius (eigentlich A. Greif) ist der **Dichter der Vergänglichkeit und der christlichen Weltüberwindung**. Sein Werk spiegelt ein Lebensschicksal wider, das bezeichnend ist für das krisengeschüttelte 17. Jahrhundert.

Gryphius' Kindheit wurde überschattet von den **Schrecken des Dreißigjährigen Krieges**. Mit zwölf Jahren war er Vollwaise und erlebte die Zerstörung seiner Heimatstadt, Vertreibung, Verfolgung, Feu-

Andreas Gryphius

ersnot und Pest. Mit dem Besuch des Gymnasiums begannen die Jahre **schöpferischer Tätigkeit** und **erstaunlicher Gelehrsamkeit**. Nach umfassenden Studien und Bildungsreisen in Holland, Frankreich und Italien bekleidete er ab 1650 das hohe Amt eines Rechtsberaters (Syndikus) der evangelischen Kirche. 1662 wurde er als „der Unsterbliche" in die ▶ **Fruchtbringende Gesellschaft**, eine Sprachgesellschaft, aufgenommen.

Weitere Werke

Oden und **Sonette**; Catharina von Georgien oder bewährte Beständigkeit (Trauerspiel); Absurda Comica oder Herr Peter Squentz (Lustspiel)

Es ist alles eitel

Andreas Gryphius ist der bedeutendste Dichter des Barock. Das ▶ Sonett Es ist alles eitel warnt eindringlich vor der **Vergänglichkeit allen Seins** und der Allgegenwart des Todes. Die erschütternden **Bilder der** ▶ **Vanitas**, die ▶ **Antithetik**, die sich im Versmaß des ▶ **Alexandriners** aufspannt, die ▶ **Personifikationen** und ▶ **rhetorischen Fragen** beschwören die Endlichkeit alles Irdischen. Dies bleibt allerdings nicht das letzte Wort, denn im letzten Vers klingt das christliche Heilsangebot an: die Hoffnung auf **Auferstehung**.

Es ist alles eitel

Du siehst, wohin du siehst, nur ▸ Eitelkeit auf Erden,
Was dieser heute baut, reißt jener morgen ein;
Wo ▸ itzund Städte stehn, wird eine Wiesen sein,
Auf der ein Schäferskind wird spielen mit den Herden.

5 Was itzund prächtig blüht, soll bald zutreten werden.
Was ▸ itzt so pocht und trotzt, ist morgen Asch und ▸ Bein;
Nichts ist, das ewig sei, kein Erz, kein Marmorstein.
Itzt lacht das Glück uns an, bald donnern die Beschwerden.

Der hohen Taten Ruhm muss wie ein Traum vergehn.
10 Soll denn das Spiel der Zeit, der leichte Mensch, bestehn?
Ach, was ist alles dies, was wir ▸ vor köstlich achten,

Als schlechte Nichtigkeit, als Schatten, Staub und Wind,
Als eine Wiesenblum, die man nicht wiederfind't!
Noch will, was ewig ist, kein ▸ einig Mensch betrachten!

▸ Personifikation –
Vermenschlichung von
abstrakten Begriffen, z. B.:
„Vater Staat"

▸ rhetorische Frage – Scheinfrage, die keine Antwort
erwartet, sondern der
Bekräftigung der Aussage
dient, z. B.: *„Haben wir nicht
alle Fehler gemacht?"*

▸ „eitel" steht hier in der
ursprünglichen Bedeutung im
Sinne von Vanitas: gehaltlos,
nichtig, vergänglich,
vergeblich.

▸ itzund, itzt – jetzt

▸ Bein – hier: Knochen

▸ vor köstlich – für kostbar

▸ einig – einziger

Aus einer barocken Totentanz-Darstellung

Arbeitsvorschläge

1. Erkläre die Überschrift mithilfe der Antithetik (Gegensätzlichkeit), die das Sonett durchzieht. Berücksichtige besonders den letzten Vers.

2. Zeige, mit welchen weiteren Stilmitteln (z. B. Metaphern, Personifikationen,
   rhetorischern Fragen) die Aussage des Gedichts bekräftigt wird.

3. Begründe, weshalb dieses Sonett typisch für das Barockzeitalter ist. Warum könnte es
   auch heute noch aktuell sein?

Sonett ▶ S. 36

Eine ▶ Ode ist ein feierliches Gedicht, ursprünglich in der Antike zu Musikbegleitung vorgetragene Dichtung; reimlos, strenge (nicht alternierende) metrische Form. Es hat Themen wie Liebe, Freundschaft oder Natur zum Inhalt.

Ein ▶ Epigramm, auch Sinngedicht genannt, ist ein kurzes Gedicht, das einen Sachverhalt in geistreichzugespitzter Form erläutert.

Vanitas ▶ S. 32

Carpe diem ▶ S. 32

Ein ▶ Trochäus ist ein Versfuß (kleinste Einheit des Versmaßes), der aus einer betonten (Hebung) und einer unbetonten (Senkung) Silbe besteht.

Paul Fleming: Wie er wolle geküsset sein (1642)

Paul Fleming

Paul Fleming führte das typische Leben eines **Gelehrten** des 17. Jahrhunderts. Er wuchs, wie Andreas Gryphius, als Pfarrerssohn auf, besuchte die hoch angesehene Thomasschule in Leipzig und begann anschließend ein **Philosophie- und Medizinstudium** an der Universität. Als Mitglied einer Gesandtschaft des Herzogs Friedrich von Holstein bereiste er **Russland und Persien**. Auf der Rückreise lernte er in Reval (heute Tallinn) die drei Töchter

Paul Fleming

der Kaufmannsfamilie Niehusen kennen, denen er Liebeslieder und Sonette schrieb. Nach der Verlobung mit Anna Niehusen schloss er sein Medizinstudium an der Universität Leiden ab. Auf der Rückreise zu seiner Braut verstarb er an einer Lungenentzündung. In Flemings **Gedichten spiegeln sich die Spannungen seiner Zeit** wider: Weltzugewandte Liebes- und Trinklieder stehen neben religiösen ▶ **Sonetten** und ▶ **Oden**.

Weitere Werke

Liebes- und Trinklieder; Sonette; Oden und ▶ **Epigramme**

Wie er wolle geküsset sein

Dieses **Kussgedicht** gehört nicht zu den bedeutungsschweren ▶ **Vanitas**-Texten der Epoche, welche vom irdischen Jammertal, der Allgegenwart des Todes und von religiöser Erlösung handeln. Im Gegenteil: Das heitere ▶ **Carpe-diem**-Liebesgedicht preist **Sinnlichkeit** und **Lebensgenuss**. Die Ratschläge und Anweisungen zum Küssen dürfen allerdings nicht als Ausdruck eines persönlichen Liebeserlebnisses verstanden werden. Sie sind ein **scherzhaftes, erotisches Spiel**, das auf Sinnesfreude und nicht auf moralische Unterweisung zielt.

Beschwingt ist auch der Rhythmus des Gedichtes: Die vierhebigen ▶ **Trochäen** und die wechselnden ▶ **Kadenzen** klingen wie ein heiteres Volkslied.

Wie er wolle geküsset sein

Nirgends hin als auf den Mund:
Da sinkt's in des Herzens Grund;
Nicht zu frei, nicht zu gezwungen,
Nicht mit gar zu fauler Zungen.

5 Nicht zu wenig, nicht zu viel:
Beides wird sonst Kinderspiel;
Nicht zu laut und nicht zu leise:
Bei dem Maß ist rechte Weise.

Nicht zu nahe, nicht zu weit:
10 Dies macht Kummer, jenes Leid;
Nicht zu trucken, nicht zu feuchte,
Wie ▸ Adonis ▸ Venus reichte.

Nicht zu harte, nicht zu weich,
Bald zugleich, bald nicht zugleich,
15 Nicht zu langsam, nicht zu schnelle,
Nicht ohn Unterscheid der Stelle.

Halb gebissen, halb gehaucht,
Halb die Lippen eingetaucht,
Nicht ohn Unterscheid der Zeiten,
20 Mehr alleine denn bei Leuten.

Küsse nun ein jedermann,
Wie er weiß, will, soll und kann!
Ich nur und die Liebste wissen,
Wie wir uns recht sollen küssen.

Eine ▸ Kadenz ist die metrische Gestaltung des Versendes. Männliche Kadenz: Der Vers endet mit einer betonten Silbe (z. B. *Mond*). Weibliche Kadenz: Der Vers endet mit einer unbetonten Silbe (z. B. *Sonne*).

▸ Adonis ist in der griech. Mythologie ein wunderschöner Jüngling und der Geliebte der Aphrodite (röm. ▸ Venus), der Göttin der Liebe.

Arbeitsvorschläge

1. Paul Fleming gibt in seinem Gedicht zahlreiche Ratschläge, wie man küssen sollte. Lege eine Liste mit diesen Ratschlägen an.

2. Das Gedicht WIE ER WOLLE GEKÜSST SEIN ist in einem scherzhaft-heiteren Ton geschrieben. Zeige, welche Stilmittel diesen Ton erzeugen.

3. Schreibe ein modernes Kussgedicht.

Hans Jakob Christoffel von Grimmelshausen: Der abentheuerliche Simplicissimus Teutsch (1669)

Hans Jakob Christoffel von Grimmelshausen

Was wir von Grimmelshausens Leben wissen, erinnert an die Handlung des Abenteuerromans, der ihn berühmt gemacht hat. Nach dem frühen Tod des Vaters wurde er vom Großvater aufgezogen und geriet durch die **Kriegswirren** in ein gefährliches **Wander- und Soldatenleben.** Nach Kriegsende übte er zahlreiche Berufe aus. Er war Verwalter und Beamter, Gastwirt, Burgvogt auf der Ullenburg und schließlich Schultheiß im Dienste des Straßburger Bischofs. Mit seiner Frau Catharina hatte er zehn Kinder.

Hans Jakob Christoffel von Grimmelshausen

Weitere Werke

Romane (im Stil des Simplicissimus): Lebensbeschreibung der Erzbetrügerin und Landstörzerin Courage

Der abentheuerliche Simplicissimus Teutsch

Der ▶ Simplicissimus, der erste bedeutende deutsche Roman, ist ein ▶ Antikriegsroman, Abenteuerroman und ▶ Schelmenroman. Schonungslos prangert er die **Grausamkeiten des Dreißigjährigen Krieges** an, indem er sie aus der **Ich-Perspektive** eines ahnungslosen Überlebenskünstlers schildert, den die Fügungen des Schicksals in turbulente Abenteuer verwickeln. Der Titelheld wird nach seiner Vertreibung vom Hof des Vaters von einem Einsiedler aufgenommen und erzogen. Nach dessen Tod beginnt für Simplicissimus ein unstetes Soldatenleben, das ihn in Narren- und Frauenkleider zwingt. Er übt verschiedene Berufe aus: Er wird Knecht eines Kavalleristen, Soldat der kaiserlichen Truppen, ▶ Quacksalber, Pilger, Hauptmann und schließlich Bauer im Schwarzwald. Hier erfährt er, dass er eigentlich ein adeliges Findelkind ist. Die Lebensumstände jagen ihn aber erneut durch die Welt, bis er als weltabgewandter Einsiedler auf einer Insel zur Ruhe kommt.

Der abentheuerliche Simplicissimus Teutsch, I. Buch, 4. Kapitel

Im ersten von fünf Büchern schildert der Ich-Erzähler, wie er in ärmlichen Verhältnissen auf einem abgelegenen Bauernhof im Spessart aufwächst. Die Welt außerhalb des Waldgebietes ist ihm unbekannt. Der Krieg dringt in diese Einöde vor, als plündernde Soldaten den Bauernhof überfallen.

Das Erste, das diese Reuter taten, war, dass sie ihre Pferde einstelleten, hernach hatte jeglicher seine sonderbare Arbeit zu verrichten, deren jede lauter Untergang und Verderben anzeigte, denn obzwar etliche anfingen zu metzgen, zu sieden und zu braten, dass es sah, als sollte ein lustig
5 Bankett gehalten werden, so waren hingegen andere, die durchstürmten das Haus unten und oben, ja das heimlich Gemach war nicht sicher, [...] was sie aber nicht mitzunehmen gedachten, wurde zerschlagen [...]; unser Magd ward im Stall dermaßen traktiert, dass sie nicht mehr daraus gehen konnte, welches zwar eine Schand ist zu melden! den Knecht leg-
10 ten sie gebunden auf die Erd, stecketen ihm ein ein Sperrholz ins Maul, und schütteten ihm einen Melkkübel voll garstig Mistlachenwasser in Leib, das nannten sie ein Schwedischen Trunk, wodurch sie ihn zwangen, ▶ **eine Partei anderwärts zu führen**, allda sie Menschen und Vieh hinwegnahmen, und in unsern Hof brachten, unter welchen mein ▶ **Knan**,
15 mein ▶ **Meuder** und unser Ursele auch waren. [...] es hatte jeder sein eigene ▶ **Invention**, die Bauren zu peinigen, und also auch jeder Bauer seine sonderbare Marter: Allein mein Knan war ▶ **meinem damaligen Bedünken nach** der Glückseligste, weil er mit lachendem Mund bekannte, was andere mit Schmerzen und jämmerlicher Weheklag sagen muss-
20 ten, und solche Ehre widerfuhr ihm ohne Zweifel darum, weil er der Hausvater war, denn sie setzten ihn zu einem Feuer, banden ihn, dass er weder Händ noch Füß regen konnte, und rieben seine Fußsohlen mit angefeuchtem Salz, welches ihm unser alte Geiß wieder ablecken und dadurch also kitzeln musste, dass er vor Lachen hätte ▶ **zerbersten** mö-
25 gen; das kam so artlich, dass ich Gesellschaft halber, oder weil ichs nicht besser verstund, von Herzen mitlachen musste: In solchem Gelächter bekannte er seine Schuldigkeit und öffnet' den verborgenen Schatz, welcher von Gold, Perlen und Kleinodien viel reicher war, als man hinter Bauren hätte suchen mögen. [...]

Im Mittelpunkt eines ▶ Schelmenromans steht ein schalkhafter Ich-Erzähler, den die Fügungen des Schicksals in turbulente Abenteuer verstricken. Als Überlebenskünstler, der die Sympathie der Leser auf seiner Seite hat, ist der Schelm in schwierigen Situationen auf List, Verschlagenheit und Glück angewiesen. Häufig werden Missstände der Zeit entlarvt. Der bekannteste Schelmenroman ist Miguel de Cervantes' DON QUIJOTE.

▶ Quacksalber – Person, die ohne angemessene Ausbildung als Arzt praktiziert

▶ eine Partei anderwärts zu führen – die Gruppe dorthin führen, wo sich die Besitztümer befinden

▶ Knan – Vater

▶ Meuder – Mutter

▶ Invention – Erfindung

▶ meinem damaligen Bedünken nach – wie es mir damals erschien; wie es mir damals vorkam

▶ zerbersten – zerspringen, aufplatzen

Arbeitsvorschläge

1. Gib den Handlungsverlauf in heutiger Sprache wieder. Welche Grausamkeiten begehen die Soldaten?

2. Erläutere, ob der Ich-Erzähler die Vorfälle versteht, die er schildert.

3. Nenne epochentypische Merkmale, die sich in diesem Romanauszug finden.

Figurengedicht und Konkrete Poesie

Das Figurengedicht

Wichtige **Vertreter barocker Figurengedichte** sind Catharina Regina von Greiffenberg, Theodor Kornfeld, Georg Philipp Harsdörffer, Friedrich von Logau, Justus Georg Schottelius und Philipp von Zesen.

Memento mori ▶ S. 33

Bei einem Figurengedicht wird der Inhalt des Textes über das Schrift- oder Druckbild auch **grafisch** dargestellt. Diese Form der **Bildlyrik** ist seit der Antike bekannt und war schon im Mittelalter beliebt. Ein Prunkstück jener Jahre ist die Handschrift VOM LOB DES HEILIGEN KREUZES (825/826), die der Mainzer Erzbischof Rabanus Maurus verfasst hat. Sie enthält 28 hochsymbolische Gedichte, deren Verse sich durch optische Hervorhebungen zu einem Kreuz formen, wodurch sich neue Sinnebenen ergeben.

Eine Blüte erlebte das Figurengedicht im Barock. Die kunstvoll geformten Texte spiegeln das Bedürfnis des Zeitalters nach Witz und Geist in der Literatur, aber auch nach verschnörkelter, prunkvoller Gestaltung wider. **Theodor Kornfelds** EIN SANDUHR veranschaulicht, wie Text und Druckbild harmonieren, um das ▶ Memento mori der Gedichtaussage eindringlich zu vermitteln.

Theodor Kornfeld: Ein Sanduhr

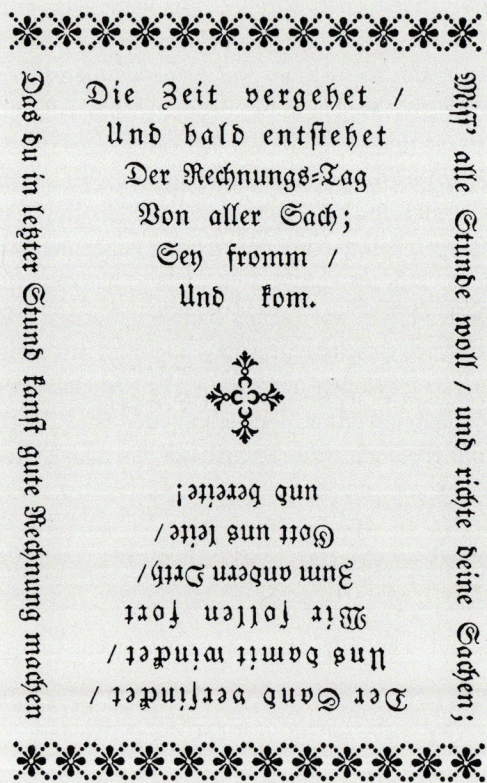

Zu den sprachspielerischen Gedichtformen, die sich im Barock gro-ßer Beliebtheit erfreuten, zählen auch ▶ Akrostichon und ▶ Emblem.

Friedrich von Logau: Kennzeichen eines rechten Freundes

F rey.
R edlich.
E hrlich.
U nverdrossen.
N amhaft.
D emütig.

Konkrete Poesie

In ähnlicher Form wie im Barock experimentiert die ▶ Konkrete Poesie mit Sprache. Die zwischen 1950 und 1960 entstandene Strömung der modernen Lyrik geht von den materiellen Eigenschaften der Sprache aus, von Lauten, Buchstaben, Silben und Wörtern. Dieses Material wird so kombiniert, dass eine visuelle oder klangliche Wirkung entsteht. Deshalb kommen der grafischen Gestaltung und dem Vortrag besondere Bedeutung zu. **Reinhard Döhls** modernes Stillleben APFEL aus dem Jahr 1965 steht unverkennbar in der Tradition barocker **Vanitas-Texte**, die Vergänglichkeit bewusst machen.

Reinhard Döhl: Apfel

Ein ▶ **Akrostichon** ist ein Gedicht, bei dem die hintereinander zu lesenden Anfangsbuchstaben der Verse ein Wort oder einen Satz ergeben.

Ein ▶ **Emblem**, auch Sinnbild genannt, ist eine kleine Kunstform, die sich aus drei Teilen zusammensetzt: Überschrift, Bild und Bildunterschrift.

Wichtige Vertreter der ▶ **Konkreten Poesie** sind Claus Bremer, Reinhard Döhl, Eugen Gomringer, Helmut Heißenbüttel, Ernst Jandl, Franz Mon und Gerhard Rühm.

Ein frühes Gedicht der konkreten Poesie, das von der Vortragskunst lebt, ist Hugo Balls KARAWANE ▶ S. 245

Zusammenfassung

Das Zeitalter des Barock ist eine Zeit **großer Gegensätze** (Antithesen). Auf der einen Seite steht der absolutistisch regierte Fürstenhof mit seiner prunkvollen, verschwenderischen Lebensführung und der großzügigen Förderung der Künste. Die andere Seite bildet eine Bevölkerung, die durch Kriege, Hungersnöte und Seuchen schlimme Not litt. Diese Erfahrungen prägen das Lebensgefühl und spiegeln sich in der Literatur und Malerei jener Jahre. Das **Bewusstsein von der raschen Vergänglichkeit alles Irdischen (Vanitas mundi)** führte zu zwei gegensätzlichen Haltungen: Besonders die Sonette und die Stillleben sind Ausdruck von **Weltverneinung und Jenseitshoffnung (Memento mori)**. Dagegen stehen **weltbejahende** Texte und Gemälde, die dazu aufrufen, die verbleibende Zeit mit **Lebenslust** zu genießen **(Carpe diem)**. Von den Schrecken des Dreißigjährigen Krieges vermittelt Grimmelshausens Schelmenroman DER ABENTHEUERLICHE SIMPLICISSIMUS TEUTSCH, der erste wichtige deutsche Roman, ein eindringliches Bild.

Das Zeitalter des Barock ist auch eine Zeit mit hohem Sprachbewusstsein. Das zeigt sich in den Sprachgesellschaften und in der experimentellen Lyrik (Figurengedichte).

Wichtige Begriffe

Akrostichon; Alexandriner; Antikriegsroman; Sprachgesellschaft; Antithetik; Carpe diem; Emblem; Figurengedicht; Konkrete Poesie; Memento mori; Schelmenroman; Sonett; Vanitas mundi

Zusammenfassung der Teilkapitel

Die Malerei des Barock – Die Malerei des Barock ist wie die Literatur des Barock von Gegensätzen beherrscht. Zum einen finden sich Motive der Vergänglichkeit des Irdischen **(Vanitas mundi)** und des Todesbewusstseins **(Memento mori)**, z. B. in den Stillleben. Zum anderen dominieren Motive des Lebensgenusses **(Carpe diem)**; besonders im Rokoko, der Spätform des Barock.

Autoren und Werke

Andreas Gryphius: ES IST ALLES EITEL – Das Sonett des Memento mori warnt mit eindringlicher Rhetorik vor der Vergänglichkeit alles Irdischen und formuliert im Schlussvers die Hoffnung auf Erlösung und Auferstehung.

Paul Fleming: WIE ER WOLLE GEKÜSSET SEIN – Das Carpe-diem-Kussgedicht ruft in scherzhaft-heiterem Ton zu Sinnlichkeit und Liebeswonnen auf.

Hans Jakob Christoffel von Grimmelshausen: DER ABENTHEUERLICHE SIMPLICISSIMUS TEUTSCH – Der berühmte Schelmenroman ist eine Anklage gegen die Grausamkeiten des Krieges und seine Folgen für den Menschen. Ein Ich-Erzähler schildert das unstete Soldatenleben, zu dem ihn die Wirren des Dreißigjährigen Krieg zwingen.

Figurengedicht und Konkrete Poesie – Das barocke Figurengedicht erzielt seine eindringliche Wirkung durch die Harmonie von Text und Druckbild, wie Theodor Kornfelds EIN SANDUHR zeigt. Zu der sprachexperimentellen Lyrik des Zeitalters gehören auch das Akrostichon und das Emblem. Die konkrete Poesie, die im 20. Jahrhundert entstand, knüpft an diese kunstvollen Formen der Lyrik an.

Weitere Autoren und Werke

Jakob Bidermann: CENODOXUS; Martin Opitz: BUCH VON DER TEUTSCHEN POETEREY; Paul Gerhard: KIRCHENLIEDER; Christian Hoffmann von Hoffmannswaldau: LYRIK; Angelus Silesius: DER CHERUBINISCHE WANDERSMANN; Johann Christian Günther: STUDENTENLIEDER

Aus einer barocken Totentanz-Darstellung

Arbeitsvorschläge

1. Vergleiche die Liebesgedichte VERGÄNGLICHKEIT DER SCHÖNHEIT von Christian Hoffmann von Hoffmannswaldau (S. 31) und WIE ER WOLLE GEKÜSSET SEIN von Paul Fleming (S. 39) und begründe, welches dir besser gefällt.

2. Erläutere anhand des Bildes VANITAS von Juan de Valdés Leal (S. 30), was mit dem Begriff „barocke Antithetik" gemeint ist.

3. Gestaltet in Gruppenarbeit eine Collage oder eine Wandzeitung zum Barock.
   Sie kann Materialien des Kapitels enthalten, Porträts und Lebensbeschreibungen großer Persönlichkeiten (Regenten, Philosophen, Dichter, Wissenschaftler, Entdecker) oder Texte und Bilder aus heutigen Büchern, Zeitschriften und Zeitungen.

4. Bereitet in Gruppenarbeit eine Multimedia-Show vor, bei der ihr Texte, Musik und Bilder des Barock präsentiert.

5. Schreibe ein modernes Gedicht im Sinne des Memento mori oder des Carpe diem.
   Wähle dazu eines der folgenden Muster: Sonett, Figurengedicht oder Akrostichon.
   Oder schreibe ein Gedicht, mit dem eine junge Frau auf Hoffmannswaldaus VERGÄNGLICHKEIT DER SCHÖNHEIT (S. 31) antwortet.

Francisco de Goya: DER SCHLAF DER VERNUNFT GEBIERT UNGEHEUER, 1799

Religiöses Tischgespräch zwischen dem Philosophen Moses Mendelssohn (links), Lessing (stehend) und dem Pfarrer Johann Casper Lavater (rechts); Stich nach einem Gemälde von Moritz Oppenheim, 1860

Immanuel Kant

Was ist Aufklärung

Aufklärung ist der Ausgang des Menschen aus seiner selbst verschuldeten
Unmündigkeit. Unmündigkeit ist das Unvermögen, sich seines Verstandes
ohne Leitung eines anderen zu bedienen. Selbstverschuldet ist diese
Unmündigkeit, wenn die Ursache derselben nicht am Mangel des Verstandes,
5 sondern der Entschließung und des Mutes liegt, sich seiner ohne Leitung eines
andern zu bedienen. Sapere aude![1] Habe Mut, dich deines eigenen Verstandes zu
bedienen! ist also der Wahlspruch der Aufklärung.

[1]   Sapere aude!: Wage zu wissen!

Geschichtlicher Hintergrund

- **1689** John Locke veröffentlicht TWO TREATISES OF GOVERNMENT. Dort erklärt er, dass der Mensch Grundrechte von Natur aus besitzt.

- **1748** Montesquieu veröffentlicht DE L'ESPRIT DES LOIS. Dort propagiert er Gewaltenteilung als Gegenentwurf zum absolutistischen Herrscher.

- **1762** Rousseau veröffentlicht DU CONTRAT SOCIAL. Er legitimiert die Macht des Herrschers durch einen Auftrag des Volkes.

- **1776** amerikanische Unabhängigkeitserklärung

- **1787** Die amerikanische Verfassung setzt viele Ideen der Aufklärung um.

- **1789** Die Französische Revolution stützt sich auf die Ideen der Aufklärung.

▶ **Immanuel Kant** (1724 – 1804) war Philosoph (▶ S. 47).

▶ **Autorität** – Person oder Einrichtung, die Ansehen, Einfluss, Geltung besitzt und deren Wort deswegen zählt.

▶ **Aristoteles** – lebte von 384 – 22 v. Chr. in Athen und war Philosoph. Er verfasste unter anderem eine Dichtungstheorie, die für die französischen Dramen vorbildlich war.

▶ **Absolutismus** – vorherrschende Regierungsform im 17./18. Jahrhundert; der Herrscher steht über dem Gesetz und vereinigt in sich alle Staatstätigkeiten.

Aufklärung (1720 – 1785)

Ein neues Denken …

Die Aufklärung entdeckt die menschliche Vernunft und revolutioniert dadurch das gesamte Denken. ▶ **Immanuel Kants** bekannter Ausspruch, Aufklärung sei der Ausgang des Menschen aus seiner selbst verschuldeten Unmündigkeit, zeigt die wesentliche Neuerung der Aufklärung: Bisher konnte man die Wahrheit einer Aussage beweisen, indem man auf eine ▶ **Autorität** verwies, die die Wahrheit dieser Aussage verbürgte (z. B. die Bibel, ▶ **Aristoteles**). Nun wurde die **eigene Vernunft zum Prüfstein für wahr und falsch**, gut und schlecht. Nach der Grundannahme, dass jeder Mensch von Natur aus vernunftbegabt sei, kann und muss jeder eine Entscheidung für sich selbst treffen.

… mit umwälzenden Folgen

Gerade die Annahme, dass jeder Mensch vernunftbegabt sei, führt zu riesigen Umwälzungen. Wie soll man sich noch dem Willen eines ▶ **absolutistischen** Herrschers unterordnen, wenn man doch selbst die Wahrheit erkennen und vernünftige Entscheidungen treffen kann? **Freiheits- und Mitbestimmungsrechte** für den Einzelnen werden gefordert. Wenn das Urteil der eigenen Vernunft zum Maßstab wird für das, was wahr und was falsch ist – wie soll man dann noch überlieferten Glaubenswahrheiten blind vertrauen? **Behauptungen müssen bewiesen werden** – der Aufstieg der Wissenschaft beginnt.

Die Frühaufklärung: Gottsched und die Regelpoetik

In der ersten Hälfte des 18. Jahrhunderts steht das Deutsche in keinem hohen Ansehen: Latein und ▶ **Französisch** sind die Sprachen der Gebildeten, eine ernst zu nehmende Literatur auf Deutsch gibt es praktisch nicht. Dem will man abhelfen. So entsteht die sogenannte **Nationaltheater**-Bewegung: Mithilfe von ▶ **Mäzenen** sollen ▶ **stehende Bühnen** eingerichtet werden, die die Aufgabe haben, deutschsprachige Theaterstücke aufzuführen. Auch ▶ **Johann Christoph Gottsched** versucht, an der Verbesserung der deutschen Literatur mitzuwirken. Er veröffentlicht 1730 seine CRITISCHE DICHTKUNST – ein theoretisches Werk, in dem er Regeln für die Literatur aufstellt. Diese Regeln orientieren sich an der klassischen französischen Literatur. Dazu gehört u. a. die Einhaltung der sogenannten **drei Einheiten**: die Einheit der Zeit (die Handlung spielt innerhalb max. 24 Stunden), des Ortes (sie spielt an nur einem Ort) und der Handlung (es wird genau eine Handlung ohne Nebenhandlung von Anfang bis Ende erzählt).

Die Spätaufklärung: Lessing und die Mitleidspoetik

▶ **Gotthold Ephraim Lessing** strebt ein weiteres Ziel an, insofern unterscheiden sich seine Mittel: Anders als Gottsched will er nicht einfach nur Lehrsätze vermitteln. **Er will den Menschen bessern, indem er ihn zum Mitleid erzieht.** Damit der Zuschauer etwa mit Theaterfiguren mitleiden kann, muss er sich mit diesen Figuren identifizieren. Die Figuren müssen glaubwürdig wirken, sie müssen eine **Illusion** von Echtheit hervorrufen, damit sich der Zuschauer einfühlen kann. Psychologische Glaubwürdigkeit wird wichtiger als die Einhaltung der Regeln.

Zwei Seiten einer Medaille: Die Empfindsamkeit

Typisch für die Aufklärung ist die Entdeckung der Vernunft des Einzelnen. Auf den ersten Blick erscheint es als Widerspruch, wenn man gleichzeitig das eigene Gefühl zu entdecken, ja zu genießen beginnt. In der ▶ **Empfindsamkeit** werden die eigenen Gefühle bis zum Überschwang gepflegt. Auf den zweiten Blick erkennt man jedoch, dass Aufklärung und Empfindsamkeit zwei Seiten einer Medaille sind: Der Einzelne, das **Individuum rückt in den Mittelpunkt des Denkens, und zu dieser Individualität gehören Vernunft und Gefühl.**

Epochenmerkmale kurz gefasst

Aufklärung

- Entdeckung der Vernunft als Prüfstein für wahr und falsch
- Mündigkeit des Individuums
- Umwälzungen in Politik und Gesellschaft
- Regelpoetik und Mitleidspoetik: Besserung des Lesers als Ziel von Literatur
- Aufklärung und Empfindsamkeit: Vernunft und Gefühl als zwei Seiten einer Medaille

---

Wichtige Vertreter der klassischen ▶ französischen Literatur sind etwa Pierre Jean Corneille, Racine und Jean-Baptiste Molière.

▶ **Mäzen** – vermögende Privatperson, die Künstler finanziell unterstützt, vergleichbar mit einem Sponsor

▶ **stehende Bühne** – ein Theater mit fest angestellten Schauspielern, im Gegensatz zu den Truppen von Wanderschauspielern, die bis ins 18. Jahrhundert üblich waren

▶ **Johann Christoph Gottsched** (1700 – 66) war Schriftsteller und Kritiker. Sein Einfluss und sein Erfolg sind in der ersten Hälfte des 18. Jahrhunderts enorm. Neben der CRITISCHEN DICHTKUNST verfasste er auch Dramen.

Gotthold Ephraim Lessing ▶ **S. 52**

▶ **Empfindsamkeit** – Strömung innerhalb der Aufklärung, die stärker das Gefühl betont und den Sturm und Drang beeinflusst. Der wichtigste Vertreter der Empfindsamkeit in England ist Laurence Sterne mit seinem Roman TRISTRAM SHANDY.

Wichtige **Vertreter der Empfindsamkeit in Deutschland** sind Matthias Claudius und Friedrich Gottlieb Klopstock (▶ **S. 56**).

Die Aufklärung in der Philosophie

Rousseau – Kant – Voltaire

Die Aufklärung ist nicht in erster Linie eine literaturgeschichtliche Epoche – im Gegenteil: Viel bedeutender sind die aufklärerischen Leistungen in der Philosophie. Während die literarische Aufklärung in Deutschland eigentlich nur ▶ Lessing als wirklich überragenden Autor hervorgebracht hat, sind die philosophischen Erkenntnisse der Zeit bis heute Grundlage unseres Denkens. **Unsere Vorstellungen von Freiheit, Demokratie und Rechtsstaat wären ohne die Philosophie der Aufklärung nicht denkbar.**

Grundüberzeugungen der Aufklärung sind, dass der Mensch mithilfe der Vernunft Wahrheit erkennen kann und dass er das Recht und die Möglichkeit hat, über sich selbst zu bestimmen. ▶ Jean-Jacques Rousseau etwa geht davon aus, dass der Naturzustand des Menschen die Freiheit ist. Deswegen hat kein Herrscher das Recht, den Menschen in seiner Freiheit einzuschränken. Nur freiwillig kann der Mensch sich in eine Gesellschaft einfügen: Rousseau geht davon aus, dass der sogenannte ▶ Gesellschaftsvertrag die einzige Rechtfertigung für Herrschaft ist. Durch diesen Vertrag schließen sich die Bürger freiwillig zu einer Gesellschaft zusammen. Daher muss der Herrscher nach dem Willen der Gesellschaftsmitglieder regieren.

Jean-Jacques Rousseau

Die Frage „Was kann ich wissen?" steht für ▶ Immanuel Kant im Zentrum des Interesses. Kants Antwort: Für den Menschen ist nur das erkennbar, was sich in Zeit und Raum ereignet. Das hat grundlegende Konsequenzen insbesondere für die Religion, denn über Gott, der jenseits von Zeit und Raum existieren soll, kann man nichts wissen, man kann nur glauben. Die Ansprüche der Religion auf absolute Wahrheiten werden damit radikal infrage gestellt. ▶ Toleranz wird aber nicht nur im Religiösen zum obersten Gebot. Auch in Politik und Gesellschaft kann sich keiner mehr anmaßen, seiner Überzeugung absolute Gültigkeit zuzusprechen.

Anders als Kant und Rousseau ist ▶ Voltaire kein systematischer Denker, der von bestimmten Prinzipien ausgehend ein philosophisches System entwickelt. Trotzdem ist er der vielleicht einflussreichste

---

Gotthold Ephraim Lessing ▶ S. 52

▶ Jean-Jacques Rousseau (1712 – 72) war ein französischer Philosoph. Er ging von einem – stark idealisierten – Naturzustand des Menschen aus. An diesem maß er Staat, Gesellschaft und Erziehungsideale seiner Zeit und kritisierte sie als unnatürlich und schlecht. Er gilt als einer der ideellen Vorreiter der Französischen Revolution.

▶ Gesellschaftsvertrag – Die freiwillige Zustimmung der Menschen zum Zusammenschluss ist die Grundlage eines Staates und von Herrschaft; der Herrscher muss im Sinne des Volkes handeln.

Immanuel Kant ▶ S. 47, 48

▶ Toleranz – Eigenschaft, etwas dulden oder ertragen zu können

▶ Voltaire (eigentlich François Marie Arouet) (1694 – 1778) war ein französischer Philosoph und Schriftsteller.

Philosoph der europäischen Aufklärung. Wie kein anderer verteidigt er die **Grundideen der Aufklärung: Toleranz, Menschenwürde, Menschenrechte, Vernunft** – und er lässt keinen Zweifel daran, dass diese Ideen im Absolutismus missachtet werden. So wird Voltaire zu einem der wichtigsten Vorbereiter der ▶ **Französischen Revolution**.

Deismus und Religionskritik

Auch die Glaubensinhalte der Religion unterwirft die Aufklärung einer radikalen Vernunftkritik: Geglaubt werden kann nur noch das, was der Vernunft standhält. Gerade die Berichte des Neuen Testaments werden angezweifelt. Denn wie könnte man die Wundertaten oder die Auferstehung von Jesu von Nazareth vernünftig nachvollziehen? Vorstellen können sich viele Aufklärer – unter ihnen etwa Voltaire – einen Schöpfergott, der als Ursprung der Welt fungiert. Dieser Schöpfergott hat zu Beginn der Welt auch die Naturgesetze geschaffen und greift nun nicht mehr in die Wirklichkeit ein. Ob dieser Gott ein personaler Gott ist, wie ihn die Bibel beschreibt, oder eine unpersönliche Macht, kann man nicht sagen. Diese Position wird als ▶ **Deismus** bezeichnet.

Die christliche ▶ **Dogmatik** lehnt diese Vorstellung ab. Aber ihre eigenen Ideen werden durch die Aufklärung infrage gestellt: ▶ **Offenbarung** als Grundlage für Wahrheit wird nicht mehr akzeptiert. Der Anspruch, allein über absolute Wahrheit zu verfügen, wird kritisiert, ▶ **Toleranz gegenüber anderen Religionen** wird gefordert.

▶ Französische Revolution – Ablösung der absolutistischen Herrschaft in Frankreich 1789; Losung: Freiheit, Gleichheit, Brüderlichkeit

▶ Deismus – Glaube an einen Gott als Schöpfer der Welt und der Naturgesetze, der aber nicht der Gott der Bibel ist.
Der Deismus spielt eine wichtige Rolle im Fragmentenstreit um Lessing. ▶ S. 54

▶ Dogmatik – Glaubenslehre

▶ Offenbarung – Gott teilt sich den Menschen unmittelbar mit.

Religiöse Toleranz ist ein wichtiges Thema in Lessings NATHAN DER WEISE. ▶ S. 54f.

Immanuel Kant

Voltaire

Empfindsamkeit ► S. 49

► **publizistische Tätigkeit** – Mitarbeit in den Medien, damals vor allem Zeitungen und Zeitschriften

► **Repertoire** – die Summe der Stücke, die in einem Theater auf dem Spielplan stehen

Bürgerliches Trauerspiel ► S. 62f.

Gotthold Ephraim Lessing: Emilia Galotti (1772)

Gotthold Ephraim Lessing

Lessing ist **der wohl bedeutendste Autor**, den die Aufklärung in Deutschland hervorgebracht hat. Wie alle Vertreter der Aufklärung findet es Lessing selbstverständlich, dass Literatur die Aufgabe hat, den Menschen zu bessern. Lessing allerdings möchte etwas Spezielles erreichen: **Er will den Leser und Zuschauer zum Mitleid erziehen**, denn *„der mitleidigste Mensch ist der beste Mensch"*. Damit zeigt Lessings Werk auch Züge der ► **Empfindsamkeit**. Es ist ty-

Gotthold Ephraim Lessing

pisch für ihn, dass er nicht nur als Schriftsteller tätig ist: Sein Ziel, die Menschen zu erziehen und zu bessern, versucht er auf verschiedenen Wegen zu erreichen. Sein ganzes Leben hindurch ist Lessing auch ► **publizistisch tätig**. Er versucht, mit dem Hamburger Nationaltheater eine stehende Bühne mit einem anspruchsvollen ► **Repertoire** in Deutschland zu etablieren und scheitert nach zwei Jahren.

Weitere Werke

Dramen: Miss Sara Sampson; Minna von Barnhelm; Nathan der Weise; theoretisches Werk: Hamburgische Dramaturgie

Emilia Galotti

Emilia Galotti ist das zweite ► **Bürgerliche Trauerspiel** Lessings nach Miss Sarah Sampson. Es gehört bis heute zu den wichtigsten Bürgerlichen Trauerspielen. Der triebgesteuerte Prinz von Guastalla verliebt sich in die tugendhafte Emilia Galotti. Als diese gerade auf dem Weg zu ihrer Hochzeit ist, lässt der Prinz sie entführen und ihren Bräutigam töten. Unter dem Vorwand, den Mord aufklären zu müssen, hält er Emilia an seinem Hof fest. In dieser Situation findet ihr Vater sie. Emilia bittet ihn, sie zu töten: Sie ist sich nicht sicher, ob es ihr gelingen wird, ihre Tugend zu bewahren – in Anbetracht der höfischen Versuchungen. Die Tugend ist Emilia wichtiger als ihr Leben. Hier zeigt sich die Wertschätzung der Moral durch das Bürgertum.

Emilia Galotti, Akt V, Szene 7

Gegen Ende des Stückes: Emilia ist in der „Obhut" des Prinzen. Dort trifft sie ihren Vater Odoardo, der einen Dolch bei sich hat. Emilia erbittet von ihm den Dolch, um sich zu erstechen. Doch Odoardo will sie davon abhalten.

ODOARDO. [...] Auch du hast nur ein Leben zu verlieren.

EMILIA. Und nur eine Unschuld!

ODOARDO. Die über alle Gewalt erhaben ist. –

EMILIA. Aber nicht über alle Verführung. – Gewalt! Gewalt! wer kann
5   der Gewalt nicht trotzen? Was Gewalt heißt, ist nichts: Verführung
ist die wahre Gewalt. – Ich habe Blut, mein Vater; so jugendliches,
so warmes Blut, als eine. Auch meine Sinne, sind Sinne. Ich stehe
für nichts. Ich bin für nichts gut. Ich kenne das Haus der Grimaldi.
Es ist das Haus der Freude. Eine Stunde da, unter den Augen meiner
10 Mutter; – und es erhob sich so mancher Tumult in meiner Seele, den
die strengsten Übungen der Religion kaum in Wochen besänftigen
konnten! – Der Religion! Und welcher Religion? [...] – Geben Sie mir,
mein Vater, geben Sie mir diesen Dolch.
[...]

15 ODOARDO. Wenn ich dir ihn nun gebe – da! *Gibt ihr ihn.*

EMILIA. Und da! *Im Begriffe, sich damit zu durchstoßen, reißt der Vater
ihr ihn wieder aus der Hand.*

ODOARDO. Sieh, wie rasch! Nein, das ist nicht für deine Hand.
[...]

20 EMILIA. Oh, mein Vater, wenn ich Sie erriete! – Doch nein; das wollen Sie auch nicht. Warum zauderten Sie sonst? – *In einem bittern
Tone, während dass sie die Rose zerpflückt.* ▶ Ehedem wohl gab es einen Vater, der seine Tochter von der Schande zu retten, ihr den ersten
den besten Stahl in das Herz senkte – ihr zum zweiten das Leben gab.
Aber alle solche Taten sind von ehedem! Solcher Väter gibt es keinen
25 mehr!

ODOARDO. Doch, meine Tochter, doch! *Indem er sie durchsticht.* –
Gott, was hab ich getan! *Sie will sinken und er fasst sie in seine Arme.*

EMILIA. Eine Rose gebrochen, ehe der Sturm sie entblättert. – Lassen
Sie mich sie küssen, diese väterliche Hand.

▶ ehedem – früher, in alter Zeit.
Emilia spielt hier auf eine Legende an, die der antike Historiker Livius berichtet: Um das Jahr 447 v. Chr. soll der römische Offizier Lucius Verginius seine Tochter Verginia umgebracht haben, um ihre Ehre und ihre Freiheit vor dem Herrscher Appius Claudius zu retten, der sie besitzen wollte. Die Tat löste eine Revolution aus.

Arbeitsvorschläge

1. Erläutere die Gründe, warum Emilia ihren Vater Odoardo bittet, sie zu töten.

2. Erkläre die Formulierung: *„Eine Rose gebrochen, ehe der Sturm sie entblättert."* (Z. 28).

3. Schreibt in Partnerarbeit einen modernen Schluss für EMILIA GALOTTI.

Leben und Werk Lessings
▶ S. 52

Gotthold Ephraim Lessing:
Nathan der Weise (1779)

Lessing und der Fragmentenstreit

Im Jahr 1774 ist Lessing Leiter der herzöglichen Bibliothek in Wolfenbüttel. Zu seiner Tätigkeit gehört es, Texte aus der Bibliothek zu veröffentlichen. So gibt er, ohne den Verfasser zu nennen, ▶ **Fragmente** einer Schrift des Aufklärers ▶ **Hermann Samuel Reimarus** heraus. Reimarus unterwirft die christliche Religion einer radikalen Vernunftkritik: Er nimmt eine ▶ **deistische** Position ein und bestreitet die Wunder und die Auferstehung Christi. Die Schrift ruft große Empörung hervor; insbesondere

Lessing-Denkmal in Hamburg

▶ Fragment – Bruchstück; nicht vollständiges Werk

▶ Hermann Samuel Reimarus (1694–1768) war ein Hamburger Gymnasialdirektor, Deist und Wegbereiter der Bibelkritik.

Deismus ▶ S. 51

der Hamburger Hauptpastor ▶ Johann Melchior Goeze protestiert lautstark. Lessing und Goeze liefern sich umfangreiche ▶ publizistische Gefechte, und es ist bezeichnend, dass Lessing darauf besteht, dass die Auseinandersetzung auf Deutsch und öffentlich geführt wird – Goeze möchte dagegen lieber einen wissenschaftlichen Disput auf Latein. Auf Betreiben Goezes verbietet der Herzog Lessing, weiterhin Artikel gegen Goeze zu veröffentlichen. Lessing wendet sich seiner *„alten Kanzel"*, dem Theater, zu und bearbeitet das Thema in NATHAN.

Lessings Schriften gegen den Hauptpastor ▶ Johann Melchior Goeze (1717–86) werden als ANTI-GOEZE bekannt.

Ein ▶ publizistisches Gefecht ist eine extreme Meinungsverschiedenheit, die öffentlich in Zeitungen oder Zeitschriften ausgefochten wird.

Nathan der Weise

NATHAN DER WEISE ist Lessings großes Plädoyer für Toleranz. In der Zeit der ▶ Kreuzzüge treffen in Jerusalem der Jude Nathan und seine Tochter Recha, der muslimische Sultan Saladin und ein christlicher ▶ Tempelritter aufeinander. Nach einigen Verwirrungen stellt sich heraus, dass alle miteinander verwandt sind. Das ist von Lessing nicht realistisch gemeint – die „Menschheitsfamilie" soll ein Symbol sein: Lessing gestaltet hier die ▶ Utopie einer Menschheit, in der sich alle als Brüder und Schwestern verstehen – unabhängig von ihrer Religionszugehörigkeit. Im Zentrum des Stückes steht die berühmte Ringparabel, mit der Nathan gleichnishaft die Frage nach der wahren Religion darstellt und beantworten will.

▶ Kreuzzüge – Zwischen 1096 und 1270 fallen christliche Heere ins Heilige Land, Jerusalem, ein, um es von der muslimischen Herrschaft zu „befreien".

Die ▶ Tempelritter sind Angehörige des ersten Ritterordens, der 1118 in der Folge des Ersten Kreuzzugs entstanden ist. Der Orden vereinte die Ideale des Rittertums mit denen der Mönche.

Nathan der Weise, Akt III, Szene 7

Nathan erzählt dem Sultan Saladin die Ringparabel: Ein Mann besaß ei-
nen Ring, der jeweils an den Lieblingssohn weitervererbt wurde. Er hatte die
Eigenschaft, seinen Träger beliebt zu machen. Der Mann jedoch liebte je-
den seiner drei Söhne gleich; also ließ er Kopien des Rings anfertigen, die er
selbst nicht von dem echten Ring unterscheiden konnte. Er gab jedem sei-
ner Söhne einen. Nach seinem Tod beginnt jedoch ein Streit um die Frage,
welcher Ring der echte sei.

NATHAN.   [...] die Söhne
Verklagten sich; und jeder schwur dem Richter,
Unmittelbar aus seines Vater Hand
Den Ring zu haben. [...]
5   Der Vater,
Beteurte jeder, könne gegen ihn
Nicht falsch gewesen sein; und eh er dieses
Von ihm, von einem solchen lieben Vater,
Argwohnen lass: eh müss' er seine Brüder,
10 So gern er sonst von ihnen nur das Beste
Bereit zu glauben sei, des falschen Spiels
▶ Bezeihen; [...]

Der Richter sagt, dass nicht mehr entschieden werden könne, welcher Ring
der wahre sei, dass aber jeder Sohn an seinen Ring glauben solle. Er solle
sich anstrengen, zu beweisen, dass sein Ring der richtige sei, indem er be-
weise, dass er beliebt mache –

                    [...] mit Sanftmut,
Mit herzlicher Verträglichkeit, mit Wohltun,
15 Mit innigster Ergebenheit in Gott.

▶ Utopie – Gestaltung eines idealen Zustandes. Man weiß, dass dieser nie wahr werden wird, will sich ihn aber trotzdem als Ziel vor Augen halten.

▶ bezeihen – veraltet: bezichtigen, anschuldigen

▶ monotheistische Weltreligion – Christentum, Judentum, Islam. Alle drei glauben an nur einen Gott.

Arbeitsvorschläge

1. Stelle dar, warum die drei Ringe als Symbol für die drei ▶ monotheistischen Welt-religionen angesehen werden können.

2. Erläutere, was Toleranz bedeutet und wie sie in diesem Zusammenhang begründet wer-den kann. Welche Haltung sollten die Brüder sich gegenseitig und ihrem Vater besten-falls entgegenbringen?

3. Erörtere die Frage, ob Lessings Ringparabel auch heute noch für das Zusammenleben von Christen, Juden und Moslems Bedeutung haben könnte.

Empfindsamkeit ▶ S. 49

▶ **Hexameter** – Vers des antiken Epos; sechs Hebungen mit relativ freien Senkungen

▶ **rationalistisch** – der Vernunft vertrauend, (einseitig) den Verstand ansprechend

Ode ▶ S. 38

▶ **alternierendes Metrum** – regelmäßiger Wechsel von betonten und unbetonten Silben

Friedrich Gottlieb Klopstock: An Sie (1752)

Klopstock und die Empfindsamkeit

Das Ziel der Aufklärung ist es, den Menschen zu bessern; er soll selbst die Entscheidung für das Richtige und Gute treffen können. Dabei gibt es natürlich auch Empfindungen und Gefühle, die diesem Ziel dienen können: Liebe, Mitleid und Mut beispielsweise. Die ▶ **Empfindsamkeit** ist eine Strömung der Aufklärung, die diese Gefühle entdeckt und geradezu genießt. Ihren Ursprung hat die Empfindsamkeit in England. In Deutschland ist

Friedrich Gottlieb Klopstock

Friedrich Gottlieb Klopstock der wichtigste Vertreter dieser Strömung. Geboren 1724 in Quedlinburg, gibt er der deutschen Literatur in Theorie und Praxis wichtige Impulse – vor allem durch seine Experimente mit antiken Formen und mit der Sprache: Er ist einer der ersten, der antike Versarten, vor allem den ▶ **Hexameter**, für die deutsche Literatur fruchtbar macht. Und mit seiner sehr gefühlvollen Sprache setzt er einen Gegenpunkt gegen die ▶ **rationalistische** Literatur der **Frühaufklärung**.

Weitere Werke

Versepos: DER MESSIAS; Gedichte: ODEN

An Sie

Die kurze ▶ **Ode** AN SIE ist im Jahr 1752 entstanden. Sie richtet sich an Klopstocks Verlobte Meta Moller, die er zwei Jahre später heiraten wird. Bemerkenswert ist die kunstvolle Konstruktion des Gedichts. Nicht die Geliebte selbst wird direkt angesprochen, sondern die Zeit, die diese Geliebte bringen soll. **Ode** ist eine Bezeichnung für eine Gedichtart, die ursprünglich aus dem antiken Griechenland stammt. Sie wurde dort zu Musikbegleitung vorgetragen. Klopstock verändert diese Form so, dass sie auch für die deutsche Sprache nutzbar wird. Der liedhafte Ursprung ist noch in der Sprache zu erkennen: Spielerisch, oft auch pathetisch sind die Sätze aufgebaut. Die Betonungen sind nach einem strengen Muster gesetzt, allerdings handelt es sich nicht um ein ▶ **alternierendes Metrum**. Zudem wird auf Reime verzichtet.

An Sie

Zeit, Verkündigerin der besten Freuden,
Nahe selige Zeit, dich in der Ferne
    Auszuforschen, vergoss ich
        Trübender Tränen zu viel!

5 Und doch kommst du! O dich, ja Engel senden,
Engel senden dich mir, die Menschen waren,
    Gleich mir liebten, nun lieben
        Wie ein Unsterblicher liebt.

    Auf den Flügeln der Ruh, in Morgenlüften,
10 Hell vom Taue des Tags, der höher lächelt,
    Mit dem ewigen Frühling,
        Kommst du den Himmel herab.

    Denn sie fühlet sich ganz, und gießt Entzückung
In den Herzen empor, die volle Seele,
15   Wenn sie, dass sie geliebt wird,
       ▸ **Trunken** von Liebe, sichs denkt!

▸ trunken – veraltet:
überwältigt, berauscht

An Sie.

— ʊ — ʊ ʊ —, ʊ — ʊ — ʊ,
— ʊ — ʊ ʊ —; ʊ — ʊ — ʊ,
— ʊ — ʊ ʊ — ʊ,
— ʊ ʊ — ʊ ʊ —.

Zeit, Verkündigerin der besten Freuden,
Nahe selige Zeit, dich in der Ferne
Auszuforschen, vergoß ich
Trübender Thränen zu viel'.

Und doch kommst du! O, dich, ja, Engel senden,
Engel senden dich mir, die Menschen waren,
Gleich mir liebten, nun lieben,
Wie ein Unsterblicher liebt.

Arbeitsvorschläge

1. Fasse mit eigenen Worten den Inhalt der letzten Strophe zusammen.

2. Markiere betonte und unbetonte Silben in dem Gedicht. Erkennst du ein durchgängiges Muster?

3. Erörtere die Frage, ob du die Sprache für ein Liebesgedicht für angemessen hältst.

Lehrhafte Kurzformen: Fabel und Aphorismus

Was sind Fabeln?

Die Aufklärung will mit ihrer Literatur die Menschen bessern und sie belehren. Deshalb überrascht nicht, dass Textgattungen, die dieses Ziel besonders nachdrücklich verfolgen, in dieser Zeit in hohem Ansehen standen, so wie beispielsweise die Fabel.

Fabeln sind kurze Geschichten, in denen meist Tiere, manchmal auch Pflanzen, auftreten, die sich wie Menschen verhalten. Auf diese Weise sollen menschliche Verhaltensweisen und Eigenschaften, die teilweise auch Tieren zugeschrieben werden (schlau wie ein Fuchs), verständlich gemacht werden. **In der Regel will die Fabel eine allgemeine (moralische) Wahrheit transportieren.** Diese Wahrheit kann der Fabel ausdrücklich vorangestellt werden (▸ **Promythion**) oder sie kann am Ende formuliert werden (▸ **Epimythion**). Viele Fabelautoren – wie etwa Lessing – verzichten aber auch ganz darauf, diese Wahrheit ausdrücklich zu formulieren, und überlassen es dem Leser, sie zu finden. Das ist in der Regel nicht schwer, weil die Tiercharaktere sehr einfach gestaltet und auf einen wesentlichen Charakterzug reduziert sind (Fuchs – schlau, Wolf – gierig, Löwe – mächtig usw.).

▸ **Promythion** – Der allgemeine Lehrsatz, die „Moral" der Fabel, wird der Handlung vorangestellt.

▸ **Epimythion** – Der allgemeine Lehrsatz wird der Handlung nachgestellt.

Wilhelm von Kaulbach: HULDIGUNG DES KÖNIGS **und** REINEKE FUCHS, **1846. Illustrationen in Johann Wolfgang Goethes** REINEKE FUCHS

▸ **Äsop** (um 600 v. Chr.) war vermutlich Sklave. Sein Name wurde zum Gattungsnamen für Fabeldichtung überhaupt.

▸ **Phrygien** – eine Region auf dem Gebiet der heutigen Türkei

▸ **Thrakien** – Region auf der östlichen Balkanhalbinsel, heute Teil von Bulgarien, Griechenland, Türkei

Als Begründer der Fabel gilt ein ▸ **phrygischer** Sklave namens ▸ **Äsop.** Im Grunde folgen fast alle Fabeln, die wir kennen, seinem Vorbild. Deshalb sprechen wir von äsopischen Fabeln. Ob Äsop tatsächlich gelebt hat, ist historisch nicht verbürgt. Eine spätere wichtige Fabelsammlung der Antike stammt von dem ▸ **thrakischen** Sklaven Phädrus. Im Mittelalter entstehen zunächst nur wenige Fabeln, erst im späten Mittelalter wächst die Fabelproduktion wieder an.

Nach dem Mittelalter, in der Zeit der Reformation und in ihrer Folgezeit wird die Fabel immer wichtiger, ▶ Luther nutzt Fabeln für lehrhafte Zwecke. Eine Blüte erlebt die Gattung dann in der Aufklärung. Besonders ▶ Lessings Fabeln, die sehr stark auf den Punkt gebracht sind und ohne ausdrückliche Lehre auskommen, setzen Maßstäbe. Ein Beispiel:

Martin Luther ▶ S. 26

Gotthold Ephraim Lessing ▶ S. 52

> Auf einem feurigen Rosse floh stolz ein dreuster Knabe daher. Da rief ein wilder Stier dem Rosse zu: „Schande! von einem Knaben ließ ich mich nicht regieren!"
>
> „Aber ich", versetzte das Ross. „Denn was für Ehre könnte es mir bringen, einen Knaben abzuwerfen?"

Nach Lessing spielt die Fabel in der deutschen Literatur allerdings keine große Rolle mehr.

Was sind Aphorismen?

Der Aphorismus formuliert ganz knapp zugespitzt und ▶ rhetorisch reizvoll gestaltet einen Gedanken: *„Er lobt nicht sich selbst, aber er lobt die Güte des Herrn, die ihn geschaffen hat. Das ist seine Form von Eitelkeit."* (▶ Robert Musil). In diesem Punkt ist er ähnlich wie die Fabel eine Gattung, die sich stark an den Verstand richtet. **Witzige Formulierungen, die beim Leser Denk- und Erkenntnisprozesse auslösen sollen, sind Hauptmerkmale.**

▶ Rhetorik – Redekunst; Lehre von der guten, wirkungsvollen Rede

Robert Musil ▶ S. 209

Anders als die Fabel, die mit der Aufklärung verschwindet, entsteht der Aphorismus erst in dieser Zeit. In Deutschland gilt ▶ Georg Christoph Lichtenberg als der erste Aphoristiker: *„Wer in sich selbst verliebt ist, hat wenigstens bei seiner Liebe den Vorteil, dass er nicht viele Nebenbuhler erhalten wird."* Seine SUDELBÜCHER entstehen in den Jahren 1765 bis 1799. Von da an gehört der Aphorismus zum festen Repertoire der Schriftsteller: Die ▶ Romantiker (▶ Novalis, die Brüder ▶ Schlegel) lieben diese Möglichkeit, einen Gedankenblitz zu formulieren, ebenso wie der Philosoph ▶ Friedrich Nietzsche und der österreichische Schriftsteller Robert Musil.

▶ Georg Christoph Lichtenberg (1742–99) war Schriftsteller und Physiker.

Romantik ▶ S. 122ff.

Novalis ▶ S. 128

Friedrich Schlegel ▶ S. 124

August Wilhelm Schlegel ▶ S. 141

▶ Friedrich Nietzsche (1844–1900) war ein Philosoph und Dichter.

Georg Christoph Lichtenberg

Lesezirkel, Lesegesellschaften, Leihbibliotheken

Ein wachsendes Bedürfnis zu lesen

Mit der Erfindung des Buchdrucks durch Johannes Gutenberg war die massenhafte Herstellung von Büchern möglich geworden. Anders als im ▸ Mittelalter waren Bücher jetzt keine unbezahlbaren Einzelstücke mehr. **Mit der Aufklärung kommt hinzu, dass immer mehr Menschen lesen können und wollen.** Dafür gibt es unterschiedliche Ursachen: Die evangelische Kirche fördert aus religiösen Gründen das Lesen, denn die Menschen sollen selbst in der ▸ Bibel lesen können. Außerdem ist es für den aufgeklärten Menschen wichtig, Entscheidungen selbst zu treffen, und dafür braucht man Wissen, das man durch Lesen erwerben kann. Weiterhin ist Bildung für das Bürgertum eine Möglichkeit zum gesellschaftlichen Aufstieg – hier kann man mit dem Adel mithalten oder ihn sogar übertreffen. Das Problem ist, dass Bücher noch immer so teuer sind, dass der Einzelne sie sich nicht leisten kann.

Bezahlbarer Lesestoff: Leihbibliotheken und Lesezirkel

Findige Buchhändler reagieren auf diese Situation, indem sie nicht alle ihre Bücher neu verkaufen, sondern einen Teil der Bücher gegen Geld entleihen. Auf diese Weise entstehen die ersten Leihbibliotheken. Das sind nicht öffentliche Büchereien, wie wir sie heute kennen, son-

Herstellung von Büchern in den Klöstern des Mittelalters ▸ S. 24f.

Lutherbibel ▸ S. 26f.

Johann Peter Hasenclever: Das Lesekabinett, 1843

dern kleine private Unternehmen, bei denen man gegen Gebühren Bücher auslieh.

Eine weitere Lösung des Problems sind die ▶ **Lesezirkel**: Mehrere Interessierte schließen sich zusammen und abonnieren beispielsweise gemeinsam eine Zeitschrift oder schaffen gemeinsam Bücher an. Diese gehen nun vom einen zum anderen, und so kommt jeder in den Genuss der Lektüre, ohne zu viel dafür zu bezahlen. Ursprünglich sind es meist Sachbücher und Zeitschriften, die die Leser interessieren. Mehr und mehr wird aber auch ▶ **Belletristik** interessant.

▶ **Lesezirkel** existieren im Prinzip bis heute – die Zeitschriften im Wartezimmer von Ärzten und Friseuren werden so erworben.

▶ **Belletristik** – „schöne" Literatur, die man vor allem zur Unterhaltung liest, z. B. Romane

Lesegesellschaften

Aus den Lesezirkeln gehen immer öfter Lesegesellschaften hervor: Man schafft sich Bücher gemeinsam an und man trifft sich, um über diese Bücher zu diskutieren. Nun wird das Lesen ein öffentliches, ein gesellschaftliches Ereignis.

In der Bibliothek

In den Lesegesellschaften – in gewisser Weise Vorläufer der ▶ **Salons der Romantik** – treffen sich Adlige und Bürgerliche, wodurch Standesgrenzen durchbrochen werden. Wenn dann über das Gelesene diskutiert wird, hat die Meinung von Adligen und Bürgerlichen gleiches Gewicht – nur die Qualität der Argumente zählt. Demnach werden in den Lesegesellschaften schon Umgangsformen der späteren demokratischen Gesellschaft eingeübt. So ist diese sogenannte **bürgerliche Öffentlichkeit** ein Vorläufer der späteren demokratischen Öffentlichkeit mit ihren politischen Diskussionen, Kundgebungen und Mediendebatten.

Literarische Salons der Romantik ▶ S. 140f.

Das Bürgerliche Trauerspiel

Das Bürgertum auf der Theaterbühne

Das Bürgerliche Trauerspiel bedeutet im wahrsten Sinn des Wortes eine Revolution im Theater: Das Bürgertum sichert sich den Zugriff auf
die Bühne. Bis weit ins 18. Jahrhundert hinein galt die ▶ Ständeklausel,
laut der in der Tragödie nur adlige
Figuren auftreten konnten, Bürger
waren nur als Personal für Komödi-
en denkbar. Im 18. Jahrhundert vollzieht sich jedoch der Aufstieg des
▶ Bürgertums: Bürgerliche Kaufleute sind erfolgreich, gewinnen Wohlstand und gesellschaftliches Ansehen. Die Bedeutung der Wissen-
schaften wächst und damit das
Ansehen der bürgerlichen Gelehrten. Diese gebildeten und wohlhabenden Bürger sind unzufrieden,
wenn sie ins Theater gehen und
ihre Standesgenossen dort nur

Daniel Chodowiecki: Kupferstich zu
KABALE UND LIEBE, Szene I, 2, 1786

als Witzfiguren sehen können. So entsteht das ▶ Bürgerliche Trauer-
spiel: Bürgerliche Figuren treten auf – oder zumindest Personen des
niederen Adels – und erleben tragische Schicksale. Diese tragischen
Schicksale ereignen sich in der Lebenswelt der Bürger, beispielswei-
se in der bürgerlichen Familie. Ebenso werden bürgerliche Tugenden
– Ehrlichkeit, Fleiß, Unschuld – thematisiert. Das erste Bürgerliche
Trauerspiel in Deutschland, MISS SARA SAMPSON, verfasst ▶ Gotthold
Ephraim Lessing im Jahr 1755.

Wandlungen des Bürgerlichen Trauerspiels

In Lessings Bürgerlichen Trauerspielen findet sich das Handlungsmuster, das von nun an immer wieder verwendet werden wird: In
▶ EMILIA GALOTTI versucht ein unmoralischer Adliger, ein tugend-
haftes bürgerliches Mädchen zu verführen. Das Mädchen geht daran zugrunde (und wird betrauert), bewahrt aber seine Unschuld.
Damit kommt der ▶ Ständekonflikt zwischen Bürgertum und Adel
auf die Bühne: Unmoralische Adlige sind die Ursache dafür, dass tugendhafte bürgerliche Mädchen zugrunde gehen. Das Bürgerliche
Trauerspiel wird zur Anklage gegen die Ständegesellschaft. In ihm

---

Marginal notes (left column):

Die ▶ Ständeklausel geht auf
Aristoteles zurück und wurde
im Barock und in der frühen
Aufklärung als verbindlich
betrachtet. Danach kann in der
Tragödie nur das Schicksal von
Königen und hohem Adel dargestellt werden, die Komödie
hat dagegen bürgerliche
Personen und ihre Schwächen
zum Gegenstand.

Das ▶ Bürgertum besteht
aus Beamten, Gelehrten,
Kaufleuten etc. Es grenzt sich
ab vom Adel einerseits und
von den Bauern andererseits.

Das ▶ Bürgerliche Trauerspiel
stammt aus England. Als
erstes Bürgerliches Trauerspiel
gilt George Lillos THE LONDON
MERCHANT.

Gotthold Ephraim
Lessing ▶ S. 52

Gotthold Ephraim Lessing:
EMILIA GALOTTI ▶ S. 52f.

▶ Ständekonflikt – Die Interessen von Adel und Bürgertum
kollidieren miteinander und
rufen einen Konflikt hervor.

wird Gesellschaftskritik geübt. So spielt diese Gattung im ▶ **Sturm und Drang** eine große Rolle und es entstehen eine Reihe von Stücken nach diesem Handlungsmuster: Neben Schillers ▶ **Kabale und Liebe** gehören als weitere wichtige Stücke DIE SOLDATEN und DER HOFMEISTER von ▶ **Jakob Michael Reinhold Lenz** und DIE KINDERMÖRDERIN von ▶ **Heinrich Leopold Wagner** zu dieser Gattung.

Typische Handlungen des Bürgerlichen Trauerspiels findet man auch in Stücken, die man nicht ausdrücklich als Bürgerliches Trauerspiel bezeichnet: Gretchen in Goethes ▶ FAUST verliebt sich in Faust. Sie wird schwanger und kann dem Druck, dem sie ausgesetzt ist, nicht standhalten.

In Georg Büchners Dramenfragment ▶ WOYZECK bringt der einfache Friseur Woyzeck seine Geliebte Marie aus Eifersucht um, weil sie ein Verhältnis mit einem Major – dem Angehörigen eines höheren Standes – hat.

Das letzte wichtige „echte" Bürgerliche Trauerspiel in Deutschland, Hebbels ▶ MARIA MAGDALENE, kommt allerdings ganz ohne den Ständekonflikt aus. Obwohl die Handlung sehr ähnlich ist wie in früheren Trauerspielen, ist jetzt nicht mehr das unmoralische Verhalten des Adels Ursache der Katastrophe: Die Heldin Klara wird ungewollt schwanger. Da sie weiß, dass ihr Vater die Schande nicht ertragen wird, bringt sie sich um, um ihre Schwangerschaft zu verbergen.

Im 20. Jahrhundert wurde die Thematik von ▶ **Franz Xaver Kroetz** noch einmal aufgenommen.

Sturm und Drang   ▶ S. 66ff.

Friedrich Schiller: KABALE UND LIEBE ▶ S. 76f.

▶ Jakob Michael Reinhold Lenz (1751–92) hatte in Straßburg Kontakt mit den Dichtern des Sturm und Drang. In seinen Dramen zeigt er eine große Beobachtungsschärfe.

▶ Heinrich Leopold Wagner (1747–79) verkehrte ebenfalls in Sturm-und-Drang-Kreisen. Lediglich sein Drama DIE KINDERMÖRDERIN ist heute noch bekannt.

Johann Wolfgang Goethe: FAUST ▶ S. 92f.

Georg Büchner: WOYZECK ▶ S. 170f.

Friedrich Hebbel: MARIA MAGDALENE ▶ S. 191

Franz Xaver Kroetz   ▶ S. 312f.

Eine bürgerliche Familie zur Zeit der Aufklärung

Zusammenfassung

Die Aufklärung, die etwa den Zeitraum von 1720 bis 1785 umfasst, **legt den Grundstein für unser heutiges Denken. Vorstellungen wie Menschenwürde und Toleranz** wurzeln in dieser Zeit. Die Vernunft, über die jeder Einzelne verfügt, wird zum Prüfstein für Wahrheit. Aus all dem leiten sich Konzepte von Demokratie und Rechtsstaat ab. So wird aufklärerisches Denken zur wichtigsten Wurzel der Französischen Revolution. In der Literatur gilt es zu unterscheiden zwischen der Frühaufklärung und der Empfindsamkeit. Die sehr rationalistische Frühaufklärung (Johann Christoph Gottsched) will vor allem mithilfe einer Regelpoetik gute Literatur hervorbringen. Demgegenüber stehen Gotthold Ephraim Lessing und die Empfindsamkeit. Hier soll der Mensch gebessert werden, indem die Literatur an sein Mitleid oder an andere positive Empfindungen appelliert.

Wichtige Begriffe

Deismus; Freiheit; Individualität; Menschenrechte; Menschenwürde; Mitleidspoetik; Rationalismus; Regelpoetik; Toleranz; Vernunft

Zusammenfassung der Teilkapitel

Die Aufklärung in der Philosophie – Die aufklärerische Philosophie begründet Werte wie Toleranz, Menschenwürde und Menschenrechte. Rousseau betont die Freiheit als natürlichen Zustand des Menschen. Auch die Religion wird dem Vernunfturteil unterworfen und ihr Absolutheitsanspruch wird infrage gestellt.

Autoren und Werke

Gotthold Ephraim Lessing: EMILIA GALOTTI – Lessings zweites Bürgerliches Trauerspiel zeigt den Versuch des unmoralischen Prinzen von Guastalla, die tugendhafte Emilia Galotti zu verführen. Da Emilia ihre Tugend wichtiger ist als ihr Leben, lässt sie sich von ihrem Vater töten.

Das Stück zeigt die unterschiedliche Bedeutung, die Moral für Adel und Bürgertum hat.

Gotthold Ephraim Lessing: NATHAN DER WEISE – Das Stück ist Lessings großes Plädoyer für Toleranz zwischen den Religionen. Es ist in einer Situation entstanden, in der Lessing selbst wegen einer religionskritischen Veröffentlichung unter Druck stand. Am Ende des Stückes steht seine Utopie einer Menschheitsfamilie. Es stellt sich heraus, dass die Figuren des Stücks (der Jude, der Christ und der Moslem), die sich zunächst feindlich gegenüberstehen, miteinander verwandt sind.

Friedrich Gottlieb Klopstock: AN SIE – Klopstock repräsentiert die Bewegung der Empfindsamkeit innerhalb der Aufklärung: Kennzeichnend sind die begeisterte Wahrnehmung der eigenen Gefühle und ein spielerischer, fast musikalischer Einsatz von Sprache.

Lehrhafte Kurzformen: Fabel und Aphorismus – Typisch für die Literatur der Aufklärung, die ihre Leser bessern wollte, ist der Rückgriff auf zwei kurze Gattungen, die das Ziel haben, moralische Lehrsätze und Erkenntnisse zu transportieren. Während die Fabel, die lehrhaft-allegorische Tiergeschichte, mit Lessing einen letzten Höhepunkt erlebt, beginnt die Geschichte des Aphorismus, ein rhetorisch elegant formulierter Gedankenblitz, eigentlich erst mit Lichtenberg.

Lesezirkel, Lesegesellschaften, Leihbibliotheken – Das Bedürfnis zu lesen steigt in der Aufklärung rapide an. Obwohl auch die Zahl der Druckerzeugnisse zunimmt, können sich viele Menschen den Lesestoff nicht leisten. Es entstehen Einrichtungen, die dieses Problem lösen sollen: kommerzielle Leihbüchereien, Lesezirkel, in denen mehrere Leser eine Zeitschrift oder ein Buch teilen, und Lesegesellschaften, in denen auch über das Gelesene debattiert wird.

Das Bürgerliche Trauerspiel – Nachdem früher in Trauerspielen ausschließlich adlige Figuren auftreten durften und bürgerliche Figuren nur als Komödienpersonal zu sehen waren, hält nun das Bürgerliche Trauerspiel auf den Bühnen Einzug: Bürgerliche Figuren sind in tragischen Konflikten zu sehen, die der bürgerlichen Lebenswirklichkeit entnommen sind. Das trägt der wachsenden Bedeutung des Bürgertums Rechnung. Diese Gattung bleibt einflussreich bis weit ins 19. Jahrhundert.

Weitere Autoren und Werke
Johann Christoph Gottsched: Sterbender Cato; Christian Fürchtegott Gellert: Fabeln und Erzählungen; Sophie von La Roche: Geschichte des Fräuleins von Sternheim; Matthias Claudius: Der Tod und das Mädchen

Innenraum der Bibliothek von Wolfenbüttel

Arbeitsvorschläge

1. Erläutere Kants Aussage, Aufklärung sei der *„Ausgang des Menschen aus seiner selbst verschuldeten Unmündigkeit"* (S. 47). Was ist hier mit *„Unmündigkeit"* gemeint?

2. Erläutere die Bedeutung des Titels von Francisco de Goyas Bild Der Schlaf der Vernunft gebiert Ungeheuer (S. 46).

3. Nimm begründet Stellung zu der Frage, ob aufklärerische Werte wie Toleranz, Menschenrechte, Menschenwürde etc. auch heute noch eine Rolle spielen und durchgesetzt werden müssen.

4. Vergleiche die Sprache von Lessings Nathan der Weise (S. 55) und Klopstocks An Sie (S. 57) miteinander. Was fällt auf?

5. Erörtere die Frage, warum Lesegesellschaften und Lesezirkel heute keine so große Bedeutung mehr haben wie in der Zeit der Aufklärung.

6. Wähle eines der genannten Bürgerlichen Trauerspiele (S. 62f.) und stelle es der Klasse vor. Gehe dabei auch auf den Begriff „Bürgerliches Trauerspiel" ein.

Johann Wolfgang Goethe: Freiheits-
baum mit Jakobinermütze, 1792

Kaspar Wolf: Der Lauterbrunnengletscher, 1776

Johann Gottfried Herder

Von deutscher Art und Kunst

Wenn bei einem Manne mir jenes ungeheure Bild einfällt: „hoch auf einem Felsengipfel
sitzend! zu seinen Füßen, Sturm, Ungewitter und Brausen des Meers; aber sein Haupt
in den Strahlen des Himmels!" so ist's bei Shakespeare! – Nur freilich auch mit dem
Zusatz, wie unten am tiefsten Fuße seines Felsenthrones Haufen murmeln, die ihn –
erklären, retten, verdammen, entschuldigen, anbeten, verleumden, übersetzen und
lästern! – und die Er alle nicht höret!

Johann Wolfgang Goethe

Willkommen und Abschied

Es schlug mein Herz. Geschwind, zu Pferde!
Und fort, wild wie ein Held zur Schlacht.
Der Abend wiegte schon die Erde,
Und an den Bergen hing die Nacht.
5 Schon stund im Nebelkleid die Eiche
Wie ein getürmter Riese da,
Wo Finsternis aus dem Gesträuche
Mit hundert schwarzen Augen sah.

Der Mond von einem Wolkenhügel
10 Sah schläfrig aus dem Duft hervor,
Die Winde schwangen leise Flügel,
Umsausten schauerlich mein Ohr.
Die Nacht schuf tausend Ungeheuer,
Doch tausendfacher war mein Mut,
15 Mein Geist war ein verzehrend Feuer,
Mein ganzes Herz zerfloss in Glut.

Ich sah dich, und die milde Freude
Floss aus dem süßen Blick auf mich.
Ganz war mein Herz an deiner Seite,
20 Und jeder Atemzug für dich.
Ein rosenfarbes Frühlingswetter
Lag auf dem lieblichen Gesicht
Und Zärtlichkeit für mich, ihr Götter,
Ich hofft es, ich verdient es nicht.

25 Der Abschied, wie bedrängt, wie trübe!
Aus deinen Blicken sprach dein Herz.
In deinen Küssen welche Liebe,
O welche Wonne, welcher Schmerz!
Du gingst, ich stund und sah zur Erden
30 Und sah dir nach mit nassem Blick.
Und doch, welch Glück, geliebt zu werden,
Und lieben, Götter, welch ein Glück!

Geschichtlicher Hintergrund

Vgl. Kapitel Aufklärung und Klassik ▶ S. 46ff., 84ff.

Johann Christoph Gottsched ▶ S. 49

Die Epochenbezeichnung ▶ Sturm und Drang geht auf ein gleichnamiges Drama von Friedrich Maximilian Klinger aus dem Jahr 1776 zurück und wurde der Epoche erst rückblickend zu Beginn des 19. Jahrhunderts verliehen.

▶ William Shakespeare lebte um 1600 und war ein englischer Dramatiker. Zu seinen bekanntesten Werken zählen HAMLET und ROMEO UND JULIA; zur Shakespeare-Begeisterung: Johann Gottfried Herder, VON DEUTSCHER ART UND KUNST ▶ S. 67; Herder (1744–1803) war Theologe, Dichter und Theoretiker des Sturm und Drang sowie ein wichtiger Ansprechpartner für den jungen Goethe.

Die Entdeckung der Natur ▶ S. 80f.

Johann Wolfgang Goethe: DIE LEIDEN DES JUNGEN-WERTHERS ▶ S. 70f.

Sturm und Drang (1767–1785)

Genieästhetik und Shakespeare-Verehrung

Die Epoche des Sturm und Drang setzt auf die freie Entfaltung des Einzelnen, entdeckt das Gefühl und grenzt sich damit von Vorstellungen der Frühaufklärung ab. Der (Früh-)Aufklärer ▶ Johann Christoph Gottsched hatte verlangt, dass bei der Abfassung literarischer Werke feste Regeln eingehalten werden. Die Individualität des Einzelnen, des Verfassers, spielte dabei keine Rolle. Diesen Punkt empfinden die Autoren des ▶ Sturm und Drang anders. Ihnen kommt es gerade auf die Verwirklichung ihrer Individualität an. Der Dichter soll sich keinen von außen vorgegebenen Regeln unterwerfen, die seine Einzigartigkeit begrenzen und beschränken – selbst wenn die Werke äußerst kunstvoll gestaltet sind. Er wird als Genie begriffen. **Dieses Genie hält sich an keine Regeln, es gibt sich seine Regeln selbst, die Natur wirkt in ihm und aus ihm.** Wir sprechen hier von der Genieästhetik des Sturm und Drang, die sich der aufklärerischen Regelpoetik entgegenstellt.

Das große Vorbild der Stürmer und Dränger war ▶ William Shakespeare: In seinen Werken drückt sich die Individualität aus, in ihm wirkt die Natur, und dennoch (oder gerade deshalb) sind seine Arbeiten vollendete Meisterwerke.

Die Entdeckung der Natur und des eigenen Gefühls

Insgesamt entdeckt man in diesen Jahren die ▶ Natur als Vorbild. Natur, das bedeutete Freiheit. Die Natur im Kunstwerk wiederzugeben wurde jetzt das Ziel jedes Autors. Das Dargestellte sollte natürlich wirken, nicht künstlich – auch das führte zur Ablehnung der Regeln. *„Natur! Natur! nichts so Natur als Schäkespears Menschen"*, schreibt der junge Goethe – die Figuren Shakespeares sind Vorbilder für eine natürliche Menschengestaltung.

Als natürlich wird auch das Gefühl betrachtet. Die Aufklärung hatte das Individuum entdeckt und es vor allem über die Vernunftbegabung des Einzelnen definiert. Der Sturm und Drang erweitert dieses Konzept: Nicht nur die Vernunft, auch das Gefühl macht den Einzelnen einzigartig! So lässt Goethe in ▶ DIE LEIDEN DES JUNGEN WERTHERS seinen Werther schreiben: *„Ich kehre in mich selbst zurück und finde eine Welt!"* Dass das eigene Empfinden, das eigene Gefühl eine ganze Welt ist, die zu entdecken und zu erforschen sich lohnt, das ist eine Grunderfahrung des Sturm und Drang. Geradezu überschwänglich wird in Gedichten, Dramen und Romanen das Gefühl ausgedrückt, ja gefeiert.

Politische Konsequenzen

Es versteht sich fast von selbst, dass die Stürmer und Dränger mit der **Ständegesellschaft des Absolutismus**, wie sie gegen Ende des 18. Jahrhunderts herrschte, **nicht einverstanden** sein konnten. Sie verkörperte genau das nicht, was ihnen wichtig war: Der freie Ausdruck von Individualität wurde unterdrückt, der Einzelne musste sich in feste Regeln einfügen. Die Freiheit, die dem Menschen von Natur aus gegeben war, wurde ihm verweigert. Die Gesellschaft des Hofes erschien gekünstelt, unnatürlich. So werden **Aufmüpfigkeit, Rebellion und Widerstand gegen Autoritäten** zu den Merkmalen der Sturm-und-Drang-Literatur: In seiner ▶ **Hymne** ▶ PROMETHEUS lässt Goethe einen Rebellen zu Wort kommen, der sich gegen die Götter erhebt; im WERTHER verweigert sich ein phantasievoller und sensibler junger Mensch den Konventionen. Schiller lässt in seinem Drama ▶ DIE RÄUBER Karl Moor sagen: *„Stelle mich vor ein Heer Kerls wie ich, und aus Deutschland soll eine Republik werden, gegen die Rom und Sparta Nonnenklöster sein sollen."* In KABALE UND LIEBE gestaltet Schiller eine geradezu revolutionäre Anklage gegen die Willkürherrschaft absolutistischer Fürsten. **Der ganze Sturm und Drang strebt nach Erneuerung, nach Revolution.**

Eine ▶ **Hymne** ist ursprünglich ein religiöser Lob- und Preisgesang, der im 18. Jahrhundert zu einer Gattung wird, die Ergriffenheit und Begeisterung ausdrückt und auf Reime und ein regelmäßiges Versmaß verzichtet.

Johann Wolfgang Goethe: PROMETHEUS ▶ S. 72f.

Friedrich Schiller: DIE RÄUBER ▶ S. 74f.

Epochenmerkmale kurz gefasst

Sturm und Drang

- Ablehnung der Regelästhetik der Frühaufklärung
- Entdeckung der Individualität und des Gefühls
- Genieästhetik
- Verehrung der Natur als Inbegriff von Freiheit und als Vorbild auch für gesellschaftliche Ordnungen
- Ablehnung von Autoritäten, Unterdrückung und Unfreiheit

▶ **dekadent** – im Verfall, im Niedergang befindlich, unnatürlich, verkommen, entartet, überfeinert. Der Begriff beschreibt gesellschaftliche Veränderungen, die kritisiert werden.

Johann Wolfgang Goethe: Die Leiden des jungen Werthers (1774)

Der junge Goethe

Der junge Goethe ist der wohl herausragendste Repräsentant des Sturm und Drang. Als Sohn wohlhabender Bürger in Frankfurt am Main geboren, geht er 1770 zum Jura-Studium nach Straßburg. Dort lernt er ▶ Johann Gottfried Herder und ▶ Jakob Michael Reinhold Lenz kennen. Insbesondere Herder, als wichtigster Theoretiker des Sturm und Drang, beeinflusst Goethes Denken stark. Unter Goethes Sturm-und-Drang-Werken ragen zwei

Johann Wolfgang Goethe

heraus: GÖTZ VON BERLICHINGEN, ein Drama, das sich ganz an den Dramen ▶ Shakespeares orientiert, und der Roman mit DIE LEIDEN DES JUNGEN WERTHERS, mit dem er das Lebensgefühl seiner Zeit trifft.

Weitere Werke

Lyrik: HEIDERÖSLEIN; SESENHEIMER LIEDER; HYMNEN; ästhetische Theorie: ZUM SCHÄKESPEARS TAG

Die Leiden des jungen Werthers

Der junge Werther kommt in eine Kleinstadt, um ein Amt anzunehmen. Auf einem Ball lernt er Lotte kennen und verliebt sich in sie. Doch Lotte ist so gut wie verlobt mit Albert, einem Hofbeamten. Werther erlebt mit Lotte eine Zeit leidenschaftlicher Verliebtheit, doch als Albert von einer Reise zurückkehrt, nimmt die Beziehung ein jähes Ende. Um Albert und Lotte nicht im Weg zu stehen, sieht Werther keinen anderen Ausweg, als sich zu erschießen. Der WERTHER ist ein **Briefroman**, d. h., die Geschichte wird den Lesern fast ausschließlich in Briefen vermittelt, die Werther an seinen Freund Wilhelm schreibt. Dies ermöglicht es den Lesern besonders gut, sich in die Romanfigur hineinzuversetzen: in Werthers intensive Gefühle, sowohl gegenüber Lotte als auch gegenüber der Natur. Sie können seiner Kritik an der höfischen Gesellschaft, die er für widernatürlich und ▶ dekadent hält, folgen.

Die Leiden des jungen Werthers, Brief vom 12. August

Werther unterhält sich mit Albert, dem Verlobten Lottes. Während Albert spricht, betrachtet Werther sich die Pistolen in seinem Besitz.

[...] ich hörte endlich gar nicht weiter auf ihn, verfiel in ▸ Grillen, und mit einer auffahrenden Gebärde drückte ich mir die Mündung der Pistole übers rechte Aug an die Stirn. – Pfui!, sagte Albert, indem er mir die Pistole herabzog, was soll das? – Sie ist nicht geladen, sagte
5 ich. – Und auch so, was soll's?, versetzte er ungeduldig. Ich kann mir nicht vorstellen, wie ein Mensch so töricht sein kann, sich zu erschießen; der bloße Gedanke erregt mir Widerwillen. [...]
Ach ihr vernünftigen Leute!, rief ich lächelnd aus. Leidenschaft! Trunkenheit! Wahnsinn! Ihr steht so gelassen, so ohne Teilnehmung
10 da, ihr sittlichen Menschen! Scheltet den Trinker, verabscheut den Unsinnigen [...]. Ich bin mehr als einmal trunken gewesen, meine Leidenschaften waren nie weit vom Wahnsinn, und beides reut mich nicht: denn ich habe in einem Maße begreifen lernen, wie man alle außerordentlichen Menschen, die etwas Großes, et-
15 was Unmöglichscheinendes wirkten, von jeher als Trunkene und Wahnsinnige ausschreien musste. [...]
Die menschliche Natur, fuhr ich fort, hat ihre Grenzen: sie kann Freude, Leid, Schmerzen bis auf einen gewissen Grad ertragen und geht zugrunde, sobald *der* überstiegen ist. Hier ist also nicht die Frage, ob
20 einer schwach oder stark ist? sondern ob er das Maß seines Leidens ausdauern kann? es mag nun moralisch oder körperlich sein: und ich finde es ebenso wunderbar zu sagen, der Mensch ist feige, der sich das Leben nimmt, als es ungehörig wäre, den einen Feigen zu nennen, der an einem bösartigen Fieber stirbt.
25 [...] Du gibst mir zu, wir nennen das eine Krankheit zum Tode, wodurch die Natur so angegriffen wird, dass teils ihre Kräfte verzehrt, teils so außer Wirkung gesetzt werden, dass sie sich nicht wieder aufzuhelfen, durch keine glückliche ▸ Revolution den gewöhnlichen Umlauf des Lebens wieder herzustellen fähig ist.

▸ Grille – sonderbarer Einfall, Laune

▸ Revolution meint hier im ursprünglichen Sinn „Zurückwälzen", „Umkehrung".

Arbeitsvorschläge

1. Gib in eigenen Worten die Gedanken Werthers wieder, mit denen er den Selbstmord rechtfertigt.

2. Erläutere die letzten Worte Werthers im abgedruckten Text.

3. Nimm begründet zu Werthers Rechtfertigung des Selbstmords Stellung.

Johann Wolfgang Goethe: Prometheus (1774)

Goethes Sturm-und-Drang-Lyrik

Im Spätbarock und im Rokoko war die Lyrik ein elegantes und kunstvolles höfisches Spiel; die Lyrik der Aufklärung war dagegen witzig, intelligent und geistreich. Wenn wir aber heute erwarten, dass wir in einem Gedicht die subjektiven **Gefühle, Gedanken, Empfindungen und Eindrücke** eines Individuums authentisch miterleben dürfen, so beginnt diese Form von Lyrik im **Sturm und Drang**, und Goethe ist hier Pionier. Seine ersten Versuche bewegen sich noch ganz im Rahmen der **Rokoko-Lyrik**. Eine längere Krankheit in den Jahren 1768 bis 1770, die Begegnung mit der ▶ **Pietistin** Susanna Katharina von Klettenberg und insbesondere mit ▶ **Johann Gottfried Herder** in Straßburg führen Goethe zu der neuen Lyrik: In seinen ▶ SESENHEIMER LIEDERN verarbeitet er seine Liebesbeziehung zu Friedrike Brion während seiner Zeit im Elsass. In seinen ▶ **Hymnen** – GANYMED, AN SCHWAGER KRONOS und ▶ PROMETHEUS – gibt er uns Einblick in die Empfindungen großer, Grenzen sprengender, mythischer Figuren.

Reinhold Begas: PROMETHEUS, um 1900

Prometheus

PROMETHEUS ist der Form und dem Inhalt nach ein typisches Produkt des Sturm und Drang: Vehement lehnt es sich gegen jegliche **Autorität** auf. Das lyrische Ich – es ist Prometheus selbst, der hier spricht – fühlt sich ganz als einzigartiges Individuum, und als solches will er den Kampf gegen Zeus aufnehmen. Prometheus definiert sich nur über sein Gefühl, über sein Herz und über seine eigene geniale Schöpfungskraft. Aber nicht nur Prometheus ist das **Genie**, das die Kraft in sich spürt, sich über Regeln hinwegzusetzen; Goethe selbst ist es auch. Er weigert sich, sich strengen Formen unterzuordnen. Nur der Dichter soll die Form des Gedichts bestimmen, nicht irgendwelche ▶ **Regeln**. So verzichtet Goethe auf ein regelmäßiges Versmaß und ein Reimschema; selbst Zeilen und Strophen sind unterschiedlich lang.

Der ▶ **Pietismus** ist eine evangelische Bewegung, die gegen die Orthodoxie und für eine lebendige Glaubenserfahrung eintritt.

Johann Gottfried Herder ▶ S. 68

Bei einem Ausritt ins elsässische Sesenheim lernt Goethe 1770 Friederike Brion kennen und verliebt sich in sie. Es entstehen die ▶ SESENHEIMER LIEDER, deren bekanntestes WILLKOMMEN UND ABSCHIED (▶ S. 67) ist.

Hymne ▶ S. 69

▶ **Prometheus** – Gestalt aus der griech. Sage. Prometheus fordert immer wieder Zeus heraus. So gilt er als der Schöpfer der Menschen, denen er gegen den Willen des Zeus Feuer bringt. Zur Strafe wird Prometheus an einen Felsen im Kaukasus gefesselt und jeden Tag frisst ein Adler an seiner Leber, die aber wieder nachwächst.

Regelpoetik der Aufklärung ▶ S. 48

Prometheus

Bedecke deinen Himmel, Zeus,
Mit Wolkendunst
Und übe, dem Knaben gleich,
Der Disteln köpft,
5 An Eichen dich und Bergeshöhn;
Musst mir meine Erde
Doch lassen stehn
Und meine Hütte,
Die du nicht gebaut,
10 Und meinen Herd,
Um dessen Glut
Du mich beneidest.

Ich kenne nichts Ärmeres
Unter der Sonn als euch, Götter!
15 Ihr nähret kümmerlich
Von Opfersteuern
Und Gebetshauch
Eure Majestät
Und ▸ darbtet, wären
20 Nicht Kinder und Bettler
Hoffnungsvolle ▸ Toren.

Da ich ein Kind war,
Nicht wusste, wo aus noch ein,
Kehrt ich mein verirrtes Auge
25 Zur Sonne, als wenn drüber wär
Ein Ohr, zu hören meine Klage,
Ein Herz wie meins,
Sich des Bedrängten zu erbarmen.

Wer half mir
30 Wider der ▸ Titanen Übermut?
Wer rettete vom Tode mich,
Von Sklaverei?
Hast du nicht alles selbst vollendet,
Heilig glühend Herz?
35 Und glühtest jung und gut,
Betrogen, Rettungsdank
Dem Schlafenden da droben?

Ich dich ehren? Wofür?
Hast du die Schmerzen gelindert
40 Je des Beladenen?
Hast du die Tränen gestillet
Je des Geängsteten?
Hat nicht mich zum Manne geschmiedet
Die allmächtige Zeit
45 Und das ewige Schicksal,
Meine Herrn und deine?

Wähntest du etwa,
Ich sollte das Leben hassen,
In Wüsten fliehen,
50 Weil nicht alle
Blütenträume reiften?

Hier sitz ich, forme Menschen
Nach meinem Bilde,
Ein Geschlecht, das mir gleich sei,
55 Zu leiden, zu weinen,
Zu genießen und zu freuen sich,
Und dein nicht zu achten,
Wie ich!

▸ Titanen – mächtiges Göttergeschlecht in der griech. Mythologie

▸ darben – Not leiden

▸ Tor – Narr

Arbeitsvorschläge

1. Erläutere, warum Prometheus Zeus den Kampf ansagt.

2. Untersuche, inwiefern PROMETHEUS in Form und Inhalt ein typisches Sturm-und-Drang-Gedicht ist.

3. Schreibe ein modernes Gedicht, das sich gegen Autoritäten auflehnt.

Friedrich Schiller

▶ 1759 Friedrich Schiller wird in Marbach am Neckar geboren.

▶ 1773 Eintritt in die Militärakademie Karlsschule in Stuttgart

▶ 1782 erfolgreiche Premiere von DIE RÄUBER in Mannheim; Flucht aus Stuttgart nach Mannheim

bis 1785 erfolglose Versuche, in Mannheim von seiner Schriftstellerei zu leben

▶ 1784 Herzog Carl August verleiht Schiller den Titel eines Weimarischen Rats.

▶ 1787 Reise nach Weimar; Bekanntschaft mit Herder und Wieland

Leben und Werk des klassischen Schiller ▶ S. 94

Friedrich Schiller: Die Räuber (1781)

Der junge Schiller

Schillers Leben liest sich selbst wie ein Roman des Sturm und Drang: Mit 14 Jahren muss er in die „Militär-Pflanzschule" (später: Hohe Karlsschule) eintreten, wo er Regimentsarzt werden soll und militärischen Drill aushalten muss. Gegen den Willen des Herzogs verfasst er das Drama DIE RÄUBER und reist heimlich nach Mannheim zur Uraufführung. Diese wird zwar ein Riesenerfolg, aber Schiller wird mit Zuchthaus bestraft und bekommt Schreibverbot.

Friedrich Schiller

Bei Nacht und Nebel flieht er aus Stuttgart nach Mannheim. Hier erwartet ihn allerdings nicht die erhoffte Karriere. Die Stelle als Hausautor am Mannheimer Theater, mit der Schiller gerechnet hatte, erhält ein anderer. Jetzt – wie auch später – wird Schiller oftmals auf die finanzielle Hilfe von Freunden angewiesen sein.

Weitere Werke

Dramen: DIE VERSCHWÖRUNG DES FIESCO ZU GENUA; KABALE UND LIEBE; Lyrik: ODE AN DIE FREUDE; Erzählung: DER VERBRECHER AUS VERLORENER EHRE

Die Räuber

Franz Moor ist der jüngere von zwei Brüdern und fühlt sich nicht nur deshalb von der Natur benachteiligt: Das Erbe des Grafen von Moor würde seinem viel glanzvolleren Bruder Karl zufallen. Durch eine Intrige bringt er den Vater dazu, Karl zu enterben, schafft den Vater aus dem Weg und wird selbst zu einem tyrannischen Herrscher. Der durch Intrige herbeigeführte Verstoß durch den Vater macht Karl zum Rebellen, der sich an der Gesellschaft rächen will: Er wird zum Anführer einer Räuberbande. Immer weiter verstricken sich beide Brüder in Schuld. Franz bringt sich aus Angst vor Rache selbst um, Karl stellt sich am Ende der Justiz. Schiller verbindet in diesem Stück eine ▶ Familiengeschichte und Gesellschaftskritik.

Zum Zusammenhang von Familiengeschichte und Gesellschaftskritik beim frühen Schiller ▶ S. 76

Die Räuber, Akt I, Szene 2

KARL VON MOOR (*legt das Buch weg*). Mir ekelt vor diesem tinten-
klecksenden ▶ **Säkulum**, wenn ich in meinem ▶ **Plutarch** lese von großen Menschen.

SPIEGELBERG (*stellt ihm ein Glas hin und trinkt*). Den Josephus musst
5 du lesen.

[...]

MOOR. Pfui! Pfui über das schlappe Kastratenjahrhundert, zu nichts
nütze, als die Taten der Vorzeit wiederzukäuen und die Helden des
Altertums mit ▶ **Kommentationen** zu schinden und zu verhunzen mit
10 Trauerspielen. Die Kraft seiner Lenden ist versiegen gegangen, und
nun muss Bierhefe den Menschen fortpflanzen helfen.

SPIEGELBERG. Tee, Bruder, Tee!

MOOR. Da verrammeln sie sich die gesunde Natur mit abgeschmack-
ten Konventionen, haben das Herz nicht, ein Glas zu leeren, weil sie
15 Gesundheit dazu trinken müssen – belecken den Schuhputzer, dass
er sie vertrete bei Ihro Gnaden, und ▶ **hudeln** den armen Schelm,
den sie nicht fürchten. [...] Verdammen den ▶ **Sadduzäer**, der nicht
fleißig genug in die Kirche kommt, und berechnen ihren Judenzins
am Altare. [...] – Bitten! Schwüre! Tränen! (*Auf den Boden stampfend*)
20 Hölle und Teufel!

SPIEGELBERG. Und um so ein paar tausend lausige Dukaten –

MOOR. Nein, ich mag nicht daran denken. Ich soll meinen Leib pres-
sen in eine Schnürbrust und meinen Willen schnüren in Gesetze.
Das Gesetz hat zum Schneckengang verdorben, was Adlerflug gewor-
25 den wäre. Das Gesetz hat noch keinen großen Mann gebildet, aber
die Freiheit brütet Kolosse und Extremitäten aus. Sie ▶ **verpalisadieren**
sich im Bauchfell eines Tyrannen, hofieren der Laune seines Magens
und lassen sich klemmen von seinen Winden. [...] Stelle mich vor ein
Heer Kerls wie ich, und aus Deutschland soll eine Republik werden,
30 gegen die Rom und Sparta Nonnenklöster sein sollen.

▶ Säkulum – Jahrhundert

▶ Plutarch war ein grie-
chischer Autor, der Leben,
Charakter und Taten großer
Männer des Altertums
beschrieb.

▶ Kommentation –
Abhandlung, Erörterung

▶ hudeln – hier: jemanden
schlecht behandeln

▶ Sadduzäer sind im Neuen
Testament Mitglieder der
jüdischen Priesteraristokratie
und insofern oft Gegenspieler
Jesu.

▶ verpalisadieren –
verschanzen

Arbeitsvorschläge

1. Erläutere Karls Kritik an der Gesellschaft seiner Zeit.

2. Benenne typische Motive des Sturm und Drang, die du bisher kennengelernt hast.
   Welche dieser Motive findest du in Karls Rede wieder?

3. Schreibt in Partnerarbeit eine Szene, in der ein moderner Karl Moor aus Enttäuschung
   über die Gesellschaft zum „Räuber" wird. Was könnte einen modernen Moor an der
   heutigen Gesellschaft stören? Was wäre eine heutige Entsprechung zum Räubertum um
   1800?

Leben und Werk des
klassischen Schiller ▶ S. 94

Friedrich Schiller: DIE RÄUBER
▶ S. 74f.

Kabale bedeutet so viel wie
‚Intrige'. Der Titel ▶ KABALE
UND LIEBE stammt von
August Wilhelm Iffland,
einem Erfolgsautor und
Intendanten der Zeit, den
Schiller in Mannheim
kennenlernte. Schiller
wollte das Stück zunächst
LUISE MILLERIN nennen;
Liebespaare der Literatur
▶ S. 100f.

Auch in Schillers zweitem
Drama DIE VERSCHWÖRUNG
DES FIESCO ZU GENUA kann
man den Konflikt zwischen
der Hauptfigur und dem
alten Herrscher als Vater-
Sohn-Konflikt auffassen, auch
den Konflikt zwischen dem
alten Herrscher und seinem
Neffen, der ein Tyrann ist.
Ebenso beginnt Schillers
viertes Drama DON KARLOS
zunächst als Vater-Sohn-Dra-
ma. Im Lauf der Zeit ändert
Schiller aber sein Konzept.

Friedrich Schiller: Kabale und Liebe (1784)

Vater-Sohn-Konflikte

Probleme zwischen Vätern und Kindern, insbesondere Konflikte zwischen Vätern und Söhnen – das ist das große Thema in den frühen Dramen Schillers: In ▶ DIE RÄUBER haben Karl und Franz Moor ganz unterschiedliche Probleme mit ihrem Vater. In ▶ KABALE UND LIEBE gerät Ferdinand von Walter mit seinem Vater in Konflikt, weil er ein bürgerliches Mädchen liebt – eine Verbindung, die sein Vater nicht akzeptieren kann. Aber das Thema hat nicht nur eine private, sondern auch eine politische Dimension: Auch Fürsten sollten Landesväter sein, die

Kinoplakat zu Leander Haußmanns Verfilmung KABALE UND LIEBE

für ihre Landeskinder da sind. Das große Vorbild aller Vater-Kind-Beziehungen ist eine idealisierte Menschheitsfamilie, in der ein liebevoller **Vatergott** für seine Kinder, die Menschen, sorgt. Diesem Vorbild sollten alle anderen Beziehungen der Menschen gehorchen, privat und politisch. Leider ist dem nicht so. Das ist Schillers pessimistische Analyse seiner Gegenwart: Das Vater-Kind-Verhältnis ist auf allen Ebenen gestört. Die Fürsten verhalten sich nicht wie Landesväter, sondern wie Tyrannen, und Familienmitglieder spinnen gegeneinander Intrigen. So erklärt sich die Vermischung von privaten und politischen Handlungen in Schillers frühen Stücken.

Kabale und Liebe

In KABALE UND LIEBE lieben die **bürgerliche** Luise Miller, Tochter des „Hofmusikus" Miller, und der **adlige** Ferdinand von Walter einander. Dessen Vater, der Präsident von Walter, hat jedoch die Karriere seines Sohnes im Blick und möchte Ferdinand mit der Mätresse des Fürsten verheiraten. Durch eine Intrige täuscht er Ferdinand: Dieser glaubt, Luise betrüge ihn mit einem anderen. Aus Eifersucht vergiftet er Luise und sich selbst. In einer bewegten Schlussszene erkennen die Sterbenden die Wahrheit.

Kabale und Liebe, Akt I, Szene 7

Im ersten Akt des Dramas treffen Ferdinand und sein Vater, der Präsident, aufeinander. Noch ist sich der Präsident nicht sicher, ob Ferdinand Luise wirklich heiraten will. Er versucht, Ferdinand zu einer Karriere am Hof des Fürsten zu bewegen.

PRÄSIDENT. [...] *Wem* hab' ich durch die Hinwegräumung meines Vorgängers Platz gemacht – eine Geschichte, die desto blutiger in mein Inwendiges schneidet, je sorgfältiger ich das Messer der Welt verberge! [...]

5 FERDINAND *(tritt mit Schrecken zurück)*. Doch mir nicht, mein Vater? Doch auf *mich* soll der blutige Widerschein dieses ▸ Frevels nicht fallen? Beim allmächtigen Gott! Es ist besser, gar nicht geboren zu sein, als dieser Missetat zur Ausrede dienen!

PRÄSIDENT. Was war das? Was? Doch ich will es dem ▸ Romanenkopfe
10 zu gut halten! – Ferdinand! – ich will mich nicht erhitzen, vorlauter Knabe – Lohnst du mir *also* für meine schlaflosen Nächte? *Also* für meine rastlose Sorge? [...] – das Verbrechen klebt nicht am Erbe.

FERDINAND *(streckt die rechte Hand gen Himmel)*. Feierlich entsag' ich hier einem Erbe, das mich nur an einen abscheulichen Vater
15 erinnert.

PRÄSIDENT. Höre, junger Mensch, bringe mich nicht auf! – Wenn es nach deinem Kopf ginge, du kröchest dein Leben lang im Staube.

FERDINAND. O, immer noch besser, Vater, als ich kröch' um den Thron herum.

20 PRÄSIDENT *(verbeißt seinen Zorn)*. Hum! – Zwingen muss man dich, dein Glück zu erkennen. Wo zehn andre mit aller Anstrengung nicht hinaufklimmen, wirst du spielend, im Schlafe gehoben. [...] Das begeistert dich nicht?

FERDINAND. Weil meine Begriffe von Größe und Glück nicht ganz
25 die Ihrigen sind – *Ihre* Glückseligkeit macht sich nur selten anders, als durch Verderben bekannt. Neid, Furcht, Verwünschung sind die traurigen Spiegel, worin sich die Hoheit eines Herrschers belächelt. [...] – Mein Ideal von Glück zieht sich genügsamer in mich selbst zurück. In meinem *Herzen* liegen alle meine Wünsche begraben.

▸ Frevel – Missetat, Verbrechen

▸ Romanenkopf – jemand, der sich zu viel mit Romanen beschäftigt und deshalb unrealistische Vorstellungen hat

Arbeitsvorschläge

1. Gib die unterschiedlichen Positionen wieder, die Ferdinand und sein Vater gegenüber einer Karriere am Hof vertreten.

2. Erörtere, inwiefern Schiller in dieser Szene den Absolutismus kritisiert.

3. Untersuche die Sprache in dieser Szene. Nenne typische Merkmale der im Sturm und Drang verwendeten Sprache.

Das Werther-Fieber

Die intensive Reaktion auf den Roman

Johann Wolfgang Goethe: DIE LEIDEN DES JUNGEN WERTHERS ▶ S. 70f.

▶ fiktiver Herausgeber – In seinem Roman tut Goethe so, als habe Werther selbst die Briefe geschrieben. Daher muss es jemanden geben, der diese Briefe gesammelt und veröffentlich hat. Da Goethe tatsächlich das ganze Buch selbst geschrieben hat, sprechen wir hier von einer Herausgeber-Fiktion.

Goethes Roman ▶ DIE LEIDEN DES JUNGEN WERTHERS beginnt mit einem kurzen Vorwort des ▶ fiktiven Herausgebers. Darin schreibt er an seine Leser: *„Ihr könnt seinem Geiste und seinem Charakter eure Bewunderung und Liebe, seinem Schicksal eure Tränen nicht versagen."* Ob Goethe wusste, wie recht er mit dieser Vorrede hatte?

Als der WERTHER im Jahr 1774 erscheint, löst er eine Hysterie aus, wie wir sie heute als Reaktion auf Popstars in Film und Rockmusik kennen. Der Roman bietet einen Einblick in die Seele eines Menschen. Der WERTHER ist ein Briefroman, und das bedeutet, dass Werther selbst uns mitzuteilen scheint, was in ihm vorgeht. Der Leser kann sich in diese Figur hineinversetzen. Solche Möglichkeiten zu Identifikation und Einfühlung sind 1774 in der Literatur neu – die meisten Werke der Aufklärung hatten eher nach einem rationalen und distanzierten Leser verlangt.

Die Leiden des jungen Werthers als Provokation

▶ Suizid – Selbsttötung, Selbstmord

Einfühlung und Identifikation mit einem Selbstmörder? Bewunderung und Liebe für jemanden, der sich selbst das Leben nimmt? Für viele Leser des Jahres 1774 ist das nicht akzeptabel: Der ▶ Suizid galt als Sünde. Wer sich selbst tötet, greift Gottes Entschluss vor, er wirft das

Daniel Chodowiecki: PORTRÄT WERTHERS/WERTHER VOR LOTTE **(links)**, PORTRÄT LOTTES/WERTHER ÜBERRASCHT LOTTE UNTER IHREN GESCHWISTERN **(rechts)**, 1775/78

Leben von sich, das Gott ihm geschenkt hat. Damals wurden Selbstmörder nicht einmal in geweihter Erde auf dem Friedhof begraben. **Und Goethes Roman bringt die Leser dazu, Verständnis und Mitleid mit einem solchen Menschen zu haben, ihn vielleicht sogar zu bewundern!** In einigen Gegenden wird das Buch **verboten**.

Der Roman beeinflusste sowohl in Form als auch Inhalt viele weitere Romane. So verfasste der Aufklärer ▶ Friedrich Nicolai den Anti-Werther-Roman Freuden des jungen Werthers: Werther überlebt seinen Selbstmord, und nun muss er lernen, die Widrigkeiten des Leben zu ertragen und das Leben dennoch zu genießen.

▶ **Friedrich Nicolai** (1733 – 1811) war ein aufklärerischer Schriftsteller, Kritiker und Philosoph. Sein Buch Freuden des jungen Werthers erscheint 1775.

Werther-Begeisterung

Für die weitaus meisten Leser ist Werther jedoch ein **Identifikationsangebot:** Er trifft das eigene **Lebensgefühl,** er spricht aus, was viele denken. Deswegen ahmt man ihn nach: Die Werthermode (blauer Frack, gelbe Weste, Stulpenstiefel und runder Filzhut) setzt sich bei jungen Menschen durch, es entstehen zahlreiche Bilder, welche

Tasse mit dem Bildnis Werthers

Szenen aus Goethes Roman zeigen. Ein regelrechtes Werther-Merchandising setzt ein: Tassen und Teller mit dem Bildnis Werthers werden produziert. Gleichzeitig wird dem Roman vorgeworfen, dass er zum Selbstmord anstifte – und es gibt wohl auch Selbstmorde, die im Zusammenhang mit der Lektüre gesehen werden können.

Goethe selbst distanziert sich von dieser ▶ Rezeption seines Romans. Er erklärt sich für unschuldig an der Wirkung des Werther. Sein Roman stelle Werther als durchaus problematischen Charakter dar, nicht als Vorbild. Im Jahr 1787 erscheint der Roman in einer zweiten Fassung, die Goethe für eine Werkausgabe verfasst. Nun kommentiert der fiktive Herausgeber stärker und macht die problematischen Seiten von Werthers Charakter deutlich.

▶ **Rezeption** – Aufnahme, Verständnis, Interpretation eines Kunstwerks

Eine moderne Rezeption von Goethes Roman ist Ulrich Plenzdorfs Die neuen Leiden des jungen W. ▶ S. 340f.

Die Entdeckung der Natur

Ein neues Bild von Natur

Über Jahrhunderte hinweg hatten die Menschen die Natur als
etwas Bedrohliches erfahren: Mühsam betrieb man Ackerbau, und ein
Unwetter konnte alles zerstören. Eine Dürre konnte eine Hungersnot
verursachen, eine Lawine Haus und Hof zerstören. Die kalten Winter
waren eine ernsthafte Bedrohung für Leib und Leben. Man musste
sein (Über-)Leben der Natur abringen.

Die Erfahrungen mit der Natur hatten Konsequenzen für die Vorstellung von künstlich gestalteter Natur. Man genoss es, die Natur beherrschen zu können. Die ▶ Französischen Gärten des Barock sind ein gutes Beispiel dafür, **dass Menschen es schön fanden, zu sehen, dass sie
der Natur ihren Willen aufzwingen konnten.**

Im **Sturm und Drang** ändert sich das: Jetzt erscheint die Natur als eine
Idylle, als **Gegenentwurf zur künstlichen, dekadenten Welt** des Adels.
In der Natur herrscht **Freiheit**: Jedes Wesen kann sich frei entfalten,
jedes Wesen kann so sein, wie es von Natur aus ist. Nun findet man
den Anblick freier Natur schön. Die ▶ Englischen Gärten kommen in
Mode.

Ein ▶ Französischer Garten
ist ein symmetrisch ange-
legter Garten, in dem Beete
als Ornamente gestaltet und
Bäume und Sträucher in
Form geschnitten werden.
Berühmtestes Beispiel ist der
Garten von Schloss Versailles.

Ein ▶ Englischer Garten soll
so aussehen, als sei alles
natürlich gewachsen. Er
entstand als Gegenentwurf
zum Französischen Garten in
England im 18. Jahrhundert.

Jean-Jacques Rousseau ▶ S. 50

Natur als politischer Kampfbegriff

Wenn Natur so positiv verstanden wurde, dann konnte sie auch als
politischer Kampfbegriff benutzt werden: Die Adelsgesellschaft und
der Absolutismus waren nun unnatürlich, weil sie die Freiheit des
Menschen beschränkten. Der französische Philosoph ▶ Jean-Jacques
Rousseau forderte ein **Zurück zur Natur** und kritisierte damit Staat

Französischer Garten

und Gesellschaft des Absolutismus. Auch in ▸ Goethes WERTHER und in ▸ Schillers RÄUBERN wird die Natur mit Freiheit gleichgesetzt. Dem steht eine Gesellschaft gegenüber, die widernatürlich ist und dafür kritisiert wird.

Johann Wolfgang Goethe: DIE LEIDEN DES JUNGEN WERTHERS ▸ S. 70f.

Friedrich Schiller: DIE RÄUBER ▸ S. 74f.

Eine Entdeckung mit Folgen

Das neue Bild der Natur setzt sich schnell durch. Es hat Auswirkungen auf fast alle Bereiche unseres Lebens, und bis heute betrachten wir die Natur so, wie das die Stürmer und Dränger getan haben. So entwickelt schon ▸ Johann Gottfried Herder ein Interesse für Volkslieder: Die Lieder und Gedichte, die zum Beispiel an den Höfen der Fürsten und Könige entstehen, sind gekünstelt; Volkslieder, die das einfache Volk schreibt, sind Natur. Diese angeblich „natürliche" Dichtung wird in der ▸ Romantik immer wichtiger. Für die Romantik ist die Natur insgesamt das Ziel ihrer Sehnsüchte; ▸ Joseph von Eichendorff etwa verbindet in seinem Gedicht SEHNSUCHT sogar religiöse Vorstellungen mit ihr. Auch in der romantischen Malerei wird die Natur – etwa bei ▸ Caspar David Friedrich – zu einem immer wichtigeren Motiv.

Johann Gottfried Herder ▸ S. 68

Romantik ▸ S. 122ff.
Joseph von Eichendorff, SEHNSUCHT ▸ S. 136f.

Caspar David Friedrich, DER MÖNCH AM MEER ▸ S. 122

Auch heute betrachten wir die Natur in der Regel als ein harmonisches System, das man vor der Zerstörung durch den Menschen bewahren muss. Die Umweltschutzbewegung, Proteste gegen den Neubau von Autobahnen und Flugpisten, Naturschutzgebiete – all diese Versuche, eine „heile" Natur zu bewahren, wären für die Menschen früherer Zeiten undenkbar gewesen. Und die sogenannten „Heimatfilme" spielen durchweg in einer natürlichen, idyllischen Umgebung, in der die Welt – anders als in der Stadt – noch heil scheint.

Englischer Garten

Zusammenfassung

Der Sturm und Drang ist eine Bewegung der Jahre 1767 bis 1785, die vorwiegend von jungen Autoren getragen wird. Diese Autoren entwickeln ein Lebensgefühl, das sich grundlegend von der Vernunftbetontheit der Aufklärung unterscheidet. Das Lebensgefühl kreist um einige Schlüsselbegriffe, die alle miteinander zusammenhängen. Man entdeckt die **Natur** neu: Sie **wird zum Symbol für Freiheit**. In der Kunst wie auch in Politik und Gesellschaft beruft man sich auf die Natur und ihre Freiheit, wenn man die alten Ordnungen kritisieren will. Die Unterdrückung der Freiheit durch absolutistische Herrscher und die Bevormundung durch die aufklärerische Regelpoetik erscheinen unnatürlich. Man rebelliert dagegen. Im Genie, dem Künstler des Sturm und Drang, hingegen wirkt die Natur, auch die des Gefühls.

Wichtige Begriffe

Absage an Autoritäten; Absage an Regeln; Freiheit; Gefühl; Genie; Gesellschaftskritik; Natur; Rebellentum; Shakespeare; Subjektivität, Individualität

Zusammenfassung der Teilkapitel
Autoren und Werke

Johann Wolfgang Goethe: DIE LEIDEN DES JUNGEN WERTHERS – Goethes Roman erzählt die Geschichte eines Selbstmörders. Dadurch, dass der Roman als Briefroman gestaltet ist, bekommt der Leser Einblick in Werthers Gedanken und Gefühle. Er kann sich also in Werther einfühlen und versteht letzten Endes dessen Selbstmord. Typisch für den Roman sind die intensiven Gefühle, die Begeisterung für die Natur und die Kritik an der Adelsgesellschaft.

Johann Wolfgang Goethe: PROMETHEUS – Prometheus, der sich gegen die Götter auflehnt, wird in dieser Hymne zum Sturm-und-Drang-Rebellen schlechthin. Er ist schöpferisch, ein Genie, das gefühlvoll ist und sich gegen die Autoritäten auflehnt. Er zieht sein Selbstbewusstsein aus seiner individuellen Einzigartigkeit. Auch in seiner Form ist das Gedicht rebellisch, denn es ist keiner Regel unterworfen, sondern versucht, Ausdruck der einzigartigen Individualität des Autors zu sein.

Friedrich Schiller: DIE RÄUBER – Schillers erstes Drama gestaltet eine Familiengeschichte: Franz, der jüngere Bruder, bringt seinen Vater durch eine Intrige dazu, den älteren Bruder Karl zu verstoßen. Auf diese Weise wird für Franz der Weg zum Erbe des Fürstentums frei. Aber das Drama erzählt nicht nur eine Familiengeschichte, sondern auch die Geschichte einer Revolte, denn Karl setzt sich an die Spitze einer Räuberbande. Aus dieser Position rebelliert er gegen die Gesellschaft.

Friedrich Schiller: KABALE UND LIEBE – Wieder verbindet Schiller politische Kritik am Absolutismus mit einer Familiengeschichte. Er schildert die Liebe zweier junger Menschen aus verschiedenen Ständen. Typisch ist, dass die Familie auch zum natürlichen Modell für politische Systeme wird. Denn der Fürst sollte ein liebevoller, fürsorglicher Landesvater für sein Volk sein. Die Tatsache, dass er es nicht ist, zeigt, wie groß für Schiller die Probleme in der Gesellschaft seiner Zeit sind.

Das Werther-Fieber – Goethes Roman löst eine Resonanz aus wie noch kein Buch zuvor. Viele kritisieren, dass Goethe Verständnis für einen Selbstmörder aufbringt. Es gibt sogar Anti-Werther-Romane. Insbesondere junge Leser finden aber, dass der Roman genau ihr Lebensgefühl trifft. Es entsteht eine Werthermode, Bilder mit Szenen des Romans und Geschirr mit Wertherbildern kommen auf den Markt. Mehrere Leser begehen in der Werther-Nachfolge Selbstmord.

Die Entdeckung der Natur – Der Sturm und Drang entwickelt ein neues Bild der Natur. War die Natur bisher eher bedrohlich für den Menschen, so wird sie jetzt zum Symbol für Freiheit. In diesem Sinne wird sie auch zum politischen Kampfbegriff: Der Kampf gegen Systeme, die dem Menschen die Freiheit rauben, wird als Kampf gegen die Unnatur geführt. Freiheit scheint der natürliche Zustand des Menschen zu sein. So interessiert man sich für Volkslieder und die Naturlyrik nimmt ihren Anfang im Sturm und Drang.

Weitere Autoren und Werke
Jakob Michael Reinhold Lenz: DER HOFMEISTER; DIE SOLDATEN; Friedrich Maximilian Klinger: STURM UND DRANG; Johann Gottfried Herder: IDEEN ZUR PHILOSOPHIE DER GESCHICHTE DER MENSCHHEIT

Schiller liest seinen Mitschülern im Bopserwald Szenen aus den RÄUBERN **vor. Aquarellierte Federzeichnung von C.A. Heideloff**

Arbeitsvorschläge

1. Vergleiche die Vorstellung, die der Sturm und Drang von Natur hat, mit einem modernen Konzept von Natur, beispielsweise einem naturwissenschaftlichen.

2. Vergleiche den Auszug aus Schillers RÄUBERN (S. 75) mit dem Auszug aus Goethes IPHIGENIE (S. 91) und erkläre die Unterschiede, vor allem in der Form und der Sprache.

3. Schreibe aus der Perspektive des Sturm und Drang eine Rede über deine eigene Zeit. Kann auch deine Zeit als eine Zeit beschrieben werden, in der die Natur und die Freiheit unterdrückt werden? In der eine Rebellion gegen Autoritäten notwendig ist? Im Namen des Gefühls?

4. Auch heute noch kennen wir Bücher, die ein „Fieber" auslösen, z. B. HARRY POTTER. Schreibe einen Zeitungsbericht, in dem du darstellst, wie dieses Fieber heute aussieht (Warten auf die Verfilmung, Merchandising, Werbeveranstaltungen, Kostüme ...), und es mit dem Werther-Fieber vergleichst.

5. Suche dir Bilder und Texte über Prometheus und vergleiche sie mit Goethes Gedicht PROMETHEUS (S. 73).

6. Zeige, weshalb das Gedicht WILLKOMMEN UND ABSCHIED (S. 67) von Johann Wolfgang Goethe ein typisches Gedicht des Sturm und Drang ist.

Johann Friedrich August Tischbein: Anna Amalia Herzogin von Sachsen-Weimar, **1795**

Ernst Rietschel: Goethe-Schiller-Denkmal vor dem Weimarer Nationaltheater, 1857

Johann Wolfgang Goethe

Wilhelm Meisters Lehrjahre

Kennst du das Land, wo die Zitronen blühn,
Im dunkeln Laub die Gold-Orangen glühn,
Ein sanfter Wind vom blauen Himmel weht,
Die Myrthe still und hoch der Lorbeer steht,
5 Kennst du es wohl?
    Dahin! Dahin
Möcht' ich mit dir, o mein Geliebter, ziehn!

Johann Wolfgang Goethe

Hermann und Dorothea

Denn wer leugnet es wohl, dass hoch sich das Herz ihm erhoben,
Ihm die freiere Brust mit reineren Pulsen geschlagen,
Als sich der erste Glanz der neuen Sonne heranhob,
Als man hörte vom Rechte der Menschen, das allen gemein sei,
5 Von der begeisternden Freiheit und von der löblichen Gleichheit!
Damals hoffte jeder sich selbst zu leben; es schien sich
Aufzulösen das Band, das viele Länder umstrickte,
Das der Müßiggang und der Eigennutz in der Hand hielt.
Schauten nicht alle Völker in jenen drängenden Tagen
10 Nach der Hauptstadt der Welt, die es schon so lange gewesen,
Und jetzt mehr als je den herrlichen Namen verdiente?
[...]
Aber der Himmel trübte sich bald. Um den Vorteil der Herrschaft
Stritt ein verderbtes Geschlecht, unwürdig das Gute zu schaffen.
15 Sie ermordeten sich und unterdrückten die neuen
Nachbarn und Brüder, und sandten die eigennützige Menge.

Klassik (1786–1805)

Geschichtlicher Hintergrund

1786 Goethe reist nach Italien und kommt dort in Kontakt mit antiker Kunst; Beginn der Klassik

1789 Französische Revolution; das absolutistische Regime wird gestürzt

1793 In Frankreich kommt Robespierre an die Macht; Hinrichtung des Königs und Beginn der Massenhinrichtungen

1794 erste Begegnung zwischen Schiller und Goethe; Beginn einer engen Zusammenarbeit

1805 Schillers Tod und Ende der Klassik

▶ Klassik – Bezeichnung für eine Kunst, die vorbildhaft für andere Epochen steht. Der Begriff ist stark wertend. Er wird wie ein Titel von der Nachwelt verliehen. Goethe und Schiller bezeichneten sich nicht als Klassiker.

Aufklärung ▶ S. 46ff.

Absolutismus ▶ S. 48

▶ Maximilian de Robespierre (1758–94) war ein radikaler Vertreter der Jakobiner, einer Partei, die die Französische Revolution anführte. Er wollte die Ziele der Revolution – seiner Meinung nach: die Moral – durch die Hinrichtung aller vermeintlichen Gegner durchsetzen. Massenhinrichtungen unschuldiger Bürger waren die Folge.

▶ Guillotine – Holzkonstruktion mit einem Fallbeil, welches den Kopf abtrennt

Friedrich Schiller: WILHELM TELL ▶ S. 94f.

Von Goethes Italienischer Reise zu Schillers Tod

Der Begriff ▶ Klassik bezeichnet eine zeitlos-vorbildhafte Kunst. Deshalb gibt es eine Klassik auch in anderen Künsten, z. B. der Musik und der Malerei. Die klassische Literatur besteht in Deutschland eigentlich nur aus zwei Autoren, nämlich Goethe und Schiller. Deren Werk bezeichnet man nur über einen kurzen Zeitraum hinweg als klassisch: 1786 reist Goethe nach Italien. Dort lernt er die Kunstwerke der Antike kennen, die ihn (und Schiller) in Zukunft stark beeinflussen sollen. 1794 begegnen sich Schiller und Goethe und eine intensive Zusammenarbeit beginnt. 1805 stirbt Schiller. Goethe experimentiert nun mit anderen Schreibstilen, die Zeit der Klassik ist vorbei.

Die Reaktion auf die Französische Revolution

Es war nur eine Frage der Zeit, bis sich die Bürger die Unterdrückung durch den Adel nicht mehr würden bieten lassen. Seit der ▶ **Aufklärung** sind Vorstellungen wie Menschen- und Bürgerrechte, Freiheit und Teilhabe der Bürger an Entscheidungen verbreitet. Das ▶ **absolutistische** System widerspricht dem völlig. Die Losung der Französischen Revolution 1789, **„Freiheit, Gleichheit, Brüderlichkeit"**, wird weithin – auch von Schiller und Goethe – begrüßt. Bald jedoch macht sich Enttäuschung breit: ▶ **Maximilian de Robespierre** kommt in Frankreich an die Macht, und damit beginnt die Terrorphase der Französischen Revolution, mit Massenhinrichtungen mit der ▶ **Guillotine** als Folge. Schiller und Goethe wenden sich von der Revolution ab. Von nun an beschäftigen sie sich mit den Fragen: **Wie können die Ziele der Revolution auch ohne Revolution erreicht werden?** Wie muss ein Staat beschaffen sein, damit Menschen frei leben und mitbestimmen können? Wie muss der Mensch erzogen werden, damit er als mündiger Bürger in Staat und Gesellschaft Verantwortung übernehmen kann? Werke wie ▶ Schillers WILHELM TELL und ▶ Goethes IPHIGENIE AUF TAURIS suchen nach Antworten auf diese Fragen.

Faszination durch die Antike

Kunstwerke der Antike liefern eine Antwort: Einerseits wirken sie schlicht und natürlich. Dadurch sind sie ein Gegenentwurf zur gekünstelten und übertriebenen Pracht, mit der die absolutistischen Herrscher sich selbst feiern. Andererseits erscheinen etwa die antiken Skulpturen ruhig und harmonisch. So wird die **Antike ein Gegenentwurf zum Chaos und der Gewalt** der jakobinischen Terrorherrschaft. **Sie wird zum Symbol von Freiheit in natürlicher Ordnung und Harmonie.** Sie kann sowohl dem Absolutismus als auch der Revolution entgegengesetzt werden. Typisch für die klassische Kunst ist deswegen, dass Formen und Stilmittel der Antike verwandt werden – nicht nur in der Literatur.

Johann Wolfgang Goethe: Iᴘʜɪɢᴇɴɪᴇ ᴀᴜꜰ Tᴀᴜʀɪs ▸ S. 90f.

Klassizismus in anderen Künsten ▸ S. 88f.

Eine Kunst, die nicht mit der Wirklichkeit verwechselt werden will

Oft versucht ein Kunstwerk, die Wirklichkeit möglichst täuschend nachzuahmen. Der Leser, Betrachter oder Zuschauer soll – etwa im Kino – vergessen, dass er es mit einem Kunstwerk zu tun hat. Die Klassik will den Zuschauer und Leser immer daran erinnern, dass er ein Kunstwerk genießt und über die Realität selbst nachdenken muss. Deshalb greift die Klassik bewusst zu einer „unrealistischen" Sprache: Die Dramenfiguren sprechen in ▸ **Blankversen** und im ▸ **hohen Stil.** Schiller nimmt sich auch das Recht, historische Fakten für seine Bedürfnisse abzuändern: Seine ▸ Jungfrau von Orleans stirbt nicht auf dem Scheiterhaufen, seine ▸ Maria Stuart ist viel jünger als die historische Person. **Die Kunst muss sich nicht an die Realität halten.** Man bezeichnet das als ▸ **Autonomie der Kunst.**

▸ **Blankvers** – fünfhebiger, reimloser Jambus (regelmäßiger Wechsel von unbetonten und betonten Silben, Beginn mit unbetonter Silbe)

▸ **hoher Stil** – Sprachstil mit anspruchsvollem Satzbau und vielen rhetorischen Mitteln

▸ **Jungfrau von Orleans** – Die historische Jeanne d'Arc kämpfte für die Franzosen gegen die Engländer. Sie wurde als Hexe verbrannt, Titelheldin eines Dramas von Schiller, das allerdings mit den historischen Fakten frei umgeht.

▸ **Maria Stuart** war eine schottische Königin, die Anspruch auf den englischen Thron erhob und deshalb von der englischen Königin Elisabeth hingerichtet wurde; Titelheldin eines Dramas von Schiller.

▸ **Autonomie der Kunst** – Die Kunst ist selbstbestimmt, d. h. keinen Vorgaben und Vorschriften von außen unterworfen. Sie ist nicht verpflichtet, ihre Werke an der Wirklichkeit zu orientieren.

Epochenmerkmale kurz gefasst

Klassik

- Auseinandersetzung mit der Französischen Revolution
- Anlehnung an die Antike
- Autonomie der **Kunst** – eine Kunst, die nicht mit der Wirklichkeit verwechselt werden will
- Nutzung des Blankverses im Drama

Klassizismus in Gesellschaft und Architektur

Johann Joachim Winckelmann und die Entdeckung der Antike

Als **Klassizismus** bezeichnet man alle künstlerischen Richtungen, die sich bewusst auf antike Vorbilder berufen und den Stil des klassischen Altertums nachahmen. Klassizismus kann in verschiedenen Künsten auftreten – beispielsweise in der Malerei, der Architektur und der Literatur. Außerdem ist klassizistische Kunst nicht an eine bestimmte Epoche gebunden. Unter anderem entsteht sie etwa in der italienischen Renaissance und in Deutschland um 1800.

Der wichtigste Anstoß für den Klassizismus in Deutschland kommt von ▶ **Johann Joachim Winckelmann**. Er gilt als einer der Begründer der wissenschaftlichen Archäologie und der Kunstgeschichte. Geboren in Stendal im heutigen Sachsen-Anhalt, siedelt er 1755 nach Rom über. Dort lebt er bis zu seinem Tod 1768. Die bekannteste der hier entstandenen Schriften ist seine GESCHICHTE DER KUNST DES ALTERTUMS: Winckelmann beschreibt die antike Kunst und erklärt sie zum Vorbild für alle Künste. Er prägt den Ausdruck *„edle Einfalt, stille Größe"*, mit dem er das Wesen der Antike und der antiken Kunst zusammenfasst: In ihrer Einfachheit und Schlichtheit, die dennoch (oder gerade deswegen) großartig ist, ist die antike Kunst ein **Gegenbild zur Verspieltheit und zum höfischen Prunk des Barock**.

▶ Johann Joachim Winckelmann (1717 – 68) war Archäologe und Kunsthistoriker. Er war einer der Begründer der Antikebegeisterung in Deutschland.

Karl Friedrich Schinkel: Königliches Schauspielhaus (heute Konzerthaus) am Gendarmenmarkt in Berlin, 1821

Die Begeisterung Winckel-
manns und seine Vorstellung
von antiker Kunst überträgt
sich um 1800 auf ganz Eu-
ropa, insbesondere auch auf
die adlige Gesellschaft in
Deutschland: Es bricht eine re-
gelrechte ▶ Graecomanie aus.
Man veranstaltet Feste, bei denen man sich wie Griechen
und Römer kleidet. Man ahmt
in der Literatur und in der Bil-

Der Triumphbogen (Arc de Triomphe) in Paris, 1806–36

▶ Graecomanie ist eine leidenschaftliche Begeisterung
für die Kultur des antiken
Griechenlands.

denden Kunst die Antike nach und erklärt sie zum Vorbild für das gesellschaftliche Leben. Eine Reise nach Italien wird zur Pflicht für gebildete Menschen aus besseren Kreisen.

Aus heutiger Sicht muss man sagen, dass Winckelmann und mit ihm
die Menschen seiner Zeit einer Täuschung aufgesessen sind: Die
Antike war keineswegs nur edle Einfalt und stille Größe. Sie war auch
wild und ausgelassen, oftmals grausam und barbarisch.

Klassizismus in der Architektur

Auch in der Architektur setzt sich um 1800 ein Stil durch, der
sich deutlich an antiken Vorbildern orientiert. Insbesondere greift
man auf die **Formen der antiken Tempel** zurück: Hohe, weitgehend
schmucklose Säulen tragen ein flaches Dach. An der Schmalseite des
Giebeldachs ergibt sich ein flaches Giebeldreieck, das mit Bildern ver-
ziert wird, das sogenannte Tympanon. Auch diese Architektur versteht sich in ihrer Symmetrie und Schlichtheit als **Gegenentwurf zur
verspielten Architektur des Barock**.

In Deutschland gehört ▶ **Karl Friedrich Schinkel** zu den bedeutendsten
klassizistischen Baumeistern. Er wirkte vor allem in Preußen, insbesondere in Berlin. Berlin-Mitte, das alte Zentrum, ist bis heute geprägt
von Schinkels klassizistischen Prachtbauten wie der Neuen Wache,
dem Alten Museum und dem Schauspielhaus am Gendarmenmarkt.
Dass der Klassizismus ein Gegenentwurf zur höfischen Kunst des Barock und des Absolutismus war, führt auch dazu, dass das Bürgertum
seinem Selbstbewusstsein in diesem Stil Ausdruck verleiht. So wird
der Klassizismus vor allem in der Malerei zu *der* Kunstrichtung in der
Folge der **Französischen Revolution**: Man zeigt die Gegnerschaft zum
Alten Regime auch in Kunst und Architektur. Das greift **Napoleon** auf
und macht den sogenannten ▶ **Empirestil**, die französische Spielart
des Klassizismus, zum Markenzeichen seines Kaiserreichs.

▶ Karl Friedrich Schinkel
(1781–1841) war der
bedeutendste klassizistische
Architekt, Stadtplaner und
Maler Preußens.

▶ Empirestil – französische
Spielart des Klassizismus, die
zum Symbol für die Revo-
lution und das Kaiserreich
Napoleons wurde.

Johann Wolfgang Goethe

▶ **1786–1787** Reise nach Italien; danach Rückkehr nach Weimar

▶ **1787** Beginn der Beziehung zu Christiane Vulpius, die Goethe aber erst 1806 heiratet

▶ **1789** Geburt des Sohnes August

▶ **1791** Goethe übernimmt die Leitung des Weimarer Hoftheaters.

▶ **1794** Beginn der Freundschaft mit Friedrich Schiller

▶ **1805** Schillers Tod

Mehr zu Goethe im Kapitel Sturm und Drang ▶ S. 70

Friedrich Schiller ▶ S. 74, 94

Johann Wolfgang Goethe: Iphigenie auf Tauris (1786)

Der klassische Goethe

1786 bricht Goethe nach Italien auf, und das, ohne den Herzog zu informieren. Schließlich dauert die Reise fast zwei Jahre. Goethe begegnet der Kunst der Antike, die ihn beeindruckt und beeinflusst: Von nun an versucht er, in seinen Werken die Ideen der Antike aufzugreifen und ihre Formen nachzuahmen. 1794 begegnet er ▶ Schiller, der ähnliche Ideen entwickelt hat. Gemeinsam versuchen sie, ihre Vorstellungen von Literatur in der literarischen Öffentlichkeit Deutschlands durchzusetzen. Dabei geraten sie

Anselm von Feuerbach: IPHIGENIE, 1862

immer wieder in die Rolle der literarischen Außenseiter.

Weitere Werke

Lyrik: RÖMISCHE ELEGIEN; VENEZIANISCHE EPIGRAMME; Roman: WILHELM MEISTERS LEHRJAHRE; Versepos: HERMANN UND DOROTHEA

Iphigenie auf Tauris

Das Drama erzählt die Geschichte von Iphigenie, der Tochter ▶ Agamemnons. Dabei greift es auf den Stoff der antiken Sage zurück: Iphigenie wird von der Göttin Diana nach ▶ Tauris entführt. Ihr Bruder Orest vom ▶ Orakel des Apoll beauftragt, kommt nach Tauris, um seine Schwester nach Griechenland zurückzubringen. Er versucht dies zunächst mit List und Gewalt. So kommt es zum Konflikt mit dem Taurerkönig Thoas. Alle Personen berufen sich auf den Willen der Götter: Man tut, was man möchte, behauptet aber, den Willen der Götter zu vollziehen. Damit ist jedes Handeln gerechtfertigt, auch das verbrecherische; die Schuld trägt man nicht selbst, man wälzt sie auf die Götter ab. Am Ende des Stücks durchbricht Iphigenie dieses Muster. Sie sagt die Wahrheit und ist bereit, die Konsequenzen ihres Handelns zu tragen.

▶ **Agamemnon** – Feldherr im Trojanischen Krieg

▶ **Tauris** – Landschaft der antiken Sagenwelt, deren Lage unklar ist. Oft wird angenommen, dass sie auf der Halbinsel Krim im Schwarzen Meer lag.

▶ **Orakel** – Götterspruch; mithilfe eines Mediums offenbaren die Götter an bestimmten heiligen Orten (z. B. in Delphi) ihren Willen.

Iphigenie auf Tauris, Erster Aufzug, Szene 1

IPHIGENIE. Heraus in eure Schatten, rege Wipfel
Des alten, heilgen, dichtbelaubten ▶ **Haines**,   ▶ Hain – kleiner Wald
Wie in der Göttin stilles Heiligtum,
Tret ich noch jetzt mit schauderndem Gefühl,
5 Als wenn ich sie zum ersten Mal beträte,
Und es gewöhnt sich nicht mein Geist hierher.
So manches Jahr bewahrt mich hier verborgen
Ein hoher Wille, dem ich mich ergebe;
Doch immer bin ich, wie im ersten, fremd.
10 Denn ach! mich trennt das Meer von den Geliebten,
Und an dem Ufer steh ich lange Tage,
Das Land der Griechen mit der Seele suchend;
Und gegen meine Seufzer bringt die Welle
Nur dumpfe Töne brausend mir herüber.
15 Weh dem, der fern von Eltern und Geschwistern
Ein einsam Leben führt! Ihm zehrt der ▶ **Gram**   ▶ Gram – Kummer, Sorge
Das nächste Glück von seinen Lippen weg,
Ihm schwärmen abwärts immer die Gedanken
Nach seines Vaters Hallen, wo die Sonne
20 Zuerst den Himmel vor ihm aufschloss, wo
Sich Mitgeborne spielend fest und fester
Mit sanften Banden aneinander knüpften.
Ich rechte mit den Göttern nicht; allein
Der Frauen Zustand ist beklagenswert.
25 Zu Haus und in dem Kriege herrscht der Mann,
Und in der Fremde weiß er sich zu helfen.
Ihm freuet der Besitz, ihn krönt der Sieg!
Ein ehrenvoller Tod ist ihm bereitet.
Wie eng-gebunden ist des Weibes Glück!
30 Schon einem rauen Gatten zu gehorchen,
Ist Pflicht und Trost; wie elend, wenn sie gar
Ein feindlich Schicksal in die Ferne treibt!

Arbeitsvorschläge

1. Zeige auf, wo sich in diesem Text betonte und unbetonte Silben befinden.
   Was fällt dir auf? Liegt ein durchgängiges Muster vor?

2. Gib in eigenen Worten die Situation wieder, in der sich Iphigenie hier befindet.

3. Erläutere, welche Männer- und Frauenrolle Iphigenie zugrunde legt, wenn sie den
   Zustand der Frauen beklagenswert (vgl. Z. 24) findet.

Johann Wolfgang Goethe

▶ 1810 Goethes naturwissenschaftliche Forschung gipfelt in einem Buch zur Farbenlehre.

▶ 1814 Reise an den Rhein und letzter Besuch der Frankfurter Heimat. Liebe zu Marianne Willemer, die sich im West-östlichen Divan niederschlägt.

▶ 1816 Tod Christianes

▶ 1832 Goethe stirbt in Weimar.

Leben und Werk des jungen Goethe ▶ S. 70

Leben und Werk des klassischen Goethe ▶ S. 90

▶ geschlossenes Drama: streng aufgebautes Drama in fünf (oder drei) Akten. Es gelten die Einheiten der Zeit (die Handlung dauert höchstens 24 Stunden), des Ortes (sie spielt nur an einem Ort) und der Handlung (es wird genau eine Handlung von Anfang bis Ende erzählt). Beispiel: IPHIGENIE AUF TAURIS ▶ S. 90f.

Blankvers ▶ S. 87

Johann Wolfgang Goethe: Faust (1806–32)

Goethes Abwendung von der Klassik

Goethe wendet sich von der Klassik ab, als Schiller 1805 stirbt. Mit ihm verliert er seinen wichtigsten Freund und Partner. Goethe geht neue literarische Wege. Er schreibt nun Dramen, die man – im Gegensatz zum klassischen-geschlossenen ▶ Drama – eher als Bilderbögen bezeichnen kann. Diese Dramen zeichnen sich dadurch aus, dass eine Geschichte nicht mehr von Anfang bis Ende erzählt wird, sondern selbstständige Bilder aneinander-

Georg Friedrich Kersting: FAUST IM STUDIERZIMMER, 1829

gereiht werden. Im FAUST greift Goethe auf eine Vielzahl unterschiedlicher Versformen zurück – im Gegensatz zum reinen ▶ Blankversdrama der Klassik.

Weitere Werke

Lyrik: WEST-ÖSTLICHER DIVAN; Romane: DIE WAHLVERWANDTSCHAFTEN; WILHELM MEISTERS WANDERJAHRE

Faust

Goethes Drama FAUST erzählt in zwei Teilen die Lebensgeschichte des Wissenschaftlers Heinrich Faust. Goethe hat an diesem Drama sein ganzes Leben lang gearbeitet: Der junge Goethe beginnt die Arbeit daran um 1775. 1806 erscheint dann der erste Teil des Dramas. FAUST II wird erst nach Goethes Tod 1832 veröffentlicht.

Faust verzweifelt an der Zerrissenheit seines Menschseins: Auf der einen Seite lässt ihn seine Vernunft teilhaben am Göttlichen, am Absoluten und verlangt nach unendlichem Wissen. Auf der anderen Seite ist er durch seine physische Existenz, seine Sinne, seine Gefühle an die irdische Enge gebunden. Nur durch sinnlichen Genuss kann er als physisches Wesen glücklich werden. Mephisto, der Teufel, bietet Faust an, ihm einen erfüllten Augenblick zu schenken, in dem beide Seiten seiner Person glücklich sind – dafür muss Faust ihm nach dem Tod seine Seele vermachen. Mit diesem Pakt beginnt eine Reise durch die Welt …

Faust, Szene „Nacht", Vers 354–385
In einem hochgewölbten, engen gotischen Zimmer Faust unruhig auf einem Sessel am Pulte.

FAUST. Habe nun, ach! Philosophie,
▸ Juristerei und Medizin
Und leider auch Theologie
Durchaus studiert, mit heißem Bemühn.
5 Da steh ich nun, ich armer ▸ Tor,
Und bin so klug als wie zuvor!
Heiße ▸ Magister, heiße Doktor gar,
Und ziehe schon an die zehen Jahr
Herauf, herab und quer und krumm
10 Meine Schüler an der Nase herum –
Und sehe, dass wir nichts wissen können!
Das will mir schier das Herz verbrennen.
Zwar bin ich gescheiter als alle die Laffen,
Doktoren, Magister, Schreiber und Pfaffen;
15 Mich plagen keine Skrupel noch Zweifel,
Fürchte mich weder vor Hölle noch Teufel –
Dafür ist mir auch alle Freud entrissen,
Bilde mir nicht ein, was Rechts zu wissen,
Bilde mir nicht ein, ich könnte was lehren,
20 Die Menschen zu bessern und zu bekehren. [...]
Drum hab ich mich der Magie ergeben,
Ob mir durch Geistes Kraft und Mund
Nicht manch Geheimnis würde kund,
Dass ich nicht mehr mit sauerm Schweiß
25 Zu sagen brauche, was ich nicht weiß,
Dass ich erkenne, was die Welt
Im Innersten zusammenhält,
Schau alle Wirkenskraft und Samen
Und tu nicht mehr in Worten kramen.

Liebespaare der Literatur
▸ S. 101

▸ Juristerei – veraltete, leicht abwertende Bezeichnung für Jura (= Rechtswissenschaft)

▸ Tor – Narr, Tölpel

▸ Magister – akademischer Titel unter dem Doktortitel

Arbeitsvorschläge

1. Untersuche die Form dieses Monologs, indem du nach betonten und unbetonten Silben und nach Reimen suchst. Ist ein Muster zu erkennen?

2. Erkläre, warum Faust sich der Magie zugewandt hat.

3. Stelle dir vor, du müsstest im Theater den FAUST inszenieren, dürftest aber kein *„hochgewölbtes, enges gotisches Zimmer"* als Kulisse benutzen. In welcher Kulisse würdest du den Wissenschaftler Faust auftreten lassen? Begründe deine Entscheidung.

Friedrich Schiller

▶ 1789 Übersiedlung nach Jena, wo Schiller als Geschichtsprofessor ohne Bezüge lehrt.

▶ 1790 Hochzeit mit Charlotte von Lengefeld

▶ 1791 intensive Kant-Lektüre; schwere Krankheit, von der Schiller sich zeitlebens nicht mehr erholt

▶ 1794 Beginn der Freundschaft mit Goethe

▶ 1799 Umzug nach Weimar

▶ 1805 Schiller stirbt in Weimar.

Leben und Werk des jungen Schiller ▶ S. 74

Blankvers ▶ S. 87

Immanuel Kant ▶ S. 48

Friedrich Schiller: Wilhelm Tell (1804)

Der klassische Schiller

Ähnlich wie Goethe wendet sich Schiller in der Mitte der 1880er-Jahre neuen Themen und einem neuen künstlerischen Konzept zu. Seit seiner Arbeit an dem Drama DON KARLOS, das er 1883 beginnt, schreibt er seine Dramen in ▶ Blankversen und fünf Akten – seine früheren Stücke hatte er alle in Prosa verfasst. Schiller setzt sich mit der Französischen Revolution und mit dem Werk ▶ Immanuel Kants auseinander. Daraus erwächst

Richard Kissling: Tell-Denkmal, 1895

sein neues Welt- und Menschenbild: **Wirklich frei ist der Mensch, wenn er nicht seinem Trieb, sondern seiner Vernunft folgt.** Tut er das, kann er auch in einem demokratischen Staat mitbestimmen. Die **Kunst** soll ihn dazu **erziehen.** All dies sind Themen von Schillers klassischen Dramen – auch im letzten Drama, im WILHELM TELL.

Weitere Werke

Dramen: WALLENSTEIN; MARIA STUART; DIE JUNGFRAU VON ORLEANS

Wilhelm Tell

▶ Wilhelm Tell ist ein legendärer Schweizer Freiheitskämpfer, der um 1300 gelebt haben soll; die Quellen, die von ihm berichten, sind eher zweifelhaft.

Ein ▶ Landvogt ist ein Statthalter des Kaisers, ein Verwalter für eine bestimmte Region, der als Stellvertreter hier für den österreichischen Kaiser bestimmte Verwaltungsaufgaben übernimmt.

Schillers Drama ▶ WILHELM TELL erzählt die Geschichte des Schweizer Freiheitskampfs um 1300. Tatsächlich ist auch dieses Drama eine Auseinandersetzung mit der Französischen Revolution: Österreich hat die Schweiz besetzt und unterdrückt ihre Bewohner. Über die Frage, **wann ein bewaffneter Aufstand gegen die Unterdrücker berechtigt ist,** denkt Schiller hier sehr genau nach. Er meint, **wenn der Unterdrücker die heiligsten Rechte der Natur missachte,** dann sei bewaffneter Widerstand erlaubt. Als der österreichische ▶ Landvogt Geßler Tell auffordert, den Apfel vom Kopf des eigenen Sohnes zu schießen, kommt es zum Aufstand. Das Verhältnis zwischen Schweizer Adel und Bürgern ist für Schiller vorbildhaft und ein positiver Gegenentwurf sowohl zum Absolutismus als auch zur Revolution: Der Adel unterdrückt die Bürger nicht, sondern führt und schützt sie, solange es notwendig ist. Als die Bürger mündig werden, gibt der Adel seine Führungsrolle auf; die Bürger müssen sich nicht mit Gewalt wehren. Selten ist Schiller so konkret politisch wie hier.

Wilhelm Tell, Akt IV, Szene 2

Der Freiherr von Attinghausen, ein Schweizer Adliger und deshalb einer der Anführer seines Volkes, behandelt seine Bediensteten und die Bürger nicht als Untergebene. Nun liegt er im Sterben und sorgt sich um sein Volk. Da berichten ihm die Schweizer Bürger von ihrem Plan zum Aufstand gegen die Österreicher, den sie ohne den Adel gefasst haben.

ATTINGHAUSEN *(richtet sich langsam in die Höhe, mit großem Erstaunen).*
Hat sich der Landmann solcher Tat verwogen,
Aus eignem Mittel, ohne Hülf der Edeln,
5 Hat er der eignen Kraft so viel vertraut –
Ja, dann bedarf es unsrer nicht mehr,
Getröstet können wir zu Grabe steigen,
Es lebt *nach* uns – durch andre Kräfte will
Das Herrliche der Menschheit sich erhalten.
10 *(Er legt seine Hand auf das Haupt des Kindes, das vor ihm auf den Knien liegt)*
Aus diesem Haupte, wo der Apfel lag,
Wird euch die neue bessre Freiheit grünen,
Das Alte stürzt, es ändert sich die Zeit,
15 Und neues Leben blüht aus den Ruinen. [...]
Der Adel steigt von seinen alten Burgen
Und schwört den Städten seinen Bürgereid,
Im ▶ **Üchtland** schon, im **Thurgau** hat's begonnen,
Die edle **Bern** erhebt ihr herrschend Haupt,
20 **Freiburg** ist eine sichre Burg der Freien,
Die rege **Zürich** waffnet ihre Zünfte
Zum kriegerischen Heer – Es bricht die Macht
Der Könige sich an ihren ewgen Wällen – [...]
Der Landmann stürzt sich mit der nackten Brust,
25 Ein freies Opfer, in die Schar der Lanzen,
Er bricht sie, und des Adels Blüte fällt,
Es hebt die Freiheit siegend ihre Fahne.

▶ **Üchtland** und **Thurgau** sind Schweizer Landschaften, **Bern**, **Freiburg** und **Zürich** Schweizer Städte.

Arbeitsvorschläge

1. Erläutere, wie Attinghausen das Verhältnis von Adel und Bürgertum sieht.

2. Erkläre die Formulierungen *„durch andre Kräfte will das Herrliche der Menschheit sich erhalten"* (Z. 8f.) und *„des Adels Blüte fällt"* (Z. 26.).

3. Erörtere die Frage, ob du es für möglich hältst, dass der Adel freiwillig seine Macht den Bürgern übergibt.

Die Ballade

Eine ▶ Ballade ist ein Gedicht, das nicht Gefühle und Stimmungen schildert, sondern eine Geschichte erzählt und dabei mit dramatischen Elementen arbeitet.

▶ Lyrik – Gedichte

▶ Epik – erzählende Dichtung (Romane, Erzählungen, Novellen etc.)

▶ Dramatik – Schauspiele

Eine Gattung, die alle anderen in sich fasst ...

Goethe hat über die ▶ Ballade geschrieben, in ihr seien *„die Elemente [der Poesie] noch nicht getrennt, sondern wie in einem lebendigen Ur-Ei zusammen"*. Mit den Elementen der Poesie meint Goethe: ▶ **Lyrik, Epik** und **Dramatik**. Es handelt sich bei Balladen um Lyrik, um Gedichte. Das liegt auf der Hand: Balladen weisen **Vers und Reim** auf, sind oft an **Liedformen** angelehnt und konnten **ursprünglich auch gesungen** werden. Seit dem 18. Jahrhundert werden Gedichte aber meist als Ausdruck von Gefühlen, Stimmungen, Empfindungen und Subjektivität aufgefasst. All das ist die Ballade aber nicht. Die Ballade **erzählt eine Geschichte.** Insofern steht sie epischen Texten (also Erzählungen, Novellen, Kurzgeschichten etc.) viel näher als „typischen" Gedichten. Aber auch Elemente des Schauspiels, des Dramas, benutzt die Ballade. So konzentriert sie sich in der Regel auf die Höhepunkte des Geschehens und sie arbeitet mit Dialogen. Dies wird etwa in Goethes Ballade Erlkönig deutlich. Drei Figuren wechseln sich im Reden ab. Es sind der geheimnisvolle Erlkönig, der einen Jungen zu sich zu locken versucht, der Junge, der vor dem Erlkönig

Moritz von Schwind: Erlkönig, um 1860

Angst hat und der Vater, der den Erlkönig für ein Hirngespinst des
Kindes hält:

Mein Sohn, was birgst du so bang dein Gesicht? –
Siehst, Vater, du den Erlkönig nicht?
Den Erlenkönig mit Kron und Schweif? –
Mein Sohn, es ist ein Nebelstreif. –

5 „Du liebes Kind, komm geht mit mir!
Gar schöne Spiele spiel ich mit dir;
Manch bunte Blumen sind an dem Strand,
Meine Mutter hat manch gülden Gewand."

Die Geschichte der Ballade bis ins 20. Jahrhundert

Goethes Wort vom „*Ur-Ei*" darf nicht so verstanden werden, als sei
die Ballade eine besonders alte Gattung. Zwar gibt es Vorläufer wie die
▶ Heldenlieder des Mittelalters, den ▶ Bänkelsang und die Volksballa-
den: zur literarischen (Kunst-)Gattung wird die Ballade erst im 18. Jahrhundert. Der ▶ Sturm und Drang entdeckt die Volksdichtung und damit
auch die Ballade. ▶ Gottfried August Bürgers LENORE (1774) ist eine der
ersten Kunstballaden der deutschen Literatur.
Bei der Gattung Ballade unterscheidet man zwischen ▶ naturmagi-
schen Balladen, in denen geheimnisvolle Ereignisse in einer
unheimlichen Naturumgebung erzählt werden, und ▶ historischen
oder Heldenballaden. Diese berichten – wie der Name schon sagt
– von historischen Ereignissen und Heldentaten. Als dritte Form
entwickeln Goethe und Schiller in ihrer klassischen Phase noch die
sogenannten ▶ Ideenballaden: Diese Balladen erzählen nicht mehr
nur spannende Geschichten, sondern vermitteln auch Ideale und
Wahrheiten. Im 19. Jahrhundert kommen auch ▶ soziale Probleme
und die ▶ moderne Technik als Themen für die Ballade hinzu.
Im 20. Jahrhundert sind es insbesondere ▶ Bertolt Brecht und ▶ Frank
Wedekind, die der Ballade neue Impulse geben. Sie greifen zurück auf
die älteren Formen des Bänkelsangs. Die Ballade bekommt dadurch
etwas Ironisches, Desillusionierendes. In diesem Ton wird dann auch
Kritik geübt – politisch und gesellschaftlich. Die ▶ politische Ballade
entsteht, die auch für die Protestdichtung der 1960er-Jahre als wichtiges Vorbild dient.

Heldenlied ▶ S. 10

▶ Bänkelsang – Seit dem
17. Jahrhundert tragen fahrende Sänger auf Jahrmärkten
Schauergeschichten und
aktuelle Nachrichten in
Liedform vor.

Sturm und Drang ▶ S. 66ff.

▶ Gottfried August Bürger
(1747–94) wird dem Sturm
und Drang zugerechnet.

▶ Naturmagische Balladen
sind z.B Johann Wolfgang
Goethes ERLKÖNIG, Eduard
Mörikes DIE GEISTER AM
MUMMELSEE.

▶ Historische und
Heldenballaden sind z.B.
Theodor Fontanes ARCHIBALD
DOUGLAS; Heinrich Heines
BELSAZAR.

▶ Ideenballaden entstanden
vor allem im „Balladenjahr"
1797, z.B. Johann Wolf-
gang Goethes DER ZAUBER-
LEHRLING, Friedrich Schillers
DIE BÜRGSCHAFT.

▶ Sozialkritik und moderne
Technik als Themen der
Ballade findet man in Heines
DIE SCHLESISCHEN WEBER,
Fontanes DIE BRÜCK' AM TAY.

Bertolt Brecht ▶ S. 264

Frank Wedekind ▶ S. 209

Politische Balladen ▶ Brechts
sind z.B. die Ballade von DER
KINDESMÖRDERIN MARIE
FARRAR oder die LEGENDE VON
DER ENTSTEHUNG DES BUCHES
TAOTEKING AUF DEM WEG DES
LAOTSE IN DIE EMIGRATION.

Literarisches Weimar um 1800

Der „Weimarer Musenhof"

Das literarische Leben am Weimarer Hof, die Zahl der bedeutenden Autoren, die dort lebten, und der wichtigen Werke, die dort entstanden, ist eindrucksvoll. Das Herzogtum Sachsen-Weimar-Eisenach ist eher klein. Deshalb setzen sich Herzog Carl August und die Herzoginmutter ▶ Anna Amalia mit besonderem Ehrgeiz dafür ein, **Weimar zu einem geistig-kulturellen Zentrum zu machen.** So sollte ihr Herzogtum an Bedeutung gewinnen. 1772 holt man den Aufklärer ▶ Christoph Martin Wieland als Hoflehrer nach Weimar, 1775 kommt Goethe auf Einladung des Herzogs dorthin – der erfolgreiche Autor des WERTHER, den Carl August zuvor in Frankfurt kennengelernt hat. Auf Goethes Vermittlung kommt 1776 auch ▶ Johann Gottfried Herder. Die drei sind der Mittelpunkt einer Hofgesellschaft, die Anna Amalia um sich versammelt. Man trifft sich regelmäßig, trägt einander Gedichte vor, beschäftigt sich mit aktuellen literarischen Veröffentlichungen und Theaterproduktionen – in gewisser Weise ein Vorläufer der ▶ literarischen Salons, wie man sie später in der Romantik finden wird. Anders als dort handelt es sich in Weimar allerdings nicht um eine bürgerliche Gesellschaft; das Weimarer Herrscherhaus gefällt sich in der traditionellen Rolle des Adels als ▶ Mäzen. Als 1799 auch Schiller nach Weimar zieht, ist das Viergestirn, auf das die Stadt bis heute stolz ist, komplett. Tatsächlich ist es bemerkenswert, wie viele bedeutende Dichter der Zeit das kleine Herzogtum an sich binden kann – auch wenn Wieland, Goethe, Herder und Schiller künstlerisch nicht als Einheit gesehen werden können.

Johann Friedrich August Tischbein: ANNA AMALIA
▶ S. 84

▶ Christoph Martin Wieland (1733 – 1813), Dichter, Übersetzer und Herausgeber der Aufklärung, wurde von Anna Amalia zur Erziehung ihrer Söhne nach Weimar berufen.

Johann Gottfried Herder
▶ S. 68

Literarische Salons ▶ S. 140f.

Der Adel betätigte sich gerne als ▶ Mäzen – man holte Künstler an den Hof und förderte sie durch finanzielle Unterstützung bzw. eine Anstellung. Auf diese Weise konnte man die eigene Kultiviertheit demonstrieren. Auch Carl August wirkt in Weimar als Mäzen.

Johann Gottfried Herder

Christoph Martin Wieland

Goethe und Schiller

Das gilt allerdings nicht für Goethe und Schiller. Im Gegenteil: Seit dem **Beginn ihrer ▸ Zusammenarbeit im Jahr 1794** begreifen sie sich als eine ▸ *ecclesia militans*, wie Schiller schreibt, als eine kämpfende Kirche. Gemeinsam entwickeln sie eine Literatur, die sich höchste Ziele setzt: Durch die Kunst sollen die Menschen so erzogen werden, dass es möglich wird, die positiven Ziele der Französischen Revolution ohne deren Gewaltexzesse zu erreichen.

Schillers und Goethes Zusammenarbeit ▸ S. 86

▸ **ecclesia militans** – Hier ist damit die enge Zusammenarbeit von Goethe und Schiller gemeint.

Goethe ehemaliges Wohnhaus (heute Goethe-Museum) in Weimar

Wichtigstes Medium sind die Zeitschriften, die Schiller selbst herausgibt; hier vor allem der „Musenalmanach", eine Art Literaturkalender, der jedes Jahr erscheint. Der „Musenalmanach auf das Jahr 1797" enthält die ▸ **Xenien**. Das sind 414 kurze Gedichte, mit denen Goethe und Schiller Hohn und Spott über die literarische Szene der Zeit ausgießen. Die Reaktion auf diesen Literaturskandal ist ein Aufschrei anderer ▸ **Literaten**, von denen manche mit der Veröffentlichung von „Gegenxenien" gegen Schiller und Goethe reagieren. Sie tragen Titel wie GEGENGESCHENKE AN DIE SUDELKÖCHE IN WEIMAR UND JENA VON EINIGEN DANKBAREN GÄSTEN.

▸ **Xenien** – ursprüngliche Bedeutung: „Gastgeschenke". So hatte der römische Dichter Martial im ersten Jahrhundert eine Sammlung von Gedichten genannt.

▸ **Literaten** – Menschen, die Literatur verfassen

Der nächste „Musenalmanach" ist zahmer. In diesem treten Goethe und Schiller in einen „Dichterwettstreit" und schreiben – sich gegenseitig kritisierend ▸ **Balladen**. Schiller bezeichnet das Jahr 1797 als das *Balladenjahr*. Als am Ende des Jahres der „Musenalmanach auf das Jahr 1798" erscheint, enthält er viele der berühmtesten Balladen der beiden Dichter, wie DER ZAUBERLEHRLING, DER HANDSCHUH und DIE KRANICHE DES IBYKUS.

Balladen ▸ S. 96f.

Liebespaare der Literatur

Liebe als literarisches Thema

Dass Liebe immer ein Thema für die Literatur gewesen ist, versteht sich fast von selbst. Interessant sind Unterschiede und Gemeinsamkeiten in der Darstellung durch Autoren durch die Zeiten: Immer wieder kollidiert die Liebe zweier Menschen mit **gesellschaftlichen Zwängen** – und das in so unterschiedlichen Gesellschaften wie der des Mittelalters und des 19. Jahrhunderts. Die Liebe kann aber auch als **große ▸ utopische Lösung** menschlicher Probleme dargestellt werden, wie in Goethes FAUST.

Utopie ▸ S. 55

Liebe gegen gesellschaftliche Zwänge

Schon das bekannteste Liebespaar der mittelalterlichen Literatur steht in einem **Konflikt mit gesellschaftlichen Zwängen**: Im TRISTAN, einem Versroman **▸ Gottfrieds von Straßburg**, zieht der Titelheld aus, um für seinen Onkel und Herrn, König Marke, eine Frau zu werben: Isolde. Tristan erfüllt seinen Auftrag, und als er mit Isolde auf der Heimreise ist, trinken beide versehentlich von einem **Liebestrank**, den Isoldes Mutter eigentlich für Isolde und Marke

▸ Gottfried von Straßburgs Roman TRISTAN entstand etwa um 1210. Er wurde nicht abgeschlossen. (▸ S. 10f.)

August Spieß: TRISTAN UND ISOLDE, **1881**

vorgesehen hatte. Von nun an sind beide schicksalhaft aneinander gekettet und geraten in Konflikt mit ihrer Treuepflicht gegenüber dem König bzw. gegenüber dem Ehemann. Der Stoff hat die Menschen über Jahrhunderte hinweg fasziniert. ▸ Richard Wagner hat eine Oper daraus gemacht.

Vor ganz anderen Problemen stehen Luise und Ferdinand in Friedrich Schillers Drama ▸ KABALE UND LIEBE. Luise ist bürgerlich, Ferdinand ist adlig. Die Ständegesellschaft akzeptiert keine Ehe zwischen Bürgerlichen und Adligen. Aufgrund ihrer Moralauffassung möchte Luise aber auch keine außereheliche Liebesbeziehung mit Ferdinand. Die höfische Gesellschaft tut alles, um die Liebenden zu trennen und schreckt nicht vor Intrige zurück. Wirklich zueinander kommen die Liebenden erst in ihrem gemeinsamen Tod.

▸ Richard Wagners Oper TRISTAN UND ISOLDE entstand im Jahr 1865.

Zum Musikdrama Richard Wagners ▸ S. 127

Friedrich Schiller: KABALE UND LIEBE ▸ S. 76f.

Als das Liebespaar der Weltliteratur sind ▸ Shakespeares Romeo und Julia bekannt. ▸ Gottfried Keller gestaltet diese Geschichte in seiner Novelle ROMEO UND JULIA AUF DEM DORFE nach. Hier sind Sali und Vrenchen die Kinder zweier Familien, die miteinander verfeindet sind. Sie verlieben sich ineinander, doch eine Ehe scheint unmöglich – erst recht, nachdem Sali Vrenchens Vater niederschlägt, als dieser seine Tochter misshandeln will. In ihrer Verzweiflung darüber gehen die Liebenden gemeinsam in den Tod. Keller kritisiert hier die bürgerliche Gesellschaft, aber ihre Ideale und Normen (Ehe und Familie) bleiben dennoch bestehen. Gerade daraus resultiert die tragische Zerrissenheit der Liebenden. Denn sie können und wollen sich den Normen dieser Gesellschaft nicht entziehen, obwohl diese ihre Liebe und ihr Glück zerstört.

▸ Shakespeares Tragödie ROMEO UND JULIA entstand 1597.

Shakespeare ▸ S. 68

▸ Gottfried Keller: ROMEO UND JULIA AUF DEM DORFE ▸ S. 184f.

Ein idealistisches Konzept von Liebe

In Goethes ▸ FAUST ist Heinrich Faust auf der Suche nach einer Erfahrung, die sowohl seine sinnliche, triebhafte Natur, als auch seine geistige Existenz befriedigt. In der Liebe zu Gretchen scheint er beides zu finden: Faust ist von Gretchen zunächst sexuell angezogen – zuerst möchte er nur mit ihr schlafen. Sie bedeutet jedoch bald noch mehr für ihn. Sie wird gleichsam eine Botin des Himmels, vermittelt ihm eine Erfahrung des Absoluten und Unbedingten – die Liebe befriedigt nicht nur die sinnlichen, sondern auch die geistigen Bedürfnisse Fausts. Goethe entwirft hier ein sehr anspruchsvolles Konzept von Liebe: In der Liebe kommt der ganze Mensch auf seine Kosten, der triebhafte und der geistige Mensch. Allerdings zerbricht Gretchen an diesem Anspruch, und Fausts Suche geht weiter ...

Johann Wolfgang Goethe: FAUST ▸ S. 92f.

Szene aus Leander Haußmanns Verfilmung von KABALE UND LIEBE, **2005**

Zusammenfassung

Als klassische Literatur bezeichnen wir die Werke, die Goethe und Schiller in den Jahren von 1786 bis 1805 verfasst haben – mit Schillers Tod ist die Zeit der klassischen Literatur vorbei. In ihren klassischen Schriften reagieren Goethe und Schiller auf die politisch-gesellschaftliche Situation der Zeit. So ist der Absolutismus am Ende, weil er die Natur und die Freiheit des Menschen unterdrückt. Die Französische Revolution ist gescheitert, weil sie den Menschen die natürliche Freiheit zwar zurückgeben wollte, dabei aber ins Chaos geführt hat. Nun stellt sich die Frage: Wie erzieht man den Menschen so, dass man ihm die Freiheit lassen kann, ohne dass diese Freiheit ins Chaos führt?

Typisch für die Klassik ist vor allem der Rückgriff auf die Antike. Die Antike erscheint als eine Zeit, in der die Menschen ohne Zwang und in natürlicher Harmonie lebten. Diese Harmonie bringen auch die antiken Kunstwerke zum Ausdruck, die die Künstler der Klassik deshalb teilweise nachahmen. **So bekommt die Kunst die Aufgabe, dem Betrachter das Ideal als Ziel vor Augen zu stellen.** Die klassische Kunst will aber nicht als Abbildung der Realität, sondern als freie Kunst mit selbst gesetzten Regeln angesehen werden (Autonomie der Kunst).

Wichtige Begriffe

Antike; Autonomie der Kunst; Ballade; Blankvers; geschlossenes Drama; hoher Stil; Klassizismus; Weimarer Musenhof

Zusammenfassung der Teilkapitel

Klassizismus in Gesellschaft und Architektur – Die Zeit um 1800 orientiert sich nicht nur in der Literatur an der Antike. Ausgelöst durch Johann Joachim Winckelmann wird die „Graecomanie" zur gesellschaftlichen Mode. Auch in der Architektur orientiert man sich an klassischen Formen, die man in ihrer Einfachheit und Klarheit als Gegenentwurf zu den verspielten, übertriebenen Formen des Barock auffasst.

Autoren und Werke

Johann Wolfgang Goethe: IPHIGENIE AUF TAURIS – Das Drama, das sich in Form und Stoff deutlich an der Antike orientiert, zeigt Iphigenie als Priesterin auf Tauris. Als ihr Bruder Orest auftaucht, um sie zurück nach Griechenland zu bringen, kommt es zum Konflikt mit dem Taurerkönig Thoas. Erst als Iphigenie darauf verzichtet, ihr Handeln durch den angeblichen Willen der Götter zu rechtfertigen, und Verantwortung für ihr Handeln übernimmt, kommt sie zu einer humanen, partnerschaftlichen Lösung mit Thoas. Sie darf nach Griechenland zurückkehren.

Johann Wolfgang Goethe: FAUST – Goethes Drama erzählt die Lebensgeschichte des Dr. Faust, der versucht, durch einen Teufelspakt sein Glück zu finden. Es zeigt deutlich das Menschenbild der Klassik: Faust ist zerrissen zwischen seiner physischen Existenz, seiner Existenz als biologisches Wesen, und seiner geistigen Existenz, seiner Existenz als Vernunftwesen. Sein Ziel ist es, einen Augenblick zu erleben, der beide Seiten seiner Person glücklich macht.

Friedrich Schiller: WILHELM TELL – Als der Schweizer Wilhelm Tell von dem österreichischen Landvogt gezwungen wird, auf den Apfel auf dem Kopf seines eigenen Kindes zu zielen, rächt er sich und löst damit eine Revolution der Schweizer aus. Das Drama ist tatsächlich eine Reaktion auf die Französische Revolution: Wann ist eine gewaltsame Gegenwehr des Volkes gegen die Unterdrücker erlaubt? Und ist nicht ein partnerschaftliches Verhältnis zwischen Adel und Bürgertum möglich, statt einer Kette von Unterdrückung und Gewalt?

Die Ballade – Die Ballade enthält lyrische, epische und dramatische Elemente, weswegen

Goethe sie als „*Ur-Ei*" der Poesie bezeichnet. Besonders viele Balladen produzieren Goethe und Schiller im sogenannten Balladenjahr 1797. In Deutschland etabliert sich die Ballade erst in der zweiten Hälfte des 18. Jahrhunderts; seitdem ist sie aus unserer Literatur nicht mehr wegzudenken. Die Ballade ist ein mehrstrophiges erzählendes Gedicht. Wichtige Balladentypen sind: naturmagische Ballade, historische Ballade, Heldenballade, Ideenballade, politische Ballade.

Literarisches Weimar um 1800 – Der Weimarer Herzog Carl August und seine Mutter Anna Amalia haben den Ehrgeiz, das kleine Herzogtum Sachsen-Weimar-Eisenach zu einem geistigen Zentrum der Zeit zu machen. Dies gelingt ihnen, indem sie Herder, Wieland, Goethe und Schiller fördern und an ihren Hof holen. Literarisch produktiv und bedeutsam wird vor allem die Partnerschaft von Goethe und Schiller.

Liebespaare in der Literatur – Mit Faust und Gretchen gelingt Goethe die Gestaltung eines der bekanntesten Liebespaare in der deutschen Literatur; gleichzeitig formuliert er ein anspruchsvolles Ideal von Liebe: In der Liebe soll der sinnlich-triebhafte und der geistig-vernünftige Mensch Befriedigung finden. Goethe gestaltet allerdings kaum die gesellschaftlichen Hindernisse der Liebe. Dies tun Gottfried von Straßburg (Tristan), Friedrich Schiller (Kabale und Liebe) und Gottfried Keller (Romeo und Julia auf dem Dorfe).

Weitere Autoren und Werke
Johann Wolfgang Goethe: Wilhelm Meisters Lehrjahre; Wilhelm Meisters Wanderjahre; Hermann und Dorothea; West-östlicher Divan; Italienische Reise; Friedrich Schiller: Wallenstein; Maria Stuart; Die Jungfrau von Orleans; Über die ästhetische Erziehung des Menschen; Lied von der Glocke.

Arbeitsvorschläge

1. Vergleiche die Verse des Faust (S. 93) mit denen der Iphigenie (S. 91) (Wechsel von betonten und unbetonten Silben, Reimschema). Was fällt dir auf?

2. Anselm von Feuerbachs Bild Iphigenie (S. 90) ist eine Umsetzung des Eingangsmonologs von Goethes Iphigenie (S. 91). Erläutere, wie der Maler die Stimmung der Szene umsetzt und was er nicht in seinem Bild zeigen kann.

3. Vergleiche den Auszug aus Schillers Wilhelm Tell (S. 95) mit dem Auszug aus seinem Drama Kabale und Liebe (S. 77).
   Erläutere dabei vor allem die Unterschiede in der Sprache.

4. Verfasse eine kurze Rede in Blankversen (ca. 10 Zeilen) zu einem Thema deiner Wahl.

5. Sucht im Internet, in Büchern und in Zeitschriften Bilder von antiken Bauwerken, Kunstwerken, Kleidung usw. und stellt in Gruppenarbeit aus ihnen eine Collage zusammen. Falls möglich, ergänzt die Collage um Bilder von neuzeitlichen Bauwerken, Kunstwerken etc., die den Einfluss der Antike zeigen.

Joseph Anton Koch: Jungfrauenmassiv, 1793

Heinrich von Kleist

Amphitryon

MERKUR. Gleich folg ich dir, du Göttlicher! –
Wenn ich erst jenem Kauze dort gesagt,
Dass ich sein hässliches Gesicht zu tragen,
Nun müde bin, dass ichs mir mit Ambrosia jetzt
5 Von den olympschen Wangen waschen werde;
Dass er besingenswürdge Schläg empfangen,
Und dass ich mehr und minder nicht als Hermes,
Der Fußgeflügelte der Götter bin! *(Ab.)*
SOSIAS. Dass du für immer unbesungen mich
10 Gelassen hättst! Mein Lebtag sah ich noch
Solch einen Teufelskerl, mit Prügeln, nicht.
ERSTER FELDHERR. Fürwahr! Solch ein Triumph –
ZWEITER FELDHERR.   So vieler Ruhm –
ERSTER OBERSTER. Du siehst durchdrungen uns –
15 AMPHITRYON.   Alkmene!
ALKMENE.   Ach!

Friedrich Hölderlin

Hälfte des Lebens

Mit gelben Birnen hänget
Und voll mit wilden Rosen
Das Land in den See,
Ihr holden Schwäne,
5 Und trunken von Küssen
Tunkt ihr das Haupt
Ins heilignüchterne Wasser.

Weh mir, wo nehm' ich, wenn
Es Winter ist, die Blumen, und wo
10 Den Sonnenschein,
Und Schatten der Erde?
Die Mauern stehn
Sprachlos und kalt, im Winde
Klirren die Fahnen.

Geschichtlicher Hintergrund

Vgl. Kapitel Klassik und Romantik ▶ S. 84ff., 122ff.

Jean Paul ▶ S. 108
Friedrich Hölderlin ▶ S. 110
Heinrich von Kleist ▶ S. 112

Johann Wolfgang Goethe
▶ S. 70, 90

Friedrich Schiller ▶ S. 74, 94

Blankvers ▶ S. 87

Antikebild der Klassik
▶ S. 118f.

Heinrich von Kleist:
AMPHITRYON ▶ S. 105

Fragment ▶ S. 16

Zwischen Klassik und Romantik (1790–1815)

Eine Epoche, die keine ist

Die Autoren, die man häufig unter der Bezeichnung „zwischen Klassik und Romantik" zusammenfasst – ▶ Jean Paul, ▶ Friedrich Hölderlin, ▶ Heinrich von Kleist –, haben eigentlich nur die Gemeinsamkeit, dass sie **weder Klassiker noch Romantiker** sind. Kein gemeinsames Kunstkonzept verbindet sie, auch nicht bestimmte Ideale oder formale Merkmale. Es führt kaum ein Weg von Jean Paul zu Hölderlin. Andererseits zeigen alle drei durchaus Berührungspunkte mit Klassik und Romantik – Hölderlin steht wohl der Klassik am nächsten, Jean Paul der Romantik. Insgesamt muss man sagen, dass alle drei sehr individuelle Künstler sind, die sich den üblichen Einordnungen entziehen. „Zwischen Klassik und Romantik" darf auch nicht zeitlich verstanden werden. Klassik und Romantik laufen nicht nacheinander ab, sondern über weite Strecken parallel. Es gibt also keine Zeit zwischen Klassik und Romantik.

Hier wird deutlich, dass unsere **Epochenbezeichnungen** Schubladen sind, die im Nachhinein entwickelt werden, um Ordnung in die (Literatur-)Geschichte zu bringen. Wir benötigen diese Bezeichnungen, damit wir in der Vielzahl der Erscheinungen nicht den Überblick verlieren. Diese Bezeichnungen sind immer Idealisierungen. ▶ Goethe und ▶ Schiller wären nie auf die Idee gekommen, sich als Klassiker zu bezeichnen. Das ist ein **Etikett**, das ihnen von der Nachwelt verliehen wurde. An Hölderlin, Jean Paul und Kleist sehen wir, dass keines dieser Etiketten, keine dieser Schubladen richtig passt.

Berührungspunkte und Unterschiede zu Klassik und Romantik

Bei Friedrich Hölderlin und Heinrich von Kleist gibt es auf den ersten Blick eine Reihe von Berührungspunkten zur **Klassik**. Heinrich von Kleist schreibt – ähnlich wie **Goethe** und **Schiller** – ▶ Blankversdramen. Außerdem fällt auf, dass beide sich recht intensiv mit der ▶ Antike beschäftigen. So schreibt Kleist zwei Dramen, die in der Antike spielen. Es sind die Komödie ▶ AMPHITRYON und die Tragödie PENTHESILEA. Auch Hölderlins einziges, ▶ Fragment gebliebenes Trauerspiel DER TOD DES EMPEDOKLES spielt in der Antike. Zudem ahmen viele seiner Gedichte antike Formen nach. Ein genaueres Hinsehen macht jedoch deutlich, dass die Antike bei Kleist und Hölderlin wenig mit der Antike, wie Goethe und Schiller sie verstehen, gemein hat. In der Klassik ist die Antike Ausdruck einer Ordnung und einer Harmonie, die auch für den modernen Menschen noch Vorbild sein kann. Bei Kleist hat die Antike hingegen durchaus grausame und bestialische Züge. Penthesilea beispielsweise isst ihren Geliebten Achill auf, nachdem sie vom Wahnsinn gepackt worden ist. Hölderlin erhofft zwar die Wiederkehr der Antike in ferner Zukunft, aber die Gegenwart ist so hoffnungslos und chaotisch, dass es vermessen wäre, sich die Antike heute als Vorbild zu nehmen.

Neu sind die **nationalen Töne** bei Jean Paul, Kleist und bei Hölderlin. So reagiert Kleist auf den Siegeszug Napoleons durch Europa und die Niederlage Preußens mit seinem Drama ▸ DIE HERMANNSSCHLACHT. Das Stück ist im Grunde nationale Propaganda. Es erzählt die Geschichte vom Sieg der Germanen über die Römer im Teutoburger Wald. Es soll eine Aufforderung an die Deutschen sein, die französischen Truppen ähnlich erfolgreich zu bekämpfen wie es seinerzeit die Germanen mit den Römern getan haben. Für **Goethe** und **Schiller** wäre ein solches Propagandastück unvorstellbar gewesen.

Jean Paul tendiert in vielem eher zur Romantik. Er schreibt fantasievoll und oft verspielt. Seine Geschichten sind verschlungen, enthalten viele Einschübe und Abschweifungen, die für den Gang der Handlung eigentlich gar nicht notwendig sind. All das steht den Romantikern näher als der Klarheit und Strenge der klassischen Literatur. Allerdings spielt auch bei Jean Paul das Mittelalter keine Rolle und märchenhafte, fantastische Elemente findet man eher am Rand. Jean Paul wendet sich in vielen seiner Romane der Kleinbürgerwelt seiner Zeit zu und beschreibt diese mal liebevoll, mal satirisch. Hier lassen sich durchaus Bezüge zum ▸ **Realismus** und zum ▸ **Biedermeier** herstellen.

▸ **Hermannsschlacht** – Im Jahr 9 n. Chr. fügte das germanische Heer unter der Führung des Cheruskerfürsten Arminius (Hermann) im Teutoburger Wald den Römern unter der Führung des Varus eine vernichtende Niederlage zu. Die Schlacht ist heute bekannt als **Varusschlacht**, **Hermannsschlacht** oder **Schlacht im Teutoburger Wald**. Im 19. Jahrhundert wurde **Hermann der Cherusker** für die Deutschen zum nationalen Symbol.

Realismus ▸ S. 180ff.
Biedermeier ▸ S. 146ff.

Knut Ekwall: DIE HERMANNSSCHLACHT **(Holzstich nach Zeichnung), 1875**

Jean Paul: Leben des vergnügten Schulmeisterlein Maria Wutz in Auenthal (1793)

Jean Paul

Unter den Autoren in diesem Kapitel ist Jean Paul derjenige, der der Romantik am nächsten steht. Seine Romane sind voller Fantasie, Witz und Humor. Es sind Abschweifungen und Abhandlungen in seine Romane eingefügt, und deren verschlungene Handlungen lassen sich kaum nacherzählen. Der Strenge der klassischen Kunst steht er ganz fern. Sein Leben führt ihn immer wieder nach ▶ Weimar, wo er auch 1798 bis

Heinrich Pfenninger: JEAN PAUL, 1797 / 98

1800 lebt. ▶ Herder und ▶ Wieland schätzen ihn, ▶ Goethe und ▶ Schiller bleiben distanziert. Anders als ▶ Hölderlin und ▶ Kleist ist Jean Paul zu Lebzeiten ausgesprochen erfolgreich, auch wenn der Erfolg um 1800 langsam nachlässt. Am Tod seines Sohnes im Jahr 1821 zerbricht er und stirbt 1825.

Weitere Werke

Romane: HESPERUS; LEBEN DES QUINTUS FIXLEIN; SIEBENKÄS; TITAN; D. KATZENBERGERS BADEREISE; Theoretische Schrift: VORSCHULE DER ÄSTHETIK

Leben des vergnügten Schulmeisterlein Maria Wutz in Auenthal

Der Text, der den Untertitel EINE ART IDYLLE trägt, erzählt die Lebensgeschichte des Schulmeisters Wutz. Nicht äußere Ereignisse sind interessant daran, sondern die Haltung der Hauptfigur seinem Leben gegenüber. Denn das Leben des Wutz verläuft ganz alltäglich und unspektakulär. Er genießt dies und trägt es mit Optimismus und Freude. Er gewinnt allem das Beste ab. Auf diese Weise erscheint Wutz zwar schrullig, aber liebenswürdig, fast vorbildhaft. Entsprechend humor- und liebevoll charakterisiert der Erzähler seine Hauptfigur. Am Ende der Erzählung stirbt Wutz. Doch auch der Tod kann seinen Optimismus nicht brechen. Noch im Tod zieht eine *„Entzückung"* seinen Mund *„immer lächelnder auseinander"*.

Leben des vergnügten Schulmeisterlein Maria Wutz in Auenthal, Schluss
Wutz ist gestorben. Der Erzähler zieht sein Fazit.

[...] Das Sterben ist erhaben; hinter schwarzen Vorhängen tut der einsame Tod das stille Wunder und arbeitet für die andre Welt und die Sterblichen stehen da mit nassen, aber stumpfen Augen neben der überirdischen Szene ... [...]

5 Als ich um 11 Uhr fortging, war mir die Erde gleichsam heilig, und Tote schienen mir neben mir zu gehen; ich sah auf zum Himmel, als könnt' ich im endlosen ▶ Äther nur in *einer* Richtung den Gestorbnen suchen; und da ich oben auf dem Berge, wo man nach Auenthal hineinschauet, mich noch einmal nach dem Leidenstheater umsah und

10 als ich unter den rauchenden Häusern bloß das Trauerhaus unbewölket dastehen und den Totengräber oben auf dem ▶ Gottesacker das Grab aushauen sah, und als ich das Leichenläuten seinetwegen hörte und daran dachte, wie die Witwe im stummen Kirchturm mit rinnenden Augen das Seil unten reiße: so fühlt' ich unser aller Nichts und

15 schwur, ein so unbedeutendes Leben zu verachten, zu verdienen und zu genießen. –
Wohl dir, lieber Wutz, dass ich – wenn ich nach Auenthal gehe und dein ▶ verrasetes Grab aussuche und mich darüber kümmere, dass die in dein Grab beerdigte Puppe des Nachtschmetterlings mit Flügeln

20 daraus kriecht, dass dein Grab ein Lustlager bohrender Regenwürmer, rückender Schnecken, wirbelnder Ameisen und nagender Räupchen ist, indes du tief unter allen diesen mit unverrücktem Haupte auf deinen Hobelspänen liegst und keine liebkosende Sonne durch deine Bretter und deine mit Leinwand zugeleimten Augen bricht – wohl dir,

25 dass ich dann sagen kann: „Als er noch das Leben hatte, genoss er's fröhlicher wie wir alle."

Äther ▶ – Himmelsraum

Gottesacker ▶ – veraltet: Friedhof

verrasen ▶ – veraltet: mit Gras bewachsen

Arbeitsvorschläge

1. Erläutere den Satz: „*so fühlt' ich unser aller Nichts und schwur, ein so unbedeutendes Leben zu verachten, zu verdienen und zu genießen.*" (Z. 14ff.). Was könnte damit gemeint sein?

2. Im letzten Absatz stellt der Erzähler das wimmelnde und vielfältige Leben auf dem Grab des Schulmeisters und die gruselige Atmosphäre im Sarg einander gegenüber. Zeige, mit welchen sprachlichen Mitteln der Erzähler diesen Gegensatz gestaltet. Achte dabei vor allem auf die Wortwahl, besonders auf die Adjektive. Was will er mit diesem Gegensatz sagen?

3. Der Erzähler benutzt in diesem Auszug sehr lange Sätze. Kannst du dir dafür einen Grund vorstellen? Diskutiert in der Klasse darüber.

Hölderlins Wahnsinn ▶ S. 117

▶ Geschichtsphilosophie – Versuch, im Ablauf der Geschichte eine Gesetzmäßigkeit zu erkennen, der die Geschichte gehorcht

Friedrich Hölderlin:
Hyperions Schicksalslied (1797–99)

Friedrich Hölderlin

Friedrich Hölderlin gehört zu jenen Autoren der Zeit um 1800, deren Bedeutung erst spät entdeckt wurde. 1777 wurde er in Lauffen am Neckar geboren. Er muss sich mit Hauslehrertätigkeiten über Wasser halten, weil er von seiner Dichtung nicht leben kann. Auf einer solchen Hauslehrerstelle lernt er Susette Gontard kennen, seine große Liebe, der er als **Diotima** in seinem Werk ein Denkmal setzt. Da Susette verheiratet

Franz Karl Hiemer: FRIEDRICH HÖLDERLIN, 1792

ist, hat die Beziehung keine Zukunft. Hölderlin wird wahnsinnig. Die letzten 36 Jahre seines Leben verbringt er, gepflegt von einem Tübinger Tischler, im sogenannten **Hölderlinturm** in Tübingen.

Weitere Werke

Trauerspiel: DER TOD DES EMPEDOKLES (Fragment); Gedichte

Hyperions Schicksalslied

Vielen Gedichten Hölderlins liegt ein ▶ geschichtsphilosophisches Konzept zugrunde. Das gilt auch für HYPERIONS SCHICKSALSLIED. Die Menschheit seiner Zeit empfindet Hölderlin als zerrissen. Sie versucht, die Wirklichkeit mithilfe der Vernunft zu begreifen. Eine rationale Untersuchung setzt aber immer voraus, dass das betrachtende und denkende **Subjekt** dem Gegenstand seiner Untersuchung, dem **Objekt** gegenübersteht. Damit kann der Mensch das **Absolute** nie fassen, denn das Absolute umfasst Subjekt und Objekt, den betrachtenden Menschen und den betrachteten Gegenstand. In einem paradiesischen Urzustand, so glaubt Hölderlin, lebt der Mensch in **Harmonie** mit sich selbst und der Welt um ihn her. Diesen Urzustand meint er in der Welt des antiken Griechenland zu finden. In seinen Gedichten trauert Hölderlin um die verlorene Harmonie und setzt ihr die Zerrissenheit des modernen Menschen entgegen. Die Hoffnung aber bleibt, dass am Ende der Menschheitsgeschichte erneut ein harmonischer Zustand stehen wird. HYPERIONS SCHICKSALSLIED ist Hölderlins Roman HYPERION entnommen.

Hyperions Schicksalslied

Ihr wandelt droben im Licht
　　Auf weichem Boden, selige ▸ Genien!
　　　Glänzende Götterlüfte
　　　Rühren euch leicht,
5　　　　Wie die Finger der Künstlerin
　　　　Heilige Saiten.

Schicksallos, wie der schlafende
　　Säugling, atmen die Himmlischen;
　　　Keusch bewahrt
10　　　In bescheidener Knospe,
　　　　Blühet ewig
　　　　Ihnen der Geist,
　　　　　Und die seligen Augen
　　　　　Blicken in stiller
15　　　　　　Ewiger Klarheit.

Doch uns ist gegeben,
　　Auf keiner Stätte zu ruhn,
　　　Es schwinden, es fallen
　　　Die leidenden Menschen
20　　　　▸ **Blindlings** von einer
　　　　Stunde zur andern,
　　　　　Wie Wasser von Klippe
　　　　　Zu Klippe geworfen,
　　　　　　Jahr lang ins Ungewisse hinab.

▸ **Genien** – Schutzgötter oder Schutzgeister in der römischen Sagenwelt, die einzelne Personen, Völker, Städte oder Länder beschützen

▸ **blindlings** – ohne vorher nachzudenken; unbesonnen, ziellos

Arbeitsvorschläge

1. Erläutere das Menschenbild, das in der letzten Strophe des Gedichts deutlich wird.

2. In der dritten Strophe des Gedichts wird das Leben der Menschen dargestellt, in den ersten beiden Strophen das der Götter. Zeige jeweils kurz den wesentlichen Aspekt der Menschen- und der Götterexistenz und vergleiche sie miteinander.

3. Beschreibe die Form des Gedichts. Berücksichtige dabei insbesondere den Satzbau. Kannst du einen Bezug zum Inhalt herstellen?

Kleists Selbstmord ▶ S. 116f.

Kleists Novellen und Erzählungen ▶ S. 114f.

▶ Der zerbrochne Krug ist eine komödiantische Umkehrung der antiken Tragödie König Ödipus von Sophokles. Auch Ödipus muss ein Verbrechen aufklären, das er selbst begangen hat, allerdings ohne es zu wissen.

Heinrich von Kleist: Der zerbrochne Krug (1806)

Heinrich von Kleist

Zeit seines Lebens ist Heinrich von Kleist hin- und hergerissen zwischen dem Wunsch, als **freier Schriftsteller** zu leben, und der Notwendigkeit, Geld zu verdienen. Als Mitglied einer alten preußischen Adelsfamilie ergreift er zunächst eine Militärlaufbahn, die er aber 1799 abbricht. Auch das danach aufgenommene Studium führt er nicht zu Ende. Versuche, von seiner Dichtung zu leben, scheitern, weil Kleists Werke zu Lebzei-

Peter Friedel: Heinrich von Kleist, 1801

ten nicht sehr erfolgreich sind. Zeitungen, die er herausgibt, werden aus politischen Gründen verboten. Immer wieder tritt er kurzfristig in den Staatsdienst – zum Beispiel, weil die Familie seiner Verlobten das verlangt. Verarmt und völlig verzweifelt nimmt sich Kleist 1811 am Kleinen Wannsee in Berlin das Leben.

Weitere Werke

Dramen: Das Käthchen von Heilbronn; Prinz Friedrich von Homburg; Erzählungen: Michael Kohlhaas; Die Marquise von O.; Das Erdbeben in Chili

Der zerbrochne Krug

▶ Der zerbrochne Krug gehört zu den wenigen bedeutenden **Komödien** der deutschen Literatur. Der Dorfrichter Adam soll klären, wie der wertvolle Krug der Frau Marthe Rull zerbrochen worden ist. In der Nacht ist ein Mann bei deren Tochter Eve gewesen und hat auf der Flucht den Krug zerbrochen. Das Problem ist, dass der Richter selbst dieser Mann war. In der Verhandlung windet er sich, kann aber letztlich den wahren Sachverhalt nicht verbergen. Kleist ist davon überzeugt, dass die Wirklichkeit nie so ist, wie sie scheint, dass die Menschen einander nicht verstehen und sich falsche Bilder von der Welt machen. In seinen **Tragödien** führt dieses Missverstehen in die Katastrophe. Im Zerbrochnen Krug handelt Kleist sein großes Thema in einer Komödie ab. Hier sind die Dinge nicht so, wie sie scheinen, und der Richter, der sie aufklären soll, ist der Täter.

Der zerbrochne Krug, elfter Auftritt

Die Verhandlung geht dem Ende entgegen. Eine Zeugin, Frau Brigitte, tritt auf, die den Täter gesehen hat. Sie glaubt allerdings, es sei der Teufel gewesen. Sie legt die Perücke vor, die dieser auf der Flucht verloren hat.

FRAU BRIGITTE. Den einzgen Skrupel nur, ihr würdgen Herrn,
Macht, dünkt mich, dieser feierliche Schmuck!
ADAM. Was für ein feierlicher –?
FRAU BRIGITTE. Hier, die Perücke!
5 Wer sah den Teufel je in solcher Tracht?
Ein Bau, getürmter, strotzender von ▸ Talg,
Als eines ▸ Domdechanten auf der Kanzel!
ADAM. Wir wissen hierzuland nur unvollkommen,
Was in der Hölle Mod ist, Frau Brigitte!
10 Man sagt, gewöhnlich trägt er eignes Haar.
Doch auf der Erde, bin ich überzeugt,
Wirft er in die Perücke sich, um sich
Den ▸ Honoratioren beizumischen.
WALTER. Nichtswürdger! Wert, vor allem Volk ihn schmachvoll
15 Vom Tribunal zu jagen! Was Euch schützt,
Ist einzig nur die Ehre des Gerichts. [...]
ADAM. Ich will nicht hoffen –
WALTER. Ihr hofft jetzt nichts. Ihr zieht Euch aus der Sache.
ADAM. Glaubt Ihr, ich hätte, ich, der Richter, gestern,
20 Im Weinstock die Perücke eingebüßt?
WALTER. Behüte Gott! Die Eur' ist ja im Feuer,
Wie ▸ Sodom und Gomorrha, aufgegangen.
LICHT. Vielmehr – vergebt mir, gnädger Herr! ▸ die Katze
Hat gestern in die seinige gejungt.

▸ **Talg** ist ein Fett, das u. a. früher genutzt wurde, um Perücken in Form zu halten.

▸ **Domdechant** ist ein Amt in der Kirche.

▸ **Honoratioren** sind herausragende Mitglieder der Gesellschaft.

▸ **Sodom und Gomorrha** sind zwei Städte aus dem Alten Testament, die von Gott für ihre Sünden bestraft wurden.

Adam hat zuvor einmal erklärt, er habe deshalb keine Perücke, weil sie verbrannt sei, ein andermal, weil ▸ **die Katze** seine Perücke als Nest für ihre Jungen genutzt habe.

Arbeitsvorschläge

1. Lest den Text mit verteilten Rollen. Achtet darauf, dass er flüssig und ohne Pausen gelesen wird und die komischen Stellen deutlich werden. Nehmt euch Zeit für Proben.

2. Der Gerichtsrat Walter will offenbar einerseits, dass Adam bestraft wird. Andererseits will er die Ehre des Gerichts nicht verletzen. Zeige an seinen Äußerungen, woran man das erkennen kann.

3. Erkläre mit eigenen Worten Adams Satz: „*Wir wissen hierzuland nur unvollkommen, / Was in der Hölle Mod ist, Frau Brigitte! / Man sagt, gewöhnlich trägt er eignes Haar. / Doch auf der Erde, bin ich überzeugt, / Wirft er in die Perücke sich, um sich / Den Honoratioren beizumischen.*" (Z. 8ff.) Welches Ziel verfolgt er mit diesem Argument?

Novellen und Erzählungen Heinrich von Kleists

Themen in Kleists Novellen

Heinrich von Kleist ▶ S. 112

▶ **Novelle** (von lat. novus) – kürzere Prosaerzählung, in deren Mittelpunkt *„eine sich ereignete unerhörte Begebenheit"* (Goethe) steht: ein zentraler Konflikt, der auf einen Wendepunkt zusteuert. Oft finden sich in Novellen auch Techniken der Vorausdeutung wie Leitmotive oder Dingsymbole.

▶ **Heinrich von Kleist** gehört zu jenen Autoren der deutschen Literatur, die sowohl im **Drama** als auch in seinen ▶ **Novellen** Herausragendes geleistet haben. Dabei ähneln sich die Grundthemen in Kleist Werken immer wieder. Die Menschen machen sich ein Bild voneinander, und so glauben sie einander zu kennen. Tatsächlich ist dieses Bild aber oft falsch – Missverständnisse sind die Folge. Somit machen sie sich auch ein falsches Bild von der Welt, in der sie leben.

Die Marquise von O.

Das gilt auch für die Marquise von O. Nachdem der Graf F. sie vor einer Vergewaltigung gerettet hat, ist er für sie ein Engel. Später stellt sich heraus, dass er ihre darauf folgende Ohnmacht missbraucht und sich selbst an ihr vergangen hat. Als die Marquise von O., die schwanger ist, nach dem Vater des Kindes sucht, gesteht der Graf die Tat und heiratet sie, um ihre gesellschaftliche Ehre zu retten. Erst nach langem Werben in der Ehe weckt der Graf die Liebe seiner Frau. Der Schlüsselsatz der Novelle steht am Ende. Als der Graf seine Frau fragt, warum sie ihn einst als Teufel von sich gewiesen habe, antwortet sie: *„Er würde ihr damals nicht wie ein Teufel erschienen sein, wenn er ihr nicht, bei seiner ersten Erscheinung, wie ein Engel vorgekommen wäre."* Beide Bilder der Marquise vom Grafen sind falsch, denn er ist weder Engel, noch Teufel, sondern ein Mensch.

Das Erdbeben in Chili

▶ **Keuschheitsgelübde** – Nonnen und Priester schwören, sexuell enthaltsam zu leben.

Auch im ERDBEBEN IN CHILI geht es um ein Bild von der Welt, ein Urteil über die Wirklichkeit, die in die Katastrophe führen. Jeronimo und Josephe lieben einander. Da die Eltern Josephes diese Liebe verhindern wollen, stecken sie ihre Tochter in ein Kloster. Die Liebenden finden trotzdem zueinander und Josephe wird schwanger. Sie hat als Nonne das ▶ **Keuschheitsgelübde** gebrochen. Das soll mit dem Tod bestraft werden. Genauso droht Jeronimo die Todesstrafe, da er eine Nonne geschwängert hat.

▶ **Lynchmob** – eine aufgebrachte Menschenmenge, die zur Selbstjustiz greift und den vermeintlich Schuldigen selbst hinrichtet

Ein Erdbeben verhindert die Hinrichtung und die Liebenden werden gerettet. Zusammen mit anderen Geretteten erleben sie nun eine geradezu idyllische Zeit, bis in einem Gottesdienst ein Priester das Erdbeben deutet. Es sei eine Strafe Gottes für die Stadt gewesen, die die Verbrechen Jeronimos und Josephes geduldet habe. Als man die Liebenden erkennt, bildet sich ein ▶ **Lynchmob**. Die aufgebrachte Menge bringt die vermeintlichen Urheber der Katastrophe um. So führt die Behauptung des Priesters, den Willen Gottes zu kennen, und seine selbstgerechte Unterscheidung von Gut und Böse erst in die Katastrophe.

Michael Kohlhaas

Etwas anders liegt die Sache in MICHAEL KOHLHAAS. Kohlhaas ist ein Pferdehändler, dem von einem Adligen, dem Junker von Tronka, widerrechtlich zwei wertvolle Pferde abgenommen und durch Feldarbeit zugrunde gerichtet werden. Alle seine Versuche, zu seinem Recht zu kommen, scheitern. Da greift Kohlhaas zur Selbsthilfe. Mit einer kleinen Schar überfällt er die Burg des Junkers und ▸ äschert sie ein. Den fliehenden Junker verfolgt er nach Wittenberg und belagert die Stadt. Am Ende bekommt Kohlhaas hinsichtlich seiner Pferde recht, wird aber dennoch wegen seiner Gewalttaten hingerichtet. Den zentralen Widerspruch des Textes benennt Kleist schon in seinem Einleitungssatz. Er sagt, Kohlhaas sei *„einer der rechtschaffensten zugleich und entsetzlichsten Menschen seiner Zeit"* gewesen. Im Lauf der Erzählung wird deutlich, dass er gerade deswegen so entsetzlich war, weil er so rechtschaffen war.

▸ einäschern – niederbrennen

Paul Heydel: Zwei Original-Kreide-Zeichnungen zu MICHAEL KOHLHAAS, **1885**

Das Verzweifeln an der Welt: Kleists Selbstmord, Hölderlins Wahnsinn

Heinrich von Kleist

Immanuel Kant ► S. 48, 50

Heinrich von Kleist ► S. 112

Es ist umstritten, welche Bedeutung die Lektüre von ► Kants KRITIK DER URTEILSKRAFT für ► Heinrich von Kleist hatte. Er liest dieses Buch im Jahr 1801 und zieht radikale Konsequenzen aus dieser Lektüre. Kants Versuch, genau zu bestimmen, was der Mensch erkennen kann und was nicht, versteht Kleist so, dass es dem Menschen grundsätzlich unmöglich ist, die Wahrheit zu erkennen. Das Thema wird zum roten Faden in Kleists Werk. Seine Figuren scheitern, weil sie einander und die Welt missverstehen und verkennen. Aber auch Kleist selbst verliert allen Halt und gibt sein Studium auf. Man spricht oft von der Kantkrise Kleists.

Johann Wolfgang Goethe
► S. 70, 90

Andere meinen, dass Kleist auch ohne die Kant-Lektüre sein Studium nicht zu Ende geführt hätte. Zeit seines Lebens ist Kleist auf der Suche nach dem Leben, das ihm angemessen scheint. Gern hätte er von seiner Schriftstellerei gelebt. Aber den Zeitgenossen fehlt das Verständnis für sein Werk. 1808 inszeniert ► Goethe den ZERBROCHNEN KRUG am Weimarer Theater. Allerdings nimmt er grundlegende Änderungen vor, die aus dem ZERBROCHNEN KRUG ein klassisches Drama machen. In dieser Bearbeitung wird das Stück zum Misserfolg.

Wiederholt tritt Kleist für kurze Zeit in den Dienst des preußischen Staates – zum Beispiel, weil die Eltern seiner Verlobten das verlangen. Zur Heirat kommt es jedoch nicht. Seine Verlobte und er trennen sich, als er in die Schweiz geht, um dort als Bauer zu leben, nachdem er ► Rousseau gelesen hat.

Jean-Jacques Rousseau
► S. 50

Zeit seines Lebens findet Kleist seinen Platz in der Welt nicht. Er verarmt und verzweifelt. Am 21. November 1811 erschießt er sich am

Das ► Grab von Heinrich von Kleist und Henriette Vogel kann noch heute in Berlin besucht werden.

► Grab **von Kleist und Henriette Vogel am Kleinen Wannsee**

Kleinen Wannsee bei Potsdam gemeinsam mit seiner Bekannten Henriette Vogel, die unheilbar an Krebs erkrankt ist.

Friedrich Hölderlin

Ähnlich wie Kleist kann auch ▶ Friedrich Hölderlin nicht von seiner Schriftstellerei leben. Zu seinen Lebzeiten werden nur die wenigsten seiner Werke veröffentlicht. Hölderlin verdient sein Geld als ▶ Hauslehrer in Frankfurt, bei der Familie des Bankiers Jakob Gontard. Susette Gontard, die Frau des Bankiers, wird Hölderlins große Liebe. Er gibt ihr den Namen Diotima, und unter diesem Namen taucht sie in seinem Werk immer wieder auf. Viele von Hölderlins Gedichten richten sich an Diotima und in seinem Roman Hy-PERION tritt sie auf.

Im Jahr 1800 sieht er sie zum letzten Mal. Nachdem Gontard

Hölderlinturm in Tübingen

Friedrich Hölderlin ▶ S. 110

▶ Hauslehrer – Privatlehrer, die Kinder reicher Eltern zu Hause unterrichten

dem Verhältnis zwischen seiner Frau und Hölderlin auf die Spur gekommen ist, muss dieser aus Frankfurt fliehen. Danach werden bei ihm erstmals Symptome einer psychischen Erkrankung festgestellt. 1806 wird Hölderlin wegen Krankheit, möglicherweise einer Schizophrenie, im Tübinger Universitätsklinikum behandelt. Nach etwa acht Monaten wird er als unheilbar entlassen und findet ein Unterkommen bei einem Tübinger Tischler. Der sogenannte Hölderlinturm, in dem er damals gelebt hat, zählt heute zu den Sehenswürdigkeiten Tübingens.

Eine andere Erklärung für Hölderlins Wahnsinn wird immer wieder diskutiert. Immer wieder wird behauptet, er habe den Wahnsinn vorgetäuscht, um einer politischen Verfolgung zu entkommen. Hölderlin sympathisierte mit der Französischen Revolution. Als ein Freund von ihm wegen Hochverrat in Württemberg vor Gericht gestellt wird, gerät auch er ins Blickfeld der Ermittler. Die Ermittlungen werden eingestellt, als Hölderlins Krankheit bekannt wird.

Die Antike in der Literatur

Die Literatur gestaltet immer wieder die Antike in ihren Werken. Spätestens seit der ▸ **Klassik** hat die Antike in der deutschen Literatur ihren festen Platz. Dabei unterscheiden sich die Darstellungen aber oft grundlegend, die verschiedenen Epochen und Autoren haben ganz unterschiedliche Vorstellungen von der Antike. Die einen sehen die Antike als Ideal und harmonisch, die anderen als grausam und barbarisch, denn man muss sich vor Augen halten, dass alle Autoren in ihren Werken etwas über die eigene Zeit aussagen wollen. Es ist selten, dass ein Dichter das Ziel hat, wie ein Historiker ein objektives Bild der Antike zu zeichnen. Üblicherweise wird die Antike benutzt, um der eigenen Zeit ein Bild vorzuhalten. Wenn ein Autor sich mit der Antike auseinandersetzt, ein eigenes Bild von der Antike entwickelt und die Antike gestaltet, um den Lesern seiner Zeit etwas Wichtiges zu sagen, sprechen wir von ▸ **Antikerezeption**.

Unterschiedliche Formen der Antikerezeption

In der Klassik finden wir eine ▸ **idealisierte Vorstellung von der Antike**. Sie erscheint einfach, natürlich, lebensbejahend und harmonisch, der antike Mensch ist im Einklang mit sich selbst und mit der Natur. Die antike Kunst drückt diese Harmonie aus. Die Antike ist ein Gegenentwurf zu der unnatürlichen Kultur des Absolutismus. Sie ist für den modernen Menschen ein Vorbild und weist den Weg zu Natürlichkeit und Harmonie. Dabei wissen ▸ **Goethe** und ▸ **Schiller**, dass die Antike nicht wirklich so ideal war. Eine ▸ **Utopie**, ein Ideal, das man anstreben sollte, das man aber nie erreichen wird, wird in die Vergangenheit projiziert. Auch ▸ **Hölderlin** idealisiert die Antike auf ganz ähnliche Weise. Allerdings ist sie für ihn nur bedingt ein Vorbild für die eigene Gegenwart. Sie ist eher das verlorene Paradies, dem man nachtrauern kann, das aber dennoch unerreichbar bleibt.

Andere Autoren zeichnen eher das Bild einer ▸ **archaischen Antike**, das heißt, das Bild einer Antike, in der die Menschen noch nicht kultiviert und noch nicht so sehr von ihrer Vernunft gesteuert sind, sondern eher ihren Trieben und Gefühlen folgen. Das Resultat ist eine Antike, die oft grausam, brutal und blutig ist. Die Menschen kämpfen um des Kampfes willen und sie genießen diesen Kampf, auch die Brutalität. ▸ **Heinrich von Kleist** zeichnet in seiner Penthesilea ein solches Bild der Antike, das nichts mehr von klassischer Harmonie hat. Der homosexuelle Dramatiker ▸ **Hans Henny Jahnn** gestaltet in seinem Drama Medea eine Antike, in der homosexuelle Handlungen selbstverständlich sind. Für ihn ist das ein positiver Gegenentwurf zur eigenen, lustfeindlichen Gegenwart.

Klassik ▸ S. 84ff.

▸ **Rezeption** ist die Aufnahme und Verarbeitung von früheren Epochen, Motiven und literarischen Werken.

Wichtige Werke, in denen die ▸ **idealisierte Vorstellung von der Antike** deutlich wird, sind Friedrich Schillers Gedicht Die Götter Griechenlands, Johann Wolfgang Goethes Ballade Die Braut von Korinth und sein Drama Iphigenie auf Tauris ▸ S. 90f.

Johann Wolfgang Goethe ▸ S. 70, 90

Friedrich Schiller ▸ S. 74, 94

Utopie ▸ S. 55

Friedrich Hölderlin ▸ S. 110

▸ **Archaisch** bedeutet, dass etwas einer früheren Stufe der Entwicklungsgeschichte angehört.

Heinrich von Kleist ▸ S. 112

▸ **Hans Henny Jahnn** (1894–1959) war Schriftsteller, Orgelreformer und Musikverleger. Er zählt zu den großen Außenseitern seiner Zeit.

▶ **Bertolt Brecht** und ▶ **Christa Wolf** benutzen die Antike zur Verschlüsselung der eigenen Gegenwart.

Bertolt Brecht ▶ S. 264, 286
Christa Wolf ▶ S. 342

Christa Wolf stellt in KASSANDRA dem von Männern beherrschten Griechenland ein Troja gegenüber, in dem die Frauen herrschen. Die Griechen sind ausbeuterisch, auf den eigenen Vorteil, auf Ansehen und auf Effizienz bedacht. Troja ist menschlich. Es wird aber in der Auseinandersetzung mit Griechenland diesem immer ähnlicher. Für **Christa Wolf** ist der Kapitalismus eine Form der Männerherrschaft, die in der Antike begann. Troja vertritt einen idealen Sozialismus, der in der Auseinandersetzung mit dem Kapitalismus diesem immer ähnlicher wird.

Bertolt Brecht benutzt in DIE GESCHÄFTE DES HERRN JULIUS CÄSAR und in der ANTIGONE die Antike, um über den Kapitalismus und über Möglichkeiten des Widerstands im Dritten Reich nachzudenken.

Joseph Anton Koch: LANDSCHAFT MIT HERKULES AM SCHEIDEWEG, **um 1812**

Zusammenfassung

Die Autoren, die unter der Bezeichnung „Zwischen Klassik und Romantik" zusammengefasst werden, bilden nicht wirklich eine Epoche. Zu gering sind die Gemeinsamkeiten zwischen ihren Werken, als dass man auch nur von einer einheitlichen Strömung sprechen könnte. Andererseits zeigen Werke von Hölderlin, Kleist und Jean Paul durchaus Berührungspunkte zur Klassik oder zur Romantik: Wie die Klassiker beschäftigen sich Kleist und Hölderlin mit der Antike und schreiben ihre Dramen in Blankversen, und Jean Pauls ironischer Erzählstil erinnert oft an die Romantik. Das genügt jedoch nicht, um diese Autoren wirklich einer dieser Strömungen zuzurechnen. Ganz neu ist das Nationalbewusstsein, das bei ihnen hervortritt.

Wichtige Begriffe

Antikerezeption; Blankversdrama; Geschichtsphilosophie; Probleme des Epochenbegriffs

Zusammenfassung der Teilkapitel
Autoren und Werke

Jean Paul: LEBEN DES VERGNÜGTEN SCHULMEISTERLEIN MARIA WUTZ IN AUENTHAL – Der Text erzählt, wie der Titel schon sagt, die Lebensgeschichte des Schulmeisters Wutz. Diese ist völlig alltäglich, ja armselig. Durch seine positive und optimistische Haltung bis in den Tod hinein wird der schrullige Schulmeister jedoch geradezu zum Vorbild, welches der Erzähler humorvoll, aber auch liebevoll beschreibt.

Friedrich Hölderlin: HYPERIONS SCHICKSALSLIED – Hölderlins Gedicht ist Ausdruck einer geschichtsphilosophischen Konzeption. Es stellt das Leben der Götter, der Genien dar, das sich in harmonischer Vollkommenheit vollzieht. Dem wird die menschliche Existenz in ihrer Unruhe und Zerrissenheit gegenübergestellt. Hölderlin hofft, dass die ursprüngliche Harmonie einst wiederhergestellt wird.

Heinrich von Kleist: DER ZERBROCHNE KRUG – DER ZERBROCHNE KRUG ist eine der bedeutendsten Komödien der deutschen Literatur. In der komischen Handlung, in der der Dorfrichter Adam sich gezwungen sieht, sein eigenes Vergehen aufzuklären, variiert Kleist ein Thema, das ihn immer wieder beschäftigt. Die Menschen sind nicht in der Lage, einander und die Wirklichkeit tatsächlich zu erkennen. Die Welt ist nicht, was sie scheint. Missverstehen und Täuschung sind die Folge.

Novellen und Erzählungen Heinrich von Kleists – Kleist gehört zu den Autoren, die sowohl im Drama als auch in der Epik Bedeutendes geleistet haben. Zu seinen wichtigsten Erzählungen gehören: Die MARQUISE VON O., die Geschichte einer Frau, die in einer Ohnmacht geschwängert wird, DAS ERDBEBEN IN CHILI, wo ein Liebespaar durch ein Erdbeben kurzfristig vor der Hinrichtung bewahrt wird, mit der die Gesellschaft die verbotene Liebe bestrafen wollte, und MICHAEL KOHLHAAS, der sein gutes Recht einfordern will und dadurch zum Verbrecher wird.

Das Verzweifeln an der Welt: Kleists Selbstmord und Hölderlins Wahnsinn – Heinrich von Kleist und Friedrich Hölderlin sind Beispiele für Dichter, die ihren Platz in der Welt nicht finden und dies sowohl in ihrer Dichtung als auch in ihrem Leben zum Ausdruck bringen. Kleist beendet sein Leben selbst. Hölderlin verbringt seine letzten Lebensjahrzehnte im Wahnsinn, nachdem die Beziehung zu seiner großen Liebe beendet werden musste.

Die Antike in der Literatur – Seit der Zeit der Klassik wird die Antike in der Literatur immer wieder gestaltet. Dabei entwickelt jede Epoche ihr eigenes Bild von der Antike und versucht auf

diese Weise, der eigenen Zeit Wichtiges mitzuteilen. Dabei kann man drei Formen der Antikerezeption unterscheiden: erstens ein idealisier-
tes Bild der Antike, das die Antike als rückwärts-
gewandte Utopie präsentiert, zweitens eine ar-
chaische Antike, die die Gewalttätigkeit und
Triebhaftigkeit der Antike unterstreicht, und drit-
tens eine Antike, die lediglich zur Verschlüsselung
der Gegenwart benutzt wird.

Weitere Autoren und Werke

Johann Peter Hebel: ALEMANNISCHE GE-
DICHTE; SCHATZKÄSTLEIN DES RHEINISCHEN
HAUSFREUNDES (darin unter anderem: KANNIT-
VERSTAN; UNVERHOFFTES WIEDERSEHEN)

Jean Paul dichtend in seiner Gartenlaube.
Zeichnung von E. Förster

Arbeitsvorschläge

1. Vergleiche den Auszug aus Kleists DER ZERBROCHNE KRUG (S. 113) mit dem Auszug aus Goethes IPHIGENIE (S. 91). Beide sind im Blankvers geschrieben. Welche Unterschiede im Sprachstil kannst du erkennen?

2. Stelle dar, welches Bild du von der Antike hast. Woher kommt dieses Bild (Filme, Bücher, Internet)?

3. Beschreibe den Unterschied zwischen der Rezeption der Antike bei Hölderlin und der Rezeption der Antike in der Klassik.

4. Erläutere, wie unsere Epochenbegriffe zustande kommen, und erörtere davon ausgehend, wie es zu einer Bezeichnung wie zum Beispiel „Zwischen Klassik und Romantik"
kommen kann.

5. Zeige, wie sich die beiden Strophen von Friedrich Hölderlins HÄLFTE DES LEBENS (S. 105)
inhaltlich und sprachlich unterscheiden.

6. Stelle eine Verbindung von Friedrich Hölderlins Gedicht HÄLFTE DES LEBENS (S. 105) und
seiner Biografie her.

Caspar David Friedrich: Der Mönch am Meer, 1808–1810

Joseph von Eichendorff

Wünschelrute

Schläft ein Lied in allen Dingen,
Die da träumen fort und fort,
Und die Welt hebt an zu singen,
Triffst du nur das Zauberwort.

Ludwig Tieck

Melancholie

Schwarz war die Nacht und dunkle Sterne brannten
Durch Wolkenschleier matt und bleich,
Die Flur durchstrich das Geisterreich,
Als feindlich sich die Parzen[1] abwärts wandten
5 Und zorn'ge Götter mich ins Leben sandten.

Die Eule sang mir grause[2] Wiegenlieder
Und schrie mir durch die stille Ruh
Ein grässliches: Willkommen! zu.
Der bleiche Gram und Jammer sanken nieder
10 Und grüßten mich als längst gekannte Brüder.
[…]

Die Liebe sei auf ewig dir versagt.
Das Tor ist hinter dir geschlossen,
Auf der Verzweiflung wilden Rossen
Wirst du durchs öde Leben hingejagt,
15 Wo keine Freude dir zu folgen wagt.

Dann sinkst du in die ew'ge Nacht zurück,
Sieh tausend Elend' auf dich zielen,
Im Schmerz dein Dasein nur zu fühlen!
Ja, erst im ausgelöschten Todesblick
20 Begrüßt voll Mitleid dich das erste Glück.

[1]   Parzen: römische Geburtsgöttinnen
[2]   graus: grausig, grauenerregend, schrecklich

Geschichtlicher Hintergrund

1793–94 Schreckensherrschaft der Jakobiner in Frankreich

1804 Kaiserkrönung Napoleons

1805 Schlacht bei Austerlitz: Napoleon besiegt Österreich und Russland.

1806 Schlacht bei Jena und Auerstedt: Napoleon besiegt Preußen und Russland; Ende des Heiligen Römischen Reiches Deutscher Nation; Kaiser Franz II. legt die Kaiserkrone nieder.

1813–15 Völkerschlacht bei Leipzig und Befreiungskriege gegen die französische Fremdherrschaft

1814–15 Neuordnung Europas auf dem Wiener Kongress; Napoleons endgültige Niederlage bei Waterloo; Beginn der Restauration (Wiederherstellung der alten Gesellschaftsordnung)

1817 Wartburgfest der Deutschen Burschenschaften, die einen einheitlichen Nationalstaat fordern

1819 Karlsbader Beschlüsse: Verbot der Burschenschaften, Einschränkung der Presse- und Versammlungsfreiheit

Aufklärung ▶ S. 46ff.

Klassik ▶ S. 84ff.

Sturm und Drang ▶ S. 66ff.

Romantik (1798–1835)

Die Epoche der Romantik

Sonnenuntergang, Mondschein, Kerzenlicht und Zweisamkeit – das Klischee wird der Vielfalt und Widersprüchlichkeit der historischen Epoche der Romantik nicht gerecht. Ursprünglich bezeichnet Romantik (altfranz.: romanz) die Literatur der Volkssprache im Unterschied zum Lateinischen. Später bezieht sich der Begriff auf eine **europäische Gegenbewegung zum Vernunftglauben der** ▶ **Aufklärung und zum Harmoniekult der** ▶ **Klassik**. Diese Strömung erfasst alle Künste: Malerei, Musik und Literatur. Mit der Betonung von Fantasie, Freiheit, Naturschwärmerei und Schöpferkraft steht die Romantik dem ▶ **Sturm und Drang** nahe, richtet den Blick aber nicht auf die politischen und sozialen Verhältnisse. Die Haltung der Romantiker ist die **Sehnsucht nach Vergangenem**. Das drückt sich in Märchen, Poesie und Träumen aus. Die Romantik **verklärt das Mittelalter**, in dem sie die Größe und Einheit der deutschen Nation verwirklicht glaubte. Dies ist häufig als Flucht vor den politischen Krisen um 1800 verstanden worden.

Phasen und Zentren der romantischen Literatur
Die Frühromantik oder Jenaer Romantik (1798–1804)

Zu Beginn steht die romantische Bewegung unter dem Einfluss der **Philosophie** des Jenaer Professors ▶ **Johann Gottlieb Fichte**. Sein **subjektiver Idealismus** sieht, vereinfacht gesagt, die Existenz der Welt als reine Wahrnehmung (Idee) des Einzelnen (Subjekt). Fichte gibt den Frühromantikern die entscheidenden Anregungen. Nicht der äußeren Wirklichkeit gilt ihr Interesse, sondern dem Inneren des Menschen. Das Ziel lautet: die **Wiederverzauberung der Welt durch die Dichtung**. ▶ **Friedrich Schlegel** fordert zu diesem Zweck eine „progressive Universalpoesie". Damit meint er ein nie abgeschlossenes (progressives), alle Künste und Lebensbereiche umfassendes Gesamtkunstwerk (Universalpoesie). Schöpfer ist der Dichter, dessen Freiheit und Fantasie kein Gesetz kennen. Die Kunst wird zum Religionsersatz. Ihren Auftrag formuliert ▶ **Novalis** so: *„Die Welt muss romantisiert werden."* Die Dichtung soll die Alltagswirklichkeit so darstellen, dass diese Geheimnis, Sinn und Würde bekommt.

Hochromantik oder Heidelberger Romantik (1804–1818)

Volkspoesie, ▸ Märchen, Sagen und Lieder prägen die Hochromantik, die sich in Heidelberg um ▸ Joseph von Eichendorff, ▸ Achim von Arnim, ▸ Clemens Brentano und die ▸ Brüder Jacob und Wilhelm Grimm bildet. In dieser Zeit entstehen zwei Textsammlungen, die berühmt werden: die Kinder- und Hausmärchen, die die Brüder Grimm, und die Volksliedsammlung Des Knaben Wunderhorn, die Clemens Brentano und Achim von Arnim herausgeben.

Die Spätromantik oder Berliner Romantik (1816–1835)

Die herausragende Persönlichkeit der Spätromantik ist das Künstlergenie ▸ Ernst Theodor Amadeus Hoffmann, ein gebürtiger Königsberger, der 1816 in Berlin ein Richteramt annimmt. Seine Erzählungen, die zur schwarzen Romantik oder Schauerromantik gehören, handeln von der Nachtseite des Menschen, vom Unheimlichen und Dämonischen. Berlin rückt erstmals als literarisches Zentrum ins Blickfeld. Das liegt einerseits an E.T.A. Hoffmann, andererseits an den ▸ literarischen Salons, die in Mode kommen. Künstler, Gelehrte, Politiker und Unternehmer treffen sich hier zum freien Gedankenaustausch. Im Salon von ▸ Rahel Levin ist mit ▸ Adelbert von Chamisso ein weiterer Autor von Gruselgeschichten zu Gast.

Epochenmerkmale kurz gefasst

Romantik

- Gegenbewegung zum Vernunftglauben der Aufklärung und zum Harmoniekult der Klassik
- Themen: Liebe, Natur, Kunst, Fantasie, Freiheit, Traum
- Sehnsucht nach Vergangenem, Verklärung des Mittelalters
- schwarze Romantik oder Schauerromantik: Betonung des Unheimlichen und Dämonischen
- Märchen, Sagen, Poesie, Volkslieder

▸ Johann Gottlieb Fichte (1762–1814) hatte als Philosoph großen Einfluss auf Dichter der Romantik.

▸ Friedrich Schlegel (1772–1829) beeinflusste die Frühromantik mit theoretischen Überlegungen.

Novalis ▸ S. 128

Märchen ▸ S. 138f.

Joseph von Eichendorff ▸ S. 134

▸ Achim von Arnim (1781–1831) und ▸ Clemens Brentano (1778–1842) gelten neben Joseph von Eichendorff als Hauptvertreter der Heidelberger Romantik.

▸ Jacob Grimm (1785–1863) und ▸ Wilhelm Grimm (1786–1859) sind als Sprachwissenschaftler und Begründer der Germanistik (wissenschaftliche Disziplin, die die deutsche Sprache und Literatur untersucht) bekannt.

E.T.A. Hoffmann ▸ S. 132

literarische Salons ▸ S. 140f.

Rahel Levin ▸ S. 141

Das bekannteste Werk des in Frankreich geborenen und deutsch schreibenden ▸ Adelbert von Chamisso (1781–1837) ist die Erzählung Peter Schlemihls wundersame Geschichte.

Zu den Malern der Romantik gehören die Deutschen Caspar David Friedrich (▸ S. 122), Phillipp Otto Runge, Franz Pforr und Moritz von Schwind, die Franzosen Théodore Géricault und Eugène Delacroix sowie die Engländer John Constable und William Turner.

Die Musik der Romantik

Die Sprache der Engel

„Viele musikalische Kompositionen sind nur Übersetzungen des Gedichts in die Sprache der Musik". (▶ Friedrich Schlegel) Musik und Literatur gehen in der Romantik eine Wechselbeziehung ein. Zunächst lassen sich die Dichter von der Musik inspirieren. Die Jenaer Frühromantiker sehen in ihr einen **Religions- und Glaubensersatz:** Für ▶ Ludwig Tieck ist die Musik *das letzte Geheimnis des Glaubens, die Mystik, die durchaus geoffenbarte Religion".* Für seinen Freund ▶ Wilhelm Heinrich Wackenroder gehört sie sogar der **Sphäre des Überirdischen** an, *„weil sie menschliche Gefühle auf eine übermenschliche Art schildert, [...] weil sie eine Sprache redet, die wir im ordentlichen Leben nicht erkennen, die wir gelernt haben, wir wissen nicht wo? Und wie? und die man allein für die Sprache der Engel halten möchte".* Aber auch die Musiker verdanken der Literatur wichtige Anregungen. Großen Einfluss übt Friedrich Schlegel mit seiner **Theorie von der** ▶ **progressiven Universalpoesie** aus. Die Vorstellungen von der Verschmelzung der Künste und der absoluten Freiheit des Künstlers wirken sich besonders auf zwei Musikgattungen der Romantik aus: **Lied** und **Oper**.

Ludwig Tieck (1773–1853) wirkte als Lyriker, Erzähler, Dramatiker und Herausgeber. In seinem Gedicht MELANCHOLIE (▶ S. 123) spiegelt sich tiefe Schwermut wider, ein Grundgefühl der Romantik, hervorgerufen durch die Unvereinbarkeit von Ideal und Wirklichkeit.

▶ **Wilhelm Heinrich Wackenroder** (1773–98) war Mitbegründer der deutschen Romantik.

▶ **Felix Mendelssohn Bartholdy** (1809–47) gilt als einer der bedeutendsten Musiker der Romantik. Es war weltweit einer der ersten Dirigenten in heutiger Gestalt und begründete eine Musikhochschule.

▶ **Franz Schubert** (1797–1828) war schon zu Lebzeiten vor allem durch seine Lieder bekannt.

▶ **Robert Schumanns** (1810–56) Werk als Komponist und Pianist steht musikgeschichtlich im Zentrum der Hochromantik.

Das romantische Lied

Partitur

Im Unterschied zum anonym überlieferten Volkslied ist das romantische **Kunstlied** die Vertonung eines Gedichts durch einen Komponisten. Viele Gedichte des Zeitalters, darunter Gedichte von ▶ Joseph von Eichendorff, ▶ Clemens Brentano, ▶ Achim von Arnim, ▶ Johann Wolfgang Goethe und ▶ Heinrich Heine, verdanken ihre Popularität auch den melodiösen Vertonungen von ▶ Felix Mendelssohn Bartholdy, ▶ Franz Schubert, ▶ Robert Schumann, ▶ Johannes Brahms und ▶ Gustav Mahler. Zu den Höhepunkten der romantischen Liedkunst zählen Franz Schuberts ▶ Zyklen DIE SCHÖNE MÜLLERIN und WINTERREISE, die auf Texten von ▶ Wilhelm Müller beruhen, sowie Robert Schumanns LIEDERKREIS OPUS 39, der auf Gedichte von Joseph von Eichendorff zurückgeht. Darunter befindet sich auch die berühmteste der vierzig Vertonungen, die es allein vom Gedicht MONDNACHT gibt. Das romantische Lied ist so weit über die Grenzen des deutschen Sprachraums hinaus bekannt, dass die Bezeichnung auch in andere Sprachen eingegangen ist. Im Französischen spricht man von „le lied", im Englischen von „the lied".

Die romantische Oper

In der Romantik kommt der **Idee des Gesamtkunstwerks die Oper** am nächsten. Hier findet die Verschmelzung der Künste statt, die Friedrich Schlegel für das Kunstwerk fordert: das Zusammenspiel von Musik, Dichtung, Schauspiel, Ballet, Tanz, Bühnenbild, Maske und Kostüm. ▶ **E.T.A. Hoffmanns** UNDINE aus dem Jahr 1816 gilt als erste romantische Oper. Zum Publikumserfolg aber wird fünf Jahre später ▶ **Carl Maria von Webers** DER FREISCHÜTZ. Die Handlung um den Jäger Max, der einem alten Brauch entsprechend die Hand der Förstertochter Agatha nur mit einem Meisterschuss gewinnen kann, bündelt Motive der Romantik: dämonische und übersinnliche Mächte, gespenstisch-unheimliche Vorkommnisse, gewaltige Leidenschaften, Natur- und Waldsymbolik.

Noch einen Schritt weiter als Weber geht das ▶ **Musikdrama** ▶ **Richard Wagners**. In ihm verwirklicht sich das von Friedrich Schlegel verkündete **Ideal eines uneingeschränkten Schöpfertums**. Wagner, ein Spätromantiker, verkörpert als Künstler das Universalgenie. Er ist zugleich Dichter, Komponist, Regisseur und Dirigent seiner monumentalen Opern. Den Stoff entnimmt er mittelalterlichen Ritterromanen: LOHENGRIN, DER RING DES ▶ NIBELUNGEN, TRISTAN UND ISOLDE, ▶ PARZIVAL. Für die prunkvollen Bühnenwerke, die in Todes- und Erlösungssehnsucht schwelgen, lässt er eigens ein **Festspielhaus in Bayreuth** errichten, das bis heute als Stätte der Weihefestspiele Kultstatus genießt.

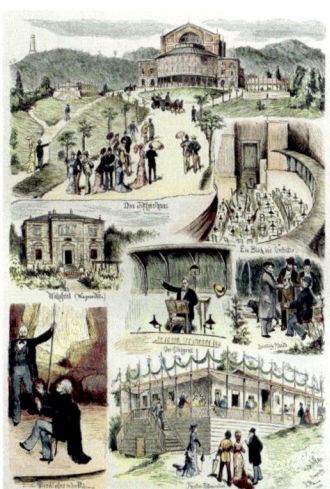

Ansichtskarte von den Bayreuther Festspielen

▶ **Johannes Brahms** (1833 – 97) war Komponist, Pianist und Dirigent, dessen Kompositionen man der Romantik zuordnet. Er gilt als einer der bedeutendsten europäischen Komponisten in der zweiten Hälfte des 19. Jahrhunderts.

▶ **Gustav Mahler** (1860 – 1911) war Komponist im Übergang von der Spätromantik zur Moderne. Er war einer der berühmtesten Dirigenten seiner Zeit und reformierte als Operndirektor das Musiktheater.

Ein ▶ **Zyklus** ist eine Reihe inhaltlich zusammengehöriger Werke.

Das Werk ▶ **Wilhelm Müllers** (1794 – 1827) ist vor allem durch die Vertonungen Schuberts bekannt geblieben.

E.T.A. Hoffmann ▶ S. 132

▶ **Carl Maria von Weber** (1786 – 1826) war Komponist, Dirigent und Pianist.

Ein ▶ **Musikdrama** ist eine Oper, die durch wiederkehrende Leitmotive zusammenhängt und nicht (mehr) in Arie und Rezitativ gegliedert ist.

▶ **Richard Wagner** (1813 – 83) gilt mit seinen Musikdramen als einer der bedeutendsten Erneuerer der europäischen Musik im 19. Jahrhundert.

NIBELUNGEN ▶ S. 14

Wolfram von Eschenbach: PARZIVAL ▶ S. 16f.

Novalis

▶ **1772** Novalis wird in Wiederstedt bei Mansfeld geboren.

▶ **1790—94** Studium der Philosophie und der Rechte in Jena, Leipzig und Wittenberg; Freundschaft mit Friedrich Schiller

▶ **1795** inoffizielle Verlobung mit der dreizehnjährigen Sophie von Kühn, die 1797 stirbt

▶ **1797—99** Studium an der Bergakademie in Freiberg

▶ **1798** Verlobung mit Julie von Charpentier

▶ **1799—1800** Tätigkeit in den Salinen (Anlagen zur Gewinnung von Salz) des thüringischen Artern

▶ **1801** Novalis stirbt im Beisein Friedrich Schlegels in Weißenfels an der Schwindsucht.

Fragmente (▶ S. 16) sind typisch für die Romantik. Ihre Unabgeschlossenheit verweist auf die Unendlichkeit des Kunstwerks.

▶ blaue Blume – zentrales Symbol der Romantik; steht für Sehnsucht und Liebe, später auch Symbol der Wanderschaft

Die beiden Dichter ▶ Heinrich von Ofterdingen und ▶ Klingsohr sind aus der mittelalterlichen Literatur bekannt. Geschichtlich ist ihre Existenz nicht belegt.

Novalis verklärt das ▶ Mittelalter zum goldenen Zeitalter, in dem er die Einheit von Gott, Mensch und Natur erfüllt sah.

Novalis: Heinrich von Ofterdingen (1800)

Novalis

Schon der **Künstlername** des Georg Philipp Friedrich von Hardenberg verkündet den Anspruch der Romantik: Novalis bedeutet „der Neuland Bestellende". Der frühe Tod des Dichters verleiht seinen Lebensjahren etwas vom Zauber eines unvollendeten romantischen Kunstwerks. Diesen Eindruck erweckte der schwärmerische Abkömmling eines alten Adelsgeschlechts selbst. Mit der melancholischen Verklärung des Todes seiner jungen Verlobten wird er zum Dichter des Weltschmerzes und der Todessehnsucht. Dabei war

Novalis

Novalis kein weltabgewandter Poet. Er studierte Philosophie, Jura, Chemie und Bergbau und arbeitete als Verwaltungsbeamter in der Saline von Weißenfels. 1798 verlobte er sich ein zweites Mal – mit der Tochter eines Berghauptmanns.

Weitere Werke

Lyrik: Hymnen an die Nacht; Geistliche Lieder; ▶ Romanfragment: Die Lehrlinge zu Sais; Aufsatz: Die Christenheit oder Europa

Heinrich von Ofterdingen

Am Anfang dieses **Künstlerromans** steht das **Symbol der romantischen Bewegung** überhaupt: die ▶ **blaue Blume**. Im Laufe der Handlung wird sie zum Sinnbild für die **Sehnsucht nach Liebe, Poesie, Natur und dem Unendlichen.** Ein Reisender erzählt dem zwanzigjährigen ▶ **Heinrich** von der geheimnisvollen Ferne und einer Wunderblume, die die Farbe des Himmels trägt. Der Titelheld ist ein Handwerkersohn, der am Ende einer langen Wanderschaft die **Erweckung zum Künstler** erlebt. Von einem Dichter namens ▶ **Klingsohr** erfährt er den Zauber der Poesie, von dessen Tochter Mathilde das Wunder der Liebe. Die Themen des fragmentarischen, in einem idealisierten christlichen ▶ **Mittelalter** spielenden Romans sind **Mittelaltersehnsucht, Künstlertum und die Romantisierung** der Wirklichkeit. Diese Wirkung entsteht besonders durch die Märchen, Legenden und Erzählungen, die mit der Haupthandlung verflochten sind.

Heinrich von Ofterdingen, 1. Buch, 1. Kapitel
Im Traum wird Heinrich in das Geheimnis der blauen Blume eingeweiht.
Der Blütenkelch enthüllt ihm das Gesicht der Geliebten.

Berauscht von Entzücken und doch jedes Eindrucks bewusst, schwamm er gemach dem leuchtenden Strome nach, der aus dem Becken in den Felsen hineinfloss. Eine Art von süßem Schlummer befiel ihn, in welchem er unbeschreibliche Begebenheiten träumte, und
5 woraus ihn eine andere Erleuchtung weckte. Er fand sich auf einem weichen Rasen am Rande einer Quelle, die in die Luft hinausquoll und sich darin zu verzehren schien. Dunkelblaue Felsen mit bunten Adern erhoben sich in einiger Entfernung; das Tageslicht[,] das ihn umgab, war heller und milder als das gewöhnliche, der Himmel war
10 schwarzblau und völlig rein. Was ihn aber mit voller Macht anzog, war eine hohe lichtblaue Blume, die zunächst an der Quelle stand, und ihn mit ihren breiten, glänzenden Blättern berührte. Rund um sie her standen unzählige Blumen von allen Farben, und der köstlichste Geruch erfüllte die Luft. Er sah nichts als die blaue Blume,
15 und betrachtete sie lange mit unnennbarer Zärtlichkeit. Endlich wollte er sich ihr nähern, als sie auf einmal sich zu bewegen und zu verändern anfing; die Blätter wurden glänzender und schmiegten sich an den wachsenden Stängel, die Blume neigte sich nach ihm zu, und die Blüthenblätter zeigten einen blauen ausgebreiteten Kragen, in wel-
20 chem ein zartes Gesicht schwebte. Sein süßes Staunen wuchs mit der sonderbaren Verwandlung, als ihn plötzlich die Stimme seiner Mutter weckte, und er sich in der elterlichen Stube fand, die schon die Morgensonne vergoldete. Er war zu entzückt, um unwillig über diese Störung zu sein; vielmehr bot er seiner Mutter freundlich guten
25 Morgen und erwiderte ihre herzliche Umarmung.

Arbeitsvorschläge

1. Beschreibe die Natur, besonders die blaue Blume, die Heinrich im Traum begegnet. Worin liegt ihr Zauber?

2. Nenne romantische Motive, die in diesem Traum verschmelzen.

3. Deute den Traum mithilfe folgender Aussage von Novalis: „*Nach Innen geht der geheimnisvolle Weg. In uns, oder nirgends ist die Ewigkeit mit ihren Welten, die Vergangenheit und Zukunft.*"

Karoline von Günderode:
Der Kuss im Traume (1802)

Karoline von Günderode

Karolines Lebensgeschichte liest sich wie eine romantische Erzählung. Die Kindheit ist umschattet vom Tod des Vaters und vieler Geschwister. In dem Frankfurter Stift, in dem sie aufwächst, ist sie unglücklich. Sie läuft oft davon und findet nur Trost den Büchern. Zwar feiert sie als Dichterin kleinere Erfolge und schließt Freundschaft mit den Geschwistern ▶ Clemens und ▶ Bettina Brentano, Glück in der Liebe bleibt ihr aber zeitlebens versagt. Als sie von dem verheirateten Georg Friedrich Creuzer zurückgewiesen wird, nimmt sie sich auf aufsehenerregende Weise

Karoline von Günderode

das Leben: Sie erdolcht sich in Winkel am Rhein, in der Nähe des Sommersitzes der Brentanos. Ihre Leiche findet man am Flussufer.

Weitere Werke

GEDICHTE UND FANTASIEN; POETISCHE FRAGMENTE

Der Kuss im Traume

Das todessehnsüchtige Sonett ist ein romantisches Kunstwerk und zugleich ein beklemmendes autobiografisches Dokument. Bevor sie Creuzer kennenlernt, liebt Karoline den Juristen Carl von Savigny. Als der sich für eine andere entscheidet, schickt die Verschmähte ihrem abtrünnigen Liebhaber kurz vor seiner Hochzeit dieses Gedicht zu. In ihm spiegelt sich die **Sehnsucht nach Erlösung** vom irdischen Leid. Die dunkle Verbindung von **Liebestrieb** (griech.: eros) und **Todestrieb** (griech.: thanatos) macht es zu einem widersprüchlichen Bekenntnis. Das Verlangen nach Liebe und sexueller Befriedigung erfüllt sich nicht in der Realität, sondern nur im **Traum**. Makaber ist die Pointe des Gedichts. Sie scheint das Schicksal der Dichterin vorwegzunehmen, die erst durch den Tod Erlösung von ihrem Liebeskummer finden wird.

Der Kuss im Traume
Aus einem ungedruckten Roman

Es hat ein Kuss mir Leben eingehaucht,
Gestillet meines Busens tiefstes Schmachten,
Komm, Dunkelheit! mich traulich zu umnachten,
Dass neue Wonne meine Lippe saugt.

5 In Träume war solch Leben eingetaucht,
Drum leb ich, ewig Träume zu betrachten,
Kann aller andern Freuden Glanz verachten,
Weil nur die Nacht so süßen Balsam haucht.

Der Tag ist karg an liebesüßen Wonnen,
10 Es schmerzt mich seines Lichtes eitles Prangen
Und mich verzehren seiner Sonne Gluten.

Drum birg dich Aug dem Glanze irdscher Sonnen!
Hüll dich in Nacht, sie stillet dein Verlangen
Und heilt den Schmerz, wie ▶ **Lethes** kühle Fluten.

▶ Lethe – Fluss der Unterwelt, sein Wasser schenkt Vergessen.

Arbeitsvorschläge

1. Interpretiere DER KUSS IM TRAUME, indem du die Beschreibungen von Tag und Nacht einander gegenüberstellst und ihren Zusammenhang mit Liebe, Leben und Gefühlen erklärst.

2. Deute das Gedicht einmal mit und einmal ohne die Kenntnis der Bezüge zu Karolines Leben. Begründe, welche Lesart dir angemessener erscheint, welche reizvoller.

3. Nenne romantische Motive, die das Sonett enthält.

E.T.A. Hoffmann

▶ 1776 E.T.A Hoffmann wird in Königsberg geboren.

▶ 1792 – 95 Jura-Studium in Königsberg

▶ 1802 Strafversetzung nach Plock an der Weichsel; seine Karikaturen hatten einen politischen Skandal ausgelöst.

▶ 1802 Heirat mit Michalina Rorer

▶ 1804 – 06 Preußischer Regierungsrat in Warschau

▶ 1808 am Bamberger Theater als Kapellmeister, Komponist und Bühnenbildner

▶ 1813 – 14 Kapellmeister in Leipzig und Dresden

▶ 1814 Rückkehr nach Berlin in den preußischen Staatsdienst

▶ 1816 Ernennung zum Kammergerichtsrat

▶ 1822 Hoffmann stirbt in Berlin.

Schauerromantik / Schauerliteratur ▶ S. 142f.

Novelle ▶ S. 114

Eine ▶ Künstlernovelle handelt wie ein Künstlerroman von einem Maler, Musiker, Bildhauer oder Dichter, der wirklich gelebt hat oder erfunden ist.

▶ Madeleine de Scudéry war eine französische Schriftstellerin des 17. Jahrhunderts.

Ernst Theodor Amadeus Hoffmann: Das Fräulein von Scuderi (1820)

E.T.A Hoffmann

E.T.A. Hoffmann ist als Dichter, Maler, Bühnenarchitekt, Musiker und Komponist das **Universalgenie** der Romantik. Er gilt aber auch als der Meister der ▶ **Schauerromantik.** Sein Werk handelt von den dunklen Seiten des Menschen und den Abgründen der Seele. Es erzählt von einer Welt der Grausamkeit und des Wahnsinns, die bevölkert ist von Doppelgängern und besessenen Künstlern. Der „Gespensterhoffmann", wie ihn die Zeitgenossen nennen, führt selbst

E.T.A. Hoffmann

ein Doppelleben. Auf der einen Seite übt er in Warschau und Berlin den angesehenen Beruf eines Juristen aus, auf der anderen Seite steht eine unbürgerliche Lebensweise mit zerstörerischem Alkoholkonsum, unglücklichen Liebesaffären und politischen Skandalen.

Weitere Werke

Romane: DIE ELIXIERE DES TEUFELS; LEBENSANSICHTEN DES KATERS MURR; Erzählungen: FANTASIESTÜCKE IN CALLOT'S MANIER (darin u.a. DER GOLDENE TOPF); NACHTSTÜCKE (darin u.a. DER SANDMANN); DIE SERAPIONSBRÜDER (darin u.a. DAS FRÄULEIN VON SCUDERI)

Das Fräulein von Scuderi

Die Erzählung bereitet den Weg für die modernen **Detektivgeschichte.** Es gibt ein geheimnisvolles Verbrechen, mysteriöse Vorfälle, falsche Spuren, Beweismittel, Vorausdeutungen, Rückblenden, Mordmotive, Geständnisse, eine – wenn auch unfreiwillige – Detektivin, einen Verdächtigen, der unschuldig ist, und einen Schuldigen, der unverdächtig ist. DAS FRÄULEIN VON SCUDERI ist aber auch eine ▶ **Künstlernovelle.** Die Titelheldin, die Schriftstellerin ▶ **Madeleine von Scuderi,** entwickelt sich zu einer Künstlerin, die gesellschaftliche Verantwortung übernimmt. Ihr Gegenspieler, der dämonische Goldschmied Cardillac, entspricht dagegen dem besessenen Künstlertypus, der sein Werk nur für sich selbst schafft.

Das Fräulein von Scuderi

Paris im Jahre 1680: Eine rätselhafte Mordserie versetzt die Hauptstadt in Angst und Schrecken. Adlige Männer werden auf dem Weg zu ihren Geliebten erdolcht und ihres Schmuckes beraubt. Der Spuk entpuppt sich als das Werk einer tragisch gespaltenen Persönlichkeit. Der geniale Goldschmied René Cardillac tötet seine Auftraggeber, weil er unter dem dämonischen Zwang steht, Schmuck, den er gefertigt hat, wieder besitzen zu müssen.

Als Cardillac von seinem Gesellen Olivier beim Morden überrascht wird, enthüllt er ihm die Wahrheit über sein Doppelleben.

Schon in der frühesten Kindheit gingen mir glänzende Diamanten, goldenes ▸ Geschmeide über alles. [...] Um nur mit Gold und edlen Steinen hantieren zu können, wandte ich mich zur Goldschmieds- profession. Ich arbeitete mit Leidenschaft und wurde bald der ers-
5 te Meister dieser Art. Nun begann eine Periode, in der der ange- borne Trieb, so lange niedergedrückt, mit Gewalt empordrang und mit Macht wuchs, alles um sich her wegzehrend. Sowie ich ein Geschmeide gefertigt und abgeliefert, fiel ich in eine Unruhe, in ei- ne Trostlosigkeit, die mir Schlaf, Gesundheit – Lebensmut raubte. –
10 Wie ein Gespenst stand Tag und Nacht die Person, für die ich gear- beitet, mir vor Augen, geschmückt mit meinem Geschmeide, und ei- ne Stimme raunte mir in die Ohren: „Es ist ja dein – es ist ja dein – nimm es doch – was sollen die Diamanten dem Toten!" – Da legt' ich mich endlich auf Diebeskünste. Ich hatte Zutritt in den Häusern der
15 Großen, ich nützte schnell jede Gelegenheit, kein Schloss widerstand meinem Geschick und bald war der Schmuck, den ich gearbeitet, wie- der in meinen Händen. – Aber nun vertrieb selbst das nicht meine Unruhe. Jene unheimliche Stimme ließ sich dennoch vernehmen und höhnte mich und rief: „Ho ho, dein Geschmeide trägt ein Toter!"
20 – Selbst wusste ich nicht, wie es kam, dass ich einen unaussprechli- chen Hass auf die warf, denen ich Schmuck gefertigt. Ja! Im tiefsten Innern regte sich eine Mordlust gegen sie, vor der ich selbst erbebte.

▸ Geschmeide – kostbare Goldschmiedearbeit, kost- barer Schmuck

Arbeitsvorschläge

1. Verdeutliche die dämonischen und schizophrenen Züge von Cardillacs Persönlichkeit.

2. Erkläre, mit welchen sprachlichen Mitteln Hoffmann Spannung erzeugt.

3. Nenne Merkmale der Schauerromantik, die dieser Textauszug enthält.

Joseph von Eichendorff

▶ 1788 Joseph von Eichendorff wird auf Schloss Lubowitz in Ratibor (Oberschlesien) geboren.

▶ 1805–12 Jura-Studium in Halle, Heidelberg und Wien

▶ 1813–15 Teilnahme an den Befreiungskriegen gegen die napoleonische Fremdherrschaft

▶ 1815 Eheschließung mit Luise von Larisch

▶ 1816–44 Beamter im preußischen Staatsdienst; Konflikte mit der Staatsführung

▶ 1823 Verkauf fast aller Besitztümer des Vaters, nachdem die Adelsfamilie verarmt ist

▶ 1857 Eichendorff stirbt in Neiße in der Lausitz.

▶ versunkene Zeit – eine träumerisch-schöne Utopie der Vergangenheit; Eichendorffs Vierzeiler WÜNSCHELRUTE (▶ S. 123) gilt als treffende Formulierung des poetischen Programms der Romantiker.

▶ Philister – Spießbürger, engstirniger Mensch, kleinlicher Besserwisser

Zu den bekanntesten ▶ Liedern der Erzählung gehören WEM GOTT WILL RECHTE GUNST ERWEISEN und SCHWEIGT DER MENSCHEN LAUTE LUST. Sie ahmen den Volksliedton so kunstvoll nach, dass sie oft selbst für Volksliedlieder gehalten werden.

Joseph von Eichendorff: Aus dem Leben eines Taugenichts (1826)

Joseph von Eichendorff

Das Werk Joseph von Eichendorffs durchzieht eine wehmütige Sehnsucht nach einer ▶ versunkenen Zeit. Darin spiegelt sich sein eigenes Schicksal. Er ist der Abkömmling eines schlesischen Adelsgeschlechts, der auf Schloss Lubowitz im heutigen Polen geboren wird. Er erlebt die Verarmung seiner Familie mit dem Verkauf fast aller Besitztümer und die Wirren der napoleonischen Kriege mit der französischen Fremdherrschaft. Nach dem Jura-Studium, das ihn in Heidelberg in den Kreis der Romantiker

Joseph von Eichendorff

führt, nimmt er an den Befreiungskriegen teil. Es folgen seine Eheschließung, erste literarische Erfolge und sein Eintritt in den preußischen Staatsdienst, den er im Streit mit seinen Vorgesetzen verlässt. In seinen letzten Lebensjahren befindet Eichendorff sich in großer Geldnot und hält sich an wechselnden Orten auf.

Weitere Werke

Romane und Erzählungen: AHNUNG UND GEGENWART; DAS MARMORBILD; DICHTER UND IHRE GESELLEN; DAS SCHLOSS DÜRANDE; Gedichte

Aus dem Leben eines Taugenichts

Diese Erzählung ist der Inbegriff des romantischen Lebensgefühls. Die Handlung erinnert an ein Märchen, das die typischen Motive der Epoche vereint: Ein junger Müllerssohn mit Gottvertrauen und Wanderlust findet nach aufregenden Abenteuern sein Glück. Die idyllische Natur mit geheimnisvollen Mondnächten und verwunschenen Gärten ist durch Liebespaare, Poesie, Musik und Träume verzaubert. Der Titelheld ist ein (Lebens-)Künstler und Glückskind, das sich unter den ▶ Philistern nicht zurechtfindet und dem alles wie von selbst in den Schoß fällt. Der Ton der Erzählung ist heiter und unbeschwert, was auch durch die eingestreuten ▶ Lieder bedingt ist.

Aus dem Leben eines Taugenichts, erstes Kapitel
Ein junger Mann, Taugenichts genannt, erzählt seine Lebensgeschichte. Sie
verstrickt ihn in turbulente Verwicklungen und Verwechslungen, stürzt ihn
in Liebeskummer, führt ihn nach Rom und beschenkt ihn am Ende mit
der Dame seines Herzens und obendrein mit einem Schloss. Der folgende
Textauszug ist der Beginn der Erzählung.

Das Rad an meines Vaters Mühle brauste und rauschte schon wieder recht lustig, der Schnee tröpfelte emsig vom Dache, die Sperlinge
zwitscherten und tummelten sich dazwischen; ich saß auf der Tür-
schwelle und wischte mir den Schlaf aus den Augen, mir war so
5 recht wohl in dem warmen Sonnenscheine. Da trat der Vater aus dem
Hause; er hatte schon seit Tagesanbruch in der Mühle rumort und
die Schlafmütze schief auf dem Kopfe, der sagte zu mir: „Du Taugenichts! da sonnst du dich schon wieder und dehnst und reckst dir die
Knochen müde und lässt mich alle Arbeit allein tun. Ich kann dich
10 hier nicht länger füttern. Der Frühling ist vor der Türe, geh auch einmal hinaus in die Welt und erwirb dir selber dein Brot." – „Nun", sagte ich, „wenn ich ein Taugenichts bin, so ist's gut, so will ich in die
Welt gehen und mein Glück machen." Und eigentlich war mir das
recht lieb, denn es war mir kurz vorher selber eingefallen, auf Reisen
15 zu gehn, da ich den ▸ **Goldammer**, der im Herbst und Winter immer
betrübt an unserem Fenster sang: „Bauer, miet mich, Bauer, miet
mich!" nun in der schönen Frühlingszeit wieder ganz stolz und lustig vom Baume rufen hörte: „Bauer, behalt deinen Dienst!" – Ich ging
also in das Haus hinein und holte meine Geige, die ich recht ▸ **artig**
20 spielte, von der Wand, mein Vater gab mir noch einige ▸ **Groschen**
Geld mit auf den Weg, und so schlenderte ich durch das lange Dorf
hinaus. Ich hatte recht meine heimliche Freud', als ich da alle meine
alten Bekannten und Kameraden rechts und links, wie gestern und
vorgestern und immerdar, zur Arbeit hinausziehen, graben und pflü-
25 gen sah, während ich so in die freie Welt hinausstrich. [...] Mir war es
wie ein ewiger Sonntag im Gemüte.

▸ Goldammer – Singvogel

▸ artig – hier: gut, hübsch, nett

▸ Groschen – kleine Münze

Arbeitsvorschläge

1. Charakterisiere den Titelhelden.

2. Nenne die inhaltlichen Textsignale, die zeigen, dass für den Taugenichts ein neuer
   Lebensabschnitt beginnt. Berücksichtige besonders die Darstellung der Natur.

3. Benenne die Merkmale des Erzählanfangs, die an ein Märchen erinnern.

Leben und Werk Joseph von
Eichendorffs ► S. 134

Eichendorff bewunderte die
Volksliedsammlung Des
Knaben Wunderhorn,
deren Herausgeber seine
Heidelberger Freunde
Clemens Brentano und Achim
von Arnim sind. ► S. 125

Johann Wolfgang Goethe
► S. 70, 90

Joseph von Eichendorff: Sehnsucht (1834)

Eichendorffs Lyrik

Joseph von Eichendorff ist neben ► Johann Wolfgang Goethe
der bekannteste Lyriker der
deutschen Sprache. Gedichte wie Mondnacht, Frische
Fahrt, Zwielicht, Die zwei
Gesellen, Das zerbrochene
Ringlein und Weihnacht gelten als reinster Ausdruck der
romantischen Poesie. Sie ahmen auf so kunstvolle Weise
den ungekünstelten, oft weh-
mütigen Ton von Volkslie-
dern nach, dass sie oft für echte Volkslieder gehalten werden. Dieser Eindruck verstärkt
sich durch die vielen populä-

Caspar David Friedrich: Frau am
Fenster, **1822**

Vertonungen ► S. 126f.

ren ► Vertonungen, die es von den Gedichten gibt. Zu den immer wieder variierten Themen von Eichendorffs Lyrik gehören die Einheit von
Mensch und Natur, Waldeinsamkeit und Fernweh, die Unendlichkeit
des Sternenhimmels, die Verlockung des Abenteuers sowie die
Gefährdungen durch das Dämonische und ► Spießbürgerliche.

► spießbürgerlich – engstirnig,
kleinlich, besserwisserisch

Sehnsucht

Sehnsucht ist das Zauberwort des romantischen Lebensgefühls. Für
die Romantiker erfüllt sie sich nur in der Fantasie und im Traum.
Davon erzählt das Gedicht. Es bündelt typische Motive der Romantik:
Der Sprecher hat die nächtliche Vision einer abenteuerlichen Reise
in Gesellschaft von Wanderburschen, die durch wilde, naturwüchsige
Landschaften führt. Das fremde Land lockt mit Liebesglück und einer idyllischen Einheit von Natur und Kultur (Gärten, Lauben, Paläste,
Brunnen). Die Verswiederholung und der Gedankenstrich am Ende
des Gedichts legen nahe, dass das Sehnen fortdauert. Der Gegenstand
der Sehnsucht ist damit die Sehnsucht selbst. Dies ist die eigentlich
romantische Pointe.

Sehnsucht

Es schienen so golden die Sterne,
Am Fenster ich einsam stand
Und hörte aus weiter Ferne
Ein Posthorn im stillen Land.
5 Das Herz mir im Leib entbrennte;
Da hab ich mir heimlich gedacht:
Ach, wer da mitreisen könnte
In der prächtigen Sommernacht!

Zwei junge Gesellen gingen
10 Vorüber am Bergeshang,
Ich hörte im Wandern sie singen
Die stille Gegend entlang:
Von schwindelnden ▶ Felsenschlüften,
Wo die Wälder rauschen so sacht,
15 Von Quellen, die von den Klüften
Sich stürzen in die Waldesnacht.

Sie sangen von Marmorbildern,
Von Gärten, die überm Gestein
In dämmernden Lauben verwildern,
20 Palästen im Mondenschein,
Wo die Mädchen am Fenster lauschen,
Wann der Lauten Klang erwacht
Und die Brunnen verschlafen rauschen
In der prächtigen Sommernacht. –

▶ Felsenschlüfte – gemeint
sind Felsenklüfte

S e h n s u c h t.
—

Es schienen so golden die Sterne,
Am Fenster ich einsam stand
Und hörte aus weiter Ferne
Ein Posthorn im stillen Land.
Das Herz mir im Leib entbrennte,
Da hab' ich mir heimlich gedacht:
Ach, wer da mitreisen könnte
In der prächtigen Sommernacht!

Zwei junge Gesellen gingen
Vorüber am Bergeshang,
Ich hörte im Wandern sie singen
Die stille Gegend entlang:

Joseph von Eichendorff, SEHNSUCHT

Arbeitsvorschläge

1. Beschreibe, wonach sich der Sprecher im Einzelnen sehnt.

2. Stelle gegenüber, was der Leser über die innere und die äußere Handlung des Gedichts erfährt. Welche Schlussfolgerungen lassen sich daraus für die Romantik ziehen?

3. Schreibe ein modernes Gedicht mit dem Titel SEHNSUCHT.

Märchen

Volksmärchen

Die Exportschlager der deutschen Literatur dieser Zeit heißen SCHNEEWITTCHEN, ROTKÄPPCHEN, HÄNSEL UND GRETEL, ASCHENPUTTEL, RUMPELSTILZCHEN, RAPUNZEL, DER FROSCHKÖNIG, DIE BREMER STADTMUSIKANTEN, DER GESTIEFELTE KATER, HANS IM GLÜCK. Die Liste ließe sich lange fortsetzen. Wenige literarische Werke erfreuen sich **weltweit so großer Bekanntheit** wie die ▶ KINDER- UND HAUSMÄRCHEN ▶ **der Brüder Grimm.**

Hänsel und Gretel

Schon die **Entstehung** dieser Sammlung wurde zum Mythos. Es heißt, Jacob und Wilhelm Grimm, zwei Gelehrte aus Hanau, seien durch die Lande gezogen und hätten – von alten Hausmütterchen erzählte – Geschichten niederschrieben, die im Volk von Generation zu Generation mündlich weitergegeben worden seien. In Wahrheit waren die Zuträger zumeist junge, gebildete Frauen aus dem Bürgertum, die nicht selten nur das weitergaben, was sie gelesen hatten. Auch schöpften die Grimms fleißig aus literarischen Quellen. Großen Einfluss hatte die Märchensammlung des Franzosen ▶ **Charles Perrault**, die die Vorlagen für ROTKÄPPCHEN, DORNRÖSCHEN, ASCHENPUTTEL und DER GESTIEFELTE KATER enthält.

Die Meisterleistung der Grimms bestand darin, dass sie ihr Textmaterial literarisch so durchformten, dass der **unverwechselbare Märchenton** entstand. Sie tilgten konkrete Zeit- und Ortsangaben, löschten offene Sozialkritik, verschleierten Sexualität und verharmlosten Gewalt. Sie schufen die berühmten Anfangs- (*„Es war einmal ..."*) und Schlussformeln (*„Und wenn sie nicht gestorben sind ..."*), die einprägsamen Redewendungen (*„Die Guten ins Töpfchen, die Schlechten ins Kröpfchen"*) und Sprichwörter (*„Etwas Besseres als den Tod findest du überall"*). Auch das dreigliedrige Handlungsschema (Notsituation – Bewährung – Erlösung) und die optimistische Moral (das Gute wird belohnt, das Böse bestraft) sind Schöpfungen der Grimms.

Nicht alle ▶ KINDER- UND HAUSMÄRCHEN weisen die typischen Merkmale auf. Einige entsprechen eher der Gattung der Sage (DIE KLARE SONNE BRINGT'S AN DEN TAG), der Legende (DIE ZWÖLF APOSTEL), der Fabel (DER WOLF UND DER FUCHS) oder des Schwanks (STROHHALM, KOHLE, BOHNE). Im 19. Jahrhundert grassierte das „Märchenfieber". Die KINDER- UND HAUSMÄRCHEN wurden zum Vorbild von **Wilhelm Hauff** (KALIF STORCH, DER KLEINE MUCK), **Ludwig Bechstein** (DER SCHMIED VON JÜTERBOG, DAS KLAGENDE LIED) und dem Dänen **Hans Christian Andersen** (DES KAISERS NEUE KLEIDER, DAS HÄSSLICHE ENTLEIN).

Brüder Grimm ▶ S. 125

▶ **Charles Perrault** (1628–1703) war Schriftsteller und hoher Beamter. Er wurde vor allem durch seine MÄRCHEN berühmt und hat die Gattung in Frankreich und in Europa bekannt gemacht.

Die Märchen erhielten durch diese Bearbeitungen eine so unver-
kennbare Gestalt, dass man oft von einer **Gattung Grimm** spricht.
Aus Stoffen, die ehemals dem Sensationsbedürfnis von Erwachsenen
dienten, wurden im Laufe der Zeit Geschichten zur Unterhaltung
und Belehrung von Kindern.

Kunstmärchen

In der Romantik liegt nicht nur die eigentliche Geburtsstunde des
Volksmärchens. In dieser Zeit entstehen auch bedeutende **Kunstmärchen**. Diese Texte von namentlich bekannten Verfassern knüpfen
an die Motive der anonym überlieferten Volksmärchen an, überfor-
men sie aber literarisch.

Wie gegensätzlich Kunstmärchen sein können, zeigen zwei Beispiele
aus der Frühromantik. ▶ **Ludwig Tiecks** DER BLONDE ECKBERT ist aus
einem Stoff, aus dem Albträume sind. Das Schauermärchen erzählt
eine verrätselte Geschichte von Einsamkeit, Schuld, Mord, ▶ **Inzest**
und Wahnsinn. Dagegen handelt ▶ **Novalis'** Märchen HYAZINTH UND
ROSENBLÜTCHEN nicht von der Zerstörung einer Persönlichkeit, sondern von der geglückten Selbstfindung. Die Hauptfigur überwindet
die Entfremdung von den Mitmenschen mithilfe der Natur, der Liebe
und des Traums.

Weitere bekannte Kunstmärchen, die an der Grenze zu Erzählung
und Novelle liegen, schrieben ▶ **Clemens Brentano** (GOCKEL, HINKEL
UND GACKELEIA), ▶ **Adelbert von Chamisso** (PETER SCHLEMIHLS WUN-
DERSAME GESCHICHTE) und ▶ **E.T.A Hoffmann** (DER GOLDENE TOPF).

Ludwig Tieck ▶ S. 126

▶ Inzest – Geschlechtsverkehr
zwischen verwandten
Personen

Novalis ▶ S. 128

Clemens Brentano ▶ S. 125

Adelbert von Chamisso
▶ S. 125

E.T.A. Hoffmann ▶ S. 132

Jacob und Wilhelm Grimm

▶ Sophie von La Roche
(1731–1807) hatte mit ihrer
GESCHICHTE DES FRÄULEIN
VON STERNHEIM einen großen
Erfolg.

▶ Caroline von Wolzogen
(1763–1847) schrieb Dramen
und Romane sowie eine
Lebensgeschichte von
Friedrich Schiller.

▶ Bettina Brentano,
später Bettina von Arnim
(1785–1859), die Schwester
von Clemens Brentano und
die Ehefrau von Achim von
Arnim, war eine erfolgreiche
Schriftstellerin bis in die Zeit
des Vormärz.

▶ Sophie Mereau
(1770–1806) schrieb vor
allem Gedichte, aber auch
Erzählungen. Sie war mit
Clemens Brentano verheiratet.

Karoline von Günderode
▶ S. 130

▶ Caroline Schlegel(-Schelling)
(1763–1809) ist vor allem als
Briefschreiberin bekannt.

Literarische Salons

Frauen der Romantik

Bisher hatten es nur wenige Frauen geschafft, eine Rolle in der Literatur zu spielen (z. B. ▶ Sophie von La Roche, ▶ Caroline von Wolzogen). Die Romantik ist ein Zeitalter, in dem Frauen vermehrt die Bühne des literarischen Lebens betreten: ▶ Bettina Brentano, ▶ Sophie Mereau, ▶ Karoline von Günderode, ▶ Caroline und ▶ Dorothea Schlegel sind viel gelesene Schriftstellerinnen. Gebildete Frauen führen auch die literarischen Salons, die um 1800 Aufsehen erregen. Diese Einrichtungen der Geselligkeit übernimmt man aus Frankreich, wo Adlige seit dem 17. Jahrhundert Philosophen, Schriftsteller, Politiker und Unternehmer in ihre Salons einladen. Eine der Gastgeberinnen in Paris ist Madeleine de Scudéry, der ▶ E.T.A. Hoffmann in seiner Erzählung DAS FRÄULEIN VON SCUDERI ein literarisches Denkmal gesetzt hat.

Berliner Salons

Anders als in Frankreich sind es in Deutschland nicht adlige, sondern vorrangig Frauen bürgerlicher Herkunft, bei denen man sich zu Lesungen, Theater, Musik und Tanz begegnet. Künstler und Gelehrte bilden die größte Gruppe unter den Anwesenden. Allerdings sind sozialer Stand, Religionszugehörigkeit und Geschlecht von geringer Bedeutung, wenn es darum geht, in den Kreis aufgenommen zu wer-

Rahel Levin (später Varnhagen)

Henriette Herz

Literarischer Salon im Haus Varnhagen

▶ Dorothea Schlegel
(1764–1839) war als
Schriftstellerin und
Übersetzerin tätig.

E.T.A. Hoffmann: Das
Fräulein von Scuderi
▶ S. 132

▶ Henriette Herz (1764–1847)
war bis zum Tod ihres
Mannes 1803 Mittelpunkt
eines Berliner Salons.

▶ Rahel Levin, später
Rahel Varnhagen von Ense
(1771–1833), führte zwischen
1790 und 1806 einen literarischen Salon in Berlin.

Clemens Brentano   ▶ S. 125

Ludwig Tieck   ▶ S. 126

▶ August Wilhelm Schlegel
(1767–1845) war Literatur-
historiker, Übersetzer,
Schriftsteller.

Friedrich Schlegel   ▶ S. 125

▶ Friedrich Schleiermacher
(1768–1834) war Theologe,
Altphilologe, Philosoph,
Publizist und Pädagoge.

▶ Alexander von Humboldt
(1769–1859) war Natur-
forscher mit weit über die
Grenzen Europas hinausrei-
chendem Wirkungsfeld.

▶ Wilhelm von Humboldt
(1767–1835) war Gelehrter,
Staatsmann und Mitgründer
der Universität Berlin.

den. Wichtiger sind die gemeinsamen Vorlieben für Kunst und Bildung. Mit der Salonkultur wird die Stadt Berlin, die durch hugenotti-
sche Einwanderer französisch geprägt ist, zum ersten Mal zu einem
literarischen Zentrum. Einen großen Anteil daran hat das aufgeklärte
jüdische Bürgertum, das den liberalen Geist jener Jahre mitbestimmt.
Die Salons von jüdischen Intellektuellen werden zum kulturellen Anziehungspunkt. In den Privathäusern von ▶ Henriette Herz und ▶ Rahel
Levin (der späteren Varnhagen) gehören Dichter wie ▶ Clemens Brentano, ▶ Ludwig Tieck, die Brüder ▶ August Wilhelm und ▶ Friedrich Schlegel, Philosophen wie ▶ Friedrich Schleiermacher sowie Gelehrte wie die
Brüder ▶ Alexander und ▶ Wilhelm von Humboldt zu den Gästen.

Bedeutende Salons außerhalb Berlins

Außerhalb der preußischen Hauptstadt sind es vor allem zwei Salons,
die sich einen Namen machen. In Weimar sieht man sich zum Tee bei
▶ Johanna Schopenhauer, der Mutter des Philosophen Arthur Schopenhauer. Die weltoffene und finanziell unabhängige Witwe setzt sich
mit ihren Einladungen über die Engstirnigkeit und den Klatsch der
Weimarer Gesellschaft hinweg. Zu ihren Gästen gehört zum Beispiel
Goethes Ehefrau Christiane, die anderen Ortes wegen ihres niederen Standes gemieden wurde. Ein weiterer Anziehungspunkt ist der
Jenaer Salon von Caroline Schlegel. Hier begegnen sich neben Frühromantikern wie ▶ Novalis und Tieck auch ▶ Goethe und ▶ Schiller.

▶ Johanna Schopenhauer
(1766–1838) war
Schriftstellerin und führte
einen Salon.

Novalis   ▶ S. 128

Johann Wolfgang Goethe
▶ S. 70, 90

Friedrich Schiller   ▶ S. 74, 94

Schauerliteratur

Unter ▶ Trivialliteratur versteht man literarische Werke von inhaltlich und sprachlich geringem Anspruch, die aus vorwiegend kommerziellen Gründen auf den Geschmack des breiten Lesepublikums zielen.

Der Engländer ▶ Horace Walpole (1717–97) gilt sowohl als Begründer des Schauerromans sowie des englischen Landschaftsgartens (▶ S. 80f.).

Die Engländerin ▶ Ann Radcliffe (1764–1823) war eine der populärsten Vertreterinnen des Schauerromans ihrer Zeit.

Der Schauerroman des Engländers ▶ Matthew Gregory Lewis (1775–1818) Der Mönch erschien zuerst anonym. Er wurde sein größter Erfolg.

Der Amerikaner ▶ Edgar Allan Poe (1809–49) prägte die Genres der Kriminalliteratur, der Science Fiction und der Horrorgeschichte.

Spukschlösser, Klöster, Ruinen und Friedhöfe – Die Anfänge

Die Schauerliteratur ist keine Erfindung der Romantik. Schon in der zweiten Hälfte des 18. Jahrhunderts entstanden eine Vielzahl von ▶ Trivial- und Unterhaltungsromanen, die das Bedürfnis der Leser nach Gruselgeschichten stillten. Zur gleichen Zeit entwickelte sich in **England** der **Schauerroman** (engl. Gothic Novel) als ernst zu nehmende literarische Gattung. Die drei Klassiker – ▶ **Horace Walpole** Das Schloss von Otranto, ▶ **Ann Radcliffe** Die Geheimnisse von Udolpho und ▶ **Matthew Gregory Lewis** Der Mönch – stellen das Repertoire bereit, aus dem die Nachfolger schöpfen: Spukschlösser, Klöster, Ruinen und Friedhöfe, wo sich Teufelspakte, Vergewaltigungen, Inzest, Wahnsinn, Besessenheit und Hysterie ereignen.

Von Frankenstein bis Dracula – Weltberühmtheiten

Die Romantik ist die Blütezeit der **Schauerliteratur**. Ein Meister im Beschwören des Grauens und Gruselns ist der Amerikaner ▶ **Edgar Allan Poe**, dessen Horrorgeschichten den Leser in Angst und Schrecken versetzen. Sie handeln von sadistischen Foltermethoden (Die Grube und das Pendel) und lebendig Begrabenen (Das Fass

Edouard Manet: Der Rabe am Fenster, 1875

AMONTILLADO). Mit der Romantik wird die Schauerliteratur popu-lär. Drei weltberühmte Werke des 19. Jahrhunderts stehen in dieser Tradition. ▶ Mary Shelleys FRANKENSTEIN erzählt von einem jungen Wissenschaftler, der einen künstlichen Menschen erschaffen hat und mit ansehen muss, wie sein Geschöpf zum Mörder wird. ▶ Robert Louis Stevensons DER SELTSAME FALL DES DR. JEKYLL UND MR. HYDE erinnert als schaurige Doppelgängernovelle an ▶ E.T.A. Hoffmanns DAS FRÄULEIN VON SCUDERI. ▶ Bram Stokers DRACULA ist das Muster der vielen Geschichten und Filme über Vampire.

Im deutschen Raum greift die schwarze Romantik (auch Schauerro-mantik) Motive der Schauerliteratur auf. Sie ist nicht allein eine Un-terströmung der Romantik, sondern auch ein häufig verwendetes Ele-ment in romantischen Werken. Beispiele für schwarze Romantik sind ▶ Ludwig Tiecks Erzählung DER RUNENBERG und E.T.A. Hoffmanns Roman DIE ELIXIERE DES TEUFELS sowie auch einige der Kinder- und Hausmärchen der ▶ Brüder Grimm, z.B. DER GEVATTER TOD.

Schwarze Spinnen und gespenstische Schimmelreiter – weitere deutschsprachige Erzählungen

In der deutschsprachigen Literatur haben vor allem Erzählungen das Erbe der Schauerromantik angetreten. ▶ Heinrich von Kleists DAS BET-TELWEIB VON LOCARNO ist eine rätselhafte Gespenstergeschichte. Eine Bettlerin bittet um ein Nachtlager in einem Schloss. Der Schlossherr weist ihr einen Platz hinter dem Ofen zu. Auf dem Weg dorthin stürzt sie und verletzt sich so schwer, dass sie schließlich an ihrem Ruheplatz verstirbt. Von nun an liegt ein Fluch über dem Gebäude, der den Besitzer in den Wahnsinn treibt. In ▶ Annette von Droste-Hülshoffs DIE JUDENBUCHE wird ein Baum zum Symbol von Schuld und Sühne. In der Dunkelheit von Nacht und Dämmerung tötet der Mörder sein Opfer und schließlich sich selbst. Die grauenerregen-de Kreuzspinne in ▶ Jeremias Gotthelfs DIE SCHWARZE SPINNE ist das Ergebnis eines Teufelspaktes. Sie tötet immer dann, wenn die Dorfbewohner kein gottgefälliges Leben führen und erfüllt damit ei-ne Rolle im christlichen Heilsplan. Mit Bildern der ▶ Apokalypse be-schwört ▶ Theodor Storms DER SCHIMMELREITER eine Atmosphäre des Unheimlichen. Das Gespenstische, das die Sage um den besessenen Deichgrafen Hauke Haien umgibt, ist Sinnbild von unbegreifbaren, dunklen Schicksalsmächten, die die Pläne der Menschen durchkreu-zen. ▶ Franz Kafkas Erzählung EIN LANDARZT liest sich wie eine Anei-nanderreihung surrealer Bilder von zerstörerischer Gewalt und Erotik. Im 20. und zu Beginn des 21. Jahrhunderts hat vor allem die Horrorli-teratur von ▶ Howard Phillips Lovecraft und ▶ Stephen King die Aufga-be übernommen, den Leser niveauvoll mit Schaurigem zu unterhalten.

Der Roman FRANKENSTEIN der Engländerin ▶ Mary Shelley (1797–1851) ist eines der bekanntesten Werke der Schauerliteratur überhaupt.

Der Schotte ▶ Robert Louis Stevenson (1850–94) hinter-ließ Abenteuer- und histori-sche Romane sowie Lyrik und Essays.

E.T.A. Hoffmann ▶ S. 132

Der Ire ▶ Bram Stoker (1847–1912) wurde haupt-sächlich durch seinen Roman DRACULA bekannt.

Ludwig Tieck ▶ S. 126

Brüder Grimm ▶ S. 124

Heinrich von Kleist ▶ S. 112

Annette von Droste-Hülshoffs: DIE JUDENBUCHE ▶ S. 152f.

Der Schweizer ▶ Jeremias Gotthelf (1797–1854) war ein protestantischer Pfarrer und ein produktiver Erzähler.

Eine ▶ Apokalypse ist eine Schrift, die vom Weltende handelt.

Theodor Storm: DER SCHIMMELREITER ▶ S. 186f.

Franz Kafka ▶ S. 240

Das Werk des Amerikaners ▶ Howard Phillips Lovecraft (1890–1937) wird dem „Supernatural Horror" zugeordnet.

Der US-Amerikaner ▶ Stephen King (geb. 1947) gehört mit seinen Horror-Romanen zu den kommerziell erfolgreichs-ten Autoren der Gegenwart.

Zusammenfassung

Als Romantik bezeichnet man eine **europäische Kunstepoche**, die sich in Deutschland über einen Zeitraum von etwa vierzig Jahren (1795–1835) erstreckt. Sie ist eine **Gegenbewegung** zum Rationalismus der Aufklärung und zum Harmoniekult der Klassik. Ihre Themen sind zum einen die **mystische Erfahrung** von Kosmos, Natur und Liebe, zum anderen das **Dämonische, Unbewusste und der Traum**. Die **Jenaer Frühromantiker** formulieren die theoretischen Grundlagen: Eine **Wiederverzauberung der Welt** und eine **Romantisierung** aller Lebensbereiche mithilfe eines alle Künste vereinenden, unabgeschlossenen Kunstwerks. Die Dichter der **Heidelberger Hochromantik** sehen dies vor allem in der **Volksdichtung** verwirklicht. In dieser Zeit entstehen die bedeutenden Märchen- und Liedsammlungen. In der **Spätromantik** wird erstmals **Berlin** zu einem Schauplatz der Literatur. Hier trifft man sich in den **Salons** von Henriette Herz und Rahel Levin zum kulturellen und geistigen Austausch und hier wirkt auch E.T.A. Hoffmann als Meister der **Schauerromantik**.

Wichtige Begriffe

Gesamtkunstwerk; Künstlernovelle; Lied; Märchen; Mittelaltersehnsucht; Musikdrama; progressive Universalpoesie; Sage; Salon der Romantik; Schauerromantik

Zusammenfassung der Teilkapitel

Die Musik der Romantik – Musik und Literatur gehen in der Romantik eine harmonische Verbindung ein. Die Dichter verklären die Musik zur Sprache des Göttlichen, die Musiker lassen sich von Friedrich Schlegels Idee eines Gesamtkunstwerks inspirieren (progressive Universalpoesie). Die Vereinigung der Kunstformen zeigt sich eindrucksvoll in zwei Gattungen: Im romantischen Lied, der Vertonung eines Gedichts durch einen Komponisten, und

in der Oper. Besonders deutlich wird dies in den Musikdramen Richard Wagners, die mit ihrer Verbindung von Musik, Gesang, Text, Bühnenbild und Tanz der Vorstellung eines Gesamtkunstwerks am nächsten kommen.

Autoren und Werke

Novalis: Heinrich von Ofterdingen – Der im Mittelalter spielende, Fragment gebliebene Roman erzählt, wie ein junger Handwerkersohn nach langer Wanderschaft zum Künstler wird und Liebesglück findet. Das Symbol seiner Sehnsucht ist die blaue Blume, die sich ihm im Traum offenbart. Die Haupthandlung ist durch eingestreute Märchen, Legenden, Erzählungen und Kunstgespräche „romantisiert". Im Sinn der Frühromantik heißt das: Die dargestellte Wirklichkeit bekommt Zauber, Geheimnis, Sinn und Würde.

Karoline von Günderode: Der Kuss im Traume – Die Sprecherin des Sonetts erlebt in einem Traum die Liebeserfüllung und Erlösung von Leid, die ihr in der Wirklichkeit versagt bleiben. Das mit dem Gegensatzpaar Tag und Nacht spielende Gedicht hat einen autobiografischen Hintergrund und klingt in den Schlussversen wie eine Vorwegnahme von Karoline von Günderodes Selbsttötung.

E.T.A. Hoffmann: Das Fräulein von Scuderi – Der Vorläufer der modernen Detektivgeschichte ist ein Klassiker der Schauerromantik. Ein dämonischer Goldschmied führt eine Doppelexistenz als hochangesehener Pariser Bürger und als nächtlicher Mörder, der seine adligen Auftraggeber tötet und deren Schmuck raubt, um im Besitz des von ihm gefertigten Schmucks zu bleiben.

Joseph von Eichendorff: Aus dem Leben eines Taugenichts – Der junge Held zieht in die Ferne und findet nach verwickelten Abenteuern Glück in der Liebe und Wohlstand. Mit seiner Daseinsfreude, die von Gottvertrauen, Wanderlust und Geigenspiel geprägt ist, verkörpert er das unbeschwerte romantische Lebensgefühl.

Joseph von Eichendorff: SEHNSUCHT – Das Gedicht bündelt die Zentralmotive romantischer Sehnsucht: Das lyrische Ich stellt sich, von Außenreizen wie dem Sternenhimmel und einem Posthorn angeregt, eine Reise vor, die durch verwunschene Landschaften führt und mit der Aussicht auf Liebesglück lockt.

Märchen – In der Zeit der Romantik tragen Jacob und Wilhelm Grimm die weltberühmten KINDER- UND HAUSMÄRCHEN zusammen. Sie gelten als anonym überlieferte Volksmärchen, die von Generation zu Generation weitererzählt worden sind. Jedoch sind sie künstlerisch aufbereitet und beruhen neben mündlichen zum Teil auf literarischen Quellen. Zeitgleich erscheinen literarisch anspruchsvolle Kunstmärchen aus der Feder romantischer Schriftsteller.

Literarische Salons – Mit der neuen Rolle, die Frauen im literarischen Leben spielen, kommen nach französischem Vorbild literarische Salons in Mode. Das sind Orte, an denen sich Künstler, Politiker und Unternehmer zum kulturellen und geistigen Austausch treffen. Mit den Salons von Henriette Herz und Rahel Levin rückt erstmals die preußische Hauptstadt Berlin ins Zentrum des literarischen Interesses.

Schauerliteratur – Englische Romane des 18. Jahrhunderts weckten das Leseinteresse für Schauergeschichten, die auf Friedhöfen oder in Klöstern, Ruinen und alten Schlössern spielen. In der Romantik erleben diese Werke, die von Grausamkeiten und Wahnvorstellungen handeln, ihren Höhepunkt bei E.T.A. Hoffmann und dem Amerikaner Edgar Allan Poe. Ihre Werke leben fort in populären Romanen und Erzählungen, darunter Mary Shelleys FRANKENSTEIN und Bram Stokers DRACULA.

Weitere Autoren und Werke

Friedrich Schlegel: LUCINDE; Heinrich Wackenroder / Ludwig Tieck: HERZENSERGIESSUNGEN EINES KUNSTLIEBENDEN KLOSTERBRUDERS; Ludwig Tieck: DER GESTIEFELTE KATER; August Klingemann: DIE NACHTWACHEN DES BONAVENTURA; Friedrich de la Motte Fouqué: UNDINE; Clemens Brentano: RHEINMÄRCHEN; Achim von Arnim: DER TOLLE INVALIDE AUF DEM FORT RATONNEAU

Arbeitsvorschläge

1. Untersuche die Zeitleiste zu Beginn des Kapitels: Erkläre, wie sich die Mittelaltersehnsucht und die Vorliebe für Poesie, Märchen und Träume auch als Reaktion auf die Ereignisse dieser Jahre verstehen lassen?

2. Verdeutliche, welche Gemeinsamkeiten die Texte dieses Kapitels aufweisen, sodass man sie als romantisch bezeichnen kann. Berücksichtige die zentralen Motive der Romantik.

3. Begründe anhand der Texte und Bilder: Was ist für dich das „*Zauberwort*" (Eichendorff WÜNSCHELRUTE, S. 123) der Romantik?

4. Erstellt in Gruppenarbeit eine Collage mit Bildern und Texten der Romantik. Ihr könnt das Material aus Büchern, Zeitungen, Zeitschriften oder dem Internet auswählen.

5. Spiele mit den Elementen der Schauerromantik: Schreibe ein Gedicht oder ein Märchen.

Carl Spitzweg: Der arme Poet, 1837

Eduard Mörike

Denk es, o Seele!

Ein Tännlein grünet wo,
Wer weiß, im Walde,
Ein Rosenstrauch, wer sagt,
In welchem Garten?
5 Sie sind erlesen schon,
Denk es, o Seele,
Auf deinem Grab zu wurzeln
Und zu wachsen.

Zwei schwarze Rösslein weiden
10 Auf der Wiese,
Sie kehren heim zur Stadt
In muntern Sprüngen.
Sie werden schrittweis gehn
Mit deiner Leiche;
15 Vielleicht, vielleicht noch eh
An ihren Hufen
Das Eisen los wird,
Das ich blitzen sehe!

Biedermeier (1815–1848)

Zwischen den Napoleonischen Kriegen und der Revolution von 1848

Der Begriff Biedermeier bezeichnet eine Strömung, die zwischen 1815 und 1848 in der Literatur und der Malerei, aber auch in der Alltagskultur auftritt. Sie ist gekennzeichnet durch politische Resignation und einen ▶ Rückzug ins Private.

Das Biedermeier kann man nicht verstehen ohne den historischen Hintergrund. 1815 hatten die europäischen Staaten gemeinsam gegen Napoleon gekämpft. Den Menschen ging es aber nicht nur um die Befreiung von französischer Fremdherrschaft. Die Bürger kämpften auch um Nationalstaaten und Demokratie. Diese Hoffnungen erfüllen sich aber nicht: Auf dem Wiener Kongress wird die europäische Ordnung, wie sie vor der Französischen Revolution geherrscht hatte, wieder hergestellt. Die Kleinstaaten, die den Menschen verhasst waren, werden wieder eingerichtet und die alten Fürsten und Könige wieder eingesetzt. Die Karlsbader Beschlüsse, 1819 verabschiedete Gesetze, verfolgen demokratisches Engagement. Der Kampf der Menschen um Freiheit und Selbstbestimmung scheint umsonst gewesen zu sein. Man bezeichnet die folgende Zeit als ▶ Restaurationszeit. Darauf gibt es zwei Reaktionen. Das ▶ Junge Deutschland und die Literatur des Vormärz protestieren gegen die Unterdrückung und geraten in Konflikt mit den Herrschenden. Für das Biedermeier dagegen ist es typisch, dass man sich ins Private zurückzieht. Man sucht Glück und Lebenssinn in der Familie, man versucht, sich selbst im Privaten zu vervollkommnen. Auf politisches Engagement verzichtet man, denn man glaubt nicht mehr, dass hier eine Wende zum Besseren möglich ist. Den Namen Biedermeier wird man dieser Strömung erst später geben. Er geht zurück auf die Figur des Schullehrers Gottlieb Biedermaier (mit a geschrieben), den ▶ Ludwig Eichrodt und ▶ Adolf Kußmaul 1855 erfanden. Er ist die Karikatur eines Spießers, mit der der unpolitische Rückzug ins Private kritisiert werden sollte.

Die Literatur des Biedermeier

Im Biedermeier entsteht viel Literatur, die die häusliche Gemütlichkeit feiert, so z. B. viele ▶ Idyllen, die wir heute kitschig finden. Die meisten dieser Werke sind in Vergessenheit geraten.

Doch auch im Biedermeier gibt es Autoren, die uns heute noch etwas zu sagen haben. Bezeichnend ist dabei, dass sie nicht auf die enge Vorstellung von Biedermeier beschränkt werden können, wenn ihre Werke auch Züge dieser Zeit aufwiesen: So zeigen etwa die Dramen des Österreichers ▶ Franz Grillparzer eine starke Tendenz zu Resignation und ▶ Melancholie.

Zerissenheit lässt sich bei ▶ **Annette von Droste-Hülshoffs** feststellen: Bei aller vormärzlichen Aufbruchstimmung, die vor allem ihr Frühwerk prägt, bleibt sie doch ihrer Herkunft, ihrem Stand, ihrer Region und ihrer Religion verhaftet.

Einen anderen Aspekt biedermeierlichen Denkens vertritt ▶ **Adalbert Stifter**. In seinen Werken erscheint das Laute, Dämonische und Große als gefährlich und zerstörerisch – das gilt für große historische Ereignisse (Französische Revolution) und Personen (Napoleon), aber auch für große Leidenschaften und Gefühle. Lieber wendet man sich dem Kleinen, Alltäglichen zu, wo die dämonische Gewalt des Großen durch die Kultur und die Moral des Einzelnen gebändigt wird.

Auch „große", also umfangreiche Werke entstehen im Biedermeier kaum. Zwar schreiben Stifter und ▶ **Eduard Mörike** einige bedeutende Romane; die wichtigsten Werke des Biedermeier sind aber Gedichte und kürzere Erzählungen. Da die ▶ **Natur** als ein harmonisches Gegenbild zur Gesellschaft aufgefasst wird, bekommt die Naturdichtung ein sehr starkes Gewicht. Zentren des literarischen Biedermeier sind Österreich (Franz Grillparzer, Adalbert Stifter, ▶ **Nikolaus Lenau**, ▶ **Johann Nepomuk Nestroy**) und Schwaben (Eduard Mörike, ▶ **Ludwig Uhland**).

▶ Melancholie – Schwermut, Traurigkeit, Depression

Annette von Droste-Hülshoff ▶ S. 152

Adalbert Stifter ▶ S. 154

Eduard Mörike ▶ S. 157

Naturlyrik ▶ S. 156f.

Nikolaus Lenau ▶ S. 156

Johann Nepomuk Nestroy ▶ S. 159

▶ Ludwig Uhland (1787–1862) war ein Dichter der schwäbischen Spätromantik.

Epochenmerkmale kurz gefasst

Biedermeier

- Wiener Kongress und Restaurationszeit
- Rückzug ins Private, kein Interesse an Politik
- Ziel: individuelle Besserung und Vervollkommnung
- Hinwendung zu Natur und Religion
- Ablehnung des Großen, „Dämonischen"

Familienalltag im Biedermeier

Der neue Stellenwert des Familienlebens

Wenn man die Entwicklung des häuslichen Lebens im Biedermeier verstehen will, muss man sich vor Augen halten, dass das Biedermeier stärker als alle vorherigen Epochen durch das **Bürgertum** geprägt ist, nicht mehr durch den Adel. Außerdem beginnt das **Privatleben** eine größere Rolle zu spielen.

Das Bürgertum besteht aus **Kaufleuten, Beamten, Angestellten, Gelehrten** usw. Typisch für diese Berufe ist, dass **Arbeitsplatz und Wohnstätte** immer mehr getrennt werden. Diese Entwicklung lässt sich am Beispiel von ▶ **Adalbert Stifters** Roman Nachsommer nachvollziehen. Der Vater des Ich-Erzählers Heinrich Drendorf ist Kaufmann. Zu Beginn des Romans lebt die Familie zur Miete in der Stadt, das „*Verkaufsgewölbe*" und die „*Schreibstube*" befinden sich im selben Haus, der Vater ist somit immer im Haus, selbst wenn er die meiste Zeit beruflich tätig ist. Mit zunehmendem Wohlstand zieht die Familie in ein „*Vorstadthaus*". Der Vater verlässt also morgens das Haus, geht zur Arbeit und kehrt zum Essen und nach Feierabend wieder zurück. Damit wird das Heim zu dem Ort, an dem er seine Freizeit verbringt. Diese Entwicklung bewirkt eine **Arbeitsteilung zwischen Mann und Frau**. Der Mann verdient das Geld, die Frau wird zur Hausherrin, die das Haus in Abwesenheit des Mannes ordnet und verwaltet. Sie ist zuständig für die Erziehung der Kinder und sie ist die Vorgesetzte des Hauspersonals.

Adalbert Stifter ▶ S. 154

So wandelt sich auch die Rolle der Kinder. Erstmals erleben sie eine Kindheit, wie wir sie in ähnlicher Weise noch heute kennen. Bei den Drendorfs erhalten der Ich-Erzähler und seine zwei Jahre jüngere Schwester Unterricht bei Privatlehrern, wobei die Schwester noch in die „*Häuslichkeit*" eingeführt wird. Die Kinder erhalten auch Zeit für Musik, Spiel und Sport. Bei Tisch und bei Spaziergängen kommt es zu Gesprächen mit dem Vater. Somit wird dem Familienleben in dieser Zeit ein ganz neuer Stellenwert eingeräumt. Das Heim ist der Ort, wo man die Freizeit verbringt, und den Sinn seines Lebens findet man in der Familie.

Carl Spitzweg: Sonntagsspaziergang, 1841

Wohnzimmer, Möbel, Hausmusik, Mode

Viele Formen des Familienlebens, wie wir sie heute kennen, haben also ihren Ursprung im Biedermeier. So entsteht etwa das **Wohnzimmer** im heutigen Sinn als der Ort, an dem sich die Familie gemeinsam in ihrer Freizeit aufhält. Anders als der adlige Salon ist dieses Wohnzimmer kein gesellschaftlicher Raum. Da der Bürger auch seine Bildung demonstrieren will, halten kulturelle Betätigungen Einzug ins Familienleben. Die sogenannte **Hausmusik**, das gemeinsame Musizieren aller Familienmitglieder, erlebt eine Blüte.

Die Biedermeierkultur ist durch das Bürgertum geprägt. Deshalb sind sowohl die typischen Möbel als auch die Kleidung des Biedermeier bürgerlich. Anders als der Adel, der etwa die Kultur des Barock oder auch der Klassik prägte, will man nicht durch Kleidung und Wohnungseinrichtung prunkvoll repräsentieren. So wird die **Mode** zunächst schlichter. Bald ändert sich dies allerdings wieder. Die typische Frauenmode des Biedermeier ist eine eng geschnürte Taille, weite Puffärmel (sogenannte Gigots – „Hammelkeulen") und weite, lange Glockenröcke. Die Männer tragen Weste und Hose, dazu soge-

Familienalltag zur Zeit des Biedermeier

nannte Vatermörder: Das sind Stehkragen, die dem Träger fast die Luft nehmen. Außer Haus trägt man Frack oder Gehrock und einen Zylinder. Auch den Männern schreibt die Mode eine schlanke Taille vor. Die Biedermeier-**Möbel** sollen eher behaglich als repräsentativ sein. Viel Wert legt man allerdings auf handwerkliche Qualität. Wenn wir heute an typische Biedermeier-Möbel denken, dann fallen uns insbesondere Kommoden und Sekretäre ein, die in dieser Zeit besonders häufig produziert werden.

**Annette von
Droste-Hülshoff**

▶1797 Annette von Droste-
Hülshoff wird auf Burg
Hülshoff bei Münster
geboren.

▶1825 Rheinreise zu ihrem
Vetter; von nun an regelmä-
ßige Kontakte zu roman-
tischen Schriftstellern
(Brüder Grimm, August
Wilhelm Schlegel)

▶1826 Droste-Hülshoffs
Vater stirbt. Mit ihrer
Mutter zieht sie auf deren
Witwensitz bei Nienberge.

▶1838 Veröffentlichung
des ersten Gedichtbandes
(anonym)

▶Ab 1841 regelmäßige
Aufenthalte am Bodensee
bei ihrem Schwager

▶1848 Droste-Hülshoff
stirbt in Meersburg am
Bodensee.

Annette von Droste-Hülshoff:
Die Judenbuche (1842)

Annette von Droste-Hülshoff

Annette von Droste-Hülshoff
ist eine der wichtigsten Autorinnen der deutschen Literatur. Sie stammt aus dem westfälischen Adel. Ihrer Heimat
Westfalen ist sie immer verbunden geblieben. Die west-
fälische Landschaft spielt eine
wesentliche Rolle in vielen ihrer Werke.
Für den Adel der damaligen
Zeit ziemt es sich nicht, Gedichte zu veröffentlichen. Deshalb muss Annette von Droste-
Hülshoff ihren ersten Ge-
dichtband 1838 anonym ver-

Anette von Droste-Hülshoff

öffentlichen. Doch nach und nach findet sie Zugang zur literarischen
Öffentlichkeit. Das Werk von Annette von Droste-Hülshoff ist geprägt
durch eine starke Orientierung am christlichen Glauben. Sie versucht, in der Religion einen Halt zu finden, den die moderne Wirklichkeit nicht mehr geben kann.

Weitere Werke

Gedichtzyklus: Das geistliche Jahr; Ballade: Der Knabe im Moor

Die Judenbuche

Kriminalerzählung und
Kriminalroman ▶ S. 162f.

Die Judenbuche zählt zu den großen ▶ Kriminalerzählungen der deutschen Literatur. Der junge Friedrich Mergel gerät auf die schiefe Bahn.
Er steht unter dem schlechten Einfluss seines Onkels und ist belastet
durch sein schwieriges Elternhaus. Diese Umstände verleiten ihn dazu, sich an Holzdiebstählen zu beteiligen. In diesem Zusammenhang
wird er mitschuldig am Tod eines Försters. Als Friedrich sich während einer Feier von dem Juden Aaron beleidigt fühlt, bringt er ihn
um. Man findet dessen Leiche unter einer Buche im Wald. Friedrich
kann fliehen. Jahre später kehrt er zurück. Zwar bleibt er unerkannt,
aber sein schlechtes Gewissen treibt ihn hinaus zur „Judenbuche", an
der er sich erhängt. Im Gewand der Kriminalerzählung übt Droste-
Hülshoff Kritik an einer Gesellschaft, in der *„die Begriffe der Einwohner
von Recht und Unrecht einigermaßen in Verwirrung geraten"* sind.

Die Judenbuche, Anfang

Friedrich Mergel, geboren 1738, war der einzige Sohn eines sogenannten Halbmeiers oder Grundeigentümers geringerer Klasse im Dorfe
B., das, so schlecht gebaut und rauchig es sein mag, doch das Auge jedes Reisenden fesselt durch die überaus malerische Schönheit seiner
5   Lage in der grünen Waldschlucht eines bedeutenden und geschichtlich merkwürdigen Gebirges. Das Ländchen, dem es angehörte, war
damals einer jener abgeschlossener Erdwinkel ohne Fabriken und
Handel, ohne Heerstraßen, wo noch ein fremdes Gesicht Aufsehen
erregte und eine Reise von dreißig Meilen selbst den Vornehmeren
10   zum ▶ Ulysses seiner Gegend machte – kurz, ein Fleck, wie es deren sonst so viele in Deutschland gab, mit all den Mängeln und
Tugenden, all der Originalität und Beschränktheit, wie sie nur in solchen Zuständen gedeihen. Unter höchst einfachen und häufig un-
zulänglichen Gesetzen waren die Begriffe der Einwohner von Recht
15   und Unrecht einigermaßen in Verwirrung geraten, oder vielmehr,
es hatte sich neben dem gesetzlichen ein zweites Recht gebildet,
ein Recht der öffentlichen Meinung, der Gewohnheit und der durch
Vernachlässigung entstandenen Verjährung. Die ▶ Gutsbesitzer, denen die niedere ▶ Gerichtsbarkeit zustand, straften und belohnten
20   nach ihrer in den meisten Fällen redlichen Einsicht; der Untergebene
tat, was ihm ausführbar und mit einem etwas weiten Gewissen ver-
träglich schien, und nur dem Verlierenden fiel es zuweilen ein, in alten staubichten Urkunden nachzuschlagen.
Es ist schwer, jene Zeit unparteiisch ins Auge zu fassen; sie ist seit
25   ihrem Verschwinden entweder hochmütig getadelt oder albern ge-
lobt worden, da den, der sie erlebte, zu viel teure Erinnerungen blen-
den und der Spätergeborene sie nicht begreift. So viel darf man indes-
sen behaupten, dass die Form schwächer, der Kern fester, Vergehen
häufiger, Gewissenlosigkeit seltener waren. Denn wer nach seiner
30   Überzeugung handelt, und sei sie noch so mangelhaft, kann nie ganz
zugrunde gehen, wogegen nichts seelentötender wirkt, als gegen das
innere Rechtsgefühl das äußere Recht in Anspruch nehmen.

▶ Ulysses – lateinischer
Name für Odysseus,
einen Helden der griech.
Mythologie. Der Dichter
Homer berichtet in der ILIAS
von dessen Taten vor Troja.
In Homers zweitem Buch
ODYSSEE wird seine anschlie-
ßende Heimreise und zehn-
jährige Irrfahrt geschildert.

▶ Gutsbesitzer – Eigentümer
eines größeren landwirt-
schaftlichen Betriebs

▶ Gerichtsbarkeit – eine
Person oder Institution, die
das Recht und die Pflicht hat,
dafür zu sorgen, dass die
Gesetze beachtet werden

Arbeitsvorschläge

1. Formuliere in eigenen Worten die Missstände, die im Dorfe B. herrschen.

2. Annette von Droste-Hülshoff greift in ihrer Novelle auf ein reales Ereignis zurück.
   Zeige, an welchen Stellen man das an ihrem Stil merken kann.

3. Erläutere, warum „*nichts seelentötender wirkt, als gegen das innere Rechtsgefühl das
   äußere Recht in Anspruch [zu] nehmen*" (Z. 31f.), also gegen das persönliche Rechts-
   empfinden zu handeln, weil das „offizielle Recht" diesem entgegensetzt ist.

Adalbert Stifter

▶ 1805 Adalbert Stifter wird in Oberplan in Böhmen geboren.

▶ 1818–26 Besuch der Klosterschule in Kremsmünster

▶ 1826–30 Studium in Wien, das Stifter ohne Abschluss abbricht

▶ 1827 Beginn der Bekanntschaft mit Fanny Greipl, die 1836 einen anderen heiratet

▶ 1937 Hochzeit mit Amalia Mohaupt

▶ 1841 Beginn der Tätigkeit als Hauslehrer

▶ 1848 Stifter ist als Wahlmann für die Nationalversammlung tätig.

▶ 1868 Stifter nimmt sich, von einer schweren Krankheit gezeichnet, das Leben.

Revolution von 1848 ▶ S. 166

▶ Gletscher sind große Eismassen, die sich eigenständig, langsam bewegen. Sie kommen in den Polarregionen, aber auch im Hochgebirge vor.

Zeitschriftenwesen des 19. Jahrhunderts ▶ S. 192f.

Adalbert Stifter: Bergkristall (1845/53)

Adalbert Stifter

Adalbert Stifter ist der bedeutendste österreichische Autor des Biedermeier. Er wird 1805 in Böhmen geboren. Sein Leben ist stark durch die unglückliche Liebe zu Fanny Greipl geprägt. Diese unglückliche Beziehung belastet ihn so, dass er er sein Studium abbricht und als Hauslehrer arbeitet. Er beginnt zu trinken. Die ▶ Revolution von 1848 heißt er zunächst gut, lehnt sie aber bald ab, weil er in ihr nur die **Zerstörung der**

Adalbert Stifter

Ordnung sieht. In seinen Büchern gestaltet er die Menschlichkeit im Privaten. Sie führt zu einem friedlichen Zusammenleben der Menschen, nicht die Revolution.

Weitere Werke

Erzählungen und Romane: Der Hochwald; Brigitta; Der Nachsommer; Witiko

Bergkristall

Die Erzählung Bergkristall gilt als eine der schönsten Weihnachtsgeschichten der deutschen Literatur. Am Weihnachtstag besuchen die beiden Kinder Konrad und Sanna ihre Großeltern im Nachbartal. Auf dem Nachhauseweg, der durch das Gebirge führt, setzt Schneefall ein und die Kinder verlaufen sich. Sie steigen immer höher ins Gebirge hinauf und erreichen die ▶ Gletscherregion. Sie übernachten in einer Höhle und Konrad trägt Sorge, dass sie nicht einschlafen, weil sie dann erfrieren würden. Inzwischen haben sich Menschen aus beiden Tälern auf die Suche gemacht und die Kinder werden gefunden. Die gemeinsame Suche und Sorge um die Kinder lassen die Feindseligkeit und Rivalität, die die Menschen bisher gegen alles Fremde – in diesem Fall schon Menschen aus verschiedenen Tälern – an den Tag gelegt haben, vergessen. Die Erzählung erschien zunächst 1845 unter dem Titel Der heilige Abend in der ▶ Zeitschrift „Die Gegenwart". 1853 überarbeitet Stifter die Erzählung und veröffentlicht sie in seinem Erzählband Bunte Steine.

Bergkristall

Die Kinder haben in einer Höhle Zuflucht gefunden und drohen einzuschlafen. Plötzlich werden sie durch Naturereignisse wachgehalten.

In der ungeheuren Stille, die herrschte, in der Stille, in der sich kein Schneespitzchen zu rühren schien, hörten die Kinder dreimal das Krachen des Eises. Was das Starrste scheint und doch das Regsamste und Lebendigste ist, der Gletscher, hatte die Töne hervorgebracht.
5 Dreimal hörten sie hinter sich den Schall, der entsetzlich war, als ob die Erde entzweigesprungen wäre, der sich nach allen Richtungen im Eise verbreitete und gleichsam durch alle Äderchen des Eises lief. Die Kinder blieben mit offenen Augen sitzen und schauten in die Sterne hinaus.
10 Auch für die Augen begann sich etwas zu entwickeln. Wie die Kinder so saßen, erblühte am Himmel vor ihnen ein bleiches Licht mitten unter den Sternen und spannte einen schwachen Bogen durch dieselben. Es hatte einen grünlichen Schimmer, der sich sachte nach unten zog. Aber der Bogen wurde immer heller und heller, bis sich die Sterne
15 vor ihm zurückzogen und erblassten. Auch in anderen Gegenden des Himmels sandte er einen Schein, der schimmergrün sachte und lebendig unter die Sterne floss. Dann standen ▶ Garben verschiedenen Lichtes auf der Höhe des Bogens wie Zacken bei einer Krone und brannten. Es floss helle durch die benachbarten Himmelsgegenden,
20 es sprühte leise und ging in sanftem Zucken durch lange Räume. Hatte sich nun der Gewitterstoff des Himmels durch den unerhörten Schneefall so gespannt, dass er in diesen stummen herrlichen Strömen des Lichtes ausfloss, oder war es eine andere Ursache der unergründlichen Natur, nach und nach wurde er schwächer und immer
25 schwächer, die Garben erloschen zuerst, bis es allmählich und unmerklich immer geringer wurde, und wieder nichts am Himmel war als die tausend und tausend einfachen Sterne.
Die Kinder sagten keines zu dem andern ein Wort, sie blieben fort und fort sitzen und schauten mit offenen Augen in den Himmel.

▶ **Garben** – Bündel aus Getreidehalmen, die nach der Ernte zusammengebunden werden; hier: Lichtspiegelungen in Form von Garben

Arbeitsvorschläge

1. Untersuche, wie Stifter die Natur beschreibt, und überlege, ob sie bedrohlich oder schön auf dich wirkt.

2. Bleiben die Kinder *„sitzen und schauten mit offenen Augen"* (Z. 29), weil sie Angst haben oder weil sie fasziniert sind? Begründe deine Meinung.

3. Beschreibe ein Naturereignis, z. B. ein Gewitter, einen Schneesturm etc.

Naturlyrik

Hinwendung zur Natur und Abwendung von der Gesellschaft

Die Hinwendung zur Natur in der Zeit des Biedermeier und die Abwendung von der Gesellschaft sind zwei Seiten einer Medaille. Das Biedermeier ist geprägt von der Enttäuschung über die gesellschaftlich-politische Entwicklung der Restaurationszeit. Man misstraut den großen Leidenschaften, den großen historischen Umwälzungen und den großen Persönlichkeiten. Man sucht Orientierung: im Familienleben, in der Religion, in der Natur. So spielt die Naturlyrik im Biedermeier eine große Rolle. Allerdings gestalten die verschiedenen Autoren ihr Verhältnis zur Natur ganz unterschiedlich.

Annette von Droste-Hülshoff

Annette von Droste-Hülshoff ▶ S. 152

▶ Annette von Droste-Hülshoff findet die Orientierung und die Sinngebung, die ihr die Gesellschaft nicht mehr geben kann, in der Religion; sie ist überzeugte Katholikin. Wenn sie die Natur betrachtet, sucht sie in der Schöpfung vor allem die Spur des Schöpfers. Aber Annette von Droste-Hülshoff ist zu modern. Anders als dies in früheren Zeiten üblich war, kann sie Gott nicht in seiner Schöpfung erkennen. Sie zweifelt:

Am dritten Sonntag nach Ostern, dritte Strophe

Die Wolke steigt,
Und langsam über den azurnen Bau
Hat eine Schwefelhülle sich gelegt;
Die Lüfte wehn so seufzervoll und lau,
5   Und Angstgestöhn sich in den Zweigen regt;
Die Herde keucht.
Was fühlt das stumpfe Tier? Ists deine Schwüle?
Ich steh gebeugt:
Mein Herr, berühre mich, dass ich dich fühle!

Nikolaus Lenau

▶ Nikolaus Lenau (1802–50) war ein österreichischer Lyriker und Epiker.

Auch für ▶ Nikolaus Lenau ist die Natur auf das Leben des Menschen bezogen. Allerdings ist sie für ihn keine Ordnung, die Sinn und Halt geben könnte. Die Natur weist für ihn vor allem auf die Vergänglichkeit des menschlichen Lebens, ebenso wie die menschliche Geschichte:

Vergänglichkeit, erste Strophe

Vom Berge scheint hinaus ins tiefe Schweigen
Der mondbeseelten schönen Sommernacht
Die Burgruine; und in Tannenzweigen
Hinseufzt ein Lüftchen, das allein bewacht
5 Die trümmervolle Einsamkeit,
Den bangen Laut ‚Vergänglichkeit‘.

Eduard Mörike

Am ehesten erfüllt noch die Naturlyrik ▶ Eduard Mörikes die traditionellen Erwartungen: In seinem berühmten Frühlingsgedicht ER IST'S besingt er den Frühling, der sich ankündigt, als bewegungsvolles, dynamisches Leben, das der erstarrten menschlichen Ordnung gegenübersteht:

▶ Eduard Mörike lebte von 1804 – 75. Wichtige Werke sind MALER NOLTEN und MOZART AUF DER REISE NACH PRAG, aus der das Gedicht DENKE ES, O SEELE! (▶ S. 147) stammt.

Er ist's

Frühling lässt sein blaues Band
Wieder flattern durch die Lüfte;
Süße, wohlbekannte Düfte
Streifen ahnungsvoll das Land.
5 Veilchen träumen schon,
Wollen balde kommen.
– Horch, von fern ein leiser Harfenton!
Frühling, ja du bist's!
Dich hab ich vernommen!

Nikolaus Lenau

Eduard Mörike

Das Wiener Volkstheater: Raimund und Nestroy

Vorstadttheater

Karl Friedrich Schinkel: Entwurf für das Bühnenbild zu Mozarts ZAUBERFLÖTE, **1815**

Der Begriff **Wiener Volkstheater** bezeichnet eine besondere Form des Vorstadttheaters, das im 18. Jahrhundert entsteht. Es erreicht seinen Höhepunkt in der ersten Hälfte des 19. Jahrhunderts und verliert dann rasch an Bedeutung.

Anders als das ▶ **Hoftheater** der damaligen Zeit ist das Volkstheater ein Theater für breite Bevölkerungsschichten. Nicht umsonst ist es in der Vorstadt angesiedelt, wo die einfachen Leute wohnen. Ihnen will man Unterhaltung und Zerstreuung bieten.

Das Volkstheater hat technische Kunstmittel übernommen, z. B. die Theatermaschinen, die im Barocktheater entwickelt wurden und womit verblüffende Bühneneffekte erzielt werden können – ähnlich den Special Effects bei Hollywood-Filmen heute. Man führt **Märchenstücke** und **Zauberpossen** auf und kann mithilfe der Maschinen Märchenhaftes und Zauber überzeugend darstellen: Dekorationen können auf offener Bühne gewechselt werden, Geister aus der Tiefe aufsteigen oder in der Höhe verschwinden. Eine wichtige Rolle für den Erfolg spielen eingängige Lieder. Zudem halten lustige Figuren wieder Einzug auf der Bühne wie der **Hanswurst** und der **Kasperl**.

Dabei leidet keineswegs die Qualität: Zu den bekanntesten Stücken, die im Vorstadttheater uraufgeführt werden, gehört DIE ZAUBERFLÖTE von ▶ **Wolfgang Amadeus Mozart** und ▶ **Emanuel Schikaneder**. Die Theaterleiter schreiben die Stücke oft selbst und spielen auch auf der Bühne mit. Die wichtigsten dieser schauspielernden Autoren sind Ferdinand Raimund und Johann Nepomuk Nestroy.

Das sogenannte ▶ Hoftheater entstand im 18. Jahrhundert an den Fürstenhöfen. Zuschauer waren vor allem Adel und gehobenes Bürgertum. Zu den wichtigsten gehört das Weimarer Hoftheater, das Goethe leitete.

▶ Wolfgang Amadeus Mozarts (1756 – 91) Kompositionen gehören zu den bedeutendsten Werken der klassischen Musik.

▶ Emanuel Schikaneder (1751 – 1812) war Schauspieler, Sänger, Regisseur, Dichter und Theaterdirektor.

Ferdinand Raimund   **Johann Nepomuk Nestroy**

Ferdinand Raimund und Johann Nepomuk Nestroy

▶ **Ferdinand Raimund** gelingt es, das Theater zum Erlebnis für alle Sinne zu machen. Er nennt seine Stücke Zaubermärchen, Zauberposse oder Zauberspiel. Feen und Zauberer treten auf und greifen in die Handlung ein. Durch seine Theatermaschinen gelingen ihm verblüffende Bühneneffekte und -verwandlungen.

Die Lieder seiner Stücke sind teilweise bis heute als Wiener Volkslieder bekannt (BRÜDERLEIN FEIN). Thematisch bewegt er sich ganz im Rahmen des Biedermeier. So zeigt beispielsweise sein Stück DER BAUER ALS MILLIONÄR, dass Zufriedenheit und nicht Reichtum glücklich macht. In DER ALPENKÖNIG UND DER MENSCHENFEIND bekehrt ein Berggeist einen Menschenhasser zum Menschenfreund.

▶ **Ferdinand Raimund** (1790–1836) war ein österreichischer Schauspieler und Dramatiker. Er revolutionierte das Wiener Volkstheater.

▶ **Johann Nepomuk Nestroy** ist der vielleicht bedeutendste Komödienautor des 19. Jahrhunderts. In seine Stücke arbeitet er eine schonungslose Gesellschaftskritik ein, oft auch offene politische Kritik. So ist seine Posse FREIHEIT IN KRÄHWINKEL ein scharfsichtiger Kommentar zur 48er-Revolution. Für Nestroy, der mit den Revolutionären sympathisiert, erweisen sich diese jedoch als unfähig für den politischen Alltag. Der Weg ist geebnet für die **Restauration**.

▶ **Johann Nepomuk Nestroy** (1801–62) war ein österreichischer Schauspieler, Sänger, Dramatiker und Satiriker.

Im TALISMAN erzählt er die Geschichte des Titus Feuerfuchs, der wegen seiner roten Haare gesellschaftlicher Außenseiter ist. Als er in den Besitz einer Perücke gelangt, beginnt sein gesellschaftlicher Aufstieg. So kritisiert Nestroy den Umgang der österreichischen Gesellschaft mit Außenseitern.

Nestroys Stücke sind sprachliche Meisterwerke. Großartig spielt er mit den Klischees des Volksstücks und bricht sie ironisch – beispielsweise wenn die Figuren sich selbst wundern, was doch alles für Zufälle geschehen, damit es zum Happy End kommt.

Kriminalerzählung und Kriminalroman

Die Kriminalerzählungen des 18. und 19. Jahrhunderts

Annette von Droste-Hülshoff: DIE JUDENBUCHE ▸ S. 152f.

DIE JUDENBUCHE der ▸ **Annette von Droste-Hülshoff** gehört zu den bekanntesten Kriminalerzählungen der deutschen Literatur. Allerdings unterscheidet sie sich deutlich von den Kriminalromanen und Fernsehkrimis, die wir heute kennen. Es geht weniger um die Frage, wer der Täter gewesen ist, sondern darum, zu zeigen, wie und warum ein Mensch zum Verbrecher wird. Was geht in ihm vor, was treibt ihn zur Tat? Welche Mitschuld hat die Gesellschaft, in der sich das Verbrechen ereignet?

Friedrich Schiller ▸ S. 74, 94

Viele Autoren verfassen im 18. und 19. Jahrhundert Kriminalerzählungen dieser Art. In ▸ **Friedrich Schillers** Erzählung DER VERBRECHER AUS VERLORENER EHRE beispielsweise kommt der Sonnenwirt Christian Wolf zunächst aus Not und durch Intrigen auf die schiefe Bahn. Als die Gesellschaft ihm jedoch nach einer Strafe die Wiedereingliederung verweigert, begeht er aus Vorsatz weitere Verbrechen und wird zum Räuber.

Heinrich von Kleist ▸ S. 112

Auch in ▸ **Heinrich von Kleists** MICHAEL KOHLHAAS widerfährt der Titelfigur zunächst Unrecht: Dem Pferdehändler Kohlhaas werden von einem Adligen zwei Pferde gestohlen. Als ihm sein Recht verweigert wird, greift er zur Selbstjustiz und verliert jedes Maß.

Theodor Fontane ▸ S. 188

▸ **Theodor Fontane** erzählt in seiner Novelle UNTERM BIRNBAUM die Geschichte des Trinkers und Spielers Abel Hradschek, der einen Mord begeht, um seine Geldprobleme zu lösen. Das schlechte Gewissen und die Angst vor Entdeckung zerstören jedoch zuerst Abels Frau und dann ihn selbst.

Der eigentliche Kriminalroman, wie wir ihn heute kennen, entsteht in England. 1887 veröffentlicht ▸ **Arthur Conan Doyle** den ersten Sherlock-Holmes-Roman EINE STUDIE IN SCHARLACHROT. Die Figur des Detektivs, der allein durch Logik einen Tathergang rekonstruiert, ist geboren. Die Spannung dieser Romane richtet sich auf die Frage, wer war der Täter. Nach Conan Doyle schreibt ▸ **Agatha Christie** ähnlich angelegte Romane, in denen Logik in der Lage ist, die Welt restlos zu erklären.

▸ **Arthur Conan Doyle** (1859–1930) war ein englischer Arzt und Schriftsteller. Er ist der Erfinder von SHERLOCK HOLMES und gilt als einer der Väter des Kriminalromans.

▸ **Agatha Christie** (1890–1976) ist bis heute eine der wichtigsten Vertreterinnen des englischen Kriminalromans. Ihre bekanntesten Figuren sind Miss Marple und Hercule Poirot.

Neue deutschsprachige Kriminalromane

In Deutschland entsteht eine eigene Krimikultur in den 1960er-Jahren und es haben sich die unterschiedlichsten Richtungen entwickelt. Neben dem klassischen Detektivroman findet man diverse Untergenres wie Medizin-Thriller oder Wirtschaftskrimi. Die Leser begleiten längst nicht mehr nur den Ermittler. Sie können auch aus Sicht des Täters an den Verbrechen teilhaben.

Oft spielen Krimis in bekannten Großstädten, denn diese Orte sind einem großen Lesepublikum bekannt. Doch inzwischen gibt es Krimireihen, die in unterschiedlichen Regionen angesiedelt sind. Diese sogenannten Regionalkrimis erfreuen sich großer Beliebtheit beim Lesepublikum vor Ort und oft auch darüber hinaus. So ist ▶ Andrea Maria Schenkel im Jahr 2006 mit ihrem Roman TANNÖD, der nach einem fiktiven oberbayerischen Einödhof benannt ist, ein Bestseller gelungen. Der Roman schildert einen Mord, an dem die Gesellschaft, aus der er hervorgeht, fast mehr Schuld trägt als der eigentliche Täter. Sie erzählt den ganzen Roman nur in Zeugenaussagen.

▶ Andrea Maria Schenkel wurde 1962 in Regensburg geboren und ist eine deutsche Schriftstellerin.

Seit 1996 erregt der Österreicher ▶ Wolf Haas mit seinen Romanen um den Privatdetektiv Simon Brenner Aufsehen. Sie faszinieren vor allem durch eine Sprache, die klingt, als würde ein Erzähler am Stammtisch die Geschichten erzählen.

▶ Wolf Haas wurde 1960 in Maria Alm bei Salzburg geboren und ist ein österreichischer Schriftsteller.

Friedrich Dürrenmatts Umgang mit dem Kriminalroman

Den Optimismus, dass eine Tat aufgeklärt werden kann, kann der Schweizer Schriftsteller ▶ Friedrich Dürrenmatt nicht teilen. Er schreibt Kriminalromane, in denen die Detektive lediglich glauben, sie könnten die Welt mithilfe der Logik erklären. Tatsächlich scheitern sie. In DAS VERSPRECHEN, dem er den Untertitel „*Requiem auf den Kriminalroman*" gegeben hat, verspricht Kommissar Matthäi den Eltern eines ermordeten Mädchens, dessen Mörder zu finden. Er geht logisch und systematisch vor, rekonstruiert den Tathergang und stellt dem Täter eine Falle. Als der Täter nicht in diese Falle tappt, sieht Matthäi sein Weltbild zerstört, er wird zu einem „*traurigen, versoffenen Wrack*". Was er nicht weiß: Auf dem Weg zur Falle stirbt der Täter bei einem Autounfall. An diesem Zufall musste die Systematik Matthäis scheitern. Der Beweis ist erbracht: Auch im Kriminalroman ist „*der Wirklichkeit [...] mit Logik nur zum Teil beizukommen*". Somit reflektieren seine Kriminalromane die Weltsicht, die sich in seinen anderen Werken findet.

Friedrich Dürrenmatt ▶ S. 320

Dürrenmatt verfasste zunächst das Drehbuch für den Film ES GESCHAH AM HELLICHTEN TAG und arbeitet es dann zu dem Roman DAS VERSPRECHEN um. Im Film ist Matthäis Falle noch erfolgreich.

Szene aus der Verfilmung von TANNÖD, 2009

Zusammenfassung

Das Biedermeier erstreckt sich vom Wiener Kongress bis zur Revolution von 1848 und ist gekennzeichnet durch eine neue Wertschätzung des Privaten. Damit arrangiert es sich mit der reaktionären politischen Sichtweise, die sich im Zuge das Wiener Kongresses durchsetzt. Hier werden den Bürgern Demokratie und Nationalstaaten verweigert, Menschen, die sich politisch engagieren, werden verfolgt. Resigniert zieht man sich ins Privatleben zurück und setzt auf ein begrenztes Glück. Die Autoren des Biedermeier wenden sich der Natur und der Religion zu, sie formulieren eine melancholische Lebenshaltung. Sie misstrauen großen Leidenschaften, Personen und Ereignissen und beschäftigen sich eher mit dem Kleinen und Alltäglichen.

Wichtige Begriffe

Biedermeier-Mode; Biedermeier-Möbel; bürgerliche Kultur; Familie; „kleine Gattungen" (Novelle, Gedicht); Naturlyrik; Privatheit; Religiosität; Resignation

Zusammenfassung der Teilkapitel

Familienalltag im Biedermeier – Viele Charakteristiken des Familienlebens, die wir heute kennen, entstehen im Biedermeier. Man verbringt seine Freizeit im Familienkreis und findet dort seinen Lebenssinn. Eine Arbeitsteilung zwischen Mann und Frau bildet sich heraus, wobei die Frau zur eigentlichen Herrin des Hauses wird. Die Kinder bekommen ein Recht auf Kindheit. Die Hausmusik kommt zur Blüte und typische Möbel und Biedermeier-Mode entstehen.

Autoren und Werke

Annette von Droste-Hülshoff: DIE JUDENBUCHE – DIE JUDENBUCHE zählt zu den großen Kriminalnovellen der deutschen Literatur. Sie erzählt die Geschichte von Friedrich Mergel, der auf die schiefe Bahn gerät und einen Juden tötet.

Er kann fliehen und kehrt später unerkannt zurück, erhängt sich jedoch an eben jener Buche, unter der er den Juden getötet hat. Annette von Droste-Hülshoff schildert hier eine Welt, die ihre moralische Orientierung verloren hat.

Adalbert Stifter: BERGKRISTALL – Die Novelle erzählt die Geschichte zweier Kinder, die sich am Weihnachtsabend im Gebirge verlaufen und nur knapp dem Tod entkommen. In der Erzählung stehen zwei Welten einander gegenüber: zum einen die großartige, aber auch bedrohliche Natur, zum anderen die Welt der Dörfler, in der es durch die gemeinsame Suche nach den Kindern zur Versöhnung zwischen zwei Dörfern kommt, die sich vorher mit Skepsis betrachtet haben.

Naturlyrik – Im Biedermeier, das enttäuscht ist von der politischen Ordnung, wendet man sich der Natur zu, in der man eine ewige Ordnung zu erkennen glaubt. So entstehen viele Naturgedichte. Allerdings gibt es Unterschiede zwischen den Autoren. Annette von Droste-Hülshoff versucht in der Schöpfung Gott zu erkennen, wobei ihr ein moderner Zweifel immer wieder im Weg ist.
Für Nikolaus Lenau ist die Natur, ähnlich wie die Geschichte, Symbol der Vergänglichkeit, für Eduard Mörike steht sie als lebendige Ordnung der erstarrten menschlichen Ordnung gegenüber.

Das Wiener Volkstheater: Raimund und Nestroy – Neben dem Hoftheater entsteht das Volkstheater in den Vorstädten, wo die „kleinen Leute" leben, und will diese vor allem unterhalten. Es entstehen märchenhafte Geschichten, in denen Feen und Zauberer auftreten, und komische Geschichten mit Kasperl und Hanswurst. Durch Theatermaschinen sind verblüffende Bühneneffekte möglich, Lieder stellen wesentliche Teile der Stücke. Wichtigste Vertreter sind Ferdinand

Raimund und Johann Nepomuk Nestroy. Letzterer ist ein bedeutender Komödienautor, der auch politische Kritik übt.

Kriminalerzählung und Kriminalroman – Im 18. und 19. Jahrhundert entsteht eine Reihe von Kriminalerzählungen, die sich aber nicht mit der Suche nach dem Täter beschäftigen, sondern mit den Motiven der Tat und der Schuldfrage. Wichtige Vertreter sind Friedrich Schiller, Heinrich von Kleist, Annette von Droste-Hülshoff und Theodor Fontane. Der moderne Kriminalroman entsteht im späten 19. Jahrhundert in England. Er fordert deutsche Autoren zur Nachahmung, zur Erneuerung (Schenkel, Haas) oder zur Kritik (Dürrenmatt) heraus.

Weitere Autoren und Werke
Franz Grillparzer: DAS GOLDENE VLIESS; DER ARME SPIELMANN; Eduard Mörike: MALER NOLTEN; Christian Dietrich Grabbe: DON JUAN UND FAUST; Friedrich Rückert: KINDERTOTENLIEDER

Friedrich Wilhelm Schadow: PORTRÄT DES FELIX SCHADOW (1819–61), DES HALBBRUDERS DES KÜNSTLERS, 1830

Arbeitsvorschläge

1. Gestalte dein eigenes, modernes Bild von der Natur – in einem Gedicht, einem anderen Text oder einem Bild. Wie unterscheidet es sich vom Naturbild des Biedermeier?

2. Informiere dich über wenigstens zwei Kriminalgeschichten der deutschen Literatur, die in diesem Kapitel nicht genannt sind, und berichte in der Klasse über sie.

3. Erkläre, wie die Arbeitsteilung zwischen Mann und Frau in der bürgerlichen Familie des Biedermeier entstanden ist. Überlege, ob sie heute noch gilt. Warum oder warum nicht?

4. Erläutere, inwiefern Biedermeier, Junges Deutschland und Vormärz auf die gleiche historische Situation reagieren, aber unterschiedliche Konsequenzen ziehen. Woran lässt sich das festmachen? Nenne Beispiele.

5. Sucht im Internet und in Zeitschriften Bilder, die typische Biedermeier-Gegenstände zeigen (Möbel, Häuser, Mode). Erstellt in Gruppenarbeit aus ihnen und Texten der hier vorgestellten Autoren eine Wandzeitung, die dem Betrachter zeigt, was Biedermeier ist.

Eugène Delacroix: DIE FREIHEIT FÜHRT DAS VOLK, 1830

Georg Büchner

Der Hessische Landbote

Friede den Hütten! Krieg den Palästen!

Im Jahr 1834 siehet es aus, als würde die Bibel Lügen gestraft. Es sieht aus, als hätte
Gott die Bauern und Handwerker am 5ten Tage, und die Fürsten und Großen am 6ten
gemacht, und als hätte der Herr zu diesen gesagt: Herrschet über alles Gethier, das
5 auf Erden kriecht, und hätte die Bauern und Bürger zum Gewürm gezählt. Das Leben
der Fürsten ist ein langer Sonntag; das Volk aber liegt vor ihnen wie Dünger auf dem
Acker. Der Bauer geht hinter dem Pflug; der Beamte des Fürsten geht aber hinter dem
Bauer und treibt ihn mit den Ochsen am Pflug; der Fürst nimmt das Korn und lässt
dem Volke die Stoppeln. Das Leben des Bauern ist ein langer Werktag; Fremde verzeh-
10 ren seine Aecker vor seinen Augen, sein Leib ist eine Schwiele, sein Schweiß ist das
Salz auf dem Tische des Zwingherrn.

Junges Deutschland und Vormärz (1830–1848)

Eine politische Literatur

Die Literaturbewegung **Junges Deutschland** und ebenso weitere Autoren zur Zeit des **Vormärz** bringen politisch und gesellschaftlich engagierte Schriften hervor, die sich gegen die Restauration wenden. Dabei ist es nicht ganz leicht, zwischen dem Jungen Deutschland und dem Vormärz zu unterscheiden. Beide Strömungen treten zeitgleich mit dem ▶ **Biedermeier** auf und müssen demnach auch auf die gleiche politische Situation reagieren, nämlich die Wiederherstellung der Kleinstaaten nach dem **Wiener Kongress 1815** und die Unterdrückung der Freiheit in den **Karlsbader Beschlüssen 1819**. Sie ziehen aber andere Konsequenzen aus dieser Situation als das Biedermeier. Die Vertreter des Jungen Deutschland und des Vormärz wenden sich **gegen die politische Unterdrückung**, treten für ein geeintes Deutschland ein und fordern eine **demokratische Verfassung**. Sie wenden sich gegen die Kunst der ▶ **Klassik** und der ▶ **Romantik**, die sie als idealistisch und wirklichkeitsfern empfinden. Die **Julirevolution** in Frankreich im Jahr 1830, die zum endgültigen Sturz der bourbonischen Könige führt, bestärkt sie in ihren Hoffnungen, ebenso das Hambacher Fest 1832.

Junges Deutschland

Am 10. Dezember 1835 erlässt der Deutsche Bundestag zu Frankfurt ein Gesetz, dass die Schriften des Jungen Deutschland in ganz Deutschland verbietet. Ausdrücklich werden folgende Autoren genannt: ▶ **Heinrich Heine**, ▶ **Karl Gutzkow**, ▶ **Heinrich Laube**, ▶ **Ludolf Wienbarg** und ▶ **Theodor Mundt**. Ihnen wird vorgeworfen, die christliche Religion anzugreifen, die Moral zu verderben und die politischen Verhältnisse in den Schmutz zu ziehen.

Aus heutiger Sicht wird man sagen müssen, dass zumindest noch ▶ **Ludwig Börne**, der in Paris die Julirevolution erlebt hatte und nun eine Revolution in Deutschland fordert, zum Jungen Deutschland zu rechnen ist. Auch ▶ **Georg Büchner** wird von vielen zum Jungen Deutschland gezählt. Er teilt viele Überzeugungen mit den Dichtern des Jungen Deutschland. 1834 hat er sein revolutionäres Manifest ▶ DER HESSISCHE LANDBOTE veröffentlicht, seit 1836 ist er im Exil in Paris. Büchner selbst hat sich allerdings immer vom Jungen Deutschland distanziert. Er glaubt nicht an die Veränderung der Gesellschaft durch Literatur. Für ihn kann nur ein gewaltsamer revolutionärer Umsturz Abhilfe schaffen. Darin steht er den Autoren des Vormärz näher als denen des Jungen Deutschland. Übrigens hat auch Heinrich Heine immer wieder betont, nicht zum Jungen Deutschland zu gehören.

Vormärz

Die Dichter des Vormärz sind zum Teil radikaler als die Autoren, die eher dem Jungen Deutschland zugerechnet werden. Sie wollen nicht nur einzelne Elemente des Restaurationssystems kritisieren, sie wollen den revolutionären Umsturz. Die Autoren des Vormärz sprechen offen ihre politischen Forderungen aus und geraten dadurch oftmals mit dem Gesetz in Konflikt. Zu den wichtigsten Vertretern gehört ▶ Heinrich Hoffmann von Fallersleben, der Autor der späteren deutschen Nationalhymne. Zu seinen bekanntesten Werken zählen neben DAS LIED DER DEUTSCHEN auch einige Kinder- und Volkslieder, z. B. ALLE VÖGEL SIND SCHON DA, EIN MÄNNLEIN STEHT IM WALDE. Neben von Fallersleben waren außerdem ▶ Ferdinand Freiligrath und ▶ Georg Herwegh von Bedeutung für die Literatur dieser Zeit. Diese Autoren gelten, vor allem mit ihrer Lyrik, als Vorbereiter der Märzrevolution 1848 – daher der Name **Vormärz**.

▶ August Heinrich Hoffmann von Fallersleben (1798 – 1874) war Professor und Dichter.

▶ Ferdinand Freiligrath (1810 – 76) war Lyriker.

▶ Georg Herwegh (1817 – 75) war Dichter und Sozialist.

Epochenmerkmale kurz gefasst

Junges Deutschland und Vormärz

- politisch und gesellschaftlich engagierte Literatur
- Gegner des Metternich'schen Systems
- Befürwortung eines demokratischen Nationalstaats
- Kampf gegen Zensur und Verbote
- Vorbereiter der Märzrevolution 1848 (Vormärz)

Der Denker-Club. Karikatur auf die Karlsbader Beschlüsse von 1819

Politik in der Malerei

Jacques-Louis David und Eugène Delacroix

Nicht nur die Literatur engagiert sich um 1800 politisch. Auch die Malerei widmet sich politischen Themen und ergreift Partei in den Auseinandersetzungen der Zeit. Allerdings sprechen wir hier nicht vom Jungen Deutschland oder vom Vormärz, nicht nur weil die berühmtesten politischen Maler aus Frankreich kommen: Jacques-Louis David ist dem ▶ Klassizismus zuzuordnen. Er war Hofmaler des französischen Königs, bevor er Szenen der Revolution und später Napoleon malte. Und Eugène Delacroix, dessen Gemälde ▶ DIE FREIHEIT FÜHRT DAS VOLK zum Inbegriff von Revolutionsmalerei geworden ist, ist eher den ▶ Romantikern zuzuordnen.

Jacques-Louis David

Jacques-Louis David wird 1748 in Paris geboren. In Rom studiert er die Werke der Antike und der ▶ Renaissance, die bei ihm einen bleibenden Eindruck hinterlassen. Auch David wendet sich der klassizistischen Nachahmung antiker Kunst zu; seine ersten Werke beschäftigen sich mit Figuren aus der antiken Sage. Mit dieser Kunst weckt David die Aufmerksamkeit des Königs und des Pariser Adels. So arbeitet er bald im Auftrag des Königs und wird Hofmaler am französischen Hof. Das bekannteste Gemälde aus dieser Zeit, DER SCHWUR DER ▶ HORATIER, zeigt eine römische Familie beim Schwur, bevor die Männer für Rom in den Kampf gegen die ▶ Curiatier ziehen.

Als 1789 die Französische Revolution ausbricht, ist David begeistert. Er schließt sich der Revolution an und wird selbst radikaler Revolutionär. Als Mitglied des ▶ Konvents und des Sicherheitsausschusses ist er für viele Entscheidungen der ▶ Jakobiner mitverantwortlich, u. a. für die Tötung des Königs und die Vernichtung vieler vorrevolutionärer Kunstwerke. In seinen Gemälden wird er zum Zeugen der Revolution: Sein Gemälde DER SCHWUR IM BALLHAUS zeigt die Bildung der verfassungsgebenden Nationalversammlung in Frankreich, einen wichtigen Schritt zur Französischen Revolution. Und DER TOD DES MARAT zeigt den erstochenen Revolutionär ▶ Jean-Paul Marat.

Für uns ist es erstaunlich, dass der Revolutionär David später ohne Probleme in die Dienste Napoleons trat. Tatsächlich stammen viele der bekanntesten Napoleonbilder von ihm. Er malte unter anderem das berühmte Bild von der Krönung der Kaiserin Josephine, Napoleons Gattin.

Klassizismus ▶ S. 88f.

Eugène Delacroix: DIE FREIHEIT FÜHRT DAS VOLK ▶ S. 164

Romantik ▶ S. 122ff.

Renaissance ▶ S. 11

▶ Horatier und ▶ Curiatier – Nach einer Legende kämpfen im 7. Jahrhundert v. Chr. die Städte Rom und Alba Longa um die Vorherrschaft in der Region. Stellvertretend für ihre Städte kämpfen Drillinge aus dem Geschlecht der Horatier und Drillinge aus dem Geschlecht der Curiatier aus Alba Longa. Durch eine List siegen die Horatier.

Der ▶ Nationalkonvent ist die gesetz- und verfassungsgebende Versammlung im nachrevolutionären Frankreich.

Die ▶ Jakobiner sind eine radikale Fraktion der französischen Revolutionäre.

▶ Jean-Paul Marat (1743–93) war einer der radikalsten Führer der Jakobiner. Er wurde von einer politischen Gegnerin im Bad erstochen.

Eugène Delacroix

Eugène Delacroix wird im Jahr 1798 geboren. Er gehört also einer anderen Generation an als David. Als er zur Welt kommt, hat die Französische Revolution bereits stattgefunden. Delacroix orientiert sich auch nicht an der Antike. Er wendet sich der **romantischen** Malerei zu. Anders als die Klassizisten betont er weniger die Helligkeitswerte in der Malerei, sondern setzt die unterschiedlichen Farben intensiv ein. Für viele gilt er deswegen als ein Vorläufer des ▶ **Impressionismus.**

Schon Delacroix' zweites Bild hat ein politisches Thema. Es zeigt DAS MASSAKER VON CHIOS, ein Ereignis aus dem Griechischen Unabhängigkeitskampf. Die Griechen befanden sich seit 1821 im Widerstand gegen die Besetzung durch das ▶ **Osmanische Reich**. Liberale in ganz Europa sympathisierten mit ihnen, die für eine Republik kämpften. Im Jahr 1822 richteten die Osmanen ein Massaker unter der griechischen Bevölkerung in Chios an. Als Delacroix nur zwei Jahre später ein Bild von diesem Massaker malt, ist dies ein deutliches Bekenntnis zum republikanischen Freiheitskampf dieses Volkes.

Delacroix' bekanntestes Bild ist aber DIE FREIHEIT FÜHRT DAS VOLK. Hier verarbeitet er die französische Julirevolution von 1830. In dieser Revolution beseitigte das französische Volk endgültig die ▶ **bourbonische** Herrschaft. Delacroix zeigt eine Frau, die die Bürger auf die Barrikaden führt. Sie ist gleichzeitig Marianne, die Symbolfigur Frankreichs, und eine Freiheitsgöttin. Wenn Frankreich selbst und die Göttin der Freiheit auf der Seite der Bürger stehen, dann ist keine Frage, wem Delacroix' Sympathien gelten.

Impressionismus ▶ S. 212ff.

Das ▶ Osmanische Reich war der Vorgängerstaat der heutigen Türkei. Es existierte von 1299 – 1923 und war zeitweise ein Weltreich.

Die ▶ Bourbonen waren das französische Königshaus.

Jacques-Louis David: SELBSTPORTRÄT

DER HESSISCHE LANDBOTE ▸ S. 165

Der ▸ **Sold** ist die Bezahlung von Soldaten.

Das soziale Drama ▸ S. 176f.

Georg Büchner: Woyzeck (1837)

Georg Büchner

Georg Büchner ist der Revolutionär unter den Schriftstellern des 19. Jahrhunderts. Im Alter von 18 Jahren verlässt er das Großherzogtum Hessen und geht nach Straßburg, um dort Medizin zu studieren. In Frankreich herrscht nach der Julirevolution ein liberales politisches Klima. Umso größer ist Büchners Enttäuschung, als er zwei Jahre später nach Hessen zurückkehrt: Er hält die Unterdrückung und die Gewalt kaum aus, die von der Regierung ausgehen. Büch-

Georg Büchner

ner schließt sich revolutionären Kräften an, gehört zu den Mitbegründern der **Gesellschaft für Menschenrechte** und veröffentlicht die revolutionäre Flugschrift ▸ DER HESSISCHE LANDBOTE. Als bekannt wird, dass er der Verfasser dieser Schrift ist, muss er wieder nach Straßburg fliehen. 1837 stirbt Büchner im Alter von 23 Jahren in Zürich.

Weitere Werke

Dramen: DANTONS TOD, LEONCE UND LENA; Erzählung: LENZ

Woyzeck

In Büchners Drama WOYZECK betritt zum ersten Mal ein Held aus der Unterschicht die Bühne. Woyzeck ist kein Bürger, sondern ein einfacher Soldat. Er kommt mit seinem geringen ▸ **Sold** nicht aus und muss sich deswegen für entwürdigende Experimente zur Verfügung stellen. Von seinen Vorgesetzten wird Woyzeck gedemütigt. Als seine Geliebte Marie ihn betrügt, wird Woyzeck wahnsinnig und bringt Marie um. Büchner zeigt in diesem Stück einen einfachen Menschen, der durch die Unmenschlichkeit der besseren Gesellschaft zerstört wird. Büchners Drama ist ▸ **Fragment** geblieben. Wir besitzen nur einzelne Szenen auf losen Blättern. Bis heute ist umstritten, in welcher Reihenfolge Büchner seine Szenen anordnen wollte.

Woyzeck, Der Hof des Doctors

Der Doctor stellt mit Woyzeck Experimente an: Woyzeck darf sich nur von Erbsen ernähren, der Doctor protokolliert die Folgen dieser Mangel-ernährung. Während einer Vorlesung vor Studenten bekommt Woyzeck den Auftrag, eine Katze aus dem Fenster zu werfen, um deren Reaktion zu be-obachten.

WOYZECK. Herr Doctor sie beißt.

DOCTOR. Kerl, er greift die Bestie so zärtlich an, als wär's seine Großmutter.

WOYZECK. Herr Doctor, ich hab's Zittern.

5 DOCTOR *ganz erfreut.* Ey, ey, schön Woyzeck. *Reibt sich die Hände. Er nimmt die Katze.* Was seh' ich meine Herrn, die neue ▶ Species Hasen-laus, eine schöne Species, *er zieht eine Loupe heraus* meine Herren – *die Katze läuft fort.* Meine Herrn, das Thier hat keinen wissenschaftli-chen Instinct. Meine Herrn, Sie können dafür was anders sehen, sehn

10 Sie, der Mensch, seit einem Vierteljahr isst er nichts als Erbsen, be-achten Sie die Wirkung, fühlen Sie einmal was ein ungleicher Puls, da und die Augen.

WOYZECK. Herr Doctor es wird mir dunkel. *Er setzt sich.*

DOCTOR. ▶ Courage! Woyzeck noch ein Paar Tage, und dann ist's fer-

15 tig, fühlen Sie meine Herren fühlen Sie. *Sie betasten ihm Schläfe, Puls und ▶ Busen.*

à propos, Woyzeck, beweg den Herrn doch einmal die Ohren, ich hab es ihnen schon zeigen wollen. Zwei Muskeln sind bey ihm thätig. ▶ Allons frisch!

20 WOYZECK. Ach Herr Doktor!

DOCTOR. Bestie, soll ich dir die Ohren bewegen, willst du's machen wie die Katze! So meine Herren, das sind so Uebergänge zum Esel, häufig auch in Folge weiblicher Erziehung und die Muttersprache.

▶ Species – Art, Gattung

▶ Courage (franz.) – Mut

▶ Busen – Brust; um 1800 auch für die männliche Brust gebraucht

▶ Allons (franz.) – Gehen wir! im Sinne von: „Auf geht's!"

Arbeitsvorschläge

1. Erläutere, warum der Doktor über Woyzecks Zittern erfreut ist.

2. Der Doktor nennt sowohl die Katze als auch Woyzeck eine „*Bestie*" (Z. 2, 21). Erläutere, welches Bild der Doktor von Woyzeck hat.

3. Wenn du die Sprachanteile Woyzecks und des Doktor vergleichst, fällt auf, dass Woyzeck viel weniger spricht als der Doktor. Was sagt dir das über das Verhältnis der beiden Figuren zueinander? Untersuche, ob du auch im Sprachstil der beiden etwas findest, was deine Schlüsse unterstützt.

Romantik ▶ S. 122ff.

Politische Lyrik des Jungen Deutschland ▶ S. 174f.

Gerhart Hauptmann: DIE WEBER ▶ S. 206f.

Heinrich Heine: Die schlesischen Weber (1844)

Heinrich Heine

Heinrich Heine steht zwischen der ▶ Romantik und dem Jungen Deutschland. Er wird 1797 als Sohn jüdischer Eltern in Düsseldorf geboren. Die damaligen Judengesetze machen es Heine unmöglich, ein Jurastudium aufzunehmen, und er tritt sogar zum Protestantismus über. Trotzdem wird er immer wieder Opfer des Antisemitismus in Deutschland. So verbietet die preußische Regierung 1835 alle Schriften jüdischer Autoren, auch die von Heine. Der Autor allerdings befindet sich da bereits im französischen Exil und provoziert den deutschen Staat immer wieder mit kritisch-revolutionären Werken. Sein literarisches Werk beginnt Heine als Romantiker – ICH WEISS NICHT, WAS SOLL ES BEDEUTEN ist Romantik pur. Bald setzt er sich jedoch von der Romantik ab. Das merkt man beispielsweise an seinem ironischen Gedicht DAS FRÄULEIN STAND AM MEERE: Es beginnt wie romantische Lyrik und zerstört die romantische Atmosphäre dann völlig. Daneben schreibt Heine auch engagiert ▶ politische Lyrik, die den preußischen Staat provoziert – wie DIE SCHLESISCHEN WEBER.

Heinrich Heine

Weitere Werke

Lyrik: BUCH DER LIEDER; NEUE GEDICHTE; ROMANZERO; Versepos: DEUTSCHLAND, EIN WINTERMÄRCHEN; Prosa: REISEBILDER

Die schlesischen Weber

DIE SCHLESISCHEN WEBER ist Heines unmittelbare Reaktion auf den Weberaufstand in Schlesien 1844: Schlesische Weber reagieren auf Lohnkürzungen, indem sie zu den Häusern der Fabrikanten ziehen und diese zerstören. Er ist ein eher zielloser Ausbruch von Hass. Der Aufstand ist immer wieder literarisch gestaltet worden, etwa von ▶ Gerhart Hauptmann. Bei Heine wird er zum Vorzeichen für den Untergang des alten Systems.

Die schlesischen Weber

Im düstern Auge keine Träne,
Sie sitzen am Webstuhl und fletschen die Zähne:
Deutschland, wir weben dein ▸ Leichentuch,
Wir weben hinein den dreifachen Fluch –
5   Wir weben, wir weben!

           ▸ **Leichentuch** – Kleidungs-
           stück eines Verstorbenen;
           kann schlicht oder hochwertig
           gearbeitet sein

Ein Fluch dem Gotte, zu dem wir gebeten
In Winterskälte und Hungersnöten;
Wir haben vergebens gehofft und geharrt,
Er hat uns ▸ geäfft und gefoppt und genarrt –
10   Wir weben, wir weben!

           ▸ **geäfft** – veraltet: genarrt

Ein Fluch dem König, dem König der Reichen,
Den unser Elend nicht konnte erweichen,
Der den letzten Groschen von uns erpresst
Und uns wie Hunde erschießen lässt –
15   Wir weben, wir weben!

Ein Fluch dem falschen Vaterlande,
Wo nur gedeihen Schmach und Schande,
Wo jede Blume früh geknickt,
Wo Fäulnis und Moder den Wurm erquickt –
20   Wir weben, wir weben!

Das ▸ Schiffchen fliegt, der Webstuhl kracht,
Wir weben emsig Tag und Nacht –
Altdeutschland, wir weben dein Leichentuch,
Wir weben hinein den dreifachen Fluch,
25   Wir weben, wir weben!

           ▸ **Schiffchen** – Teil des
           Webstuhls; verknotet den
           Faden beim Weben (und
           heute bei Nähmaschinen)

Arbeitsvorschläge

1. Beschreibe, wie Heine die schlesischen Weber darstellt. Welche Ansichten und Einstellungen der Weber werden in dem Gedicht deutlich?

2. Untersuche, wo betonte und unbetonte Silben in dem Gedicht liegen, und erkläre die Wirkung.

3. Schreibe ein Gedicht, in dem du dich mit einem politischen Ereignis aus diesem oder dem letzten Jahr auseinandersetzt. Wenn du willst, suche in der aktuellen Zeitung nach Anregungen.

Politische Lyrik

Dichtung im Dienst der Politik

Politische Lyrik ist Lyrik, die sich bewusst in den Dienst der Politik stellt. Das ist weit mehr als Kritik an sozialer Ungerechtigkeit und sozialen Missständen; es geht auch nicht darum, allgemeine Aussagen über das Zusammenleben der Menschen zu treffen. Politische Lyrik will den Leser dazu bringen, bestimmte politische Positionen einzunehmen und sich zu engagieren. Deshalb ist es nicht immer leicht, politische Gedichte zu verstehen, man muss begreifen, auf welche historische Situation sie sich beziehen und zu welcher politischen Position sie den Leser bewegen wollen.

Im Vormärz und in der Zeit des Jungen Deutschland erlebt die politische Lyrik eine Blüte. Themen, für die sich der Leser engagieren soll, sind: die **Einheit Deutschlands**, das damals in viele Fürstentümer zerfallen war; der **Kampf gegen die Fürstenwillkür** und für die **Einführung von Freiheit und Demokratie**. Oft ergreifen die Dichter auch Partei für die Armen und fordern eine **Umverteilung des gesellschaftlichen Vermögens**. Aber auch der Kampf gegen Frankreich, das 1840 Anspruch auf die Gebiete links des Rheins erhebt, wird propagiert. ▶ **Georg Herwegh** schreibt das Bundeslied für den ▶ Allgemeinen Deutschen

Handschrift Heines von
DIE SCHLESISCHEN WEBER

Georg Herwegh ▶ S. 167

Der ▶ Allgemeine Deutsche Arbeiterverein wurde 1863 von Ferdinand Lassalle gegründet. Der Verein ist ein Vorläufer der heutigen SPD. Herwegh schreibt – lange nach dem Vormärz – dessen Parteilied.

▶ Georg Weerth (1822–56) schloss sich nach der Bekanntschaft mit Karl Marx und Friedrich Engels der kommunistischen Bewegung an.

Heinrich Heine:
DIE SCHLESISCHEN WEBER ▶ S. 172f.

Arbeiterverein, die erste deutsche Arbeiterpartei. In seinem Wiegenlied verspottet er die Deutschen, die sich jede Unfreiheit gefallen lassen – natürlich mit dem Ziel, sie zum Kampf aufzustacheln. So heißt es in der zweiten Strophe des Wiegenlieds: *„Lass jede Freiheit dir rauben, / Setze dich nicht zur Wehr, / Du behältst ja den christlichen Glauben: / Schlafe, was willst du mehr?"* Der Autor ▶ **Georg Weerth** droht in seinem Hungerlied dem König, die Arbeiter würden ihn *„auffressen"*, wenn er nicht endlich dafür sorge, dass sie ausreichend zu essen hätten. Und ▶ **Heinrich Heine** schreibt nach der Niederschlagung des schlesischen Weberaufstands einen glühenden Aufruf zum Sturz des alten Deutschlands, das Gedicht DIE SCHLESISCHEN WEBER.

Das Lied der Deutschen

Zu den politisch engagierten Dichtern der Zeit gehört auch ▶ August Heinrich Hoffmann, der sich nach seinem Herkunftsort **von Fallersleben** nannte. 1841 schreibt er auf der Insel Helgoland DAS LIED DER DEUTSCHEN, das die deutsche Nationalhymne werden sollte. Er fordert *„Einigkeit und Recht und Freiheit"*. Man kann das leicht in konkrete politische Forderungen übersetzen: Er wünscht sich einen deutschen Nationalstaat statt der vielen kleinen Fürstentümer, fordert den Rechtstaat statt der Willkür der Fürsten und strebt Demokratie statt Absolutismus an. Die erste Strophe mit ihren Zeilen *„Deutschland, Deutschland über alles, / Über alles in der Welt"* ist heute missverständlich. Die Nazis haben sie so aufgefasst, dass Deutschland über die ganze Welt herrschen sollte. Für Hoffmann von Fallersleben ging es jedoch darum, dass die Interessen des geeinten Deutschland wichtiger sein sollten als die Interessen der kleinen Fürstentümer. Dabei bezieht er sich auch auf die Verteidigung der linksrheinischen Gebiete gegen Frankreich. Auch die Begrenzung *„Von der Maas bis an die Memel, / Von der Etsch bis an den Belt"* bedeutete keinen territorialen Anspruch – es waren die Grenzen des damaligen deutschen Sprachraums. 1922 wurde das LIED DER DEUTSCHEN zur deut

August Heinrich Hoffmann von Fallersleben ▶ S. 167

August Heinrich Hoffmann von Fallersleben

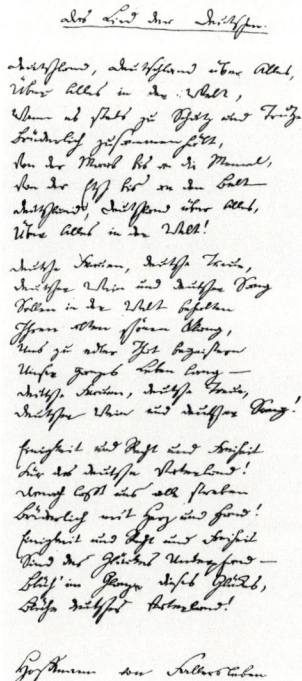

Hoffmanns Niederschrift von DAS LIED DER DEUTSCHEN

schen Nationalhymne gemacht. Die Nazis missbrauchten insbesondere die erste Strophe. Heute wird nur noch die dritte gesungen.

Das soziale Drama:
Büchner, Hauptmann, Brecht

Ein problematischer Begriff

Der Begriff soziales Drama wird häufig gebraucht. Dennoch ist er nicht ganz leicht zu bestimmen. Zwei Dinge kennzeichnen üblicherweise das soziale Drama: Zum einen treten Angehörige unterer Gesellschaftsschichten auf, zum andern will das Theater Mitleid für diese Schichten hervorrufen und für die Verbesserung ihrer gesellschaftlichen Situation eintreten. Mit dem Begriff soziales Drama meint man aber in der Regel Stücke, die erst ab dem 19. Jahrhundert entstehen.

Georg Büchner: Woyzeck (1837)

Georg Büchner:
WOYZECK ▶ S. 170f.

▶ Georg Büchner gilt meist als der Begründer des sozialen Dramas. Mit seinem Woyzeck betritt eine Figur aus der Unterschicht als Hauptfigur eines Dramas die Bühne. Dabei wird Woyzeck realistisch dargestellt, nichts wird idealisiert: Woyzecks sprachliche Möglichkeiten sind so beschränkt, dass er sich kaum richtig verständlich machen kann. Woyzeck wird von den Angehörigen der höheren Schichten

Käthe Kollwitz: DER WEBERAUFSTAND, 1895–97

ausgenutzt und gedemütigt. Der Leser und Zuschauer erkennt, dass es Woyzeck nie möglich sein wird, sich aus dieser Position zu befreien.

Gerhart Hauptmann: Vor Sonnenaufgang (1889)

▶ Gerhart Hauptmann ist der einzige Autor, der eines seiner Stücke selbst als soziales Drama bezeichnet: Sein Erstlingswerk VOR SONNENAUFGANG trägt ausdrücklich diese Gattungsbezeichnung. Hauptmann will auf die Ursachen von gesellschaftlichen Problemen aufmerksam machen. Diese sieht er in der Vererbung und der prägenden Kraft des ▶ Milieus, die dazu führen, dass Menschen nicht mehr frei handeln und entscheiden können. Sie sind also ▶ determiniert. In VOR SONNENAUFGANG scheitert eine Liebesbeziehung, weil ein Mädchen durch Vererbung dazu verdammt ist, Alkoholikerin zu werden. Noch einen Schritt weiter geht Hauptmann in seinem Drama DIE WEBER. Hier bringt er nicht mehr einzelne Hauptfiguren auf die Bühne, sondern eine ganze Gruppe von Menschen werden zur Hauptfigur, eben die Weber. Damit beschreitet Hauptmann neue Wege bei der Darstellung gesellschaftlicher Verhältnisse.

Gerhart Hauptmann ▶ S. 202, 206f.

Ein ▶ Milieu ist die gesellschaftliche Umwelt, in der ein Mensch aufwächst und die ihn prägt.

▶ Determiniert sein bedeutet, dass der Wille des Menschen durch äußere Einflüsse bestimmt wird – so kann der Mensch nicht wirklich frei entscheiden.

Bertolt Brecht: Mutter Courage und ihre Kinder (1938/39)

Auch ▶ Bertolt Brecht bringt Figuren aus unteren Gesellschaftsschichten auf die Bühne. In MUTTER COURAGE UND IHRE KINDER etwa erzählt er die Geschichte des Dreißigjährigen Kriegs „von unten". Es werden nicht die Taten von Kaisern und Feldherren erzählt, sondern die Schicksale einer einfachen ▶ Marketenderin und ihrer Familie.

Bertolt Brecht ▶ S. 264

▶ Marketenderin – eine Händlerin, die mit dem Heer reist und ihre Ware an die Soldaten verkauft

Wirklich neu aber ist die Konsequenz, mit der Brecht sein Theater zum Mittel für gesellschaftliche Veränderung macht: Im ▶ epischen Theater soll der Zuschauer nicht Mitleid mit den Figuren haben, sondern er soll sich von ihnen distanzieren und über ihre Situation nachdenken. Auf diese Weise versteht der Zuschauer, wie es zu gesellschaftlichen Problemen und Katastrophen kommt, kann eingreifen und so die Gesellschaft verändern.

episches Theater ▶ S. 268f.

Inszenierung von Bertolt Brechts
MUTTER COURAGE UND IHRE KINDER

Zusammenfassung

Die Literatur des Jungen Deutschland und des Vormärz ist eine politisch engagierte Literatur. Ihre Vertreter wenden sich nachdrücklich gegen die Restaurationspolitik der Metternichzeit, gegen Kleinstaaterei und Fürstenwillkür, gegen Unterdrückung und Unfreiheit. Sie treten für ein geeintes Deutschland ein, für bürgerliche Freiheiten und Rechtstaatlichkeit. Sie stellen ihre Literatur in den Dienst dieser Ziele. Die idealistische Literatur der Klassik wird ebenso abgelehnt wie die Betonung der Fantasie in der Romantik. Wichtigste Vertreter sind Heinrich Heine, Georg Büchner und Heinrich Hoffmann von Fallersleben.

Wichtige Begriffe

engagierte Literatur; Exil; Metternich; Nationalstaat; Restauration; Revolution (insbesondere Julirevolution und 48er-Revolution); Zensur

Zusammenfassung der Teilkapitel

Politik in der Malerei – Nicht nur in der Literatur, sondern auch in der Malerei zeigt sich um 1800 die Neigung, sich politisch zu engagieren. Wichtigste Vertreter sind die Franzosen Jacques-Louis David und Eugène Delacroix. David malte als Klassizist und stellte seine Kunst nacheinander in den Dienst des Königs, der Revolution und Napoleons. Delacroix ist der Romantik zuzuordnen. Sein bekanntestes Bild ist DIE FREIHEIT FÜHRT DAS VOLK, das die Julirevolution 1830 verherrlicht.

Autoren und Werke

Georg Büchner: WOYZECK – Büchner setzt sich selbst engagiert für die Revolution ein. So muss er nach der Veröffentlichung der revolutionären Flugschrift DER HESSISCHE LANDBOTE aus Deutschland nach Frankreich fliehen. In seinem WOYZECK bringt er erstmals einen Helden aus der Unterschicht auf die Bühne. Woyzeck wird zum Spielball der Gesellschaft. Von ihr ausgebeutet und gedemütigt, verfällt er in Wahnsinn und bringt seine Geliebte um. Das Drama ist Fragment geblieben, d. h., es ist nie zu Ende geschrieben worden.

Heinrich Heine: DIE SCHLESISCHEN WEBER – Auch Heine sieht sich gezwungen, nach Frankreich ins Exil zu gehen. Der Antisemitismus und die Unfreiheit in Deutschland machen es ihm unmöglich, in Deutschland zu leben. Heines Werk entfernt sich nach und nach von seinen romantischen Anfängen: Zu ironisch-kritischen Gedichten gesellt sich revolutionär-politische Lyrik. Hierzu gehören auch DIE SCHLESISCHEN WEBER. Heine nimmt die Niederschlagung des schlesischen Weberaufstands von 1844 zum Anlass, um dem alten System den Kampf anzukündigen und die Niederlage vorherzusagen.

Politische Lyrik – Unter politischer Lyrik verstehen wir Gedichte, die nicht nur gesellschaftliche Probleme benennen und kritisieren, sondern zu konkreten politischen Veränderungen auffordern wollen. Diese politische Lyrik wird in der Zeit des Vormärz besonders wichtig. Bedeutendster Vertreter ist, neben Georg Herwegh und Georg Weerth, August Heinrich Hoffmann von Fallersleben. In seinem LIED DER DEUTSCHEN fordert er, dass die Interessen Deutschlands über denen der Fürstentümer stehen müssten, verlangt die Vereinigung Deutschlands zu einem Nationalstaat und die Einführung von Rechtsstaat und Demokratie. Das Gedicht wird 1922 zur deutschen Nationalhymne.

Das soziale Drama: Büchner, Hauptmann, Brecht – Das soziale Drama ist ein Drama, das Menschen aus niederen Schichten zeigt und gesellschaftliche Zusammenhänge auf die Bühne bringt. Wir verwenden den Begriff erst ab Beginn des 19. Jahrhunderts. Georg Büchner mit seinem WOYZECK gilt vielen als Begründer des sozialen Dramas, da er einen Helden aus der Unterschicht auf die Bühne bringt. Gerhart Hauptmann bezeichnet VOR SONNENAUFGANG als soziales Drama und versucht dort, die Determination des Menschen zu zeigen. In seinen WEBERN agiert eine ganze gesellschaftliche Klasse als Held. Bertolt Brecht will gesellschaftliche Zusammenhänge verständlich machen. Er versucht dies mithilfe des epischen Theaters.

Weitere Autoren und Werke

Ludwig Börne: BRIEFE AUS PARIS; Ferdinand Freiligrath: ÇA IRA; Karl Gutzkow: WALLY, DIE ZWEIFLERIN; Georg Herwegh: GEDICHTE EINES LEBENDIGEN

Barrikade an der Neuen Königsstraße in Berlin, 19. März 1848

Arbeitsvorschläge

1. Erläutere Delacroix' Bild DIE FREIHEIT FÜHRT DAS VOLK (S. 164). Was ist der historische Hintergrund des Bildes? Was siehst du darauf dargestellt? Woran kannst du die persönliche Position des Malers erkennen?

2. Erkläre, wie der Begriff Vormärz entstanden ist. Informiere dich dazu über die Märzrevolution von 1848 (S. 167).

3. Vergleiche Heines Gedicht DIE SCHLESISCHEN WEBER (S. 173) mit dem Anfang von Gerhart Hauptmanns Drama DIE WEBER (S. 207). Achte dabei vor allem auf die Stimmung, die in beiden Texten hervorgerufen wird. Was fällt auf?

4. Erörtere die Frage, ob es richtig ist, dass die erste Strophe des Deutschland-Liedes („*Deutschland, Deutschland über alles, über alles in der Welt … Von der Maas bis an die Memel, von der Etsch bis an den Belt*") nicht mehr deutsche Nationalhymne ist.

Adolph Menzel: EISENWALZWERK, 1875

Gottfried Keller

Der grüne Heinrich

Gleich am ersten Tage nach meiner Ankunft stellte mir der Oheim, um mich wieder auf
eine reale Bahn zu leiten, die Aufgabe, seine Besitzung, Haus, Garten und Bäume, genau
und bedächtig zu zeichnen und ein getreues Bild davon zu entwerfen. Er machte mich
aufmerksam auf alle Eigentümlichkeiten und auf das, was er besonders hervorgehoben
5 wünschte, und wenn seine Andeutungen auch eher dem Bedürfnis eines rüstigen Besitzers
als demjenigen eines Kunstverständigen entsprachen, so ward ich doch dadurch genötigt,
die Gegenstände wieder einmal genau anzusehen und in allen ihren eigentümlichen Ober-
flächen zu verfolgen. Die allereinfachsten Dinge am Hause selbst, sogar die Ziegel auf dem
Dache, gaben mir nun wieder mehr zu schaffen, als ich je gedacht hatte, und veranlassten
10 mich, auch die umstehenden Bäume in gleicher Weise gewissenhafter zu zeichnen; ich lernte die aufrichtige Arbeit und Mühe wieder kennen, und indem darüber eine Arbeit entstand,
die mich in ihrer anspruchslosen Durchgeführtheit selbst unendlich mehr befriedigte als die
marktschreierischen Produkte der jüngsten Zeit, erwarb ich mir mit saurer Mühe den Sinn
des Schlichten, aber Wahren.

Geschichtlicher Hintergrund

1840 ab Mitte der 1840er-Jahre: Industrielle Revolution in Deutschland

1848 finden in ganz Europa bürgerliche Revolutionen statt.

Der Versuch der Märzrevolution, in Deutschland einen Verfassungsstaat zu schaffen, scheitert.

Das von Karl Marx und Friedrich Engels veröffentlichte KOMMUNISTISCHE MANIFEST sucht nach Antworten auf die sozialen Probleme nach der Industriellen Revolution.

1871 Deutsch-Französischer Krieg: Nach dem Sieg über Frankreich wird ein deutscher Nationalstaat in Form eines Kaiserreichs gegründet.

1878 Reichskanzler Otto von Bismarck versucht, durch die Sozialistengesetze die Sozialdemokratie auszuschalten.

1894/95 Fontane veröffentlicht EFFI BRIEST.

Klassik ▶ S. 84ff.

Romantik ▶ S. 122ff.

Junges Deutschland und Vormärz ▶ S. 164ff.

▶ **Stendhal** (eig. Marie-Henri Beyle, 1783–1842) war französischer Schriftsteller. Bekannte Werke: ROT UND SCHWARZ; DIE KARTAUSE VON PARMA

Realismus (1840–1900)

Die Hinwendung zur Wirklichkeit

Die Literatur des Realismus wendet sich in ganz anderem Maße der Wirklichkeit zu, als das bisher der Fall gewesen ist. Der besondere Zugang zur Realität wird deutlich in der Abgrenzung von früheren Epochen. So wird die Literatur der ▶ **Klassik** kritisiert, weil sie eine idealisierte Wirklichkeit gestaltet hat; die ▶ **Romantik** wird abgelehnt, weil sie dem Spiel der Fantasie zu viel Raum gewährt. ▶ **Junges Deutschland** und ▶ **Vormärz** sind Vorläufer des Realismus, aber anders als diese will der Realismus keine politische Kritik äußern oder soziale Missstände anprangern. Das Ziel des Realismus ist die Darstellung realistischer Menschen in ihrer Zeit. Die psychologische Darstellung dieser Menschen wird auf bisher nicht gekannte Weise verfeinert. Ebenso soll die Umwelt dieser Menschen konkret und wirklichkeitsnah dargestellt werden. Die Gegenwart findet den Weg in die Literatur; d.h., die Texte sind nicht mehr in einer idealisierten Antike oder in einem fantastischen Mittelalter angesiedelt. Fast zwangsläufig werden Romane und Erzählungen die wichtigsten Gattungen des Realismus. Die meisten der handelnden Figuren gehören dem Bürgertum an. Der Erzähler hält sich mit Bewertungen, Urteilen und Kritik zurück, denn die reine, sozusagen objektive Darstellung der Realität ist das Ziel.

Der deutsche Realismus wird sehr stark vom französichen Realismus beeinflusst. In Frankreich setzt sich der Realismus schon früher durch. ▶ **Stendhal** und ▶ **Honoré de Balzac** setzen hier schon in den 1830er-Jahren Maßstäbe. Sie machen den **Gesellschaftsroman** zur wichtigsten Gattung des Realismus. Diese Gattung wird in Deutschland allerdings erst später bedeutsam: Vor allem ▶ **Theodor Fontane** etabliert mit seinen Romanen den Gesellschaftsroman in der deutschen Literatur.

Poetischer Realismus

Der Realismus in Deutschland zeichnet sich vor allem dadurch aus, dass er die Wirklichkeit nicht nur darstellen, sondern geradezu unmerklich auch deuten will. Dazu entwickelt er eine besondere Technik. Sie lässt sich etwa an ▶ **Gottfried Kellers** ROMEO UND JULIA AUF DEM DORFE gut erkennen. Der Geschichte liegt eine wahre Begebenheit zugrunde – Keller erfährt aus einer Zeitungsmeldung von zwei jungen Menschen aus verfeindeten Familien, die sich umgebracht haben, weil die Eltern ihre Liebe verboten haben. Keller erkennt darin das Muster aus ▶ **Shakespeares** Tragödie ROMEO UND JULIA. Nun erzählt er die wahre, aktuelle Begebenheit nach diesem

alten literarischen Muster, *„zum Beweise, wie tief im Menschenleben je-*
de jener Fabeln wurzelt, auf welche die großen alten Werke gebaut sind".
Die zeitgenössische Wirklichkeit wird dargestellt, aber sie wird auch
gedeutet, indem gezeigt wird, dass es uralte Muster sind, die hier ablaufen.

Ganz ähnlich verfährt Theodor Fontane in seiner Ballade Die Brück'
am Tay. Er erzählt im Jahr 1880 die Geschichte einer großen Eisen-
bahnkatastrophe mit 200 Todesopfern, die sich erst am 28. Dezember
1879 ereignet hat. Aber er bettet diese Geschichte eines modernen
Unglücks ein in ein Gespräch dreier Hexen, die das Unglück verursachen. Diese Hexen erinnern an drei Hexen aus Shakespeares
Drama Macbeth. Auf diese Weise wird deutlich: Es sind uralte
Schicksalsmächte, die den modernen Fortschrittsoptimismus zunich-
te machen.

Diese Art, Wirklichkeit darzustellen und sie gleichzeitig poetisch zu
deuten, unterscheidet den deutschen Realismus von seinen französischen Vorläufern. Man hat ihm deswegen die Bezeichnung ▸ **poeti-**
scher Realismus gegeben.

> ▸ Honoré de Balzac
> (1799–1850) war ein franzö-
> sischer Romanschriftsteller.
> Sein Hauptwerk ist der
> Romanzyklus Die mensch-
> liche Komödie (88 Romane).

> Theodor Fontane ▸ S. 188

> Gottfried Keller: Romeo und
> Julia auf dem Dorfe
> ▸ S. 101, 184f.

> William Shakespeare ▸ S. 68

> ▸ poetischer Realismus –
> deutsche Spielart des Rea-
> lismus, die die Wirklichkeit
> nicht nur darstellen, sondern
> auch poetisch deuten will;
> der kurze Auszug aus Gott-
> fried Kellers Der grüne
> Heinrich (▸ S. 181) zeigt,
> wie der Ich-Erzähler sich um
> einen genauen Blick auf die
> ihn umgebende Wirklichkeit
> bemüht.

Epochenmerkmale kurz gefasst

Realismus

- Hinwendung zur Darstellung der Wirklichkeit
- Ablehnung von klassischem Idealismus und romantischer
  Fantasie
- Erzählende Texte mit neutralem Erzähler sind vorherrschend.
- Kritik politischer und gesellschaftlicher Verhältnisse steht
  nicht im Zentrum.
- poetischer Realismus in Deutschland

Vormärz ▶ S. 167

▶ Ludwig Feuerbach (1804–72) ist ein deutscher Philosoph mit materialistischen und religionskritischen Ansätzen, d. h., er glaubt, dass nur das Materielle wirklich existiert und dass die Menschen Gott nur erfunden haben.

Gottfried Keller:
Romeo und Julia auf dem Dorfe (1856)

Gottfried Keller

Gottfried Keller ist der bedeutendste realistische Dichter der Schweiz. Er wird 1819 in Zürich geboren und möchte zunächst Kunstmaler werden. Als er erkennt, dass seine Begabung eher auf literarischem Gebiet liegt, schließt er sich den Autoren des ▶ Vormärz an und verfasst politisch engagierte Gedichte. Erst nach einem Studium in Heidelberg und der Begegnung mit der Philosophie ▶ Ludwig Feuerbachs findet Keller zu seinem typischen realistischen Stil.

Gottfried Keller

Weitere Werke

Roman: DER GRÜNE HEINRICH; Novellenzyklus: DIE LEUTE VON SELDWYLA; darin u.a.: KLEIDER MACHEN LEUTE

Romeo und Julia auf dem Dorfe

Die Novelle ROMEO UND JULIA AUF DEM DORFE erschien als Teil des ▶ Novellenzyklus DIE LEUTE VON SELDWYLA. In ihr erzählt Gottfried Keller ▶ Shakespeares Geschichte von Romeo und Julia neu. Allerdings verlegt er sie in die eigene Gegenwart, in die fiktive Schweizer Stadt Seldwyla. Angeregt wurde er dazu durch eine Zeitungsmeldung über den Selbstmord zweier Liebender. Sali und Vrenchen sind die Kinder zweier Bauern, die wegen eines Streits um einen Acker miteinander verfeindet sind. Während die beiden Familien durch den Streit immer mehr verarmen, verlieben sich die beiden jungen Leute ineinander. An eine Heirat ist nicht zu denken, erst recht nicht, nachdem Sali Vrenchens Vater niedergeschlagen und schwer verletzt hat. Nach einem gemeinsam verbrachten schönen Tag, der immer mehr den Charakter eines Hochzeitstags bekommt, begehen Sali und Vrenchen Selbstmord: Sie wollen nicht auf die Werte der bürgerlichen Gesellschaft (Ehe, Familie, Respekt) verzichten, haben aber erkannt, dass ihre Liebe in der bürgerlichen Gesellschaft keine Zukunft hat.

Romeo und Julia auf dem Dorfe

Nach einem gemeinsam verbrachten Fest wollen sich Sali und Vrenchen umbringen. Sie stehlen ein Heuschiff und fahren damit auf den Fluss.

Er hob seine Last in das Schiff und schwang sich nach; er hob sie auf die hochgebettete weiche und duftende Ladung und schwang sich auch hinauf, und als sie oben saßen, trieb das Schiff allmählich in die Mitte des Stromes hinaus und schwamm dann, sich langsam dre-
5 hend, zu Tal.
Der Fluss zog bald durch hohe dunkle Wälder, die ihn überschatteten, bald durch offenes Land; bald an stillen Dörfern vorbei, bald an einzelnen Hütten; hier geriet er in eine Stille, dass er einem ruhigen See glich und das Schiff beinah stillhielt, dort strömte er um Felsen und
10 ließ die schlafenden Ufer schnell hinter sich; und als die Morgenröte aufstieg, tauchte zugleich eine Stadt mit ihren Türmen aus dem silbergrauen Strome. Der untergehende Mond, rot wie Gold, legte eine glänzende Bahn den Strom hinauf und auf dieser kam das Schiff langsam überquer gefahren. Als es sich der Stadt näherte, glitten im
15 Froste des Herbstmorgens zwei bleiche Gestalten, die sich fest umwanden, von der dunklen Masse herunter in die kalten Fluten.
Das Schiff legte sich eine Weile nachher unbeschädigt an eine Brücke und blieb da stehen. Als man später unterhalb der Stadt die Leichen fand und ihre Herkunft ausgemittelt hatte, war in den Zeitungen
20 zu lesen, zwei junge Leute, die Kinder zweier blutarmen zugrunde gegangenen Familien, welche in unversöhnlicher Feindschaft lebten, hätten im Wasser den Tod gesucht, nachdem sie einen ganzen Nachmittag herzlich miteinander getanzt und sich belustigt auf einer Kirchweih. Es sei dies Ereignis vermutlich in Verbindung zu bringen
25 mit einem Heuschiff aus jener Gegend, welches ohne Schiffleute in der Stadt gelandet sei, und man nehme an, die jungen Leute haben das Schiff entwendet, um darauf ihre verzweifelte und gottverlassene Hochzeit zu halten, abermals ein Zeichen von der um sich greifenden Entsittlichung und Verwilderung der Leidenschaften.

Ein ▶ Novellenzyklus besteht aus mehreren kurzen Erzählungen (Novellen), die durch eine Rahmenhandlung in einen lockeren Zusammenhang gebracht werden.

William Shakespeare ▶ S. 68

Liebespaare der Literatur ▶ S. 100f.

Arbeitsvorschläge

1. Vergleiche die Art, wie der Erzähler und die Zeitungen im Text (Z. 19f.) die letzten Stunden von Sali und Vrenchen schildern.

2. Kannst du in dem Textausschnitt die Position des Erzählers erkennen? Begründe deine Auffassung.

3. Schreibe eine Zeitungsmeldung über den Tod von Sali und Vrenchen, die ein Gegenentwurf zu der Zeitungsmeldung ist. Sie sollte deutlich machen, dass die beiden Mitleid verdienen.

Theodor Fontane ▶ S. 188

Gottfried Keller ▶ S. 184

Theodor Storm: Der Schimmelreiter (1888)

Theodor Storm

Theodor Storm ist neben ▶Fontane und ▶Keller der dritte überragende Vertreter des Realismus in Deutschland. Geboren wird er 1817 in Husum in Nordfriesland, und Husum wird bis zu Storms Ende sein Lebensmittelpunkt bleiben. Zwar muss er seine Heimat 1853 verlassen, weil Dänemark Friesland besetzt und Storm aus seinen Sympathien für Deutschland keinen Hehl macht. 1864 kehrt Storm in seine Heimat zu-

Theodor Storm

rück und bleibt dort bis zu seinem Tod. Die nordfriesische Landschaft prägt sein Werk: Fast alle Novellen und Gedichte nehmen Bezug auf diese Gegend.

Weitere Werke

Novellen: POLE POPPENSPÄLER; IMMENSEE; Gedichte: DIE STADT; MEERESSTRAND; ÜBER DIE HEIDE

Der Schimmelreiter

DER SCHIMMELREITER gilt als Storms Meisterwerk. Die Novelle ist in seinen letzten Lebensjahren entstanden. In ihr erzählt ein alter Schulmeister die Geschichte von Hauke Haien, der vom Kleinknecht zum Deichgrafen aufsteigt. Gegen den Willen der Dorfbewohner lässt er einen neuen Deich bauen, der durch seine neuartige Konstruktion den Fluten besser standhält. Der alte Deich jedoch wird vernachlässigt. Bei einer Sturmflut bricht er. Haukes Frau und sein Kind kommen in den Fluten um. Daraufhin stürzt auch er sich auf seinem Schimmel in die Fluten.

Hauke Haien hat immer gegen den Aberglauben des Volkes gekämpft. Ihm setzt er Menschlichkeit entgegen – etwa gegenüber seiner behinderten Tochter. So ist es bittere Ironie, dass Hauke Haien im Volksglauben weiterlebt – als Deichgespenst, das immer vor drohenden Fluten wieder auftaucht, um die Bevölkerung zu warnen.

Der Schimmelreiter

Unter der Leitung von Hauke Haien bauen die Menschen am neuen Deich; schwerer, lehmartiger Boden wird angehäuft.

[...] dazwischen war mitunter das Winseln eines kleinen gelben Hundes laut geworden, der frierend und wie verloren zwischen Menschen und Fuhrwerken herumgestoßen wurde; plötzlich aber scholl ein jammervoller Schrei des kleinen Tieres von unten aus der
5 Schlucht herauf. Hauke blickte hinab; er hatte es von oben hinunterschleudern sehen; eine jähe Zornesröte stieg ihm ins Gesicht. „Halt! Haltet ein!", schrie er zu den Karren hinunter; denn der nasse ▸ **Klei** wurde unaufhaltsam aufgeschüttet.

„Warum?", schrie eine raue Stimme von unten herauf; „doch um die
10 elende Hundekreatur nicht?"

„Halt! sag ich", schrie Hauke wieder; „bringt mir den Hund! Bei unserem Werke soll kein Frevel sein!" [...]

„Wer war es?", rief er. „Wer hat die Kreatur hinabgeworfen?"

Einen Augenblick schwieg alles; denn aus dem hageren Gesicht des
15 Deichgrafen sprühte der Zorn, und sie hatten abergläubische Furcht vor ihm. Da trat von einem Fuhrwerk ein stiernackiger Kerl vor ihn hin. „Ich tat es nicht, Deichgraf", sagte er und biss von einer Rolle Kautabak ein Endchen ab, das er sich erst ruhig in den Mund schob; „aber der es tat, hat recht getan; soll Euer Deich sich halten, so muss
20 was Lebiges hinein!"

– „Was Lebiges? Aus welchem Katechismus hast du das gelernt?"

„Aus keinem, Herr!", entgegnete der Kerl, und aus seiner Kehle stieß ein freches Lachen; „das haben unsere Großväter schon gewusst, die sich mit Euch im Christentum wohl messen durften! Ein Kind ist bes-
25 ser noch; wenn das nicht da ist, tut's auch wohl ein Hund!"

„Schweig du mit deinen Heidenlehren", schrie ihn Hauke an; „es stopfte besser, wenn man dich hineinwürfe."

„Oho!", erscholl es; aus einem Dutzend Kehlen war der Laut gekommen, und der Deichgraf gewahrte ringsum grimmige Gesichter und
30 geballte Fäuste; er sah wohl, dass das keine Freunde waren. [...]

▸ Klei – grauer, toniger, sehr schwerer Boden im Marschland

Arbeitsvorschläge

1. Gib mit eigenen Worten die Handlung des Textausschnitts wieder.

2. Vergleiche die Position Hauke Haiens mit der Position der Arbeiter. Begründe beide Positionen.

3. Erörtere die Frage, ob du Hauke Haiens Verhalten richtig oder falsch, geschickt oder ungeschickt findest. Wie hättest du gehandelt?

Theodor Fontane

▸ 1819 Theodor Fontane wird in Neuruppin in Brandenburg geboren.

▸ 1836 Beginn der Ausbildung zum Apotheker

▸ 1839 Veröffentlichung der ersten Novelle: GESCHWISTERLIEBE

▸ 1847 Approbation als Apotheker

▸ 1848 Teilnahme an der Märzrevolution in Berlin

▸ 1849 Aufgabe des Apothekerberufs und Tätigkeit als freier Schriftsteller

▸ 1850 Heirat mit Emilie Rouanet-Kummer

▸ 1851 Anstellung bei der Centralstelle für Preßangelegenheiten

▸ 1855–59 Aufenthalt in London

▸ 1861 Fontane schreibt seinen Reisebericht WANDERUNGEN DURCH DIE MARK BRANDENBURG.

▸ 1876 ab jetzt ausschließliche Arbeit als freier Schriftsteller; keine Tätigkeit mehr für Zeitungen

▸ 1898 Fontane stirbt in Berlin.

▸ Gesellschaftsroman – Roman, der in erster Linie das Leben einer Gesellschaft schildert und die Konflikte, die sich daraus ergeben. Wichtige Vertreter: Jane Austen, Dickens, Balzac, Zola, Tolstoj, Th. Mann

Theodor Fontane: Effi Briest (1894/95)

Theodor Fontane

Theodor Fontane gilt als Begründer des ▸ Gesellschaftsromans in Deutschland. Außerdem gehört er zu den ersten, die als ▸ freie Schriftsteller von ihrem Schreiben zu leben versuchen. Als er 1849 den Beruf als Apotheker aufgibt, muss er jedoch Kompromisse machen, um seine Frau Emilie und seine Kinder ernähren zu können: Er arbeitet für Zeitungen – als Auslandskorrespondent und Theaterkritiker – und bei Pressebehörden. Auch viele seiner großen Romane veröffentlicht er zunächst in ▸ Zeitschriften. Die meisten seiner Romane entstehen erst, als Fontane bereits über 60 Jahre alt ist.

Theodor Fontane

Weitere Werke

Romane und Erzählungen: UNTERM BIRNBAUM; IRRUNGEN, WIRRUNGEN; Balladen: DIE BRÜCK' AM TAY; JOHN MAYNARD; HERR VON RIBBECK AUF RIBBECK IM HAVELLAND

Effi Briest

In ▸ EFFI BRIEST prallen der Wunsch des Individuums nach privatem Glück und die Zwänge der Gesellschaft aufeinander. Die sechzehnjährige Effi Briest wird auf Wunsch der Eltern mit dem viel älteren Baron von Innstetten verheiratet. Das Leben mit dem älteren, leidenschaftslosen Mann im einsamen Kessin in Hinterpommern langweilt Effi, sodass sie eine flüchtige Affäre mit dem schneidigen Major Crampas beginnt. Jahre später erfährt Innstetten von diesem Verhältnis. Er glaubt, seine Ehre retten zu müssen, tötet den Rivalen im Duell und verstößt seine Frau. Vereinsamt und gesellschaftlich geächtet stirbt Effi. Fontane erzählt die Geschichte sehr distanziert und ohne eigene Wertung. So bleibt offen, ob er die Gesellschaft kritisiert und Veränderung fordert oder ob er den Gegensatz zwischen dem Glücksanspruch des Einzelnen und den Forderungen der Gesellschaft für unüberwindbar hält.

Effi Briest, 27. Kapitel

Innstetten hat die Briefe gefunden, die Crampas vor Jahren an Effi geschrieben hat. Nun bespricht er mit einem Freund, was zu tun sei. Er kommt zum Ergebnis, dass er seiner Frau eigentlich verzeihen möchte – weil der Ehebruch schon viele Jahre her ist und weil er sie immer noch liebt und ihrem Charme erliegt. Aber:

„[...] Ich habe mir's hin und her überlegt. Man ist nicht bloß ein einzelner Mensch, man gehört einem Ganzen an, und auf das Ganze haben wir beständig Rücksicht zu nehmen, wir sind durchaus abhängig von ihm. Ging es, in Einsamkeit zu leben, so könnt' ich es gehen

5 lassen; ich trüge dann die mir aufgepackte Last, das rechte Glück wäre hin, aber es müssen so viele leben ohne dies ‚rechte Glück', und ich würde es auch müssen und – auch können. Man braucht nicht glücklich zu sein, am allerwenigsten hat man einen Anspruch darauf, und den, der einem das Glück genommen hat, den braucht man

10 nicht notwendig aus der Welt zu schaffen. Man kann ihn, wenn man weltabgewandt weiterexistieren will, auch laufen lassen. Aber im Zusammenleben mit den Menschen hat sich ein Etwas ausgebildet, das nun mal da ist und nach dessen Paragrafen wir uns gewöhnt haben, alles zu beurteilen, die andern und uns selbst. Und dagegen zu

15 verstoßen geht nicht; die Gesellschaft verachtet uns, und zuletzt tun wir es selbst und können es nicht aushalten und jagen uns die Kugel durch den Kopf. Verzeihen Sie, dass ich Ihnen solche Vorlesung halte, die schließlich doch nur sagt, was sich jeder selbst hundertmal gesagt hat. Aber freilich, wer kann was Neues sagen! Also noch einmal,

20 nichts von Hass oder dergleichen, und um eines Glückes willen, das mir genommen wurde, mag ich nicht Blut an den Händen haben; aber jenes, wenn Sie wollen, uns tyrannisierende Gesellschafts-Etwas, das fragt nicht nach Charme und nicht nach Liebe und nicht nach Verjährung. Ich habe keine Wahl. Ich muss.“

Ein ▶ freier Schriftsteller lebt von seinem Schreiben.

Zeitschriften ▶ S. 192f.

▶ EFFI BRIEST erscheint zunächst als Fortsetzungsroman in der Zeitschrift „DEUTSCHE RUNDSCHAU".

Arbeitsvorschläge

1. Gib mit eigenen Worten die Überlegungen Innstettens wieder.

2. Ist dir Innstetten in diesem Ausschnitt eher sympathisch oder unsympathisch? Begründe deine Entscheidung.

3. Nimm begründet Stellung zu der Frage, wie man sich verhalten sollte, wenn Forderungen der Gesellschaft und der eigene Glücksanspruch nicht zusammenpassen.

Die Tragödien Friedrich Hebbels

Hebbels Konzept des Tragischen

Kein deutscher Dramatiker verwirklicht in seinen Stücken so konsequent das Konzept des ▶ Tragischen wie ▶ Friedrich Hebbel. Tragisch, das bedeutet: Zwei Werte, zwei Ideale stehen einander gegenüber. Der Mensch befindet sich zwischen diesen Werten und muss sich entscheiden. Jeder der beiden Werte ist berechtigt und muss befolgt werden. Aber beide Werte widersprechen einander. Orientiert sich der Mensch nun an einem dieser beiden Werte, so verstößt er gegen den anderen.

Friedrich Hebbel

▶ **Tragik** – Zusammenstoß zweier Werte, die einander widersprechen. Der Mensch, der sich zwischen diesen beiden Werten entscheiden muss, macht sich, gleich wie er sich entscheidet, schuldig.

▶ **Friedrich Hebbel** (1813–63) ist Dramatiker und Lyriker. Weitere wichtige Werke: JUDITH, DIE NIBELUNGEN, GYGES UND SEIN RING

Auf diese Weise wird er schuldig, egal, was er tut. Der tragische Held hat keine Chance, nicht schuldig zu werden. Er wird **unschuldig schuldig** – das ist der Inbegriff des Tragischen.

Agnes Bernauer

Hebbels Vorgehensweise lässt sich gut an seinem Stück AGNES BERNAUER zeigen: Im 15. Jahrhundert verliebt sich der Thronfolger des Herzogtums Bayern in die ▶ Baderstochter Agnes Bernauer und heiratet sie. Damals wäre eine Baderstochter nie als zukünftige Herrscherin anerkannt worden, weil sie nicht adlig war. Auch Albrecht hätte auf den Thron verzichten müssen, wenn er eine Bürgerliche heiratet. Dann hätte das Herzogtum keinen Herrscher mehr gehabt, und die benachbarten bayerischen Herzogtümer hätten einen Krieg um die Herrschaft in München geführt. Der regierende Herzog Ernst steht vor der Wahl. Entweder er lässt Agnes töten oder er nimmt einen bayerischen Bürgerkrieg in Kauf. So oder so macht er sich schuldig.

▶ **Bader** ist ein mittelalterlicher Heilberuf. Die einfachen Leute, die sich keine Behandlung durch einen Arzt leisten konnten, gingen zum Bader.

Für Hebbel ist es wichtig, seine Konflikte so zu konstruieren, dass wirklich keine dritte Lösung bleibt. Das tut er so perfekt wie kein anderer deutscher Autor: Nach und nach werden alle anderen Möglichkeiten ausgeschlossen. Schließlich bleibt Herzog Ernst nur noch die Wahl, schuldig zu werden, weil er den Bürgerkrieg in Kauf nimmt oder weil er Agnes ermorden lässt.

Hebbel ist davon überzeugt, dass das Tragische im Leben eines jeden Menschen vorkommt. Ein menschliches Leben ohne tragische Situationen ist für ihn nicht denkbar, das Tragische ist allgegenwärtig. Dafür hat man den Begriff ▸ **Pantragismus** geprägt.

▸ **Pantragismus** ist die Vorstellung, dass das Tragische unausweichlich zum menschlichen Leben gehört. Hebbel selbst hat diesen Begriff nicht benutzt.

Maria Magdalene

Hebbels bekanntestes Stück ist ▸ MARIA MAGDALENE. Hier greift er noch einmal die Gattung des ▸ **Bürgerlichen Trauerspiels** auf. Allerdings gestaltet er das Bürgerliche Trauerspiel, nicht als Ständekonflikt – die tragische Katastrophe soll ganz aus dem Denken des Bürgertums, besonders aus seiner Moral heraus entstehen.

Klara ist mit Leonhard verlobt. Als ihre Jugendliebe zu einem Sekretär wiederauflebt, verlangt Leonhard als Liebesbeweis den Geschlechtsverkehr vor der Ehe. Klara wird schwanger, aber Leonhard verlässt sie, als sich die Möglichkeit ergibt, eine reiche Frau zu heiraten. Damit droht Klara die gesellschaftliche Ächtung: Eine unverheiratete Mutter wird in der damaligen Gesellschaft ausgestoßen, ein uneheliches Kind gilt als Schande. Klaras Vater, der Tischlermeister Anton, ist sehr streng und prinzipientreu. Er droht Klara, er werde sich umbringen, wenn sie ihm Schande mache. Klara sieht nur die Wahl, am Tod ihres Vaters schuldig zu sein oder sich selbst umzubringen (was nach damaligem Verständnis auch ein Verbrechen ist). Vor diese Wahl gestellt, tötet Klara sich selbst, bevor ihre Schwangerschaft bekannt wird.

Im Neuen Testament und in der kirchlichen Tradition ist ▸ Maria Magdalena eine Sünderin, die von Jesus Vergebung erhält und ihm dann nachfolgt. Sie ist eine Zeugin der Auferstehung Jesu.

Bürgerliches Trauerspiel ▸ S. 62f.

Theaterproduktion von ▸ MARIA MAGDALENA **im Maxim-Gorki-Theater Berlin, 2007**

Aufgrund eines Satzfehlers lautete der Titel auf dem Umschlag der Erstausgabe ▸ MARIA MAGDALENE. Heute sind beide Titel gebräuchlich.

Zeitschriften

Der Zeitschriften-Boom im 19. Jahrhundert

In der zweiten Hälfte des 19. Jahrhunderts steigt die Zahl der ver-
kauften Zeitschriften in Deutschland sprunghaft an. Zeitschriften
gibt es schon seit dem 17. Jahrhundert – die „Monatsgespräche", die
der ▶ Aufklärer ▶ Christian Thomasius seit dem Jahr 1688 herausgibt, gelten als die **erste deutschsprachige Zeitschrift**. In Frankreich
erscheinen die ersten Zeitschriften noch früher, und in Deutschland
gibt es schon vor Thomasius Zeitschriften in lateinischer Sprache.
Auch ▶ Schiller gibt immer wieder Zeitschriften heraus, unter anderem die bekannten „Horen". Allerdings sind das Zeitschriften für ein
kleines, gebildetes Publikum.

In der zweiten Hälfte des 19. Jahrhunderts ändert sich das: Immer
mehr Menschen können lesen. Was früher das Privileg einer kleinen
Minderheit war, ist jetzt dem ganzen Volk zugänglich. Und die breite
Bevölkerung wünscht sich angemessenen Lesestoff. Es entstehen die
sogenannten Familienblätter, die Lektüre für die ganze Familie bieten
wollen. Das bekannteste dieser Blätter ist sicherlich die „Gartenlaube", die 1853 gegründet wurde und bis 1944 bestand. Andere wichtige
Zeitschriften jener Jahre heißen „Daheim" oder „Unterhaltungen am
häuslichen Herd". Abgedruckt werden Fortsetzungsgeschichten, die
für beide Geschlechter und alle Altersgruppen geeignet sein sollen.

Es ist typisch für die Aufklärung, dass sie versucht,
mit volkssprachlichen
Zeitungen die Debatten in
die Bevölkerung zu tragen.
▶ S. 54

▶ Christian Thomasius
(1655 – 1728) war Jurist und
Philosoph.

Zeitschriften Schillers ▶ S. 99

Titelseite des Familienblattes
„Gartenlaube", 1898

Titelseite der Zeitschrift „Daheim", 1910

Der Fortsetzungsroman

Auf diese Weise finden unterschiedlichste Werke ihren Weg in die Familienblätter. Romane werden als Fortsetzungsgeschichten veröffentlicht, um das Publikum bei der Stange zu halten (*„Ich will wissen, wie es weitergeht"*). Es überrascht nicht, dass Autoren für diese Zeitschriften schreiben, die noch heute als Trivialautoren betrachtet werden, so zum Beispiel ▶ Karl May und ▶ Eugenie Marlitt. Beide veröffentlichen ihre Arbeiten in solchen Zeitschriften.

Titelseite der Zeitschrift „Fliegende Blätter"

Aber auch Autoren, die wir heute zu den wichtigen Vertretern der deutschen Literatur zählen, veröffentlichen in Zeitschriften: ▶ Theodor Fontane, ▶ Theodor Storm, ▶ Gottfried Keller, ▶ Wilhelm Raabe – die großen Autoren des Realismus – sind auf diese Art der Veröffentlichung angewiesen.

Die Familienblätter erreichen zu ihren besten Zeiten Auflagen von nahezu 400 000 Exemplaren. Kein Autor kann auf die Chance verzichten, einem großen Publikum auf diese Weise bekannt zu werden.

Die Entwicklung der Zeitschriften

Auch heute gibt es noch Zeitschriften, die sich an einen großen Leserkreis richten und mit breit gestreuten Themen Groß und Klein unterhalten wollen. Es sind die sogenannten **Illustrierten** wie beispielsweise „Die Bunte". Typisch für die Entwicklung im 20. Jahrhundert und zu Beginn des 21. Jahrhunderts ist aber eher eine Spezialisierung auf dem Zeitschriftenmarkt. Es entstehen **Fachzeitschriften**, z. B. wissenschaftliche Zeitschriften, Sportzeitschriften, Automobilzeitschriften usw. Das Ziel ist nicht mehr, jedem etwas zu bieten, sondern eine bestimmte ▶ **Zielgruppe** anzusprechen. Zu Beginn des 21. Jahrhunderts müssen sich die Zeitschriften vor dem Hintergrund der Konkurrenz des Internets bewähren und es werden neue Publikationsformen gesucht.

▶ Karl May (1842 – 1912) war Abenteuer-Schriftsteller. Zu seinen bekanntesten Figuren zählen Winnetou, Old Shatterhand und Kara Ben Nemsi.

▶ Eugenie Marlitt (1825 – 87) veröffentlichte zehn Romane in der „Gartenlaube" und trug damit zum Erfolg dieser Zeitschrift bei.

Theodor Fontane ▶ S. 188

Theodor Storm ▶ S. 186

Gottfried Keller ▶ S. 184

▶ Wilhelm Raabes (1831 – 1910) gesellschaftskritischen Romane, Novellen und Erzählungen spielen vor allem in der Spätzeit des poetischen Realismus eine große Rolle.

▶ Zielgruppe – Gruppe von Menschen, denen man sein Produkt verkaufen möchte.

Erzählen in Bildern –
von Wilhelm Busch zur Graphic Novel

Wilhelm Busch

▶ Wilhelm Busch (1832–1908) ist Maler, Grafiker und Dichter. Seine Bilder und Erzählungen sind kaum bekannt, dafür aber seine Bildergeschichten umso mehr: MAX UND MORITZ; DIE FROMME HELENE; HANS HUCKEBEIN.

▶ Wilhelm Busch hat die Bildergeschichte revolutioniert. Er wird 1832 in Hannover geboren und arbeitet nach seiner Ausbildung in Düsseldorf, Antwerpen und München. Ab etwa 1858 ist er für die satirische Zeitschrift „Fliegende Blätter" tätig, die in Bildern und witzigen Texten das deutsche Bürgertum aufs Korn nimmt. 1865 legt Wilhelm Busch mit seiner Bildergeschichte MAX UND MORITZ etwas ganz Neues vor: Bilder und Zeichnungen greifen auf eine Art und Weise ineinander, wie man das vorher selten erlebt hat. Ein Beispiel: Nachdem Max und Moritz die Hühner und den Hahn der Witwe Bolte dazu gebracht haben, Brotstücke zu verschlucken, die aneinandergebunden waren, erhängen sich die Hühner an den Bindfäden. Wilhelm Busch reimt dazu: *„Jedes legt noch schnell ein Ei, / und dann kommt der Tod herbei."* Der Text allein ist noch nicht komisch. Komisch wird er erst in Kombination mit dem Bild: Man sieht, dass nicht nur die drei Hühner, sondern auch der Hahn noch ein *„Ei"* legen. Bisher gab es Illustrationen zu Geschichten: Man las die Geschichte, und wenn man mochte, schaute man sich die Bilder an. Jetzt muss man die Bilder ansehen, um die Geschichte zu verstehen.

Wilhelm Busch: MAX UND MORITZ, ERSTER STREICH:
„Jedes legt noch schnell ein Ei, / Und dann kommt der Tod herbei.", 1865

Von Wilhelm Busch zum Comic

Eine direkte Linie führt von Wilhelm Busch zum amerikanischen Comicstrip. Comics erschienen seit 1895 zunächst in amerikanischen Zeitungen – als Streifen mit wenigen Bildern in Tageszeitungen oder als ganzseitige Geschichten in Sonntagszeitungen. Im Jahr 1897 beauftragt der Verleger ▸ **William Hearst** den deutschstämmigen Zeichner ▸ **Rudolph Dirks**, für seine Zeitung einen Comicstrip im Stil von MAX UND MORITZ zu zeichnen. Es entstehen die KATZENJAMMER KIDS, denen man ihre Verwandtschaft mit MAX UND MORITZ deutlich ansieht. Neue Folgen der Reihe werden noch heute gezeichnet.

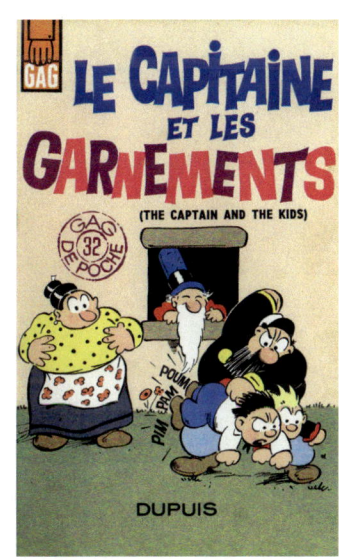

Rudolph Dirks: THE KATZENJAMMER KIDS, **1897**

Ab 1930 erscheinen in den USA Comics in Heftform. Die Comichelden werden nun auch öfter realistisch gezeichnet. Das erste Abenteuer von SUPERMAN erscheint 1938. Comics sind oft Massenware, die von anonymen Zeichnern in großen Studios schnell produziert werden müssen, damit jede Woche ein neues Heft erscheinen kann. Auch deshalb genießen in Deutschland Comics lange Zeit ein geringes Ansehen und werden als ▸ **Schund** bezeichnet.

Es entstehen aber auch sogenannte ▸ **Autorencomics**. Das sind Comics, bei denen sich Zeichner und Texter für ihre Arbeit so lange Zeit lassen, wie notwendig ist. Unregelmäßig erscheinen dann Geschichten im Albenformat, und der Name der Autoren bürgt für Qualität. Die Geschichten werden länger und sprengen den Rahmen eines einzelnen Hefts. Oft werden die einzelnen Bilder aufgelöst und die ganze Seite erscheint als grafische Einheit. Themen werden behandelt, die früher für Comics unvorstellbar waren. So erzählt ▸ **Art Spiegelman** in seinem Comic MAUS die Geschichte des ▸ **Holocaust**, ▸ **Will Eisner** behandelt in IM AUGE DES STURMS die Geschichte seiner Familie. Der Comic handelt von einer jüdischen Einwandererfamilie, die mit dem Antisemitismus in den USA konfrontiert wird. Man spricht hier von ▸ **Graphic Novels**, von grafischen Romanen.

Großer Einfluss geht in den letzten Jahren von japanischen Comics aus, deren typischer ▸ **Manga-Stil** immer öfter auch von europäischen Autoren benutzt wird.

▸ **William Hearst** (1863–1951) war ein amerikanischer Zeitungsverleger, der ein Medienimperium aufbaute.

▸ **Rudolph Dirks** (1877–1968) war ein deutsch-amerikanischer Comicpionier.

▸ **Schund** – abwertende Bezeichnung für künstlerisch und moralisch als minderwertig angesehene Werke

▸ **Autorencomics** – Comics, die eindeutig bestimmten Autoren zuzuordnen sind (z. B. ASTERIX), im Gegensatz zu fließbandmäßig in großen Studios produzierten Comics

▸ **Art Spiegelman** wurde 1948 geboren und ist ein amerikanischer Comicautor. Sein Comic MAUS (1986–91) wurde mit dem Pulitzerpreis ausgezeichnet.

▸ **Holocaust** – Vernichtung der Juden durch die Nationalsozialisten

▸ **Will Eisner** (1917–2005) war ein amerikanischer Comicautor. Wichtige Werke: THE SPIRIT; EIN VERTRAG MIT GOTT

▸ **Graphic Novel** – grafischer Roman (engl.); Comic, der in Umfang, Thema und Grafik den traditionellen Comicrahmen sprengt

▸ **Manga** – japanische Comics, die sich durch einen besonderen Stil (z. B. große Augen der Figuren, Menschen, die sich in Tiere verwandeln) auszeichnen

Zusammenfassung

Der Realismus, der die Literatur von etwa 1840 bis 1900 prägt, wendet sich auf eine neue Weise der Wirklichkeit zu. Die Idealisierung und Überhöhung der Wirklichkeit, wie sie die Klassik betrieb, wird ebenso abgelehnt wie das Spiel der Fantasie in der Romantik. Die Realität soll möglichst objektiv dargestellt werden, wobei politische und gesellschaftliche Veränderung nicht im Vordergrund stehen (anders als im Vormärz). Der Realismus in der deutschen Literatur zeichnet sich dadurch aus, dass er die Wirklichkeit auch poetisch zu deuten versucht. So sollen tiefere Sinnzusammenhänge unter der realistischen Oberfläche erkennbar werden. Die Naturkatastrophe in DIE BRÜCK' AM TAY erscheint als alte Schicksalsmacht, die den Menschen ihre Ohnmacht deutlich machen will, trotz aller Technik. Dafür hat sich der Begriff poetischer Realismus eingebürgert.

Wichtige Begriffe

Bürgertum; Gesellschaftsroman; Industrialisierung; Objektivität; poetischer Realismus; Psychologisierung

Zusammenfassung der Teilkapitel

Autoren und Werke

Gottfried Keller: ROMEO UND JULIA AUF DEM DORFE – Kellers Novelle ist typisch für den poetischen Realismus. Es wird eine Geschichte erzählt, die aus einer Zeitungsmeldung stammt. Und sie wird gedeutet, indem Keller ihr ein altes Muster unterlegt. Wie Shakespeares ROMEO UND JULIA können auch Sali und Vrenchen einander nicht heiraten, weil ihre Familien verfeindet sind. Sie wählen deshalb den gemeinsamen Freitod. Trotz seiner scheinbar objektiven Erzählweise kritisiert Keller die gesellschaftliche Moral seiner Zeit. Von einer selbstgerechten Gesellschaft werden die Liebenden in den Tod getrieben, während sie gleichzeitig die Würde tragischer Helden bekommen.

Theodor Storm: DER SCHIMMELREITER – Wie in vielen seiner Werke setzt Storm auch in dieser späten, meisterhaften Novelle seiner Heimat Friesland ein literarisches Denkmal. Der aufgeklärte Deichgraf Hauke Haien baut gegen den Widerstand seiner Mitbürger einen neuen Deich und vernachlässigt den alten. Bei einer Sturmflut bricht der alte Deich, Hauke Haiens Familie kommt um. Er selbst stürzt sich in die Fluten und lebt im Volksglauben als Deichgespenst weiter.

Theodor Fontane: EFFI BRIEST – Der Roman gehört zu den ersten Gesellschaftsromanen in Deutschland. Erzählt wird die Geschichte einer jungen Frau, die in eine Ehe mit einem älteren Mann gedrängt wird. Eher aus Langeweile denn aus Leidenschaft geht sie eine Affäre mit dem Major Crampas ein. Obwohl ihr Mann erst Jahre später von dieser Affäre erfährt, kann er ihr nicht verzeihen. Ihr Leben wird zerstört und sie stirbt in gesellschaftlicher Ächtung. Es bleibt offen, ob Fontane die Gesellschaft kritisiert oder ob das Verhältnis zwischen dem Glück des Einzelnen und den Forderungen der Gesellschaft für ihn unaufhebbar tragisch ist.

Die Tragödien Friedrich Hebbels – Wie kaum ein anderer Dramatiker feilt Friedrich Hebbel an der tragischen Struktur seiner Dramen. Seine Helden werden in einen Wertekonflikt getrieben, aus dem sie nicht herauskommen, ohne schuldig zu werden. Sie haben keine Chance, schuldlos zu bleiben. Eines seiner berühmtesten Dramen ist MARIA MAGDALENE, das noch einmal die Gattung Bürgerliches Trauerspiel aufgreift. Klara wird unehelich schwanger. Um ihrem Vater die Schande zu ersparen und ihn vor dem Selbstmord zu bewahren, tötet sie sich selbst.

Zeitschriften – Im 19. Jahrhundert kommt es zu einem regelrechten Zeitschriftenboom. Immer mehr Menschen können lesen und verlangen nach angemessenem Lesestoff. Die sogenannten Familienblätter entstehen, die als Vorläufer der Illustrierten Information und Unterhaltung für die ganze Familien bieten. Ein wichtiger Bestandteil der Familienblätter ist der Fortsetzungsroman. Die meisten Autoren des Realismus veröffentlichen in diesen Zeitschriften. Später setzt eine Spezialisierung auf dem Zeitschriftenmarkt ein.

Erzählen in Bildern – von Wilhelm Busch zur Graphic Novel – Wilhelm Busch führt eine neue Einheit von Text und Bild ein. In seiner Kunst illustrieren die Bilder nicht nur den Text, sondern der Text wäre ohne Bilder kaum verständlich. Von Buschs satirischen Attacken gegen das Bürgertum führt eine direkte Linie zu den Comics, ohne die seit etwa 1900 keine amerikanische Tageszeitung auskommt. Neuere Entwicklungen eröffnen dem Comic Wege, die aus der anspruchslosen Massenproduktion herausführen: Die Autoren entscheiden über den Umfang und die Erscheinungsweise (Autorencomic) und neue Inhalte und Stile erobern den Comic (Graphic Novel).

Weitere Autoren und Werke

Theodor Fontane: Herr von Ribbeck auf Ribbeck im Havelland; Irrungen Wirrungen; Unterm Birnbaum; Friedrich Hebbel: Die Nibelungen; Gottfried Keller: Kleider machen Leute; Wilhelm Raabe: Stopfkuchen; Zum wilden Mann; Conrad Ferdinand Meyer: Das Amulett; Der Heilige

Arbeitsvorschläge

1. Vergleiche das realistische Bild Eisenwalzwerk (S. 180) von Adolf Menzel mit dem romantischen Bild Der Mönch am Meer (S. 122) von Caspar David Friedrich. Zeige an den beiden Bildern die grundlegenden Unterschiede der beiden Epochen.

2. Die Umgangssprache kennt den Begriff realistisch in einem anderen Sinne („*Jetzt sei doch mal realistisch!*"). Erkläre den umgangssprachlichen Begriff und vergleiche ihn mit dem literaturgeschichtlichen Begriff. Wo siehst du Berührungspunkte?

3. Erläutere das Konzept des Realismus am Beispiel des Textausschnitts aus dem Grünen Heinrich (S. 181).

4. Vergleiche das Verhältnis von Bild und Sprache bei Wilhelm Busch (S. 194) mit einem modernen Comic deiner Wahl. Welche Unterschiede, welche Gemeinsamkeiten entdeckst du?

5. Fertige eine Beschreibung von einem Gegenstand, einer Gegend oder einem Ereignis aus deinem Alltag im Stil des Realismus an. Beachte dabei die Epochenmerkmale auf den Einführungsseiten (S. 182f.) zur Epoche des Realismus.

Heinrich Zille: BESUCH DES VERMIETERS, 1910

Arno Holz

Unterm Heiligenschein

[...]

Unsere Welt ist nicht mehr klassisch,
unsere Welt ist nicht mehr romantisch,
unsere Welt ist nur modern!

Hermann Conradi

Herbst

Der frischgedüngte Acker stinkt herüber;
Braunrotes Land nickt über die Stakete[1],
Die letzten Astern kümmern auf dem Beete –
Und täglich wird der Himmel trüb und trüber.

5 Aus der Spelunke[2] jagte mich das Fieber
Und warf auf meine Backen grelle Röte.

Wie sie heut wieder brünstig küsste, flehte:
Ich möchte wiederkommen! Viel, viel lieber
Sei ihr die Nacht! ... Denn, wär' der Tag zu Rüste[3],
10 Dann sprängen heißer all die süßen Lüste
Und süßer sei das Indenarmenliegen! ...

Der frischgedüngte Acker stinkt empörend –
Doch ist sein Stunk nicht grade unbelehrend:
Nur wer das Leben überstinkt, wird siegen!

[1] Stakete: Holzlatte
[2] Spelunke: schlechte, verrufene Kneipe
[3] Rüste: Rast, Ruhe

Naturalismus (1880–1900)

Der Naturalismus und die literarische Moderne

Die Jahre um 1900 erlebten tiefgreifende naturwissenschaftlich-technische Umwälzungen und politisch-soziale Krisen. Darauf reagierten fast zeitgleich unterschiedliche Kunststile mit neuen Ausdrucksformen. Sie werden als literarische Moderne bezeichnet. Die wichtigsten dieser zwischen 1880 und 1933 entstandenen Strömungen sind Naturalismus, ▶ Impressionismus, ▶ Symbolismus, ▶ Expressionismus, ▶ Dadaismus und ▶ Neue Sachlichkeit. Der Naturalismus radikalisiert den ▶ Realismus. Er zielt auf die ungeschminkte Abbildung der Wirklichkeit und nicht, wie der poetische Realismus,

Arbeiterleben in der Großstadt, um 1900

auf deren Verklärung. Er ist die erste Kunstrichtung, die soziales Elend unbeschönigt darstellt. Die Literaten beschäftigen sich mit den Schattenseiten der industriellen Revolution, die sich vor allem in den Großstädten zeigte. Die Dramen ▶ Gerhart Hauptmanns, des bekanntesten Naturalisten, handeln von Armut, Hungersnot, Alkoholismus, Gewalt, Arbeitslosigkeit und Einsamkeit.

Auch die Lyrik geht neue Wege. So führt der Titel ▶ HERBST des Gedichts von Hermann Conradi in die Irre: Die übliche Todesahnung eines Herbstgedichts wird zum Krankenbericht eines Schwindsüchtigen.

Die wissenschaftlichen Grundlagen des Naturalismus

Der Fortschrittsoptimismus, den die rasante Entwicklung von Wissenschaft und Technik im 19. Jahrhundert ausgelöst hatte, erfasste auch den Naturalismus. *„Die Basis unseres gesamten modernen Denkens bilden* die Naturwissenschaften. Das vornehmste Objekt der Forschung ist der Mensch", verkündete der Schriftsteller ▸ Wilhelm Bölsche. Die gesellschaftskritischen Ziele des Naturalismus gründeten in den großen wissenschaftlichen Theorien jener Jahre. Unter ihrem Einfluss zeigten die Literaten den Menschen als **determiniert**, d. h. festgelegt und vorbestimmt von biologischen, sozialen und psychischen Abhängigkeiten. In Anlehnung an die Abstammungslehre ▸ Charles Darwins entstand die Milieutheorie, die den Menschen nicht mehr als geistiges, göttliches Wesen begriff, sondern in erster Linie als Produkt von **Vererbung und Umwelt**. ▸ Karl Marx und ▸ Friedrich Engels schärften den Blick der Naturalisten für die verlogene Moral des Bürgertums und die soziale Verelendung des ▸ Großstadtproletariats, insbesondere für die unmenschlichen Lebensbedingungen, unter denen die Industriearbeiter litten.

Der konsequente Naturalismus

Der konsequente Naturalismus ist die radikalste Form des Naturalismus. Ihn entwickelte ▸ Arno Holz, der nach Gerhart Hauptmann der bedeutendste Schriftsteller der Epoche ist. Mit wissenschaftlichem Anspruch formulierte er ein Kunstgesetz: Kunst = Natur – x. Das Ziel der Literatur sah er in der exakten Widerspiegelung der Wirklichkeit (Natur). Das „x" in der Formel steht für die Unvollkommenheit des Künstlers, durch die sich Kunst und Wirklichkeit nie vollends entsprechen können. Der Künstler müsse deshalb versuchen, den Faktor „x" gering zu halten. Dafür verfeinerte Holz die Technik des ▸ Sekundenstils, verwendete die Alltagssprache und **verzichtete auf künstlerische Gestaltungsmittel** wie Bildlichkeit und Symbolik.

Hermann Conradi, HERBST ▸ S. 199. Hermann Conradi (1862–90) war als Theoretiker wie auch als Lyriker und Romanschriftsteller im Naturalismus tätig.

▸ Wilhelm Bölsche (1861–1939) war Redakteur der „Freien Bühne", dem wichtigsten Organ des Naturalismus.

▸ Charles Darwin (1809–82) weist in seinem Hauptwerk DIE ENTSTEHUNG DER ARTEN nach, dass alle Lebewesen durch natürliche Selektion entstanden sind.

▸ Karl Marx (1818–83) und ▸ Friedrich Engels (1820–95) ergreifen in ihren Hauptwerken (MANIFEST DER KOMMUNISTISCHEN PARTEI; DAS KAPITAL) Partei für die Arbeiterklasse, die sie von unmenschlichen Ausbeutungspraktiken des bürgerlichen Kapitalismus unterdrückt sehen.

▸ Großstadtproletariat wird die Arbeiterklasse in den größeren Städten genannt.

Arno Holz ▸ S. 204

Der ▸ Sekundenstil versucht, kleinste Bewegungen, Gesten, Geräusche und Nuancierungen in ihrer zeitlichen Abfolge so genau wie möglich darzustellen. Die Dialoge in Dramen werden deshalb durch ausführliche Regieanweisungen unterbrochen.

Epochenmerkmale kurz gefasst

Naturalismus

- ungeschminkte Darstellung von (Großstadt-)Elend wie Armut, Hungersnot, Alkoholismus, Gewalt, Arbeitslosigkeit und Einsamkeit
- Der Mensch wird nicht als frei, sondern als determiniert (= als vorbestimmt von Erbanlagen und Milieueinflüssen) verstanden.
- Der konsequente Naturalismus (Kunst = Natur – x) zielt auf eine exakte Widerspiegelung der Wirklichkeit (Natur).
- Sekundenstil, Verwendung von Dialekt und Alltagssprache
- sozialkritische Dramen und Erzählungen

Gerhart Hauptmann

▶ 1862 Gerhart Hauptmann wird in Ober-Salzbrunn (Schlesien) geboren.

▶ 1878–79 Landwirtschaftslehre

▶ 1880 Studium der Bildhauerei in Breslau, später Dresden; abgebrochene Studien der Philosophie, Geschichte und Naturwissenschaften in Jena und Berlin

▶ 1885 Übersiedlung nach Erkner bei Berlin

▶ 1885 Heirat mit Marie Thienemann

▶ 1885 Kontakt mit dem naturalistischen Dichterkreis **Durch!**

▶ 1888 Bekanntschaft mit Arno Holz und Johannes Schlaf

▶ 1901 Rückkehr nach Schlesien

▶ 1904 zweite Ehe mit Margarete Marschalk

▶ 1912 Nobelpreis für Literatur

▶ 1946 Hauptmann stirbt im schlesischen Agnetendorf.

symbolistisch – Symbolismus ▶ S. 212ff.

Die ▶ Neoromantik ist eine dem ▶ Symbolismus (S. 212ff.) und ▶ Impressionismus (S. 212ff.) verwandte Kunstrichtung, die Stoffe und Motive der Romantik wiederbelebt, z. B. Märchen, Mythen und Sagen.

Hauptmanns bekanntestes Drama ist DIE WEBER ▶ S. 206f.

Gerhart Hauptmann: Bahnwärter Thiel (1887)

Gerhart Hauptmann

Gerhart Hauptmann ist zeitlebens ein außergewöhnlich **schöpferischer Autor.** Rund 60 Jahre lang schreibt er Dramen und Erzählungen. Seine Anfänge als Schriftsteller sind eng mit dem Naturalismus verknüpft, das märchenhafte Spätwerk lässt sich eher als ▶ symbolistisch oder ▶ neoromantisch charakterisieren. Die naturalistische Bewegung verdankt dem vielseitigen Schlesier – er studierte Bildhauerei, Philosophie, Geschichte und Naturwissenschaften – ihren

Gerhart Hauptmann

Durchbruch. Mit BAHNWÄRTER THIEL gelang Hauptmann das erste **Erfolgswerk des Naturalismus** und die Uraufführung seines Dramas VOR SONNENAUFGANG provozierte einen solchen Skandal, dass das neue Lessingtheater in Berlin mit einem Schlag in aller Munde war.

Weitere Werke

Dramen: VOR SONNENAUFGANG; DER BIBERPELZ; HANNELES HIMMELFAHRT; FLORIAN GEYER; FUHRMANN HENSCHEL; DIE RATTEN; DIE ATRIDEN-TETRALOGIE; außerdem Gedichte und Erzählungen

Bahnwärter Thiel

Hauptmann bezeichnet BAHNWÄRTER THIEL als „novellistische Studie". Damit betont er den wissenschaftlichen Anspruch des Naturalismus, die Lebensverhältnisse der Unterschicht und deren Folgen für den Einzelnen vorurteilsfrei darzustellen. Die Erzählung zeigt, wie der gutmütige, kleinbürgerliche Bahnwärter in einen verhängnisvollen Strudel von Hilflosigkeit, Vereinsamung, Sexualtrieb und Gewalt gerät. Auslöser dafür sind seine **Lebensumstände** – der Verlust der geliebten ersten Ehefrau und die Rohheit der zweiten – sowie seine **Veranlagung** zu Passivität und zum stillen Erdulden. Diese Geschichte endet in **Wahnsinn** und **Verbrechen.** Als seine zweite Ehefrau den Tod seines Sohnes aus erster Ehe durch eine Unachtsamkeit mitverschuldet, verfällt Thiel in Raserei. Er erschlägt seine Frau mit einem Beil und wird in eine Irrenanstalt eingeliefert.

Bahnwärter Thiel

Thiel heiratet nach dem Tod seiner kränklichen Frau, mit der er einen Sohn, Tobias, hat, die grobe und derbe Bauernmagd Lene. Als Lene ein eigenes Kind bekommt, erlebt Thiel, wie sie seinen geliebten Tobias misshandelt. Der Textauszug zeigt Thiels Reaktion auf diesen Vorfall.

Thiel hörte kaum, was sie sagte. Seine Blicke streiften flüchtig das heulende Tobiaschen. Einen Augenblick schien es, als müsse er gewaltsam etwas Furchtbares zurückhalten, was in ihm aufstieg; dann legte sich über die gespannten Mienen plötzlich das alte ▶ Phlegma,

5 von einem verstohlnen begehrlichen Aufblitzen der Augen seltsam belebt. Sekundenlang spielte sein Blick über die starken Gliedmaßen seines Weibes, das, mit abgewandtem Gesicht herumhantierend, noch immer nach Fassung suchte. Ihre vollen, halbnackten Brüste blähten sich vor Erregung und drohten das Mieder zu sprengen, und

10 ihre aufgerafften Röcke ließen die breiten Hüften noch breiter erscheinen. Eine Kraft schien von dem Weibe auszugehen, unbezwingbar, unentrinnbar, der Thiel sich nicht gewachsen fühlte.
Leicht gleich einem feinen Spinngewebe und doch fest wie ein Netz von Eisen legte es sich um ihn, fesselnd, überwindend, erschlaffend.

15 Er hätte in diesem Zustand überhaupt kein Wort an sie zu richten vermocht, am allerwenigsten ein hartes, und so musste Tobias, der in Tränen gebadet und verängstet in einer Ecke hockte, sehen, wie der Vater, ohne auch nur weiter nach ihm umzuschauen, das vergessne Brot von der Ofenbank nahm, es der Mutter als einzige Erklärung

20 hinhielt und mit einem kurzen, zerstreuten Kopfnicken sogleich wieder verschwand.

▶ Phlegma – Trägheit, Gleichgültigkeit

Arbeitsvorschläge

1. Beschreibe die Beziehung der Figuren zueinander und zeige, welche Abhängigkeiten bestehen.

2. Charakterisiere Thiel auf der Grundlage dieses Textauszuges. Welche Charaktereigenschaften lassen sich ablesen?

3. Begründe, ob die sprachliche Gestaltung des Textes die Wirklichkeit exakt abbildet, so wie es der konsequente Naturalismus beabsichtigt.

Arno Holz

▶ 1863 Arno Holz wird in Rastenburg in Ostpreußen geboren.

▶ 1881 Journalist, später freier Schriftsteller in Berlin

▶ 1885 Schillerpreis; Holz revolutionierte die Lyrik durch die Verwendung von Alltagssprache sowie den Verzicht auf Reim und Metrum.

▶ 1888–92 enge Zusammenarbeit mit Johannes Schlaf

▶ 1929 Holz stirbt in Berlin.

Johannes Schlaf

▶ 1862 Johannes Schlaf wird in Querfurt in Thüringen geboren.

▶ 1885 Studium der Philologie in Berlin

▶ 1886 Kontakt mit dem naturalistischen Dichterkreis **Durch!**

▶ 1888–92 enge Zusammenarbeit mit Arno Holz

▶ 1892–96 schwere Nervenerkrankung

▶ 1904–37 freier Schriftsteller in Weimar

▶ 1941 Schlaf stirbt in Querfurt.

konsequenter Naturalismus ▶ S. 201

Sekundenstil ▶ S. 201

Arno Holz, Johannes Schlaf: Papa Hamlet (1889)

Arno Holz und Johannes Schlaf

Im Jahr 1889 erscheinen drei Erzählungen eines Norwegers namens Bjarne P. Holmsen – DER ERSTE SCHULTAG, EIN TOD und PAPA HAMLET –, die als Sprachexperimente zu den bedeutendsten Leistungen des Naturalismus zählen. Der Verfassername ist ein Pseudonym, hinter dem sich das **Autorengespann** Arno Holz und Johannes Schlaf verbirgt. Die Freundschaft und Zusammenarbeit der beiden Schriftsteller beginnt in Berlin, wo sie zu den **Begründern des Naturalismus** werden. Holz, der zeitlebens unter materieller Not leidet, entwickelt die Theorie des ▶ **konsequenten Naturalismus** und revolutioniert die Lyrik mit seiner Sammlung PHANTASUS. Schlaf, der nach einem schweren Nervenleiden Berlin verlässt, schreibt mit der Tragödie MEISTER OELZE das wichtigste Drama des konsequenten Naturalismus.

Arno Holz

Johannes Schlaf

Weitere Werke

Holz: DIE KUNST, IHR WESEN UND IHRE GESETZE; Holz/Schlaf: DIE FAMILIE SELICKE

Papa Hamlet

Diese **Prosastudie**, wie die Autoren ihre Erzählung mit wissenschaftlichem Anspruch nannten, ist der **experimentellste Text** des konsequenten Naturalismus. Die Geschichte um einen heruntergekommenen Schauspieler enthält die großen **Themen des Naturalismus** – Großstadtelend, Arbeitslosigkeit, Alkoholismus, Krankheit, Sexualität, Gewalt – und wird damit zur sozialen Anklageschrift, vor allem, weil der Protagonist sein Kind, wenn auch unbeabsichtigt, tötet. Revolutionär waren vor allem die künstlerischen Mittel, mit denen eine **wissenschaftlich exakte Abbildung der Wirklichkeit** angestrebt wurde: der ▶ **Sekundenstil** sowie die Verwendung von ▶ **Dialekt**, ▶ **Soziolekt** und ▶ **Psycholekt**.

Papa Hamlet

Niels Thienwiebel ist ein heruntergekommener Schauspieler ohne Anstellung, der dem Alkohol verfallen ist. Er lebt mit seiner kranken Frau und seinem Sohn, der unter Asthma leidet, in einer schäbigen Dachstube.

Er war jetzt zu ihr unter die Decke gekrochen, die Unterhose hatte er anbehalten.

„Nicht mal Platz genug zum Schlafen hat man!"

Er reckte sich und dehnte sich.

5 „So'n Hundeleben! Nicht mal schlafen kann man!"

Er hatte sich wieder auf die andre Seite gewälzt.

Die Decke von ihrer Schulter hatte er mit sich gedreht, sie lag jetzt fast bloß da ....

[...]

10 Sie hustete.

„Ach Gott, ja! Und nu bist du auch noch so krank! Und das Kind! Dies viele Nähen ... Aber du schonst dich ja auch gar nicht ... ich sag's ja!"

Sie hatte wieder zu schluchzen angefangen.

[...]

15 „Ach, nich doch, Niels! Nich doch! Das Kind – ist ja schon wieder auf! Das – Kind schreit ja! Das – Kind, Niels! ... Geh doch mal hin! Um Gottes willen!!" Ihre Ellbogen hinten hatte sie jetzt fest in die Kissen gestemmt, ihre Nachtjacke vorn stand weit auf.

Durch das dumpfe Gegurgel drüben war es jetzt wie ein dünnes, hei-
20 seres Gebell gebrochen. Aus den Lappen her wühlte es, der ganze Korb war in ein Knacken geraten.

„Sieh doch mal nach!!"

„Natürlich! Das hat auch grade noch gefehlt! Wenn das Balg doch der Deuwel holte! ..."

25 Er war jetzt wieder in die Pantoffeln gefahren.

„Nicht mal die Nacht mehr hat man Ruhe! Nicht mal die Nacht mehr!!"

Das Geschirr auf dem Tisch hatte wieder zu klirren begonnen, die Schatten oben über der Wand hin schaukelten. –

▶ **Dialekt** ist die geografische,
▶ **Soziolekt** die schichtspezifische und ▶ **Psycholekt** die situationsbedingte Ausdrucksweise.
Der **Psycholekt** der naturalistischen Figuren ist oft durch **Anakoluth** (Satzabbruch) und **Ellipse** (unvollständiger Satz) gekennzeichnet. Damit lassen sich Seelenzustände wie Schmerz, Kummer oder Verzweiflung zum Ausdruck bringen.

Arbeitsvorschläge

1. Benenne die Themen, die der Text behandelt.

2. Erkläre mithilfe dieses Textauszugs die Technik des Sekundenstils.

3. Gib die Szene aus Sicht des Vaters (Niels) wieder. Beschreibe, welche Veränderungen sich durch den Perspektivenwechsel für die Deutung des Textes ergeben.

Gerhart Hauptmann: Die Weber (1892)

Gerhart Hauptmanns Leben
und Werk ▶ S. 202

Das naturalistische Drama

Schon die Uraufführung von Gerhart Hauptmanns erstem Drama VOR SONNENAUFGANG sorgte 1889 für einen **Skandal**. Das bürgerliche Publikum war an unterhaltsame Bildungskost gewöhnt. In diesem Stück bekam es aber die ungeschminkte Darstellung einer dem **Alkohol** verfallenen, verwahrlosten Bauernfamilie zu sehen. Aufgrund von Tumulten im Zuschauerraum konnte das Stück nur mit Mühe zu Ende gespielt werden. Ein Theaterkritiker urteilte damals: „*Ist nur das*

Szene aus dem Film DIE WEBER, **1927**

Hässliche, das Ekelhafte wahr? Nur der Unrat, die Jauche, die Kloake?" Die **schonungslose Zustandsbeschreibung** des **kleinbürgerlichen Milieus** war eine neue Etappe in der Geschichte des Dramas.

Die Weber

Heinrich Heine:
DIE SCHLESISCHEN WEBER
▶ S.173; Hauptmann war der
Stoff aus seiner schlesischen
Heimat und durch einen
Großvater, der auf Seiten
der Weber gekämpft hatte,
vertraut.
Hauptmann schrieb zwei
Fassungen des Dramas: die
eine im schlesischen Dialekt,
die andere in einer dem
Hochdeutschen angenäherten
Sprache.

Auch Hauptmanns bekanntestes Drama, ▶ DIE WEBER, löste öffentliche Empörung aus. Es behandelt ein **historisches Ereignis**: den erfolglosen Aufstand der schlesischen Weber im Jahre 1844. Profitgierige Fabrikanten hatten damals mit einer skrupellosen Lohnpolitik für die massenhafte Verelendung der Arbeiter gesorgt. Das preußische Herrscherhaus befürchtete, das Publikum könnte Parallelen ziehen zwischen dem Elend der Weber um 1840 und dem der Fabrikarbeiter um 1890 und ließ das Stück verbieten. Erst nachdem es im Privatverein **Freie Bühne** uraufgeführt worden war und Hauptmann durch seinen Anwalt erklärte, DIE WEBER sei keine politische Kampfschrift, wurde eine öffentliche Aufführung genehmigt. Kaiser Wilhelm II. kündigte daraufhin seine Loge im **Deutschen Theater**. Das fünfaktige Drama schildert **Leid und Armut** der Weber sowie ihren **verzweifelten Aufstand** gegen einen ausbeuterischen Fabrikanten namens Dreißiger. Ausgerechnet ein Unschuldiger, der alte Hilse, der jede Gewalt ablehnt, wird am Ende das Opfer einer verirrten Gewehrkugel.

Die Weber, Akt I, Szene 1

Vor dem Beginn der Handlung beschreibt Hauptmann in einer sehr ausführlichen Regieanweisung, die hier leicht gekürzt ist, das Aussehen der Weber.

Das soziale Drama ▶ S. 177

Ein geräumiges, graugetünchtes Zimmer in Dreißigers Haus zu Peterswaldau. Der Raum, wo die Weber das fertige Gewebe abzuliefern haben. Linker Hand sind Fenster ohne Gardinen, in der Hinterwand eine Glastür, rechts eine ebensolche Glastür, durch welche fortwährend Weber, Weberfrauen und Kinder ab- und zugehen. Längs der rechten Wand, die wie die übrigen größtenteils von Holzgestellen für ▶ Parchent verdeckt wird, zieht sich eine Bank, auf der die angekommenen Weber ihre Ware ausgebreitet haben. [...]

▶ Parchent – Baumwollgewebe (Stoff)

5 Es ist ein schwüler Tag gegen Ende Mai. Die Uhr zeigt zwölf. Die meisten der harrenden Webersleute gleichen Menschen, die vor die Schranken des Gerichts gestellt sind, wo sie in peinigender Gespanntheit eine Entscheidung über Tod und Leben zu erwarten haben. Hinwiederum haftet allen etwas Gedrücktes, dem Almosenempfänger Ei-
10 gentümliches an, der, von Demütigung zu Demütigung schreitend, im Bewusstsein, nur geduldet zu sein, sich so klein als möglich zu machen gewohnt ist. Dazu kommt ein starrer Zug resultatlosen, bohrenden Grübelns in aller Mienen. Die Männer, einander ähnelnd, halb zwerghaft, halb schulmeisterlich, sind in der Mehrzahl flachbrüstige,
15 hüstelnde, ärmliche Menschen mit schmutzigblasser Gesichtsfarbe: Geschöpfe des Webstuhls, deren Knie infolge vielen Sitzens gekrümmt sind. Ihre Weiber zeigen weniger Typisches auf den ersten Blick; sie sind aufgelöst, gehetzt, abgetrieben – während die Männer eine gewisse klägliche ▶ Gravität zur Schau tragen – und zerlumpt, wo die
20 Männer geflickt sind. Die jungen Mädchen sind mitunter nicht ohne Reiz; wächserne Blässe, zarte Formen, große hervorstehende, melancholische Augen sind ihnen dann eigen.

▶ Gravität – (steife) Würde, Erhabenheit, Ehre

Arbeitsvorschläge

1. Beschreibe mithilfe der Regieanweisung, in welcher sozialen Situation sich die Weber befinden.

2. Erkläre, welche Aussageabsicht diese ausführliche Regieanweisung zu Beginn des Dramas verfolgt.

3. Nenne Themen des Naturalismus, die in dem Textauszug anklingen.

Schulgeschichten um die Jahrhundertwende

Schule um 1900

In der Schule geht es um 1900 zu wie auf dem Kasernenhof: Lernen ist ein **Drill**, der auf **Disziplin, Einschüchterung, Unterwerfung** und **Anpassung** zielt. Die Abweichler und die Schwachen haben mit **Schikane** und brutaler **Bestrafung** zu rechnen. Die körperlichen und seelischen Schäden, die der strenge Erziehungsstil Kindern zufügt, werden zum Thema viel gelesener Schulgeschichten um die Jahrhundertwende. Häufig weitet sich die Klage über das **unbarmherzige Schulsystem** zur **schonungslosen Gesellschaftskritik** aus.

Arno Holz: Erster Schultag (1889)

Arno Holz ▸ S. 204

Sekundenstil ▸ S. 201

Dialekt, Soziolekt,
Psycholekt ▸ S. 205

Die kurze Erzählung von ▸ Arno Holz prangert im Stile der naturalistischen Schreibtechniken die **sadistischen Erziehungsmethoden** eines Schulrektors an. ▸ **Sekundenstil, Dialekt, Soziolekt** und **Psycholekt** erzeugen eine wirklichkeitsnahe Abbildung der Ängste und Misshandlungen, die der kleine Jonathan bei der Einschulung erlebt. Die Kinder, die der Rektor als *„Schweinszeug"* und die *„kleinen Häftlinge"* beschimpft, erlernen schon am ersten Schultag, dass von ihnen nichts als absoluter Gehorsam verlangt wird.

Schulunterricht um 1900

Frank Wedekind: Frühlingserwachen (1891)

▶ Frank Wedekind geht in seiner „Kindertragödie", wie der Untertitel des Dramas lautet, noch einen Schritt weiter als Holz. Der pubertierende Moritz Stiefel leidet so stark unter den unmenschlichen Ansprüchen der Schule, seinem verständnislosen Elternhaus und der verklemmten Sexualmoral, dass er sich das Leben nimmt. Die Lehrer sind engstirnige, hartherzige und mitleidlose Pädagogen, worauf schon ihre sprechenden Namen hindeuten: Knochenbruch, Sonnenstich und Fliegentod.

▶ Frank Wedekind (1864–1918) war Lyriker, Dramatiker und Schauspieler. Er gehörte zu den meistgespielten Dramatikern seiner Zeit.

Heinrich Mann: Professor Unrat oder das Ende eines Tyrannen (1905)

Schon im Titel klingt die satirische Absicht des Romans von ▶ Heinrich Mann an. Professor Rat, als „Unrat" verhöhnt, ist ein verknöcherter Gymnasiallehrer, der seine Schüler mit überzogenen Strafen, ungerechten Zensuren und sinnlosen Aufgaben tyrannisiert. Der Erfolgsroman kritisiert die Autoritätsgläubigkeit im Kaiserreich.

Heinrich Mann: PROFESSOR UNRAT, **Buchcover**

▶ Heinrich Manns (1871–1950) Roman wurde 1930 unter dem Titel DER BLAUE ENGEL verfilmt. Regie führte Josef von Sternberg und das Drehbuch schrieb der Schriftsteller Carl Zuckmayer (▶ S. 255)

Hermann Hesse: Unterm Rad (1906)

In ▶ Hermann Hesses ▶ autobiografisch gefärbter Erzählung gerät der begabte Hans Giebenrath *„unter das Rad"* eines Schulsystems, das seine zartbesaitete Seele, seine anfällige Gesundheit und sein Bedürfnis nach Freundschaft zerstört. Nach einem Fluchtversuch aus der Schule wird er von der Bildungsanstalt verwiesen und erleidet einen Zusammenbruch. Von den ehemaligen Klassenkameraden verhöhnt und von einem Mädchen zurückgewiesen, verschlimmert sich seine Krise. Als er unter Alkoholeinfluss in einem Fluss ertrinkt, deutet vieles auf einen Selbstmord hin.

Hermann Hesse ▶ S. 258

Eine ▶ Autobiografie ist die Darstellung des eigenen Lebens.

Robert Musil: Die Verwirrungen des Zöglings Törleß (1906)

Die Erzählung von ▶ Robert Musil ist ein Dokument der psychischen Verwirrungen, in die Jugendliche in der Pubertät geraten können. Unter den Bedingungen des Internatslebens werden nicht mehr die Lehrer, sondern die Schüler zu ▶ Sadisten. Der junge Törleß gehört zu einer Gruppe von Jugendlichen, die einen Mitschüler seelisch, körperlich und sexuell grausam misshandeln.

▶ Robert Musil (1880–1942), österreichischer Erzähler, ist vor allem wegen seines unvollendeten Lebenswerks DER MANN OHNE EIGENSCHAFTEN bekannt.

▶ Sadist – jemand, der Lust dabei empfindet, wenn er Menschen oder Tiere quält

Zusammenfassung

Der Naturalismus ist eine **Strömung der literarischen Moderne**, die um 1900 auf die technischen und sozialen Veränderungen mit neuen künstlerischen Ausdrucksformen reagiert. Er radikalisiert den Realismus, indem er auf eine **ungeschminkte Abbildung der Wirklichkeit** zielt. Besonders die **Milieutheorie**, die den Menschen als Ergebnis seiner Lebensumwelt und seiner Erbanlagen begreift, beeinflusst die Themen und Schreibweisen des Naturalismus. Dargestellt werden die **hässlichen Seiten des Lebens** in der Stadt, das sogenannte Großstadtelend, Armut, Arbeitslosigkeit, Alkoholismus, Gewalt und Krankheit. Der **konsequente Naturalismus** zielt auf eine wissenschaftlich exakte und unbeschönigte Widerspiegelung der Realität. Dazu entwickelt Arno Holz das Kunstgesetz **Kunst = Natur – x** und die Darstellungstechnik des **Sekundenstils**.

Wichtige Begriffe

Alltagssprache – Dialekt, Soziolekt, Psycholekt; konsequenter Naturalismus; Milieutheorie; Moderne; Sekundenstil; Studie

Zusammenfassung der Teilkapitel
Autoren und Werke

Gerhart Hauptmann: BAHNWÄRTER THIEL – Die Erzählung, die dem Naturalismus zum Durchbruch verhilft, zeigt, wie ein gutmütiger, kleinbürgerlicher Bahnwärter zum Mörder seiner groben zweiten Ehefrau wird und schließlich dem Wahnsinn verfällt. Diese hatte einen Unfall mitverschuldet, bei dem sein Sohn aus erster Ehe ums Leben kam.

Arno Holz, Johannes Schlaf: PAPA HAMLET – Die Erzählung im Stil des konsequenten Naturalismus schildert den sozialen Abstieg eines Schauspielers und seiner Familie. Arbeitslosigkeit, Alkohol und Krankheit haben den ehemaligen Shakespeare-Darsteller so zerstört, dass er ungewollt seinen Sohn tötet, bevor er selbst erfroren aufgefunden wird. Die Autoren streben eine Widerspiegelung des heruntergekommenen Milieus mithilfe des Sekundenstils an, wobei die Verwendung von Alltagssprache, Dialekt, Soziolekt und Psycholekt eine große Rolle spielt.

Gerhart Hauptmann: DIE WEBER – Das bekannteste Drama des Naturalismus greift den historischen Stoff des schlesischen Weberaufstands aus dem Jahr 1844 auf. Hauptmann verdeutlicht die unerträgliche soziale Verelendung der Weber und ihren Widerstandswillen am Beispiel vieler Einzelschicksale. Das zeitgenössische Publikum erkannte die Bezüge zum Leid der Arbeiterschaft um die Jahrhundertwende.

Schulgeschichten um die Jahrhundertwende – Um die Jahrhundertwende werden die unmenschlichen und zerstörerischen Seiten des Erziehungssystems von namhaften Autoren wie Arno Holz, Frank Wedekind, Heinrich Mann, Hermann Hesse und Robert Musil entlarvt und an den Pranger gestellt.

Weitere Autoren und Werke

Ludwig Thoma: MAGDALENA; Oskar Panizza: EIN GUTER KERL; Hermann Conradi: UNSER CREDO; BRUTALITÄTEN. SKIZZEN UND STUDIEN; LIEDER EINES SÜNDERS; ADAM MENSCH; Peter Hille: DES PLATONIKERS SOHN; Hermann Sudermann: DER GÜNSTLING DER PRÄSIDENTIN; JOLANTES HOCHZEIT; Carl Hauptmann: MARIANNE; WALDLEUTE; EPHRAIMS BREITE; Frank Wedekind: FRÜHLINGS ERWACHEN

Ernst Retemeyer: FREIE BÜHNE, 1890

Arbeitsvorschläge

1. Werte die Textauszüge und Bilder des Kapitels inklusive der Einstiegsseiten aus und halte fest, mit welchen Themen sich die naturalistische Kunst und Literatur beschäftigt.

2. Wähle einen Textauszug aus dem poetischen Realismus (S. 180ff.) und einen Textauszug aus dem Naturalismus (S. 198ff.) und vergleiche sie. Überlege, welche Darstellungsweise dir interessanter erscheint.

3. Vergleiche die Textauszüge aus Büchners WOYZECK (S. 171) und Hauptmanns DIE WEBER (S. 207) Lässt sich Büchner als ein Vorläufer des Naturalismus bezeichnen?

4. Schreibe eine kleine Erzählung mit naturalistischen Darstellungsmitteln über ein Thema, das einen sozialen Missstand aufgreift.

5. Stellt euch die Schulgeschichten der Jahrhundertwende in Referaten gegenseitig vor. Recherchiert hierfür im Internet und in eurer Schulbibliothek.

6. Ernst Retemeyer: FREIE BÜHNE: Die Freie Bühne war ein 1889 in Berlin gegründeter Theaterverein, der mit geschlossenen Aufführungen für seine Mitglieder die Zensur (= Prüfung von Druckschriften) der preußischen Behörden umgehen wollte. Beschreibe die Karikatur und verdeutliche, welche Ziele und Inhalte des Naturalismus verspottet werden.

Claude Monet: IMPRESSION, SONNENAUFGANG
(Impression, soleil levant), 1872

Gustav Klimt: DER KUSS ODER DIE LIEBENDEN,
1908

Hermann Bahr

Die Überwindung des Naturalismus

Die Herrschaft des Naturalismus ist vorüber, seine Rolle ist ausgespielt, sein Zauber ist gebrochen. [...]
Eine Weile war es die Psychologie, welche den Naturalismus ablöste. Die Bilder der äußeren Welt zu verlassen, um lieber die Rätsel der einsamen Seele aufzusuchen – dieses
5 wurde die Losung: Man forsche nach den letzten Geheimnissen, welche im Grunde des Menschen schlummern. Aber diese Zustände der Seele zu konstatieren genügte dem unsteten Fieber der Entwicklung bald nicht mehr, sondern sie verlangten lyrischen Ausdruck, durch welchen erst ihr Drang befriedigt werden könnte.
[...]
10 Die Natur des Künstlers sollte nicht länger ein Werkzeug der Wirklichkeit sein, um ihr Ebenbild zu vollbringen; sondern umgekehrt, die Wirklichkeit wurde jetzt wieder der Stoff des Künstlers, um seine Natur zu verkünden, in deutlichen und wirksamen Symbolen.

Impressionismus und Symbolismus (1880–1920)

Die Überwindung des Naturalismus

Der ▶ Naturalismus war mit den Schreibexperimenten von ▶ Arno Holz und ▶ Johannes Schlaf an einen Endpunkt geraten. Der Anspruch, Wirklichkeit möglichst exakt abzubilden und auf künstlerische Ausdrucksmittel zu verzichten, ließ keinen Raum mehr für eine schöpferische Weiterentwicklung. Als Reaktion auf diesen Stillstand entwickelt sich eine Vielzahl von literarischen Strömungen, die nach neuen Wegen sucht. Die einflussreichsten sind Impressionismus, Symbolismus und ▶ Expressionismus. Auch geografisch vollzieht sich ein Wechsel. War Berlin das Zentrum des Naturalismus, so steigt Wien zur Hauptstadt des Impressionismus und des Symbolismus auf. Hier wirkt Jung-Wien, ein Dichterkreis um ▶ Hermann Bahr, dem ▶ Hugo von Hofmannsthal, ▶ Peter Altenberg, ▶ Richard Beer-Hofmann und ▶ Arthur Schnitzler nahe stehen.

Der Impressionismus

Die Impressionisten verfolgen nicht mehr die Absicht, die äußere Wirklichkeit naturalistisch abzubilden. Sie versuchen vielmehr, die *„Bilder der äußeren Welt zu verlassen"*, wie es der österreichische Schriftsteller Hermann Bahr formuliert hat. Ihnen geht es darum, **Eindrücke, Stimmungen und Empfindungen** sprachlich zu gestalten. Der Begriff „Impressionismus" (lat. *impressio:* Eindruck) bezeichnet zunächst eine Kunstrichtung der französischen Malerei. Den Namen verdankt sie Claude Monets Gemälde Impression, Sonnenaufgang, das im Französischen den Titel Impression, soleil levant trägt. Es zeigt, wie sich in der Darstellung des **flüchtigen Augenblicks** das **innere Wesen der Wirklichkeit** offenbart. Die impressionistischen Maler lösen feste Formen in Farbtupfer auf und rufen damit neue und überraschende Perspektiven und Wirkungen hervor. Entsprechende Techniken finden sich in der Literatur. ▶ Detlev von Liliencrons Gedichte, die oft Naturschilderungen und Liebeserleben verknüpfen, enthalten eine Aneinanderreihung von Sinneswahrnehmungen. In der Lyrik ▶ Richard Dehmels verdichten sich die subjektiven Eindrücke noch stärker zur Wiedergabe von Seelenzuständen. Arthur Schnitzler lotet in seinen Erzählungen die Innenwelten seiner Figuren bis in die Tiefe der geheimen erotischen Wünsche aus. Zum wichtigsten Darstellungsmittel wird der ▶ innere Monolog, mit dem sich der Bewusstseinsstrom einer Figur ausdrücken lässt. Die Zielsetzung Schnitzlers und die gewählten Darstellungsmittel finden ihre Entsprechung in der Entwicklung der Psychoanalyse und der Entdeckung des Unbewussten durch ▶ Sigmund Freud.

Der Symbolismus

Der ▶ **Symbolismus** ist vom Impressionismus nur schwer abzugrenzen. Auch er ist eine Reaktion auf den Naturalismus. Wahrheit sucht er in **erlesenen Symbolen**. Unter einem Symbol verstehen die Symbolisten nicht etwas herkömmlich Festgelegtes, z. B. das Kreuz für den christlichen Glauben, sondern eine Art **Geheimzeichen**, das der Entschlüsselung bedarf. Die Symbolisten forschen nach *„dem Rätsel der einsamen Seele und den letzten Geheimnissen der Welt"* (Hermann Bahr). Dazu entwickeln sie eine ▶ **suggestive** Sprache voller Musikalität, Klang und Magie. Mit ihrer **irrationalen Welt- und Kunstauffassung** knüpfen die Symbolisten an die Dichtungstheorie der ▶ **Romantik** an. Viele Schriftsteller entwickeln sich nach einer impressionistischen Frühphase zunehmend zu Symbolisten. Das gilt besonders für die drei großen Lyriker der Jahrhundertwende: Hugo von Hofmannsthal, ▶ **Rainer Maria Rilke** und ▶ **Stefan George**. Das hohe ▶ **Formbewusstsein** und der bisweilen dunkle, ▶ **hermetische** Sinn haben die Lyrik des Symbolismus in den Ruf elitärer Dichtung gebracht. Ihr wurde vorgeworfen, keine sozialen oder politischen Ziele zu verfolgen, sondern Kunst nur um der Kunst willen zu schaffen.

Beim ▶ **inneren Monolog** werden die Gedanken und Gefühle einer Figur in der 1. Person Singular Präsens (ich) wiedergegeben. Dadurch entsteht beim Leser der Eindruck einer Innensicht und der Teilnahme an einem Selbstgespräch. Zum Durchbruch verhalf dieser Technik Arthur Schnitzlers Novelle LEUTNANT GUSTL.

Die zahlreichen Schriften des Wiener Arztes ▶ **Sigmund Freud** (1856 – 1939) untersuchen u. a. Träume, Hysterie, das Unheimliche, Tabus, Neurosen und Psychosen.

Begründer des ▶ **Symbolismus** sind gegen Ende des 19. Jahrhunderts die französischen Lyriker Charles Baudelaire, Stéphane Mallarmé und Paul Verlaine.

▶ **Suggestiv** ist etwas, wenn es die Gefühle eines Menschen zu beeinflussen versucht.

Romantik ▶ S. 122ff.

Rainer Maria Rilke ▶ S. 222

Stefan George ▶ S. 220

Im Impressionismus und im Symbolismus herrschte ein hohes Bewusstsein für literarische ▶ **Formen** und deren Ausdrucksmöglichkeiten. Sprache wurde für das emotionale Einfangen von Momentaufnahmen verwendet.

▶ **Hermetisch** werden Gedichte genannt, deren Sinn schwer verständlich und geheimnisvoll ist. Typisch sind dunkle und vieldeutige Bilder (z. B. *„Schwarze Milch der Frühe"* ▶ Paul Celan, S. 306f.)

Epochenmerkmale kurz gefasst

Impressionismus und Symbolismus

- zwei Reaktionen auf den Naturalismus: Suche nach dem inneren Wesen der Wirklichkeit im äußeren Eindruck (Impressionismus) und Symbol (Symbolismus)
- Die beiden literarischen Strömungen sind schwer voneinander abzugrenzen.

Impressionismus:

- Darstellung von Augenblickseindrücken, Stimmungen und Empfindungen
- Lyrik und Erzählungen; Aneinanderreihung von Sinneswahrnehmung und innerer Monolog zur Wiedergabe von Seelenzuständen

Symbolismus:

- Darstellung von erlesenen Symbolen, die verschlüsselt für das Rätsel und Geheimnis der menschlichen Existenz stehen
- Lyrik; suggestive Sprache voller Musikalität, Klang und Magie
- Roman, Sonett, Tragödie

Claude Monets
Gemälde IMPRESSION,
SONNENAUFGANG ▶ S. 212

Die Malerei des Impressionismus und Symbolismus

Der Impressionismus

Der Impressionismus steht am Anfang der Moderne. Der ursprünglich von einem Kunstkritiker spöttisch gemeinte Begriff geht auf ▶ Claude Monets Gemälde IMPRESSION, SONNENAUFGANG zurück. Er setzte sich als Bezeichnung für die neue Stilrichtung in der Malerei und später auch für die Literatur durch. Die impressionistischen Künstler bilden keine geschlossene Gruppe. Sie unterscheiden sich stark in den angewandten Maltechniken und in den behandelten Themen. Dennoch gibt es Verbindendes: In vielen Werken zeigt sich ein **unmittelbares Verhältnis zur Natur**, die mit **vibrierenden Farb- und Lichteffekten** in ihrer „Augenblicklichkeit" (Monet) dargestellt wird. Das Interesse gilt nicht mehr dem Gegenstand an sich, sondern seinen Erscheinungen und Veränderungen im wechselnden Licht. Die **malerischen Momentaufnahmen**, welche durch den Eindruck rasch hingeworfener Pinselstriche entstehen, deuten die **Flüchtigkeit des Augenblicks** an. Sie enthalten aber auch hintergründige Aussagen: Édouard Manets skandalträchtiges Gemälde DAS FRÜHSTÜCK IM GRÜNEN (1863) entlarvt die verlogenen bürgerlichen Moralvorstellungen und offenbart die geheimen erotische Wünsche der beiden Herren. Das Anliegen, im flüchtigen Augenblick auch Verborgenes freizulegen, teilen die Malerei und die Literatur des Impressionismus.

Edouard Manet: DAS FRÜHSTÜCK IM GRÜNEN **(Le Déjeuner sur l'herbe), 1863**

Der Symbolismus

Wie die Malerei des Impressionismus den Blick für die Literatur des Impressionismus schärft, so lassen sich auch die oft rätselhaften Texte des Symbolismus mithilfe symbolistischer Gemälde besser verstehen.

In früheren Kunstepochen, etwa dem ▸ Barock, war das Symbol – im Sinne der ▸ Vanitas mundi – etwas Festgelegtes, dessen Sinn eindeutig bestimmt werden konnte. Zum Beispiel stand eine heruntergebrannte Kerze für das bevorstehende Lebensende. Für die Künstler der Jahrhundertwende ist ein **Symbol dagegen Ausdruck einer tieferen Wahrheit**, die mit dem Verstand allein nicht begriffen werden kann. Es enthält ein **Rätsel und Geheimnis**, das entschlüsselt werden muss. Bildhaft erschließen die Maler des Symbolismus, darin den ▸ **Romantikern** verwandt, die **Welt der Träume, Mythen und Visionen**, die sie tief in der menschlichen Seele angesiedelt sehen. Um das Unbewusste sichtbar zu machen, entwickeln die Symbolisten eine Kunst der Andeutungen und Anspielungen. DIE TOTENINSEL (1880) des Schweizers Arnold Böcklin erinnert an ein Motiv aus der griechischen Sagenwelt. Der Fährmann des Totenreiches, Charon, geleitet die Verstorbenen in die Unterwelt. Die Trauerzypressen, die in die Felsen eingelassenen Grabkammern, der Kahn und die weiß verhüllte Gestalt beschwören eine **dem Tode verfallene Atmosphäre**. Diese Lust am Verfall, das Schwelgen im Untergang und auch die Suche nach einer hintergründigen, geheimnisvollen Bildersprache spiegelt die Endzeitstimmung der Jahrhundertwende wider.

Wichtige Maler des Symbolismus

– 1827 – 1901 Arnold Böcklin

– 1860 – 1949 James Ensor

– 1826 – 98 Gustave Moreau

– 1840 – 1916 Odilon Redon

Barock ▸ S. 30ff.

Vanitas mundi ▸ S. 32

Romantik ▸ S. 122ff.

Arnold Böcklin: DIE TOTENINSEL, 1883

Mit ▶ Auguste Rodin (1840–1917) begann das Zeitalter der modernen Plastik und Skulptur.

▶ Max Reinhardt (1873–1943) prägte bis 1933 das Theaterleben im deutschsprachigen Raum.

▶ Richard Strauss (1864–1949) ist vor allem für seine Lieder und Opern bekannt.

Ein ▶ Libretto (Plural Libretti) ist das Textbuch von Opern und Operetten.

Ein ▶ Essay ist ein Text, der sich mit einem kulturellen, politischen und gesellschaftlichen Thema in geistreicher Weise auseinandersetzt.

Hugo von Hofmannsthal: Ein Brief (1902)

Hugo von Hofmannsthal

Hugo von Hofmannsthal gehört zur Schriftstellergruppe ▶ Jung-Wien. Das Werk des studierten Juristen und Romanisten ist gewaltig. Neben Gedichten und einem Roman schrieb er eine **Vielzahl von Erzählungen und Dramen**. Schon Hofmannsthals erste Gedichtsammlung, die er im Alter von sechzehn Jahren veröffentlicht, erweckt große Bewunderung in literarischen Kreisen. Damit gehört er früh zur literarischen Prominenz. ▶ Stefan George sucht seine Freundschaft, er kennt ▶ Rainer Maria Rilke und den französischen Bildhauer ▶ Auguste

Hugo von Hofmannsthal

Rodin. Mit dem Theaterregisseur ▶ Max Reinhardt und dem Komponisten ▶ Richard Strauss begründet er die Salzburger Festspiele. Für Strauss schreibt er ▶ Opernlibretti, beispielsweise zum Rosenkavalier.

Weitere Werke

Erzählungen: Das Märchen der 672. Nacht; Reitergeschichte; Dramen: Der Tor und der Tod; Jedermann; Der Schwierige

Ein Brief

Der ▶ Essay mit dem Titel Ein Brief gilt als das **bedeutendste Dokument der kulturellen Krise um die Jahrhundertwende**. Hofmannsthal wählt eine Maske: Der erfundene Schriftsteller Philipp Lord Chandos schreibt 1603 einen Brief an den Philosophen Francis Bacon. Darin erklärt er, warum er aufgehört hat, Verse zu schreiben. Die **Sprachskepsis**, die er beschreibt, wurde als **autobiografisches und zeitgeschichtliches Zeugnis** verstanden. Hofmannsthal – in der Rolle des Chandos – begründet das Unbehagen an einer Sprache, die abgedroschen und leer ist. Ein Brief markiert einen Umschwung in seinem künstlerischen Schaffen und enthält die Forderung nach neuen Ausdrucksmitteln in der Literatur.

Ein Brief

Mein Fall ist, in Kürze, dieser: Es ist mir völlig die Fähigkeit abhanden gekommen, über irgendetwas zusammenhängend zu denken oder zu sprechen.

Zuerst wurde es mir allmählich unmöglich, ein höheres oder allge-
5 meineres Thema zu besprechen und dabei jene Worte in den Mund zu nehmen, deren sich doch alle Menschen ohne Bedenken geläu-fig zu bedienen pflegen. Ich empfand ein unerklärliches Unbehagen, die Worte „Geist", „Seele" oder „Körper" nur auszusprechen. Ich fand es innerlich unmöglich, über die Angelegenheiten des Hofes, die
10 Vorkommnisse im Parlament, oder was Sie sonst wollen, ein Urteil herauszubringen. Und dies nicht etwa aus Rücksichten irgendwel-cher Art, denn Sie kennen meinen bis zur Leichtfertigkeit gehenden
▶ Freimut: sondern die abstrakten Worte, deren sich doch die Zunge naturgemäß bedienen muss, um irgendwelches Urteil an den Tag zu
15 geben, zerfielen mir im Munde wie modrige Pilze. [...]
Allmählich aber breitete sich diese Anfechtung aus wie ein um sich fressender Rost. Es wurden mir auch im familiären und hausbacke-nen Gespräch alle die Urteile, die leichthin und mit schlafwandeln-der Sicherheit abgegeben zu werden pflegen, so bedenklich, dass ich
20 aufhören musste, an solchen Gesprächen irgend teilzunehmen. Mit einem unerklärlichen Zorn, den ich nur mit Mühe notdürftig ver-barg, erfüllte es mich, dergleichen zu hören, wie: diese Sache ist für den oder jenen gut oder schlecht ausgegangen; Sheriff N. ist ein bö-ser, Prediger T. ein guter Mensch; Pächter M. ist zu bedauern, sei-
25 ne Söhne sind Verschwender; ein anderer ist zu beneiden, weil seine Töchter ▶ haushälterisch sind; eine Familie kommt in die Höhe, eine andere ist am Hinabsinken. Dies alles erschien mir so unbeweisbar, so lügenhaft, so löcherig wie nur möglich.

▶ Freimut – Charakter-eigenschaft, die eigene Meinung offen, ohne Rücksicht auf Widerspruch oder Konventionen zu sagen

▶ haushälterisch – sparsam

Arbeitsvorschläge

1. Formuliere mit eigenen Worten, unter welchem Sprachproblem Lord Chandos leidet. Erkläre besonders: *„die abstrakten Worte [...] zerfielen mir im Munde wie modrige Pilze."* (Z. 13 ff.).

2. Erläutere mithilfe der Beispiele, die Lord Chandos anführt, inwiefern sprachliche Äußerungen *„unbeweisbar"*, *„lügenhaft"* und *„löcherig"* sein können (Z. 27 f.).

3. Finde Erklärungen dafür, warum Hofmannsthal die Sprachkrise in einem erfundenen Brief des 17. Jahrhunderts ausdrückt.

Stefan George

▶ 1868 Stefan George wird als Sohn eines Winzers und Gastwirtes in Bingen-Büdesheim (bei Mainz) geboren.

▶ 1888 Abitur in Darmstadt; Reisen nach England, Italien, Spanien und Frankreich, wo er dem französischen Dichter Stéphane Mallarmé begegnet.

▶ 1889–91 Studium der Germanistik, Romanistik, Philosophie und Kunstgeschichte in Berlin

▶ 1892 Mit der Herausgabe der „Blätter für die Kunst" entsteht der Freundeskreis um George.

▶ 1927 erster Träger des Goethe-Preises der Stadt Frankfurt

Juli ▶ 1933 Übersiedlung in die Schweiz, um sich der Vereinnahmung durch die Nationalsozialisten zu entziehen, die den Führerkult des George-Kreises bewundern

▶ 1933 George stirbt in Minusio bei Locarno (Schweiz).

Dem ▶ George-Kreis gehörten in enger oder lockerer Verbindung unter anderem an: die Schriftsteller Karl Wolfskehl, Rudolf Borchardt und Hugo von Hofmannsthal (▶ S. 218), die Gelehrten Friedrich Gundolf und Max Kommerell, der Philosoph Ludwig Klages, der Staatsrechtler Carlo Schmid sowie Claus Graf Schenk von Stauffenberg, der spätere Widerstandskämpfer gegen Hitler.

Stefan George:
Komm in den totgesagten park (1897)

Stefan George

Stefan George gehört zu den schillernden Figuren der deutschen Literatur. Er widmete sein Leben der Kunst und lässt sich als **Hohepriester eines Zirkels Gleichgesinnter** verehren. Dem ▶ Freundeskreis, der sich selbst „*Staat*" und George „*Meister*" nennt, gehörten einflussreiche Männer aus Kultur und Politik an. Georges **Kunstanspruch ist** ▶ **elitär** und richtet sich an Eingeweihte. Die von ihm gegründete Literaturzeitschrift „Blätter für die Kunst" legte er nur in vier ausgewählten Buchhandlungen in Berlin, München, Wien und Paris

Stefan George

aus. Sein eigenes „*Erweckungserlebnis*" hatte er 1888, als er in Paris den französischen Schriftsteller ▶ Stéphane Mallarmé kennenlernte, der ihn für symbolistische Schreibformen begeisterte.

Weitere Werke

Gedichtbände: ALGABAL; DAS JAHR DER SEELE; DER SIEBENTE RING; Übersetzungen unter anderem der französischen Symbolisten Charles Baudelaire, Stéphane Mallarmé und Arthur Rimbaud

Komm in den totgesagten park

Dieses Gedicht symbolistischer Naturlyrik ist nicht die Beschreibung einer romantischen Landschaftsidylle. Die Aufforderungen laden den Betrachter ein, den totgesagten, aber nicht toten, sondern herbstlichen Park neu zu gestalten und zum Leben zu erwecken. Der Ort zeichnet sich durch eine **abgeschirmte, kostbare Schönheit** aus. **Der Künstler ist der Schöpfer, die Natur sein Kunstwerk.** Darin drückt sich Georges Ideal einer „**reinen Dichtung**" aus, die die **Kunst** und die **Schönheit zum höchsten Wert** erklärt. Formale Harmonie, **erlesene Wortwahl** und **Wohlklang** gelten deshalb oft mehr als Inhalte.

Komm in den totgesagten park

Komm in den totgesagten park und schau:
Der schimmer ferner lächelnder ▶ gestade •
Der reinen wolken unverhofftes blau
Erhellt die weiher und die bunten pfade.

5 Dort nimm das tiefe gelb • das weiche grau
Von birken und von buchs • der wind ist lau •
Die späten rosen welkten noch nicht ganz •
Erlese küsse sie und flicht den kranz •

Vergiss auch diese letzten astern nicht •
10 Den purpur um die ranken wilder reben •
Und auch was übrig blieb von grünem leben
Verwinde leicht im herbstlichen gesicht.

▶ elitär – auserlesen; ausgesucht; George ließ seine Gedichte in seiner Handschrift oder in einem von ihm gestalteten Druckbild herausgeben. Auch die Kleinschreibung, die für seine Lyrik typisch ist, entspricht dem Wunsch des Dichters.

Die Gedichte von ▶ Stéphane Mallarmé (1842 – 98) gelten als Hauptwerke des Symbolismus, Mallarmé gilt als einer der wichtigsten Wegbereiter der modernen Lyrik.

▶ Gestade – Küste, Strand, Ufer

Titel: DAS JAHR DER SEELE, 1897

Arbeitsvorschläge

1. Erkläre anhand der Aufforderungen, wie der Park zum Leben erweckt wird.

2. Zeige, welche sprachlichen Mittel die Fülle und den Reichtum des herbstlichen Parks ausdrücken.

3. Die Naturalisten wollten die Wirklichkeit (Natur) widerspiegeln. Verdeutliche, welche Aussage das symbolistische Gedicht über das Verhältnis von Kunst und Natur trifft.

Auguste Rodin ▶ S. 218

Ein ▶ Dinggedicht stellt einen Gegenstand, ein Tier oder eine Pflanze distanziert dar, um deren inneres Wesen zu offenbaren. Dinggedichte Rilkes sind z. B. DIE TREPPE DER ORANGERIE, RÖMISCHE FONTÄNE, DAS KARUSSELL, DIE FLAMINGOS, DER BALL

Rainer Maria Rilke: Der Panther (1903)

Rainer Maria Rilke

Rainer Maria Rilke ist der Dich-ter der Einsamkeit und des Todes. Schon in den Prager Kindheits- und Jugendjahren, die vom an-gespannten Verhältnis der El-tern und dem Drill einer Mili-tärschule überschattet werden, reift sein Entschluss, ein freier Schriftsteller zu werden. Nach einem kurzen Studium der Phi-losophie und Kunst führt Rilke ein ruheloses, antibürgerliches Wanderleben, von dem ihn auch die Ehe mit der Bildhauerin Clara Westhoff nicht abhält. Er lebt in München, Berlin, der Künstler-kolonie Worpswede (bei Bremen) und Paris. Er bereist Italien,

Rainer Maria Rilke

Schweden, Russland, Nordafrika und die Schweiz, wo er 1926 ver-starb. Ein Schlüsselerlebnis war die Zeit mit dem französischen Bild-hauer ▶ Rodin. Von ihm lernte er, einen Gegenstand so darzustellen, dass nicht dessen äußere Gestalt, sondern das innere Wesen offenbar wird. Dies zeigt sich besonders in ▶ Dinggedichten wie DER PANTHER.

Weitere Werke

Roman: DIE AUFZEICHNUNGEN DES MALTE LAURIDS BRIGGE: Erzäh-lung: DIE WEISE VON LIEBE UND TOD DES CORNETS CHRISTOPH RILKE; Gedichtbände: DAS STUNDEN-BUCH; NEUE GEDICHTE; DUINESER ELEGIEN; DIE SONETTE AN ORPHEUS

Der Panther

DER PANTHER ist Rilkes berühmtestes Dinggedicht. Das Natur-Ding, der im Käfig zur Schau gestellte Panther, wird so distanziert beschrie-ben, dass sich sein Wesen enthüllt. Von der äußeren Erscheinung – Blick, Gang, Auge – **richten sich die Beobachtungen auf die Empfin-dungen der Raubkatze**. Diese werden in einer Sprache wiedergegeben, mit der gewöhnlich menschliche Gefühle ausgedrückt werden. Damit spiegelt sich die Existenz des vereinzelten und unfreien Menschen in der Einsamkeit der seiner Freiheit und Wildheit beraubten Kreatur.

Der Panther

Im ▶ *Jardin des Plantes, Paris*

Sein Blick ist vom Vorübergehn der Stäbe
so müd geworden, dass er nichts mehr hält.
Ihm ist, als ob es tausend Stäbe gäbe
und hinter tausend Stäben keine Welt.

5 Der weiche Gang geschmeidig starker Schritte,
der sich im allerkleinsten Kreise dreht,
ist wie ein Tanz von Kraft um eine Mitte,
in der betäubt ein großer Wille steht.

Nur manchmal schiebt der Vorhang der Pupille
10 sich lautlos auf –. Dann geht ein Bild hinein,
geht durch der Glieder angespannte Stille –
und hört im Herzen auf zu sein.

▶ Jardin des Plantes – ein botanischer Garten in Paris, in dem auch exotische Tiere in Gehegen untergebracht sind

Tiermaler im Jardin des Plantes, Paris, 1902

Arbeitsvorschläge

1. Beschreibe das Leben des Panthers.

2. Rilke sah sich als Sprecher der *„stummen Dinge"*. Erkläre, welche Stimme er dem Panther gibt.

3. Übertrage die Aussagen über den Panther auf den Menschen. Welches Menschenbild entwirft dieses Dinggedicht der Jahrhundertwende?

Arthur Schnitzler

Sigmund Freud ▶ S. 215

innerer Monolog ▶ S. 215

Die ▶ TRAUMNOVELLE wurde 1999 von dem amerikanischen Regisseur Stanley Kubrick unter dem Titel EYES WIDE SHUT verfilmt (▶ S. 371). Die Hauptrollen spielen Tom Cruise und Nicole Kidman. Die Handlung ist vom Wien um 1900 in das New York um 2000 verlegt.

Arthur Schnitzler: Traumnovelle (1925)

Arthur Schnitzler

Schnitzlers Ursprünge liegen im Naturalismus. Das mag auch mit seinem Beruf als Arzt zusammenhängen. Allerdings wendet er die wissenschaftliche Vorgehensweise nicht für die Analyse des sozialen Elends an, sondern für die **Erforschung der Seele**. Schnitzlers Dramen und Erzählungen gewähren Einblicke in das Innere der Menschen. Statt der Milieutheorie und Vererbungslehre folgt Schnitzler der Psychoanalyse des Wiener Nerven-

Arthur Schnitzler

arztes ▶ **Sigmund Freud**. Schnitzler bezeichnete Freud als Zwillingsbruder, dieser ihn als seinen Doppelgänger. Indem er die **geheimen Wünsche und Ängste** von einfachen Mädchen, Frauenhelden, Offizieren, Ärzten und Künstlern freilegt, zeichnet Schnitzler ein Bild der Wiener Gesellschaft jener Jahre. Für die Darstellung der seelischen Vorgänge und Regungen seiner Figuren führte er in seiner Novelle LIEUTENANT GUSTL (1900) die **Technik des ▶ inneren Monologs** in die deutsche Literatur ein.

Weitere Werke

Erzählungen: STERBEN; LIEUTENANT GUSTL; FRÄULEIN ELSE; Dramen: ANATOL; LIEBELEI; REIGEN; PROFESSOR BERNHARDI

Traumnovelle

Die Novelle greift Freuds Überzeugung auf, dass im Traum der Schlüssel zur Lösung von Konflikten liege. **Die Ehe zwischen dem Arzt Fridolin und seiner Frau Albertine gerät durch unausgelebte erotische Wünsche, von denen beide heimgesucht werden, in die Krise.** Sie gestehen sich ihre außerehelichen Begierden und holen im Traum das Verdrängte nach: Fridolin in einer nächtlichen Entdeckungsreise, die einem Traum ähnelt; Albertine in einem Traum, der Fridolins nächtliche Erlebnisse spiegelt. Damit werden sie sich der Gefährdungen ihrer Ehe bewusst und **überwinden ihre Entfremdung**.

Traumnovelle

*Fridolin und Albertine haben sich ihre geheimen Wünsche und Erlebnisse
anvertraut. Dies sind die Schlusssätze der Erzählung. Sie folgen den gegen-
seitigen Geständnissen.*

Ruhig lag sie da, die Arme im Nacken verschlungen, und schwieg
noch lange, als Fridolin schon längst geendet hatte. Endlich – er lag
an ihrer Seite hingestreckt – beugte er sich über sie, und in ihr re-
gungsloses ▶ Antlitz mit den großen, hellen Augen, in denen jetzt   ▶ Antlitz – Gesicht
5 auch der Morgen aufzugehen schien, fragte er zweifelnd und hoff-
nungsvoll zugleich: „Was sollen wir tun, Albertine?"
Sie lächelte, und nach kurzem Zögern erwiderte sie: „Dem Schicksal
dankbar sein, glaube ich, dass wir aus allen Abenteuern heil davonge-
kommen sind – aus den wirklichen und den geträumten."
10 „Weißt du das auch ganz gewiss?", fragte er.
„So gewiss, als ich ahne, dass die Wirklichkeit einer Nacht, ja dass
nicht einmal die eines ganzen Menschenlebens zugleich auch seine
innerste Wahrheit bedeutet."
„Und kein Traum", seufzte er leise, „ist völlig Traum."
15 Sie nahm seinen Kopf in beide Hände und bettete ihn innig an ihre
Brust. „Nun sind wir wohl erwacht", sagte sie –, „für lange."
Für immer wollte er hinzufügen, aber noch ehe er die Worte ausgesprochen, legte sie ihm einen Finger auf die Lippen und, wie vor sich
hin, flüsterte sie: „Niemals in die Zukunft fragen."
20 So lagen sie beide schweigend, beide wohl auch ein wenig schlum-
mernd und einander traumlos nah – bis es wie jeden Morgen um
sieben Uhr an die Zimmertür klopfte, und, mit den gewohnten
Geräuschen von der Straße her, einem sieghaften Lichtstrahl durch
den Vorhangspalt und einem hellen Kinderlachen von nebenan der
25 neue Tag begann.

Arbeitsvorschläge

1. Formuliere mit eigenen Worten, zu welchen Erkenntnissen Fridolin und Albertine am
   Ende gelangen.

2. Deute diesen Schlüsselsatz: *„So gewiss, als ich ahne, dass die Wirklichkeit einer Nacht, ja
   dass nicht einmal die eines ganzen Menschenlebens zugleich auch seine innerste Wahrheit
   bedeutet."* (Z. 11 ff.).

3. Nenne Zeichen, die darauf hinweisen, dass das Ehepaar den Weg aus der Krise
   gefunden hat.

Wien um 1900

Hauptstadt der literarischen Dekadenz

Im Wien um 1900 herrscht noch altösterreichische Gemütlichkeit: Man hört die Walzer von ▸ Johann Strauss, erfreut sich an den Operetten von ▸ Franz Lehár und besucht den Prater, das Vergnügungsviertel, in der Kutsche. Dies ist aber nur die eine Seite. Zugleich nämlich erlebt die Hauptstadt des riesigen österreichisch-ungarischen Reiches den Aufstieg zu **einer der aufregendsten Kunstmetropolen** Europas. Zwei Millionen Einwohner aus allen Teilen der Doppelmonarchie, neben Deutschen und Ungarn auch Tschechen, Bosnier und Galizier, verleihen Wien eine kulturelle Vielfalt, die ihresgleichen sucht. Anders als in Berlin, wo die Naturalisten den Ton angeben, bestimmt die aufkommende **Psychoanalyse** das geistige Klima der Stadt. Ärzte wie ▸ Sigmund Freud bereiten den Nährboden für eine Kunst, die sich den seelischen Nöten der Menschen zuwendet und zum Ausdruck verborgener Wünsche und Ängste wird. Hinzu kommt das **politische Krisenbewusstsein** kurz vor Beginn des Ersten Weltkriegs: die Vorahnung, dass das österreichisch-ungarische Großreich dem Untergang geweiht ist und einer absterbenden Kultur angehört. Dieses Lebensgefühl bringen zwei österreichische Schriftsteller jener Jahre auf den Punkt: Sie nannten es *„Mystik der Nerven"* (▸ **Hermann Bahr**) und *„Fröhliche Apokalypse"* (▸ **Hermann Broch**). Für die Literatur, die in diesem geistigen Umfeld entsteht, bürgert sich – zunächst abschätzig gemeint – der Begriff ▸ **Dekadenz** ein. Dessen Merkmale: Lustvolle Sympathie mit dem Tode, verfeinerte Darstellung von Verfallserscheinungen, das Schwelgen in Weltschmerz und müder Resignation. Kritiker lehnen die Schriften als *„literarischen Wahnsinn"* (Max Nordau) ab.

Jung-Wien

Die Schriftsteller, die mit Dekadenz-Literatur für Aufsehen sorgen, bilden eine Gruppe, die sich **Jung-Wien** nennt. Dieser einflussreichen **Gegenbewegung zum Naturalismus** gehören Autoren wie **Hermann Bahr**, ▸ **Richard Beer-Hofmann**, ▸ **Hugo von Hofmannsthal**, ▸ **Karl Kraus** und ▸ **Arthur Schnitzler** an. Schon die Titel einiger ihrer Werke zeigen die schwärmerische **Lust am Verfall**, die die Literatur der Jahrhundertwende prägt: Der Tod des Tizian und Der Thor und der Tod (beide von Hofmannsthal), Der Tod Georgs (Beer-Hofmann), Sterben (Schnitzler), Die letzten Tage der Menschheit (Kraus).

▸ **Johann Strauss** (1825–99) war Kapellmeister und Komponist und wurde als *„Walzerkönig"* international geschätzt.

▸ **Franz Lehár** (1870–1948) war ein österreichischer Komponist ungarischer Herkunft.

Sigmund Freud ▸ S. 215

Hermann Bahr ▸ S. 214

Hermann Broch ▸ S. 255

Die ▸ **Dekadenz** (auch Décadence, von lat. cadere: fallen, sinken) war eine gesamteuropäische Kunstrichtung um 1900, die die weltschmerzhaften Züge des literarischen Impressionismus und Symbolismus vereinte. Zu den führenden Vertretern gehören der Däne Hermann Bang (Hoffnungslose Geschlechter), der Franzose Joris-Karl Huysmans (Gegen den Strich), Thomas Mann (Buddenbrooks) und der Ire Oscar Wilde (Das Bildnis des Dorian Gray).

Richard Beer-Hofmann ▸ S. 214

Hugo v. Hofmannsthal ▸ S. 218

▸ **Karl Kraus** (1874–1936) war auf vielen Gebieten tätig. Große Teile seines Dramas Die Letzten Tage der Menschheit wurden in der von ihm herausgegebenen Zeitschrift „Die Fackel" abgedruckt.

Arthur Schnitzler ▸ S. 224

Das Kaffeehaus

Was die Salons für die Berliner Romantiker waren, sind die Kaffeehäuser für die Autorengruppe Jung-Wien. Besonders das **Café Griensteidl** und das **Café Central** sind beliebte Treffpunkte der jungen Schriftsteller. Hier werden nicht nur Bücher und Zeitschriften gelesen und diskutiert, sondern hier wurde auch geschrieben. Zu Ruhm bringt es ▶ **Peter Altenberg**, der keinen bürgerlichen Beruf ausübt, sondern seine Zeit als freischaffender und stadtbekannter Literat in den Wiener Kaffeehäusern verbringt. Sein Gedicht KAFFEEHAUS ist eine Huldigung an den Ort, an dem er sich am liebsten aufhielt.

Peter Altenberg ▶ S. 214

Kaffeehaus

Du hast *Sorgen*, sei es diese, sei es jene – – – ins *Kaffeehaus*!
Sie kann, aus irgendeinem, wenn auch noch so plausiblen Grunde,
nicht zu dir kommen – – – ins *Kaffeehaus*!
Du hast zerrissene Stiefel – – – *Kaffeehaus*!
5 Du hast 400 Kronen Gehalt und gibst 500 aus – – – *Kaffeehaus*!
Du bist korrekt sparsam und gönnst Dir nichts – – – *Kaffeehaus*!
Du bist *Beamter* und wärest gern Arzt geworden – – – *Kaffeehaus*!
Du findest keine, die Dir passt – – – *Kaffeehaus*!
Du stehst *innerlich* vor dem Selbstmord – – – *Kaffeehaus*!
10 Du hasst und verachtest die Menschen und kannst sie *dennoch*
nicht missen – – – *Kaffeehaus*!
Man kreditiert dir nirgends mehr – – – *Kaffeehaus*!

Café Griensteidl (Spottname „Café Größenwahn")

Zusammenfassung

Impressionismus und Symbolismus entwickeln sich als **Gegenbewegungen** zum Naturalismus. Die beiden Strömungen, die ihre Bezeichnungen kunstgeschichtlichen Stilen verdanken, sind schwer voneinander abzugrenzen. Gemeinsam ist ihnen der Anspruch, nicht die äußere Erfahrungswelt, sondern **Seelenzustände widerzuspiegeln**. Das **innere Wesen der Wirklichkeit** suchen die Impressionisten im **flüchtigen Augenblick** und den Stimmungen und Empfindungen, die er hervorruft. Dazu werden subjektive Eindrücke und Sinneswahrnehmungen dargestellt. Für die Symbolisten liegt der Schlüssel zur Wahrheit in geheimnisvollen, **schwer entschlüsselbaren Symbolen**. Dem entspricht eine **anspielungsreiche Sprache** von erlesenem Klang und hoher Musikalität.

Wichtige Begriffe

Dekadenz; Dinggedicht; Jung-Wien; Kaffeehaus; Kunst um der Kunst willen; Psychoanalyse; Sprachkrise

Zusammenfassung der Teilkapitel

Die Malerei des Impressionismus und Symbolismus – Mit den malerischen Momentaufnahmen, die die Flüchtigkeit des Augenblicks mit ungewohnten Perspektiven, Farb- und Lichteffekten ins Bild setzen, steht der Impressionismus am Beginn der modernen Malerei. Der etwa zeitgleiche Symbolismus spürt dem unter der Oberfläche verborgenen Geheimnis der menschlichen Existenz nach und stellt es in rätselhaft-dunklen Träumen und Visionen dar.

Autoren und Werke

Hugo von Hofmannsthal: EIN BRIEF – Der Essay, als fiktiver Brief verfasst, gilt als das wichtigste Dokument der Sprachkrise um 1900. Der Verfasser des Schreibens kritisiert die verbrauchten und abgenutzten sprachlichen Ausdrucksmittel und fordert eine Erneuerung.

Stefan George: KOMM IN DEN TOTGESAGTEN PARK – Georges Kunstauffassung drückt sich in dem symbolistischen Gedicht aus. Die ausgefallene Schönheit der Parklandschaft wird nicht beschrieben, sondern im Kunstwerk erst erschaffen. Dies zeigt sich besonders in den Aufforderungen, die den Leser zum Mitgestalten einladen (*„Dort nimm das tiefe gelb"*).

Rainer Maria Rilke: DER PANTHER – Die distanzierte Darstellung des Dinggedichts sucht nach dem verborgenen Wesen eines Gegenstandes, eines Tiers. Rilke beschreibt ein Natur-Ding, einen Panther, der in einem Käfig gefangen ist. Die Einsamkeit und Unfreiheit der Raubkatze wird mit Worten erfahrbar gemacht, die an menschliches Denken und Fühlen erinnern. Der Panther wird so zum Spiegel für den Menschen.

Arthur Schnitzler: TRAUMNOVELLE – Die Novelle erzählt davon, wie die Eheleute Fridolin und Albertine in eine Krise geraten und sie schließlich überwinden. Die Ehepartner entfremden sich voneinander, als sie sich ihre außerehelichen, erotischen Fantasien selbst eingestehen. In einem traumartigen Streifzug durch das nächtliche Wien holt Fridolin das Verdrängte nach und befreit sich von seiner Besessenheit. Albertine gelingt dies in einem Traum. Das Ende der Novelle deutet auf eine Versöhnung der Eheleute hin.

Wien um 1900 – Die aufkommende Psychoanalyse und das politische Krisenbewusstsein vor dem Ersten Weltkrieg bereiteten den Nährboden für die literarische Dekadenz. Dieser Kunststil schwelgt in der Darstellung von Verfall, Tod, Weltschmerz und Resignation. Die Hauptvertreter gehören der Schriftstellergruppe **Jung-Wien** an, deren bevorzugter Treffpunkt die Kaffeehäuser waren.

Weitere Autoren und Werke

Detlev von Liliencron: Gedichte; KNUT DER HERR; ARBEIT ADELT; UNTER FLATTERNDEN FAHNEN; AUF DEM KIRCHHOF; DIE MEROWINGER; MIT DEM ELLENBOGEN; Eduard von Keyserling: ABENDLICHE HÄUSER; BEATE UND MAREILE; DIE DRITTE STIEGE; FÜRSTINNEN; SCHWÜLE TAGE; BUNTE HERZEN; AM SÜDHANG; EIN FRÜHLINGSOPFER; DIE SCHWARZE FLASCHE; Richard Dehmel: DER MITMENSCH; LEBENSBLÄTTER; LUCIFER; DIE VERWANDLUNG DER VENUS; Max Dauthendey: LINGAM; RAUBMENSCHEN; DER GEIST MEINES VATERS

Straßenansicht von Wien, um 1900

Arbeitsvorschläge

1. Erläutere die Aussagen aus Hermann Bahrs DIE ÜBERWINDUNG DES NATURALISMUS (S. 213) und beziehe dich dabei auf die Texte und Bilder des Kapitels.

2. Impressionismus und Symbolismus werden als Kunstrichtungen bezeichnet, die mit Vorliebe Tod, Verfall und Einsamkeit darstellen. Begründe, ob die Texte des Kapitels diese Einschätzung bestätigen.

3. Impressionismus und Symbolismus gelten als Reaktionen auf die Krisenerfahrungen der Jahrhundertwende. Recherchiere, um welche Krisenerfahrungen es sich handelt. Begründe, ob sich das in den Texten widerspiegelt.

4. Die beiden Kunstrichtungen sind stark von der Romantik beeinflusst. Verdeutliche auffallende Gemeinsamkeiten. Lies dazu das „Bild der Epoche" im Romantik-Kapitel (S. 124f.).

5. Findet Gedichte von Hofmannsthal, Rilke oder George, die euch gefallen, und stellt sie euch gegenseitig vor.

Edvard Munch: DER SCHREI (Skrik), 1893

Raoul Hausmann: COLLAGE, 1921

Club Dada Berlin

1910–1925 Expressionismus und Dadaismus

Margarete Susmann

Der Expressionismus

Wollen wir Befreiung? Wollen wir Erneuerung? Wollen wir, dass es anders
werde? Wollen wir heraus aus diesem Strudel, aus diesem grauenvollen grau-
en Mischmasch von niederstem Machtwillen und verworrenem, verratenem
Idealismus? Wollen wir heraus aus dieser schwersten, wehesten Verfinsterung
5   des Geistes, die je auf Erden war? Dies ist die einzige Frage an unser Leben.
Heraus, gleichviel ob in Schönheit oder Hässlichkeit, in Ehre oder Schmach, ja
selbst ob in Liebe oder Hass. Nur heraus: den großen, gellenden Schrei aussto-
ßen, der uns auf ewig trenne von dem Wollen der dumpf hinnehmenden Menge,
der jede Gemeinschaft mit den dumpf treibenden Mächten unserer Zeit ver-
10 wirft. Entscheidung für oder wider – dies ist heute die einzige Frage an unser
Menschentum. Und diese Entscheidung, dieser Aufschrei der sich entscheidenden Seele ist Expressionismus.

Hans Arp

Die Kunstismen

Der Dadaismus hat die schönen Künste überfallen. Er hat die Kunst für einen
magischen Stuhlgang erklärt.

Geschichtlicher Hintergrund

1912 Beginn des Balkankriegs

1914–18 Erster Weltkrieg

1917 Hungersnot in Deutschland

1918 Revolution in Berlin und München; Karl Liebknecht ruft die deutsche Räterepublik, Philipp Scheidemann die deutsche Republik aus.

1919 Rosa Luxemburg und Karl Liebknecht werden ermordet; Gründung der Deutschen Arbeiterpartei (später NSDAP)

1920 Kapp-Putsch

1923 Hitler-Ludendorff-Putsch in München; Höhepunkt der Inflation in Deutschland

1925 Friedrich Ebert stirbt; Hindenburg wird Reichspräsident.

Impressionismus ▶ S. 212ff.

Symbolismus ▶ S. 212ff.

Naturalismus ▶ S. 198ff.

Als ▶ Pathos bezeichnet man eine erhabene, leidenschaftliche Gemütsbewegung.

Die ▶ Groteske ist ein Mittel, die Wirklichkeit zu verzerren. Sie erzeugt eine Mischung aus Komik und Grauen.

Ein ▶ Neologismus ist eine Wortneuschöpfung.

Eine ▶ Chiffre ist eine rätselhaft verschlüsselte Metapher, deren Sinn nur aus dem Zusammenhang und oft nur assoziativ ermittelt werden kann.

Expressionismus und Dadaismus (1910–1925)

Was ist Expressionismus?

Der literarische Expressionismus orientiert sich in seiner frühen Phase an den Bildenden Künsten. So ist es nicht verwunderlich, dass der Begriff – wie auch ▶ Impressionismus und ▶ Symbolismus – aus der Malerei entlehnt ist. Ausgelöst wird diese Kunstströmung junger Künstler von den Erschütterungen des **Ersten Weltkriegs**: Die Verunsicherung vor Kriegsausbruch, die Traumatisierung der Stellungskriege, das Ende des deutschen Kaiserreichs und des österreichischen Vielvölkerstaates sowie die Krisenjahre der Weimarer Republik. Der Zusammenbruch der alten Ordnungen erfordert neue künstlerische Ausdrucksformen. Die Expressionisten grenzen sich in zwei Richtungen ab. Zum einen lehnen sie die möglichst exakte Wirklichkeitsnachahmung ab, die der ▶ **Naturalismus** anstrebte. Zum anderen wenden sie sich gegen die Darstellung von äußeren Augenblickseindrücken, worauf der Impressionismus zielt. Ihnen geht es um den **Ausdruck (lat. expressio) der Innenwelt**. Wie die expressionistischen Maler, die auf grelle Farben und verzerrte Formen setzen, greifen auch die Schriftsteller zu drastischen Darstellungsmitteln: schrill zugespitztes ▶ Pathos, ▶ groteske Überzeichnung, kühne ▶ Neologismen, verrätselte ▶ Chiffren und eine extrem **subjektive Gefühlssprache**, so wie es z. B. ▶ Margarete Susmann fordert. Vier Themen kehren immer wieder:

- der **Protest gegen** die Gesellschaft der **Vätergeneration**, der man Profitgier, Kriegsbegeisterung und moralische Verkommenheit vorwirft;
- die verächtliche **Entlarvung der Nichtigkeit und Bedeutungslosigkeit des Menschen**, besonders angesichts des **Kriegs**;
- die **Klage** über die Anonymität und Entfremdung, worunter die Menschen in der **Großstadt** leiden;
- **Visionen einer besseren Welt** und die Sehnsucht nach einem neuen, idealen Menschen.

Dadaismus

Als eine **revolutionäre Kunstrichtung** ist der Dadaismus eine **Steigerung** und zugleich eine ▶ **Parodie des Expressionismus**. Schon der Name nimmt ernsthafte Epochenbezeichnungen aufs Korn. Ist Dada ein Babylaut, das französische Wort für Steckenpferd, das rumänische für „ja, ja" oder kommt es möglicherweise von einem Züricher Haarwaschmittel? Erklärungen gibt es zahlreiche, eine genaue Definition ist unmöglich. Die Dadaisten **lehnen die herkömmlichen Kunstformen und die bürgerlichen Wertvorstellungen radikal ab**: Ohne

Rücksicht auf Traditionen und Konventionen verkünden sie die **schrankenlose Freiheit der Kunst**; ohne Rücksicht auf den Wortsinn kehren sie – in gespielter Naivität und Clownerie – zu den Wurzeln der Sprache zurück. Mit den Mitteln der ▸ **Collage und Montage** entstehen ▸ **Lautgedichte**, die das Nebeneinander und Durcheinander von Wortgestammel, Lärm, Lauten erfahrbar machen. Die Dadaisten **inszenieren** ihre **Nonsense-Kunst** von Beginn an auf der Bühne für ein größeres Publikum. Legendär ist das Züricher Cabaret Voltaire, wo die Bewegung um ▸ **Hugo Ball**, ▸ **Tristan Tzara**, ▸ **Richard Huelsenbeck** und ▸ **Hans Arp** 1916 ihren Anfang nimmt. Die künstlerischen Verfahren des Dadaismus üben großen Einfluss auf die ▸ **Konkrete Poesie** und Slam Poetry aus.

Epochenmerkmale kurz gefasst

Expressionismus

- Abgrenzung von Naturalismus und Impressionismus: Ausdruck der Innenwelt
- Themen:
  - Protest gegen die Vätergeneration
  - Bedeutungslosigkeit des Menschen
  - Anonymität und Entfremdung in der Großstadt
  - Visionen einer besseren Welt und eines idealen Menschen
- Pathos, Groteske, Neologismen, Chiffren, extrem subjektive Gefühlssprache
- Dramen, Lyrik

Dadaismus

- Steigerung und Parodie des Expressionismus
- radikale Ablehnung herkömmlicher Kunstformen und bürgerlicher Wertvorstellungen; schrankenlose Freiheit der Kunst ohne Rücksicht auf den Wortsinn; inszenierte Clownerie
- Aktionskunst, Kabarett, Unsinnspoesie, Lautgedichte, Collage und Montage

---

▸ Margarete Susmann (1872 – 1966) war Journalistin, Essayistin und Lyrikerin. (DER EXPRESSIONISMUS ▸ S. 231)

Eine ▸ Parodie ist eine spöttische Nachahmung.

Als ▸ Collage oder auch Montage bezeichnet man einen Text der Moderne, der in Anlehnung an die Klebebilder der Bildenden Kunst (▸ S. 230) aus unterschiedlichem Material zusammengesetzt ist: Werbesprüche, Nachrichten, Zitate usw. Kurt Schwitters Gedicht AN ANNA BLUME (S. 247) ist eine solche Collage.

Lautgedicht ▸ S. 244

Hugo Ball ▸ S. 244

▸ Tristan Tzara (1896 – 1963) war ein rumänischer Schriftsteller und Mitbegründer des Dadaismus.

▸ Richard Huelsenbeck (1892 – 1974), Lyriker, Erzähler, Essayist, Dramatiker, Arzt und Psychonanlytiker, war Mitbegründer und wichtiger Chronist des Dadaismus.

▸ Hans Arp (1886 – 1966) war ein deutsch-französischer Maler, Bildhauer und Lyriker. Er gilt als Mitbegründer des Dadaismus. 1925 veröffentlichte er das Buch DIE KUNSTISMEN (▸ S. 231).

Konkrete Poesie ▸ S. 43

Die Malerei des Expressionismus und des Dadaismus

Der Expressionismus

▶ Paul Klee (1878–1940) war ein Maler und Grafiker, dessen Werke u.a. dem Expressionismus zuzuordnen sind.

Naturalismus ▶ S. 198ff.

Impressionismus ▶ S. 212ff.

▶ Emil Nolde (1867–1956) ist als führender Maler des Expressionismus für seine ausdrucksstarke Farbwahl bekannt.

▶ Vincent van Gogh (1853–90), ein niederländerischer Maler, gilt als einer der Begründer der modernen Malerei.

▶ Paul Gauguin (1848–1903), ein französischer Maler, spielte eine wichtige Rolle in der Entwicklung der europäischen Malerei.

„Kunst gibt nicht das Sichtbare wieder, sondern macht sichtbar.“ In der Aussage des Malers ▶ Paul Klee steckt das Programm des Expressionismus. Abgelehnt werden die fotografische Abbildung der Wirklichkeit (▶ Naturalismus) und die Wiedergabe von sinnlichen Augenblickseindrücken (▶ Impressionismus). Die expressionistischen Maler zielen auf den **inneren Ausdruck**, auf das **Emotionale**, auf das „Urwesenhafte" (▶ Emil Nolde), das hinter der sichtbaren Welt liegt. Sie knüpfen zum einen an ▶ Vincent van Gogh mit seiner rauschhaften Malweise und schreienden Farbgebung an, zum anderen an ▶ Paul Gauguin, der die Ursprünglichkeit von Eingeborenen in der Südsee darstellte.

Die Vielfalt expressionistischer Themen zeigt zwei unterschiedliche Tendenzen: eine **endzeitlich-pessimistische**, die den Menschen und die Gesellschaft dem Untergang geweiht sieht, und eine **visionär-optimistische**, die Wunschvorstellungen einer geistigen Erneuerung auf die Leinwand bringt.

Apokalyptische Alpträume

Die expressionistische Malerei ist eine Reaktion auf die Krisensymptome der Zeit. Beklemmende Bilder für die Ängste und Unsicherheiten des Zeitalters finden sich schon in den frühen Werken der 1905 in Dresden gegründeten Malervereinigung ▶ **Brücke**, der Ernst Ludwig Kirchner, Erich Heckel, Karl Schmidt-Rottluff, Max Pechstein und Emil Nolde angehören.

Die Maler der Künstlervereinigung ▶ Brücke: Ernst Ludwig Kirchner (1880–1938), Erich Heckel (1883–1970), Karl Schmidt-Rottluff (1884–1976), Max Pechstein (1881–1955), Emil Nolde (1867–1956)

Ernst Ludwig Kirchner:
DER ROTE TURM IN HALLE, **1915**

Der Name der Vereinigung geht auf Karl Schmidt-Rottluff zurück. Er soll vermutlich den Willen der Gruppe zum Aufbruch zu neuen Ufern in der Kunst und zur Überwindung der überkommenen Konventionen widerspiegeln.

Ernst Ludwig Kirchners Ölgemälde DER ROTE TURM

IN HALLE zeigt eine **bedrohlich** wirkende, von Menschen völlig **unbelebte Stadtansicht. Grelle Farbkontraste** – schwarz, eisblau, blutrot –, **verzerrte, spitze Formen** und sich im Hintergrund gefährlich auftürmende Wolken. Alles verdichtet sich zu einem düsteren **Ort des Schreckens,** durch den sich eine Blutspur zu ziehen scheint – ein ▶ **apokalyptisches** Szenario.

Visionen eines erfüllten Daseins

Schon die **Brücke** übt mit Bildern von der ursprünglichen Schönheit der Natur und Naturvölkern indirekt Kritik an der industrialisierten Gesellschaft. Noch stärkere Gegensätze zum entmenschlichten Leben in den Großstädten und auf den Schlachtfeldern des Weltkriegs finden sich in der zweiten großen Künstlervereinigung ▶ **Der Blaue Reiter,** die 1909 in München entsteht. Einer der Maler ist **Franz Marc,** der mit Wassily Kandinsky, Paul Klee, Gabriele Münter und August Macke zu den Hauptvertretern der Gruppe gehört. Zu seinen Lieblingsmotiven gehören blaue Pferde, die er in zahlreichen Fassungen malt. Die

Franz Marc: DIE BLAUEN FOHLEN, **1913**

harmonischen Formen und die **intensive Farbigkeit** zeigt die im **Einklang mit der Natur** lebende Kreatur. Das Blau, das an Kirchenfenster erinnert, verleiht dem Bild eine poetische, verträumte, fast spirituelle Stimmung.

Dadaismus

▶ **Dada** war eine internationale Bewegung, die den Expressionismus auf die Spitze trieb und damit in Frage stellt. In Zürich, New York, Paris und Berlin bilden sich Zentren dieser Anti-Kunst. Mit gezielter **Provokation** und kalkulierten **Schock-Effekten** rebelliert man gegen die Normen der bürgerlichen Gesellschaft, die man für den Krieg verantwortlich macht. Abgründige **Komik** und schwarzer **Humor** stecken hinter den befremdlichen ▶ **Collagen.** ▶ **Marcel Duchamp** erklärt ein Urinal zum Kunstwerk. Der Schriftsteller und Maler ▶ **Kurt Schwitters** fertigt seine Collagen aus Abfällen aller Art. Ein Zeitungsschnipsel enthält Werbung der Commerzbank, woraufhin er sein Werk **MERZ-Kunst** tauft.

▶ Apokalypse – nach der Offenbarung des Johannes im Neuen Testament; bedeutet: Weltende, Untergang

Die Maler der Künstlervereinigung ▶ Der Blaue Reiter: Franz Marc (1880–1916), Wassily Kandinsky (1866–1944), Paul Klee (1878–1940), Gabriele Münter (1877–1962), August Macke (1887–1940)

Weitere ▶ Dadaisten sind Man Ray, Raoul Hausmann und George Grosz.

Collage ▶ S. 233

▶ Marcel Duchamp (1887–1968), ein französisch-amerikanischer Maler und Objektkünstler, zählt zu den Wegbegleitern des Dadaismus.

Kurt Schwitters ▶ S. 246

Else Lasker-Schüler

eigentlich Elisabeth Lasker-Schüler

▶ 1869 Elisabeth Schüler wird als Tochter eines jüdischen Architekten in Wuppertal geboren.

▶ 1894–99 Ehe mit dem Arzt Berthold Lasker

▶ 1903–12 Ehe mit dem expressionistischen Schriftsteller Herwarth Walden; Freundschaft mit den Schriftstellern Gottfried Benn, George Grosz, Franz Werfel, Karl Kraus sowie den Malern Oskar Kokoschka und Franz Marc

▶ 1933 Publikationsverbot unter den Nationalsozialisten; Emigration in die Schweiz, später nach Palästina

▶ 1945 Lasker-Schüler stirbt in Jerusalem.

Else Lasker-Schüler: Weltende (1905)

Else Lasker-Schüler

Als Frau, Jüdin und Künstlerin leidet Else Lasker-Schüler unter einer dreifachen Außenseiterrolle. Sie stammt zwar aus einem großbürgerlichen Elternhaus, verstößt aber als Schriftstellerin früh **gegen die gesellschaftlichen Erwartungen**. Sie ist zweimal verheiratet, zweimal geschieden, die Mutter eines unehelichen Sohnes und sie pflegt Bekanntschaft mit zahlreichen Künstlern. Lasker-Schüler flieht in literarische **Traumwelten** und schlüpft in **Fantasierollen**. Berüchtigt sind ihre kostümierten Auftritte als orientalischer Prinz Jussuf, den sie auch zum Autor

Else Lasker-Schüler

und Helden einiger Werke macht. Ihre Dichtung wird bewundert. Sie selbst gilt als versponnen und närrisch. Else Lasker-Schüler leidet zeitlebens unter Geldnot, Krankheit und Heimatlosigkeit. Ihre Bücher werden von den Nationalsozialisten verbrannt. Sie stirbt verarmt und vereinsamt im Exil in Jerusalem.

Weitere Werke

Gedichtbände: DER SIEBENTE TAG; MEIN BLAUES KLAVIER; Erzählungen (Sammlung): DER PRINZ VON THEBEN; Drama: DIE WUPPER

Weltende

Apokalypse ▶ S. 235

Chiffre ▶ S. 232

WELTENDE ist ein frühexpressionistisches Gedicht. Es beschreibt eine **Endzeit**, in der **Gottesferne, Schwermut und Trostlosigkeit** herrschen. Die ▶ **apokalyptische** Stimmung wird mit **dunklen** ▶ **Chiffren des Todes** hervorgerufen. Der Weltuntergang wird in seiner Wirkung auf das lyrische Ich und damit **rein subjektiv** dargestellt. Angesichts des nahenden Endes bleibt als verzweifelter Widerstand nur die – fast romantische – Sehnsucht nach **Geborgenheit und Zärtlichkeit** in der Liebe.

Weltende

Es ist ein Weinen in der Welt,
Als ob der liebe Gott gestorben wär,
Und der bleierne Schatten, der niederfällt,
Lastet grabesschwer.

5 Komm, wir wollen uns näher verbergen ...
Das Leben liegt in aller Herzen
Wie in Särgen.

Du! wir wollen uns tief küssen –
Es pocht eine Sehnsucht an die Welt,
10 An der wir sterben müssen.

Totenopfer (Relief aus dem Grab des Generals Ria in Memphis) & Rollenfoto Else Lasker-Schüler als Fakir von Theben (1912)

Arbeitsvorschläge

1. Untersuche die Wortfelder Tod und Liebe und erkläre deren Zusammenhang für die Aussage des Gedichts.

2. Ist WELTENDE eher ein apokalyptisches oder ein erotisches Gedicht? Behält die Verzweiflung oder die Hoffnung das letzte Wort? Belege deine Einschätzungen mit Textstellen.

3. Die Einordnung des Gedichts in den Expressionismus ist nicht unumstritten. Formuliere deine Meinung, indem du auf die Merkmale des Expressionismus eingehst (S. 232).

Bei einem ▶ Anagramm werden die Buchstaben eines Wortes so umgestellt, dass sich ein neues Wort ergibt.

▶ Kurt Pinthus (1886–1975) war Schriftsteller und Journalist, ist aber vor allem durch die Lyriksammlung MENSCHEITS-DÄMMERUNG, die zum Standardwerk des Expressionismus wurde, bekannt geworden.

Die stilistische Neuerung des Gedichts ist der ▶ Reihungsstil: die Aneinanderreihung scheinbar zusammenhangloser Einzelbilder.

Montage ▶ S. 233

▶ Schwarzer Humor ist eine Verbindung von Komik und Schauer.

Jakob van Hoddis: Weltende (1911)

Jakob van Hoddis

Jakob van Hoddis ist der durch ein ▶ Anagramm gebildete Künstlername für Hans Davidsohn, der 1887 als Sohn eines jüdischen Arztes in Berlin geboren wird. Er sympathisiert früh mit der expressionistischen Bewegung und gehört zu den Begründern der Künstlervereinigungen **Neuer Club** und **Neopathetisches Cabaret**. Schlagartig berühmt wird er mit dem Gedicht WELT-ENDE, das er 1911 in der Zeitschrift „Der Demokrat" veröffentlicht. Weitere Lyrik von ihm erscheint in den expressionistischen Zeitschriften

Jakob van Hoddis

„Der Sturm" und „Die Aktion". Hoddis leidet unter Schizophrenie und wird wiederholt in eine Pflegeklinik eingewiesen. 1942 ermorden ihn die Nationalsozialisten.

Weitere Werke
Gedichtband: WELTENDE

Weltende

WELTENDE, das Titelgedicht des gleichnamigen Gedichtbandes, sorgt bei seinem Erscheinen für Furore und prägt die Epoche wie kein zweiter Text. So wird dieses Gedicht für die Eröffnung des außerordentlich populären und erfolgreichen expressionistischen Lyriksammelbandes MENSCHHEITSDÄMMERUNG, die der Schriftsteller ▶ Kurt Pinthus 1919 herausgibt, gewählt. Mit dem ▶ Reihungsstil und der ▶ Montage von Gegensätzen erzeugt das Gedicht **Komik** und eine **groteske Verzerrung der Wirklichkeit**. Der Weltuntergang erscheint als *„fröhliche Apokalypse"* (Hermann Broch). Die **emotionale Teilnahmslosigkeit**, mit der die Katastrophe registriert wird (*„liest man"*, Z. 4), erinnert an Meldungen und Nachrichten aus Zeitungen. Sie entspricht der Reizüberflutung des Großstadtlebens. Der ▶ **schwarze Humor** erweckt den Eindruck, dass das Gedicht keine konkrete Untergangsbedrohung beschwört, sondern die überzogenen Ängste der Menschen (Z. 1) verlacht.

Weltende

Dem Bürger fliegt vom spitzen Kopf der Hut,
In allen Lüften hallt es wie Geschrei,
Dachdecker stürzen ab und gehn entzwei
Und an den Küsten – liest man – steigt die Flut.

5 Der Sturm ist da, die wilden Meere hupfen
An Land, um dicke Dämme zu zerdrücken.
Die meisten Menschen haben einen Schnupfen.
Die Eisenbahnen fallen von den Brücken.

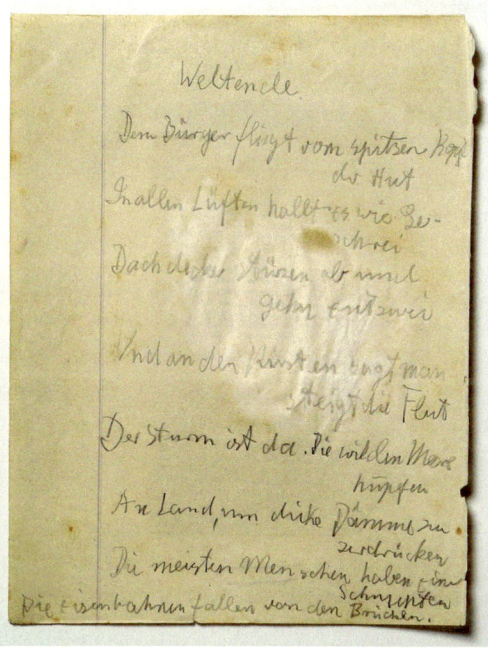

Handschrift: Weltende

Arbeitsvorschläge

1. Nenne die Vorfälle, die sich am Weltende ereignen.

2. Erkläre, wodurch das Gedicht Komik erzeugt.

3. Das Gedicht eröffnet die berühmteste expressionistische Lyriksammlung
   Menschheitsdämmerung. Überlege gemeinsam mit deinem Banknachbarn,
   welche Gründe den Herausgeber dazu bewogen haben könnten, dieses Buch mit
   Weltende zu eröffnen.

Franz Kafka

▶ 1883 Franz Kafka wird als Sohn eines wohlhabenden jüdischen Kaufmanns in Prag geboren.

▶ 1901–06 Jurastudium an der Universität Prag, Abschluss mit Promotion zum Dr. jur.

▶ 1908 Beamter der Prager Arbeiter-Unfall-Versicherungsanstalt

▶ 1917 vorzeitige Pensionierung nach Ausbruch einer Kehlkopftuberkulose

▶ 1914 und 1917 zweimalige Verlobung und Entlobung mit Felice Bauer

▶ 1919 Verlobung und Entlobung mit Julie Wohryzek

▶ 1923–24 Lebensgemeinschaft mit Dora Diamant in Berlin

▶ 1924 Kafka stirbt in einem Sanatorium bei Wien und wird in Prag bestattet.

▶ 1925 Der Schriftsteller ▶ Max Brod beginnt mit der Veröffentlichung von Texten aus Kafkas Nachlass. Damit widersetzt er sich dem Wunsch Kafkas, Romane wie DER PROZESS, DAS SCHLOSS, AMERIKA, die dieser für misslungen hielt, zu vernichten.

▶ Max Brod (1884–1968) war ein deutschsprachiger Prager Schriftsteller. Sein eigenes Werk ist heute weitgehend in Vergessenheit geraten, bekannt ist er vor allem als Herausgeber der Werke Kafkas.

Franz Kafka: Die Verwandlung (1912)

Franz Kafka

Nur wenigen Schriftstellern wurde die Ehre zuteil, mit ihrem Namen in den allgemeinen Wortschatz eingegangen zu sein. Als „kafkaesk" bezeichnet man eine Situation, die rätselhaft, bedrohlich, unheimlich oder absurd erscheint. Dies sind Eigenschaften der Texte Franz Kafkas, die zwar im Expressionismus wurzeln, aber weit über ihn hinausweisen. Der mit Goethe und den Brüdern Grimm meistübersetzte deutschsprachige Autor wird 1883 in Prag als Sohn eines wohlhabenden jüdischen Kaufmanns geboren. Der berühmte,

Franz Kafka

freilich nie abgeschickte BRIEF AN DEN VATER (1919) zeigt, dass die Beziehung zu dem als tyrannisch empfundenen Vater einen wichtigen Zugang zu seinem Werk eröffnet. Die Helden von Kafkas Romanen und Erzählungen treffen immer wieder auf undurchschaubare Mächte, denen sie rettungslos ausgeliefert sind.

Weitere Werke

Romane: AMERIKA; DER PROZESS; DAS SCHLOSS; Erzählungen: DAS URTEIL; EIN LANDARZT; AUF DER GALERIE; VOR DEM GESETZ; EIN BERICHT FÜR EINE AKADEMIE; IN DER STRAFKOLONIE; EIN HUNGERKÜNSTLER

Die Verwandlung

Die Hauptfigur der Erzählung ist der Handlungsreisende Gregor Samsa, welcher sich eines Morgens in ein „ungeheures Ungeziefer" verwandelt hat. Er fühlt und denkt weiterhin als Mensch, kann sich aber nicht mehr verständlich machen und nimmt zunehmend insektenähnliche Verhaltensweisen und Lebensgewohnheiten an. Seine Familie, die seine Arbeitskraft jahrelang ausgebeutet hat, vernachlässigt ihn immer mehr, bis er schließlich stirbt. DIE VERWANDLUNG lässt sich als eine Reaktion oder Auflehnung gegen ausbeuterische Arbeitsbedingungen und entfremdete Familienverhältnisse verstehen, unter denen der Titelheld leidet. Darin wurde eine Parallele zu Kafkas Fremdbestimmung als Versicherungsangestellter und zu seiner schwierigen Vaterbeziehung gesehen.

Die Verwandlung, Anfang

Als Gregor Samsa eines Morgens aus unruhigen Träumen erwachte,
fand er sich in seinem Bett zu einem ungeheueren Ungeziefer verwandelt. Er lag auf seinem panzerartig harten Rücken und sah, wenn
er den Kopf ein wenig hob, seinen gewölbten, braunen, von bogen-
5 förmigen Versteifungen geteilten Bauch, auf dessen Höhe sich die
Bettdecke, zum gänzlichen Niedergleiten bereit, kaum noch erhalten
konnte. Seine vielen, im Vergleich zu seinem sonstigen Umfang kläg-
lich dünnen Beine flimmerten ihm hilflos vor den Augen.
„Was ist mit mir geschehen?", dachte er. Es war kein Traum. Sein
10 Zimmer, ein richtiges, nur etwas zu kleines Menschenzimmer, lag
ruhig zwischen den vier wohlbekannten Wänden. Über dem Tisch,
auf dem eine auseinandergepackte Musterkollektion von Tuchwaren
ausgebreitet war – Samsa war Reisender –, hing das Bild, das er vor
kurzem aus einer illustrierten Zeitschrift ausgeschnitten und in ei-
15 nem hübschen, vergoldeten Rahmen untergebracht hatte. Es stellte eine Dame dar, die, mit einem Pelzhut und einer Pelzboa versehen, aufrecht dasaß und einen schweren Pelzmuff, in dem ihr ganzer
Unterarm verschwunden war, dem Beschauer entgegenhob.
Gregors Blick richtete sich dann zum Fenster, und das trübe Wetter –
20 man hörte Regentropfen auf das Fensterblech aufschlagen – machte
ihn ganz melancholisch. „Wie wäre es, wenn ich noch ein wenig wei-
terschliefe und alle Narrheiten vergäße", dachte er, aber das war gänz-
lich undurchführbar, denn er war gewöhnt, auf der rechten Seite zu
schlafen, konnte sich aber in seinem gegenwärtigen Zustand nicht in
25 diese Lage bringen. Mit welcher Kraft er sich auch auf die rechte Seite
warf, immer wieder schaukelte er in die Rückenlage zurück. Er ver-
suchte es wohl hundertmal, schloss die Augen, um die zappelnden
Beine nicht sehen zu müssen, und ließ erst ab, als er in der Seite einen noch nie gefühlten, leichten, dumpfen Schmerz zu fühlen begann.

Titel: DIE VERWANDLUNG, **1916**

Arbeitsvorschläge

1. Beschreibe die Situation, in der sich die Hauptfigur befindet.

2. Deute die Merkwürdigkeiten, die der erste Absatz der Erzählung enthält. Beziehe dabei
   dein Wissen über Kafkas Leben (▶ S. 240) mit ein.

3. Kafka sprach sich dagegen aus, auf dem Einband der Buchausgabe ein Insekt zu zeigen.
   Aus welchen Gründen mag er dies abgelehnt haben?

Gottfried Benn

▶ 1886 Gottfried Benn wird als Sohn eines Pfarrers in Mansfeld (Brandenburg) geboren.

▶ 1903 Theologie- und Philosophiestudium

▶ 1905 Medizinstudium; 1912 Promotion zum Dr. med.

▶ 1914 Militärarzt im Ersten Weltkrieg

▶ 1917 Facharzt für Haut- und Geschlechtskrankheiten

▶ 1933 Sympathie für die Nationalsozialisten; anschließende Distanzierung von ihnen; ab 1938 Schreibverbot

▶ 1935 Oberstabsarzt in der Wehrmacht

▶ 1951 erster Preisträger des Georg-Büchner-Preises, der höchsten literarischen Auszeichnung der Bundesrepublik Deutschland

▶ 1956 Benn stirbt in Berlin.

Der ▶ Nihilismus ist die Verneinung aller Werte und Normen. Er bildet einen zentralen Inhalt im Werk des Philosophen Friedrich Nietzsche, der Benn stark beeinflusste.

▶ Morgue (frz.) – Leichenschauhaus

▶ Ästhetik ist die Lehre vom Schönen in der Kunst. Die Moderne entwickelt auch eine „Ästhetik des Hässlichen". Diese erklärt nicht das Schöne zum Gegenstand des Kunstwerks, sondern das Hässliche, Abstoßende, Widerliche.

Gottfried Benn: Kleine Aster (1912)

Gottfried Benn

Gottfried Benn ist der **radikalste Expressionist**. Schon die erste Publikation des Pfarrerssohns und Arztes, die **provozierenden und ▶ nihilistischen Gedichte** der Sammlung ▶ MORGUE UND ANDERE GEDICHTE (1912), begründet seinen frühen Ruhm. Der Liebling der Intellektuellen schockierte seine Anhänger, als er 1933 offen mit den Nationalsozialisten sympathisierte. Er distanziert sich freilich früh von seiner Verirrung

Gottfried Benn

und steht ab 1938 unter Schreibverbot. Mit seinem Spätwerk gehört er wieder zu den erfolgreichsten Nachkriegsautoren.

Weitere Werke

Gedichtsammlungen: SÖHNE; FLEISCH; STATISCHE GEDICHTE; SPÄTE GEDICHTE; Erzählungen: GEHIRNE; DER PTOLEMÄER

Kleine Aster

Das Prosagedicht KLEINE ASTER begründet die ▶ **„Ästhetik des Hässlichen"**, die künstlerische Darstellung des Grauenerregenden und Abstoßenden. Schon die Überschrift ist ironisch. Es folgt kein romantisches Blumengedicht, sondern eine widerliche Leichenobduktion. Dem **makabren Thema** entspricht der **zynische Ton**. Mit unbeteiligtem, klinischem Blick wird das Mitleid des Lesers vom Schicksal des Toten auf das der Blume gelenkt. Die drei Schlussverse stellen die Ordnung auf den Kopf: Die Aster wird vermenschlicht (*„Ruhe sanft, / kleine Aster!"*, Z. 14f.), der Mensch versachlicht (*„Vase"*, Z. 13). Die Collage von banaler Alltagssprache und kaltem medizinischen Jargon stellt eine sarkastische Parallele her: Beide, Mensch und Blume, sterben einen Tod durch Ertrinken, womöglich durch allzu vieles Saufen (*„ersoffener Bierfahrer"*, Z. 1). Die **schockierenden Bilder**, die Wiedergabe **ekelerregender Einzelheiten** und der **rabenschwarze Humor** brechen mit den herkömmlichen Vorstellungen von Mensch und Dichtkunst. Benn selbst bezeichnet sein Verfahren später als *„Zusammenhangsdurchstoßung"* und *„Wirklichkeitszertrümmerung."*

Kleine Aster

Ein ersoffener ▸ **Bierfahrer** wurde auf den Tisch gestemmt.
Irgendeiner hatte ihm eine dunkelhellila Aster
zwischen die Zähne geklemmt.
Als ich von der Brust aus
5 unter der Haut
mit einem langen Messer
Zunge und Gaumen herausschnitt,
muß ich sie angestoßen haben, denn sie glitt
in das nebenliegende Gehirn.
10 Ich packte sie ihm in die Brusthöhle
zwischen die Holzwolle,
als man zunähte.
Trinke dich satt in deiner Vase!
Ruhe sanft,
15 kleine Aster!

▸ Bierfahrer – Berufs-
bezeichnung

*Der Text wurde nicht an die neue
Rechtschreibung angepasst.*

Gottfried Benn in seiner Arztpraxis in Berlin

Arbeitsvorschläge

1. Benenne das Schockierende und Provokante dieses Gedichts („*Ästhetik des
Hässlichen*").

2. Verdeutliche, welche sprachlichen Merkmale gegen die herkömmlichen Vorstellungen
von Lyrik verstoßen.

3. Erläutere die Merkmale expressionistischen Schreibens, die der Text enthält.

Hugo Ball

▶ 1886 Hugo Ball wird als Sohn eines Schuhfabrikanten in Pirmasens geboren.

▶ 1906–10 Studium der Philosophie und Soziologie in München, Basel und Heidelberg

▶ 1910 Besuch der Berliner Schauspielschule des berühmten Regisseurs Max Reinhardt

▶ 1911–12 Dramaturg in Plauen

▶ 1912–14 Dramaturg an den Münchner Kammerspielen

▶ 1914 Journalist in Berlin

▶ 1915 Emigration nach Zürich

▶ 1916 Mitbegründer des Züricher **Cabaret Voltaire** und damit von Dada

▶ 1917 Mitbegründer der **Galerie Dada**

▶ 1917–19 Mitarbeiter bei der „Freien Zeitung" in Bern

▶ 1920 Wendung zum Katholizismus und Übersiedlung ins Tessin

▶ 1927 Ball stirbt in Gentilino bei Lugano.

Bei einem ▶ Lautgedicht wird der Sinn nicht durch die Bedeutung von Wörtern hergestellt, sondern durch die Verbindung von Buchstaben oder Lauten.

Eine ▶ Karawane ist eine auf Kamelen durch die Wüste ziehende Gruppe von Reisenden.

Hugo Ball: Karawane (1917)

Hugo Ball

Dada ist **Aktionskunst**, welche die Öffentlichkeit sucht – mit skandalträchtigen Vorstellungen und fantasievollen Bühneninszenierungen. Dies ist vor allem das Verdienst von Hugo Ball. Der Mitbegründer der Bewegung ist ein Kenner des Theaters. Er besucht die Schauspielschule, arbeitet als Dramaturg, führt Regie und schreibt selbst Schauspiele. Mit dem expressionistischen Maler Wassily Kandinsky entwickelt er fortschrittliche Theaterkonzepte. 1916 betreibt er das legendäre **Cabaret Voltaire** in Zürich, später die **Galerie Dada**. Auch nach der Abkehr von Dada bleibt Ball ein umtriebiger Künstler. Er arbeitet als Redakteur bei der Berner „Freien Zeitung", einem Sprachrohr von Kriegsgegnern. Er schreibt kulturkritische Essays und psychoanalytische Studien.

Hugo Ball

Weitere Werke

GESAMMELTE GEDICHTE (posthum 1963)

Karawane

Ball selbst trägt sein bekanntestes ▶ **Lautgedicht** 1916 im Züricher **Cabaret Voltaire** vor. Er **protestiert** damit **gegen den Missbrauch der Sprache**, besonders für Kriegszwecke. ▶ KARAWANE ist also **keine Unsinnspoesie**. Sinn erzeugt es allerdings nicht durch Wörter mit festgelegter Bedeutung, sondern durch **Buchstaben und Lautverbindungen**. Die Überschrift ist das einzige herkömmliche Wort. Ansonsten besteht das Gedicht aus Anklängen an die Kindersprache (*„jolifanto"* – Elefant), Lautmalerei, Klang, Rhythmus und Wortspielen. Diese Gestaltungsmittel wecken die **akustische und optische Vorstellung einer vorbeiziehenden Karawane**. Der schwerfällige Gang der Tiere ist ebenso wahrnehmbar wie die Rufe der Treiber.

Karawane

KARAWANE
jolifanto bambla ô falli bambla
grossiga m'pfa habla horem
égiga goramen
higo bloiko russula huju
hollaka hollala
anlogo bung
blago bung
blago bung
bosso fataka
ü üü ü
schampa wulla wussa ólobo
hej tatta gôrem
eschige zunbada
wulubu ssubudu uluw ssubudu
tumba ba- umf
kusagauma
ba - umf

(1917)
Hugo Ball

Hugo Ball: KARAWANE, 1917

Arbeitsvorschläge

1. Trage das Gedicht so vor, dass der Eindruck einer dahintrottenden Karawane entsteht.

2. Beschreibe die Wirkung der Gestaltungsmittel, mit denen die akustische und optische Wirkung der Karawane erzielt wird. Berücksichtige auch die unterschiedlichen Schriftarten.

3. Lasse deinen Assoziationen freien Lauf und schreibe das Lautgedicht in einen Text mit bedeutungstragenden Wörtern um.

Kurt Schwitters

▶ 1887 Kurt Schwitters wird in Hannover geboren.

▶ 1910–14 Kunststudium in Dresden

▶ 1918 Verbindung zu dem Berliner Expressionistenkreis um den Schriftsteller und Verleger Herwarth Walden

▶ 1919 Verbindung zur Dada-Bewegung; das erste MERZ-Bild entsteht.

▶ 1923–32 Herausgeber der Zeitschrift „MERZ"

▶ 1937 Emigration nach Norwegen

▶ 1940 Emigration nach England; Schwitters stirbt in Ambleside (England).

Konkrete Poesie ▶ S. 43, 233

Kurt Schwitters: An Anna Blume (1919)

Kurt Schwitters

Kurt Schwitters ist der vielfältigste und zugleich der einflussreichste Dadaist. Seine **Collagen** wirken vor allem in der ▶ **Konkreten Poesie** fort. Der 1887 in Hannover geborene Schwitters studierte Kunst, später auch Architektur, und war zunächst in seiner Heimatstadt als Maler tätig. Die Begegnung mit expressionistischen Schriftstellern inspirierte ihn 1919 zu seiner **MERZ-Kunst** (aus einem Zeitungsschnipsel des Wortes Commerzbank gebildet). Sein künstlerisches Verfahren bestand darin, **Kunst und Nichtkunst in Collagen** zu einem Gesamtkunstwerk zu vereinen. Er experimentierte dazu mit Literatur, Bildender Kunst, Musik, Theater und gab eine Zeitschrift („**MERZ**") heraus. Schwitters unterhielt Kontakte zu den führenden Dadaisten und beteiligte sich an deren Aktionskunst. In der Zeit des Nationalsozialismus emigrierte er 1937 zuerst nach Norwegen und schließlich nach England.

Kurt Schwitters

Weitere Werke

Gedichtsammlung: ANNA BLUME. DICHTUNGEN

An Anna Blume

Diesem schelmischen Liebesgedicht, das er auf Litfaßsäulen plakatierte, verdankt Schwitters seinen frühen Ruhm. AN ANNA BLUME verdeutlicht das Verfahren der **Wortkunst-Collage**. Der feierliche Ton der **Liebeslyrik** wird mit **Nonsense-Poesie** vermischt. Die Gleichzeitigkeit von poetischem Lobpreis („*Ich träufle Deinen Namen*", Z. 25) und grammatikalischem Verstoß, von tiefsinnig Philosophischem („*Du bist, bist Du?*", Z. 4) und banaler Umgangssprache, von Paradoxien („*Blau ist die Farbe Deines gelben Haares*", Z. 18) und Doppeldeutigkeiten („*Man kann Dich auch von hinten lesen*", Z. 28) erzeugt ein **hintergründig-humorvolles** Gedicht. Es ist Liebespoesie und zugleich deren Parodie.

An Anna Blume

Oh Du, Geliebte meiner 27 Sinne, ich liebe Dir!
Du Deiner Dich Dir, ich Dir, Du mir, ---- wir?
Das gehört beiläufig nicht hierher!
Wer bist Du, ungezähltes Frauenzimmer, Du bist, bist Du?
5 Die Leute sagen, Du wärest.
Lass sie sagen, sie wissen nicht, wie der Kirchturm steht.
Du trägst den Hut auf Deinen Füßen und wanderst auf die Hände,
Auf den Händen wanderst Du.
Halloh, Deine roten Kleider, in weiße Falten zersägt,
10 Rot liebe ich Anna Blume, rot liebe ich Dir.
Du Deiner Dich Dir, ich Dir, Du mir, ----- wir?
Das gehört beiläufig in die kalte Glut!
Rote Blume, rote Anna Blume, wie sagen die Leute?
Preisfrage:
15 1. Anna Blume hat ein Vogel,
2. Anna Blume ist rot.
3. Welche Farbe hat der Vogel?
Blau ist die Farbe Deines gelben Haares,
Rot ist das Girren Deines grünen Vogels.
20 Du schlichtes Mädchen im Alltagskleid,
Du liebes grünes Tier, ich liebe Dir!
Du Deiner Dich Dir, ich Dir, Du mir, ---- wir?
Das gehört beiläufig in die ---- Glutenkiste.
Anna Blume, Anna, A----N----N----A!
25 Ich träufle Deinen Namen.
Dein Name tropft wie weiches Rindertalg.
Weißt Du es, Anna, weißt Du es schon?
Man kann Dich auch von hinten lesen.
Und Du, Du Herrlichste von allen,
30 Du bist von hinten, wie von vorne:
A------N------N------A.
Rindertalg träufelt STREICHELN über meinen Rücken.
Anna Blume,
Du tropfes Tier,
35 Ich-------liebe-------Dir!

Arbeitsvorschläge

1. Trage das Gedicht so vor, dass die Komik zur Geltung kommt.

2. Erkläre am Beispiel einzelner Verse das Prinzip der dichterischen Collage.

3. Schreibe selbst ein Collage-Gedicht, das Sinn und Unsinn verbindet.

Die Parabeln von Franz Kafka

Kafkas Parabeln verstehen

Wie die Romane gehören auch die Erzählungen von Franz Kafka zu den herausragenden Werken der Weltliteratur. In immer neuen Variationen kreisen sie um die **Entwurzelung und Entfremdung** des modernen Menschen. Die ▶ **Parabeln** erzählen davon in verdichteter Form. Sie handeln von den **Grunderfahrungen der Angst und des Ausgeliefertseins** in einer Welt, die einem Labyrinth gleicht, aus dem es kein Entkommen gibt. Die **Unentrinnbarkeit und Hoffnungslosigkeit**, mit der die **Helden** dem Untergang geweiht sind, hat eine Flut von **Deutungen** ausgelöst. Lange Zeit wurden die Texte entweder als verschlüsselte Selbstzeugnisse Kafkas oder als Dokumente der Krisenzeit vor dem Ersten Weltkrieg verstanden. Neuere Lesarten suchen dagegen keine über den Text hinausweisenden Botschaften. Für sie liegt der Sinn dieser Erzählungen nicht in der Wiedergabe dessen, was dem Autor vorschwebte, sondern in dem, **was der Leser bei der Lektüre über sich selbst erfährt**. Auch eine einseitige Fixierung auf Kafkas pessimistisches Weltbild ist überwunden. Wie es der Autor wollte, wird er für seinen rabenschwarzen und grotesken Humor bewundert. Ein Beispiel hierfür ist ▶ Gɪʙs ᴀᴜꜰ!

> Eine ▶ Parabel ist eine kurze Beispielerzählung, deren übertragene Bedeutung eine allgemeine Wahrheit oder Weisheit vermittelt. Der Leser muss von der Bildebene (das, was erzählt wird) auf die Sachebene (das, was tatsächlich gemeint ist) schließen.

> Der Titel ▶ Gɪʙs ᴀᴜꜰ! stammt von Max Brod (▶ S. 240), dem Freund und Herausgeber der Werke Franz Kafkas. Der Text befand sich ohne Titel in Kafkas Nachlass.

Gibs auf!

Es war sehr früh am Morgen, die Straßen rein und leer, ich ging zum Bahnhof. Als ich eine Turmuhr mit meiner Uhr verglich, sah ich, dass es
5 schon viel später war, als ich geglaubt hatte, ich musste mich sehr beeilen, der Schrecken über diese Entdeckung ließ mich im Weg unsicher werden, ich kannte mich in dieser Stadt noch
10 nicht sehr gut aus, glücklicherweise war ein Schutzmann in der Nähe, ich lief zu ihm und fragte ihn atemlos nach dem Weg. Er lächelte und sagte: „Von mir willst du den Weg erfahren?" „Ja", sagte ich, „da ich ihn selbst
15 nicht finden kann." „Gibs auf, gibs auf", sagte er und wandte sich mit einem großen Schwunge ab, so wie Leute, die mit ihrem Lachen allein
20 sein wollen.

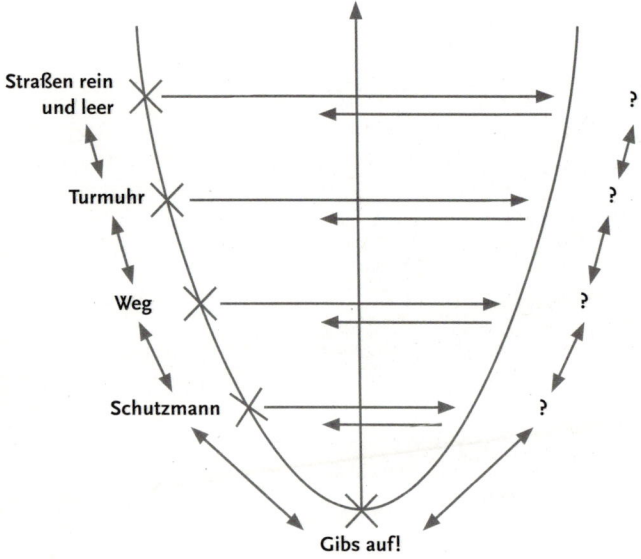

Straßen rein und leer — Turmuhr — Weg — Schutzmann — Gibs auf!

Deutung der Parabel

Am Beispiel dieser kleinen Parabel lassen sich die Möglichkeiten und Grenzen der Kafka-Deutungen veranschaulichen. Der zur Abreise entschlossene Ich-Erzähler wird unsicher, als er bemerkt, dass die Turmuhr und die eigene Uhr voneinander abweichen. Ihn befällt Angst, sein Ziel nicht mehr rechtzeitig zu erreichen, zumal ihm die Stadt nicht vertraut ist. Befremdlich wird es, als ihm der Schutzmann auf seine Frage keine Antwort gibt, sondern – ihn mit dem vertraulichen „du" anredend – eine Gegenfrage stellt. Mit dem unbestimmten Substantiv „Weg" erhält die Auskunft eine übertragene Bedeutung, sodass die Parabel als gescheiterter Lebensweg oder als missglückte Sinnsuche gelesen werden kann. Das abschließende Hohngelächter des Schutzmanns verstärkt diesen Eindruck zusätzlich.

Was bedeutet das für den Leser der Parabel? Wenn er sich wie der Reisende von anderen eine eindeutige Antwort erhofft, ist er auf dem Holzweg. Helfen kann sich der Leser nur selbst, ansonsten muss er aufgeben. Dies hat freilich die Experten nicht davon abgehalten, die Texte auf versteckte Aussagen zu Kafkas Leben oder seiner Weltanschauung abzusuchen. Mal wurde GIBS AUF! biografisch als Ausdruck des Vater-Sohn-Konflikts verstanden (der Schutzmann als übermächtiger, grausamer Erzieher), mal religiös als vergebliche Gottessuche (die „Turmuhr" als Symbol einer höheren Zeit; in „Schutzmann" klingt Schutzengel an).

Brücken über die Moldau in Prag, Kafkas Geburtsort

Zusammenfassung

Der Begriff **Expressionismus** bezeichnet zuerst eine Strömung der modernen Malerei und wird später auch für die Literatur verwendet. Der Expressionismus gestaltet den subjektiven **Ausdruck (lat. expressio) der Innenwelt** und grenzt sich damit sowohl von der naturalistischen Wirklichkeitsabbildung als auch von der impressionistischen Wiedergabe der Augenblickseindrücke ab. Er ist eine Reaktion auf die Krisen, die mit dem **Ersten Weltkrieg** verbunden sind. Wiederkehrende Themen sind **Gesellschaftskritik, Großstadtproblematik** und **Kriegsdarstellung**, aber auch **Visionen eines neuen Menschen**. Die Gestaltungsmittel, mit denen die Künstler eine gesteigerte Gefühlsintensität anstreben, sind **Pathos, Groteske, Neologismus und Chiffre**. Der **Dadaismus** treibt den Expressionismus mit **Nonsense-Kunst** auf die Spitze und parodiert ihn. Künstlerischer Ausdruck dieser radikal antibürgerlichen Bewegung sind **Collage, Montage, Lautgedichte** sowie fantasievolle **Bühneninszenierungen**.

Wichtige Begriffe

„*Ästhetik des Hässlichen*"; Apokalypse; Collage; Lautgedicht; Montage; Pathos; Chiffre; Reihungsstil; Subjektivität

Zusammenfassung der Teilkapitel

Die Malerei des Expressionismus und des Dadaismus – Die Malerei des Expressionismus kennt nur die Extreme: Ernst Ludwig Kirchners Gemälde DER ROTE TURM IN HALLE zeigt einen bedrohlichen Schreckensort, Franz Marcs DIE BLAUEN FOHLEN dagegen eine spirituelle Schöpfungsvision. Der Dadaist Kurt Schwitters erstellt in seiner MERZ-Kunst Zufalls-Collagen aus Materialien aller Art. Humor und Schockwirkung dieser Anti-Kunst waren eine Provokation für den bürgerlichen Kunstbetrachter.

Autoren und Werke

Else Lasker-Schüler: WELTENDE – Das frühexpressionistische Gedicht beschreibt mit Weltschmerz und Schwermut eine subjektiv empfundene Endzeitstimmung. Dunkle Chiffren des Todes betonen die Abwesenheit Gottes und die Einsamkeit des Menschen. Angesichts des bevorstehenden Untergangs bleibt nur die Hoffnung auf Liebe und Zärtlichkeit.

Jakob van Hoddis: WELTENDE – Anders als bei Lasker-Schüler werden in dem vielleicht bekanntesten expressionistischen Gedicht Untergangsvisionen konkret benannt und zugleich in der Vermischung mit Banalem auch parodiert. Durch den Reihungsstil und den grotesken Humor entsteht der Eindruck einer „*fröhlichen Apokalypse*" (Hermann Bahr).

Franz Kafka: DIE VERWANDLUNG – Die Erzählung zeigt, wie der Handlungsreisende Gregor Samsa sich äußerlich in ein „*ungeheures Ungeziefer*" verwandelt, dabei aber sein menschliches Bewusstsein behält. Dieser bis zur Auslöschung beschriebene Vorgang lässt sich als Resultat der Unterdrückung begreifen, der sich die Hauptfigur durch Arbeit und Familie ausgesetzt fühlt. Ältere Deutungen des Textes sahen darin ein Selbstzeugnis des Autors.

Gottfried Benn: KLEINE ASTER – Das Gedicht erfüllt nicht die romantischen Erwartungen, die der Titel weckt. Tatsächlich handelt es sich um die schaurige Darstellung des Leichnams eines Ertrunkenen, der als Vase für eine Herbstblume dient, die nun ebenfalls ertrinken wird.

Hugo Ball: KARAWANE – Beim Vortrag des dadaistische Lautgedichts meint man, eine vorbeitrottende Karawane zu hören und zu sehen. Diesen Eindruck erzeugt Ball nicht mithilfe von bedeutungstragenden Wörtern, sondern mit Buchstaben, Lautverbindungen, dem Sprachrhythmus und dem Druckbild.

Kurt Schwitters: An Anna Blume – Die tiefgründig-witzige dadaistische Wortkunst-Collage kombiniert Merkmale der traditionellen Liebeslyrik mit Nonsense-Poesie. Das Ergebnis ist ein Liebesgedicht und zugleich dessen Parodie.

Die Parabeln von Franz Kafka – Die kurzen Parabeln zeigen mit beklemmendem und rabenschwarzem Humor, wie Menschen ausweglosen Situationen unrettbar zum Opfer fallen. Gibs auf! lässt sich als vergebliche Sinnsuche, hintergründige Groteske, enttäuschte Erlösungshoffnung oder Darstellung einer gescheiterten Vaterbeziehung verstehen; möglicherweise auch als Aufforderung an den Leser, den Text nicht nach versteckten Botschaften abzusuchen.

Weitere Autoren und Werke
Lyriker: August Stramm; Ernst Stadler; Franz Werfel; Georg Heym; Georg Trakl; Drama: Georg Kaiser: Die Bürger von Calais; Ernst Toller: Die Wandlung

Aussicht vom Turm der Sternwarte auf Prag

Arbeitsvorschläge

1. Vergleiche die beiden fast zeitgleich entstandenen Gedichte von Else Lasker-Schüler (S. 237) und Jakob van Hoddis (S. 239): Wie wird das Weltende jeweils dargestellt?

2. Vergleiche das Leben und Werk von Else Lasker-Schüler (S. 236) mit dem der Romantikerin Karoline von Günderode (S. 130): Was fällt auf?

3. Erläutere anhand ausgewählter Texte des Expressionismus Paul Klees Satz: *„Kunst gibt nicht das Sichtbare wieder, sondern macht sichtbar."*

4. Erstellt in Gruppenarbeit eine Collage mit Bildern und Texten des Expressionismus, welche die typischen Themen verdeutlicht.

5. Sucht dadaistische Texte, zum Beispiel von Hugo Ball, Kurt Schwitters, Richard Huelsenbeck und Hans Arp, und bereitet sie für eine Aufführung vor.

Otto Dix: GROSSSTADT (Triptychon), 1927/28

Erich Kästner

Sachliche Romanze

Als sie einander acht Jahre kannten
(und man darf sagen: sie kannten sich gut),
kam ihre Liebe plötzlich abhanden.
Wie andern Leuten ein Stock oder Hut.

5 Sie waren traurig, betrugen sich heiter,
versuchten Küsse, als ob nichts sei,
und sahen sich an und wussten nicht weiter.
Da weinte sie schließlich. Und er stand dabei.

Vom Fenster aus konnte man Schiffen winken.
10 Er sagte, es wäre schon Viertel nach Vier
und Zeit, irgendwo Kaffee zu trinken.
Nebenan übte ein Mensch Klavier.

Sie gingen ins kleinste Café am Ort
und rührten in ihren Tassen.
15 Am Abend saßen sie immer noch dort.
Sie saßen allein, und sie sprachen kein Wort
und konnten es einfach nicht fassen.

Geschichtlicher Hintergrund

- **1919–20** große politische Unruhen; Ermordung Rosa Luxemburgs und Karl Liebknechts

- **1919** Weimarer Verfassung von Reichspräsident Ebert unterzeichnet

- **1919–23** Inflation (Geldentwertung)

- **1922** Außenminister Rathenau ermordet

- **1923** Einmarsch französischer und belgischer Truppen in das Ruhrgebiet; Stresemann wird Reichskanzler; Hitler-Putsch in München

- **1924–19** Wiederbelebung der deutschen Wirtschaft

- **1925** Paul von Hindenburg wird Reichspräsident.

- **1926** Aufnahme Deutschlands in den Völkerbund

- **1929** Beginn der Weltwirtschaftskrise

- **1933** Hitler wird zum Reichskanzler ernannt.

Der ▶ Völkerbund war eine von 1920 bis 1946 bestehende internationale Organisation mit dem Ziel, das friedliche Zusammenleben der Nationen zu sichern.

Neue Sachlichkeit und Weimarer Republik (1918–1933)

Politik in der Weimarer Republik

Die Weimarer Republik litt schon in den Anfangsjahren unter Schwierigkeiten, die ihr schließlich zum Verhängnis wurden. Die Höhe der Kriegsentschädigungen, die Deutschland zahlen musste, stellte eine gewaltige wirtschaftliche Last dar. Noch schwerer wog die Tatsache, dass große Teile der Bevölkerung der ersten Demokratie auf deutschem Boden die Anerkennung verweigerten. **Obrigkeitsstaatliches Denken, mangelndes demokratisches Bewusstsein und die Demütigung des verlorenen Krieges begünstigten radikale Bewegungen.** Zur Gefahr für den Staat wurden besonders die rechtsextremen Parteien, in deren Reihen sich zahlreiche arbeitslose Wehrmachtsoldaten tummelten. Die Putschversuche von Kapp (1920) und Hitler (1923) waren frühe Versuche, die Republik zu zerschlagen. Eine kurze Phase der politischen Stabilisierung und des wirtschaftlichen Aufschwungs führte 1926 zur Aufnahme Deutschlands in den ▶ Völkerbund. Mit der Weltwirtschaftskrise (1929) schlug die politische Stimmung wieder um. Die hohe Arbeitslosigkeit und die vollmundigen Versprechungen, Deutschland wieder zu nationaler Größe zu erwecken, trieben der Nationalsozialistischen Partei die Massen zu. **Als Adolf Hitler am 30. Januar 1933 zum Reichskanzler ernannt wurde, war das Ende der Weimarer Republik besiegelt.**

Soldaten des gerade beendeten Ersten Weltkrieges

Kultur in der Weimarer Republik

Politisch war die Weimarer Republik eine Zeit der Unruhe, kulturell ein Glücksfall. Mittelpunkt des kulturellen Lebens war **Berlin**, das zu einer **Hauptstadt der modernen Künste** wurde. Namhafte Schriftsteller, Regisseure, Schauspieler, Maler, Bildhauer und Architekten verliehen der deutschen Hauptstadt einen Glanz, der dem von Paris, London oder New York nicht nachstand. Weltgeltung erlangten das reichhaltige Theaterleben und die Filmindustrie. Zum neuen Unterhaltungsmedium stieg der Rundfunk auf, den die Nationalsozialisten später für ihre Propaganda missbrauchten.

Neue Sachlichkeit

▶ **Expressionismus** und ▶ **Dadaismus** sind die letzten großen literarischen Strömungen, die sich eindeutig bestimmen lassen. Die Literatur der Weimarer Republik umfasst so viele Richtungen, dass sich kein einheitliches Bild mehr zeigt. Hinzu kommt, dass sich das Werk bedeutender Autoren wie ▶ **Thomas Mann**, ▶ **Hermann Hesse**, ▶ **Bertolt Brecht** weit über diese Jahre ausdehnt. Herausragende Bedeutung erlangten die monumentalen ▶ **Zeit- und Gesellschaftsromane**, die ein breites soziales und geistiges Panorama jener Jahre entwerfen, darunter Thomas Manns DER ZAUBERBERG, Hermann Hesses DER STEPPENWOLF, ▶ Robert Musils DER MANN OHNE EIGENSCHAFTEN, ▶ Hermann Brochs DIE SCHLAFWANDLER und ▶ Joseph Roths RADETZKYMARSCH. Große Bühnenerfolge feierten ▶ Carl Zuckmayer mit DER HAUPTMANN VON KÖPENICK und ▶ Ödön von Horváth mit GESCHICHTEN AUS DEM WIENERWALD. Sie stehen allerdings im Schatten von Bertolt Brecht, dem wichtigsten Dramatiker des 20. Jahrhunderts.

Einige Tendenzen dieser Literatur lassen sich unter der Sammelbezeichnung **Neue Sachlichkeit** bündeln. Diese Strömung bildet eine **Gegenbewegung** zum Expressionismus und seiner Verherrlichung von Subjektivität, ▶ **Pathos** und Ekstase. Sie knüpft an Inhalte und Schreibformen des ▶ **Naturalismus** an und strebt nach **Objektivität** und einer größeren **Nähe zur Erfahrungs- und Alltagswirklichkeit**. Es überwiegen Romane und Reportagen, die gesellschaftliche Missstände, zum Teil **satirisch**, anprangern.

Epochenmerkmale kurz gefasst

Neue Sachlichkeit

- Gegenbewegung zum Expressionismus
- Wiederaufnahme naturalistischer Inhalte und Schreibformen
- Streben nach Objektivität
- Darstellung der Erfahrungs- und Alltagswirklichkeit
- gesellschaftskritische, oft satirische Romane und Reportagen

---

Expressionismus ▶ S. 230ff.

Dadaismus ▶ S. 230ff.

Thomas Mann ▶ S. 262

Hermann Hesse ▶ S. 258

Bertolt Brecht ▶ S. 264

▶ **Zeit- und Gesellschaftsromane**, die schwer voneinander abzugrenzen sind, entwerfen das politische, gesellschaftliche, geistige und kulturelle Panorama eines gesamten Zeitalters.

Robert Musil ▶ S. 209

▶ **Hermann Broch** (1886–1951) studierte zuerst Textiltechnik und trat in die väterliche Textilfabrik ein. Ab 1927 studierte er Mathematik, Philosophie und Physik und wurde Schriftsteller.

▶ **Joseph Roth** (1894–1939) war ein österreichischer Schriftsteller und Journalist.

▶ **Carl Zuckmayer** (1896–1977) hatte im Expressionismus zu veröffentlichen begonnen, wurde aber v.a. mit Stücken in der Weimarer Zeit und der Nachkriegszeit bekannt.

▶ **Ödön von Horváth** (1901–38) wurde bekannt durch seine zeitkritischen Stücke und Romane.

Pathos ▶ S. 232

Naturalismus ▶ S. 198ff.

Bauhaus

Was ist Bauhaus?

Wer heute von Bauhaus spricht, meint damit meist moderne Architektur: Gebäude aus Stahl und Glas mit klaren Proportionen, ohne Schnörkel und Ornament. Dieser Stil beherrscht die Bauweise des ersten Drittels des 20. Jahrhunderts. Tatsächlich ist er aber nur eine von zahlreichen Neuerungen, die aus der einflussreichen Kunstschule hervorgegangen ist, welche 1919 mit dem Namen **Staatliches Bauhaus Weimar** von ▶ Walter Gropius gegründet wurde. Dieser Architekt verfolgte hohe künstlerische und gesellschaftliche Ziele. Er strebte einen Baustil an, der die Kunst mit dem Handwerk wiedervereinen und damit die **sozialen Unterschiede zwischen Künstler und Handwerker aufheben** wollte. Die Kunststudenten des Bauhauses wurden deshalb nicht nur theoretisch unterwiesen, sondern in den Werkstätten auch u.a. in der Bildhauerei, Glasmalerei, Fotografie, Tischlerei, Töpferei, Weberei und im Schauspiel praktisch ausgebildet. Dieses Konzept überzeugte eine Vielzahl angesehener Künstler, die der Neuen Sachlichkeit nahe standen, zur Mitarbeit. 1926 zog das Bauhaus nach Dessau um, 1932 nach Berlin. Den Nationalsozialisten war diese die

▶ Walter Gropius (1883–1969) war Architekt und Gründer des Bauhauses.

Walter Gropius: Das Fagus-Werk in Alfeld, 1911

internationale, moderne Kunst fördernde Institution ein Ärgernis, sodass es 1933 zur Auflösung kam.

Architektur

1911 entwarfen Walter Gropius und sein Partner ▸ Adolf Meyer eine
Fabrikanlage, die den Beginn der modernen Architektur markiert: das
Fagus-Werk, eine Schuhleistenfabrik in Alfeld an der Leine. Das
Gebäude, das heute unter Denkmalschutz steht, weist schon die
Merkmale auf, die künftig den internationalen Baustil prägen wer-
den: **Geometrisch klare Formen**, der Verzicht auf Verzierung, ein
Kubus aus einer harmonischen Stahlskelettkonstruktion, die der
Stahl-Glas-Wand lichtvolle Leichtigkeit und Offenheit schenkt.
Erstmals im Industriebau stützen nicht Außenwände das Gebäude,
sondern die ins Innere versetzten Träger. Mit dieser offenen
Architektur verbindet sich ein **sozialer Anspruch**. Arbeiter,
Produktionsbereich und Arbeitsprozess werden nicht mehr in den
Hinterhöfen der Fabrikanlagen versteckt, sondern hinter den
Glasfassaden der Öffentlichkeit präsentiert. Damit soll der
Fabrikarbeiter und seine Tätigkeit vom Makel der gesellschaftlichen
Verachtung befreit werden. Die Formensprache und die demokrati-
schen Ideale des Bauhauses beeinflussten das Werk der großen
Architekten des 20. Jahrhunderts. Zwei weltberühmte Beispiele sind:
die Unité d'Habitation in Marseille von ▸ Le Corbusier und die
Commonwealth Promenade Appartments in Chicago von ▸ Ludwig
Mies van der Rohe.

Gebrauchsgegenstände

Den hochfliegenden gesellschaftlichen Idealen entspricht das Ziel,
Kunst zu demokratisieren: Sie soll für jedermann zugänglich und erschwinglich sein. Kunsthandwerk und Design entwickeln Gebrauchs-
gegenstände, die in großer Stück-
zahl produziert und vertrieben
werden. Die Neuerung, die von
den Bauhaus-Möbeln ausgeht,
wirkt bis in unsere Tage nach.
Schön sollen sie sein, praktisch
und preiswert. **Das wichtigste Ge-
staltungsprinzip ist die Funktio-
nalität**, also die Zweckmäßigkeit.
▸ **Marcel Breuers** Stahlrohrsessel
ist ein bekanntes Beispiel für die
Einheit von Funktion, Form und
zeitgenössischen Baustoffen.

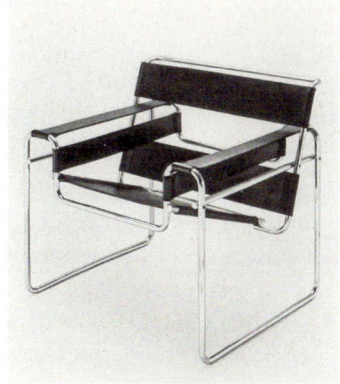

Marcel Breuer: Stuhl B3, 1925

▸ Adolf Meyer (1881–1929)
war erst Büroleiter von Walter
Gropius und dann sein
Partner.

▸ Le Corbusier (1887–1965)
war ein einflussreicher
Architekt des 20. Jahr-
hunderts. Seine Ideen haben
Kontroversen ausgelöst und
sind teilweise bis heute
umstritten.

▸ Ludwig Mies van der Rohe
(1886–1969) stellte das
Motto „Weniger ist mehr" ins
Zentrum seines architektoni-
schen Schaffens.

▸ Marcel Breuer (1902–81)
war deutsch-amerikanischer
Architekt und Designer
ungarisch-jüdischer Herkunft.

Hermann Hesse: Der Steppenwolf (1927)

Hermann Hesse

An Hermann Hesse scheiden sich die Geister. Für die einen bedient sein Werk überkommene romantische Klischees, für die anderen weist es zeitlose Wege zu einer spirituellen Erneuerung. Mit der antibürgerlichen Protestbewegung in den 1960er-Jahren, mit den amerikanischen ▶ Hippies und ▶ Flower Power erlebt Hesse eine Renaissance und steigt zum Kultautor auf. Die Romane und Erzählungen unterbreiten **Angebote für Lebenssinn und Selbstverwirklichung.** Dies könnte an Hesses ▶ pietisti-

Hermann Hesse

scher Prägung liegen. Der Vater war Missionsprediger und er selbst besuchte eine kurze Zeit das theologische Seminar im ehemaligen Kloster Maulbronn. Nach mehreren gescheiterten Berufsversuchen wurde er 1904 nach dem Erfolg von PETER CAMENZIND freier Schriftsteller und siedelte einige Jahre später in die Schweiz über. 1946 erhielt er den Nobelpreis für Literatur.

Weitere Werke

Romane: ▶ UNTERM RAD; SIDDHARTA; DAS GLASPERLENSPIEL; Erzählungen: PETER CAMENZIND; DEMIAN; NARZISS UND GOLDMUND.

Der Steppenwolf

▶ Harry Haller nennt sich selbst ▶ Steppenwolf. Damit bezeichnet er seine geistig-animalische Doppelnatur und das Unabhängige, Wilde und Einsame seiner Existenz. Er fühlt sich **entfremdet von der bürgerlichen Welt** und leidet zugleich an der **Sehnsucht nach Geborgenheit.** Seine Tage verbringt er zurückgezogen in seiner Studierstube mit der Lektüre großer Dichter der Vergangenheit. Nachts erwacht seine Triebnatur und er zieht einsam und trinkend durch billige Kneipen. Die schonungslose Analyse, mit der er seine trostlose Lebenslage durchschaut, ist auch eine Klage über den Werteverfall der Zeit, in der er lebt.

Der Steppenwolf

Der folgende Textauszug zeigt Harry Hallers Zerrissenheit. Der Steppenwolf wird von Selbstmordgedanken geplagt, bis er eine Frau kennenlernt, die ihm wieder Freude am Leben schenkt. Am Ende erlebt er einen bewusstseinserweiternden Drogenrausch.

Es ist eine schöne Sache um die Zufriedenheit; um die Schmerzlosigkeit, um diese erträglichen geduckten Tage, wo weder Schmerz noch Lust zu schreien wagt, wo alles nur flüstert und auf Zehen schleicht. Nur steht es mit mir leider so, daß ich gerade diese
5 Zufriedenheit gar nicht gut vertrage, daß sie mir nach kurzer Dauer unausstehlich verhaßt und ekelhaft wird und ich mich verzweiflungsvoll in andre Temperaturen flüchten muß, womöglich auf dem Wege der Lustgefühle, nötigenfalls aber auch auf dem Wege der Schmerzen. Wenn ich eine Weile ohne Lust und ohne Schmerz war und die laue
10 fade Erträglichkeit sogenannter guter Tage geatmet habe, dann wird mir in meiner kindischen Seele so windig weh und elend, daß ich die verrostete Dankbarkeitsleier dem schläfrigen Zufriedenheitsgott ins zufriedene Gesicht schmeiße und lieber einen recht teuflischen Schmerz in mir brennen fühle als diese bekömmliche Zimmertempe-
15 ratur. Es brennt alsdann in mir eine wilde Begierde nach starken Gefühlen, nach Sensationen, eine Wut auf dies abgetönte, flache, normierte und sterilisierte Leben und eine rasende Lust, irgend etwas kaputt zu schlagen, etwa ein Warenhaus oder eine Kathedrale oder mich selbst, verwegene Dummheiten zu begehen, ein paar verehrten Göt-
20 zen die Perücke abzureißen, ein paar rebellische Schulbuben mit der ersehnten Fahrkarte nach Hamburg auszurüsten, ein kleines Mädchen zu verführen oder einigen Vertretern der bürgerlichen Weltordnung das Gesicht ins Genick zu drehen. Denn dies haßte, verabscheute und verfluchte ich von allem doch am innigsten: diese Zufriedenheit,
25 diese Gesundheit, Behaglichkeit, diesen gepflegten Optimismus des Bürgers, diese fette, gedeihliche Zucht des Mittelmäßigen, Normalen, Durchschnittlichen.

Der ▶ Pietismus ist eine Reformbewegung des Protestantismus.

Die Erzählung ▶ Unterm Rad enthält viele Anklänge an Hesses Schulzeit in Maulbronn.

Auffallend ist die Ähnlichkeit der Namen ▶ Harry Haller und Hermann Hesse.

Nach dem Roman benannte sich die US-Rockband ▶ Steppenwolf, deren bekanntester Song Born to Be Wild ist.

Der Text wurde nicht an die neue Rechtschreibung angepasst.

Arbeitsvorschläge

1. Beschreibe Hallers Zerrissenheit.

2. Stelle dar, welche Zeitkritik Haller äußert.

3. Der Steppenwolf war das Kultbuch der antibürgerlichen Hippie-Bewegung der 1960er-Jahre. Versuche, diesen Erfolg mithilfe des Textauszugs zu erklären.

Alfred Döblin: Berlin Alexanderplatz (1929)

Alfred Döblin

▶ 1878 Alfred Döblin wird in Stettin geboren.

▶ 1900–05 Medizin- und Philosophiestudium in Berlin und Freiburg

▶ 1910 Mitbegründer der expressionistischen Zeitschrift „Der Sturm"

▶ 1911 Niederlassung als Psychiater

▶ 1912 Heirat mit Erna Reiss

▶ 1914 Militärarzt im Ersten Weltkrieg

▶ 1918 Beitritt in die USPD

▶ 1921 Beitritt in die SPD

▶ 1933 Emigration nach Paris und Aberkennung der deutschen Staats-bürgerschaft

▶ 1940 Flucht vor den Nationalsozialisten nach Los Angeles; Drehbuch-autor bei der Filmproduk-tionsgesellschaft Metro-Goldwyn-Mayer

▶ 1941 Bekehrung zum Katholizismus

▶ 1945 Rückkehr nach Baden-Baden

▶ 1957 Döblin stirbt in Emmendingen bei Freiburg im Breisgau.

▶ James Joyce (1882–1941) war ein irischer Schriftsteller, der in seinem Roman ULYSSES den Bewusstseins-strom konsequent angewandt und weiterentwickelt hat.

Alfred Döblin

Alfred Döblins Ruhm gründet in dem Großstadtroman BERLIN ALEXANDERPLATZ. Diesem Werk hat es der Autor zu verdanken, dass man ihn in einem Atemzug mit ▶ James Joyce, ▶ Marcel Proust, ▶ Thomas Mann und ▶ Robert Musil nennt, den großen Romanautoren der literarischen Moderne. Die zahlreichen weiteren Werke, die der 1878 geborene jüdische Kaufmanns-sohn hinterließ, liegen im Schatten dieses Welterfolgs. Döblin war Mediziner und ar-

Alfred Döblin

beitete als Facharzt für Nervenkrankheiten in Berlin, wo er Kontakte zu Künstlerkreisen unterhielt und die expressionistische Zeitschrift „Der Sturm" mitbegründete. Im Ersten Weltkrieg war er als Mili-tärarzt tätig, nach dem Krieg engagierte er sich für Parteien der poli-tischen Linken. Als Jude wurde Döblin 1933 zur Emigration gezwun-gen. 1945 kehrte er nach Deutschland zurück.

Weitere Werke

Romane: DIE DREI SPRÜNGE DES WANG-LUN; WALLENSTEIN; PARDON WIRD NICHT GEGEBEN; HAMLET ODER DIE LANGE NACHT NIMMT EIN ENDE; Erzählung: DIE ERMORDUNG EINER BUTTERBLUME

Berlin Alexanderplatz

▶ BERLIN ALEXANDERPLATZ ist der bedeutendste Großstadtroman der deutschen Literatur. Döblin entwickelt eine Erzählweise, die der Me-tropole mit der lärmenden Gleichzeitigkeit von Ereignissen und dem verwirrenden Nebeneinander von Einzelschicksalen gerecht wird. Die Wirklichkeit ist zersplittert in ein ▶ Kaleidoskop wechselnder Perspek-tiven. ▶ Erlebte Rede, ▶ innerer Monolog, Bericht und Dialog erzeugen einen Eindruck vom vielstimmigen Großstadtgewirr. Mit der an Film-techniken erinnernden ▶ Montage von Zeitungsmeldungen, Rekla-meslogans, Wetterberichten, Statistiken, Bibelstellen und Schlagern entsteht ein Abbild der modernen Lebenswirklichkeit.

Berlin Alexanderplatz, fünftes Buch

Der Roman erzählt die Geschichte des freigelassenen Sträflings Franz Bi-
berkopf. Zunächst gelingt ihm die Wiedereingliederung in die Gesellschaft.
Durch eine Verkettung unverschuldeter Umstände gerät er später wieder ins
Verbrechermilieu. Er verliert einen Arm, wird Zuhälter, seine Geliebte wird er-
mordet und er landet im Irrenhaus. Am Ende steht er wieder auf dem Alex-
anderplatz, seiner Illusionen beraubt. Der folgende Textabschnitt zeigt, mit
welch revolutionären sprachlichen Mitteln Döblin die Großstadt beschreibt.

Rumm rumm wuchtet vor Aschinger auf dem Alex die Dampframme.
Sie ist ein Stock hoch, und die Schienen haut sie wie nichts in den
Boden.
Eisige Luft. Februar. Die Menschen gehen in Mänteln. Wer einen Pelz
5 hat, trägt ihn, wer keinen hat, trägt keinen. Die Weiber haben dünne
Strümpfe und müssen frieren, aber es sieht hübsch aus. Die Penner
haben sich vor der Kälte verkrochen. Wenn es warm ist, stecken sie
wieder ihre Nasen raus. Inzwischen süffeln sie doppelte Ration
Schnaps, aber was für welchen, man möchte nicht als Leiche drin
10 schwimmen.
Rumm rumm haut die Dampframme auf dem Alexanderplatz. Viele
Menschen haben Zeit und gucken sich an, wie die Ramme haut. Ein
Mann oben zieht immer eine Kette, dann pafft es oben, und ratz hat
die Stange eins auf den Kopf. Da stehen die Männer und Frauen und
15 besonders die Jungens und freuen sich, wie das geschmiert geht: ratz
kriegt die Stange eins auf den Kopf. Nachher ist sie klein wie eine
Fingerspitze, dann kriegt sie aber noch immer eins, da kann sie machen, was sie will. Zuletzt ist sie weg, Donnerwetter, die haben sie
fein eingepökelt, man zieht befriedigt ab.
20 Alles ist mit Brettern belegt. Die ▶ **Berolina** stand vor ▶ **Tietz**, eine
Hand ausgestreckt, war ein kolossales Weib, die haben sie wegge-
schleppt. Vielleicht schmelzen sie sie ein und machen Medaillen
draus.
Wie die Bienen sind sie über den Boden her. Die basteln und murk-
25 sen zu Hunderten rum den ganzen Tag und die Nacht.

▶ **Marcel Proust** (1871 – 1922)
war ein französischer
Schriftsteller und Kritiker,
dessen Hauptwerk Auf Der
Suche Nach Der
Verlorenen Zeit zu den
wichtigsten Werken des 20.
Jahrhunderts gehört.

Thomas Mann ▶ S. 262

Robert Musil ▶ S. 209

Ein Meisterwerk der
Literaturverfilmung ist Rainer
Werner Fassbinders vierzehn-
stündige Fernsehproduktion
▶ Berlin Alexanderplatz
aus dem Jahr 1980.

Ein ▶ **Kaleidoskop** ist ein
fernrohrähnliches Spielzeug.
Beim Drehen ordnen sich
bunte Glassteinchen zu
verschiedenen Bildern an.

Bei der ▶ **erlebten Rede**
werden die Gedanken einer
Person im Indikativ der 3.
Person (er, sie) und meist im
sogenannten epischen
Präteritum ausgedrückt.

innerer Monolog ▶ S. 215

Montage ▶ S. 233

▶ **Berolina** – eine Berlin
symbolisierende Bronzestatue

▶ **Tietz** – das ehemalige
Kaufhaus Tietz am
Alexanderplatz

Arbeitsvorschläge

1. Fasse die Augenblickseindrücke zusammen, die im Text dargestellt werden.

2. Erkläre, wie Döblin den Eindruck von Gleichzeitigkeit und Vielstimmigkeit erzeugt.
   Hilfen für diese Antwort findest du im einführenden Text zu diesem Roman (S. 260 unten).

3. Schildere eine Großstadtszene im Stil Döblins. Sammle Sinneseindrücke an einem
   belebten Ort und gestalte sie in Form eines inneren Monologs.

Thomas Mann

▶ 1875 Thomas Mann wird in Lübeck geboren.

▶ 1893 Mittlere Reife; Umzug nach München mit der verwitweten Mutter

▶ 1894 Volontär in einer Versicherungsgesellschaft

▶ 1896 zweijährige Italienreise mit seinem Bruder Heinrich

▶ 1905 Heirat mit der sehr vermögenden Professorentochter Katia Pringsheim; aus der Ehe gehen sechs Kinder hervor – darunter die späteren Schriftsteller Erika, Klaus und Golo.

▶ 1929 Literaturnobelpreis

▶ 1933 Auslandsaufenthalt, von dem er wegen einer gegen ihn gerichteten Hetzkampagne der Nationalsozialisten nicht mehr zurückkehrt

▶ 1936 Aberkennung der deutschen Staatsbürgerschaft

▶ 1938 Übersiedlung in die USA

▶ 1944 Thomas Mann erhält die amerikanische Staatsbürgerschaft.

▶ 1952 Übersiedlung in die Schweiz

▶ 1955 Mann stirbt in Zürich.

Heinrich Mann ▶ S. 209

Parabel ▶ S. 248

Thomas Mann: Mario und der Zauberer (1930)

Thomas Mann

Schon zu Lebzeiten gilt Thomas Mann als ein Monument der deutschen Literatur. Der Sensationserfolg seines Debütromans BUDDENBROOKS, sein Meisterwerk DER ZAUBERBERG und der Nobelpreis für Literatur begründen seinen Ruhm als herausragender Schriftsteller der Weimarer Republik. Seine weltweite Popularität steigert sich noch nach seiner Emigration in die USA, wo man ihn als wichtigsten Repräsentanten der deutschen Kultur feiert. Von hier aus sendet er ab 1940 auch seine Radioansprachen an die deutsche Bevölkerung. Er ist der jüngere Bruder von ▶ Heinrich Mann, der auch ein erfolgreicher Autor war. Thomas Mann wurde in Lübeck geboren, siedelte aber nach dem Tod des Vaters nach München über und arbeitete dort als freier Schriftsteller. Nach dem Zweiten Weltkrieg lässt er sich in der Schweiz nieder.

Thomas Mann

Weitere Werke

Romane: BUDDENBROOKS; BEKENNTNISSE DES HOCHSTAPLERS FELIX KRULL; DER ZAUBERBERG; JOSEPH UND SEINE BRÜDER; DOKTOR FAUSTUS; Erzählungen: TONIO KRÖGER; DER TOD IN VENEDIG

Mario und der Zauberer

Die Hauptfigur ist der Zauberer Cipolla, der während einer Zaubervorstellung in einem italienischen Badeort mit teuflischer Rhetorik und Hypnose das Publikum in seinen Bann zieht. Sein Opfer wird der junge Kellner Mario, den er gnadenlos dem Gespött der Zuschauer preisgibt. Cipolla wird schließlich von dem Verzweifelten erschossen. Thomas Mann erzählt diesen Vorfall als politische ▶ Parabel auf den Faschismus. **Er beschreibt die verführerische Macht, mit der ein skrupelloser Führer eine fanatische Masse und das schutzlose Individuum manipulieren kann.**

Mario und der Zauberer

Am Ende seiner Vorstellung versetzt Cipolla den Kellner Mario so sehr in Trance, dass dieser glaubt, seine Geliebte vor sich zu haben. Er küsst den Zauberer, wird öffentlich bloßgestellt und erschießt daraufhin seinen Peiniger Cipolla.

„Küsse mich!", sagte der Bucklige. „Glaube, dass du es darfst! Ich lie-be dich. Küsse mich hierher", und er wies mit der Spitze des Zeigefingers, Hand, Arm und kleinen Finger wegspreizend, an seine Wange, nahe dem Mund. Und Mario neigte sich und küsste ihn.

5 Es war recht still im Saale geworden. Der Augenblick war grotesk, un-geheuerlich und spannend, – der Augenblick von Marios Seligkeit. Was hörbar wurde in dieser argen Zeitspanne, in der alle Beziehungen von Glück und Illusion sich dem Gefühle aufdrängten, war, nicht gleich am Anfang, aber sogleich nach der traurigen und skurrilen

10 Vereinigung von Marios Lippen mit dem abscheulichen Fleisch, das sich seiner Zärtlichkeit unterschob, das Lachen des ▶ Giovanotto zu unserer Linken, das sich einzeln aus der Erwartung löste, brutal, scha-denfroh und dennoch, ich hätte mich sehr täuschen müssen, nicht ohne einen Unterton und Einschlag von Erbarmen mit so viel ver-

15 träumtem Nachteil, nicht ganz ohne das Mitklingen jenes Rufes ▶ „Poveretto!", den der Zauberer vorhin für falsch gerichtet erklärt und für sich selbst in Anspruch genommen hatte.

Zugleich aber auch schon, während noch dies Lachen erklang, ließ der oben Geliebkoste unten, neben dem Stuhlbein, die Reitpeitsche

20 pfeifen, und Mario, geweckt, fuhr auf und zurück. Er stand und starr-te, hinübergebogenen Leibes, drückte die Hände an seine miss-brauchten Lippen, eine über der anderen, schlug sich dann mit den Knöcheln beider mehrmals gegen die Schläfen, machte kehrt und stürzte, während der Saal applaudierte und Cipolla, die Hände im

25 Schoß gefaltet, mit den Schultern lachte, die Stufen hinunter. Unten, in voller Fahrt, warf er sich mit auseinandergerissenen Beinen her-um, schleuderte den Arm empor, und zwei flach schmetternde Detonationen durchschlugen Beifall und Gelächter.

▶ Giovanotto (italien.) –
Junge, Jugendlicher

▶ Poveretto (italien.) –
Ärmster, armer Kerl

Arbeitsvorschläge

1. Beschreibe, wie der Magier sein Opfer manipuliert.

2. Charakterisiere die Züge im Aussehen und Auftreten des Zauberers, die an einen Diktator erinnern.

3. Deute die Szene politisch im Hinblick auf das Verhältnis von Machthaber, Masse und Individuum.

Bertolt Brecht

▸ **1898** Bertolt Brecht wird in Augsburg geboren.

▸ **1917–21** Studium der Medizin und Theaterwissenschaften in München

▸ **1920–21** Theaterkritiker

▸ **1922** Heirat mit der Opernsängerin Marianne Zoff

▸ **1924** Übersiedlung nach Berlin

▸ **1929** Heirat mit der Schauspielerin Helene Weigel

▸ **1933** Flucht in die Schweiz, von dort nach Dänemark, Schweden und Finnland

▸ **1941** Übersiedlung in die USA

▸ **1949** Rückkehr nach Ost-Berlin und Gründung des Berliner Ensembles

▸ **1956** Brecht stirbt in Ost-Berlin.

episches Theater ▸ S. 268 f.

Das ▸ Berliner Ensemble war eine der fortschrittlichsten Bühnen Deutschlands. Bekannt wurde es vor allem durch die Aufführung der Stücke von Bertolt Brecht, seines Begründers.

▸ Herr Keuner, der autobiografische Züge Brechts trägt, ist möglicherweise ein sprechender Name. Es klingen das griechische *koinos* (das Allgemeine, alle Betreffende) und das mundartliche *keiner* (Name des Odysseus, als er den Zyklopen überlistet) an.

Bertolt Brecht: Geschichten vom Herrn Keuner (1930)

Bertolt Brecht

Bertolt Brecht

Bertolt Brechts Gedichte und Erzählungen gehören zum festen Bestandteil der deutschen Literatur. Als radikaler Erneuerer des Dramas aber erringt er Weltgeltung. Er entwickelt eine neue Art des Schauspiels: das ▸ epische Theater. Der 1898 in Augsburg geborene Kaufmannssohn studiert in München und feiert dort seine ersten Bühnenerfolge. 1924 geht er in die Theaterstadt Berlin. Seine 1928 uraufgeführte DREIGROSCHENOPER wird der größte Kassenschlager der Weimarer Republik.

1933 muss Brecht Deutschland als politisch unerwünschter Autor verlassen. 1949 geht er nach Ost-Berlin, wo er eine Theatertruppe gründet, das ▸ Berliner Ensemble.

Weitere Werke

MUTTER COURAGE UND IHRE KINDER; LEBEN DES GALILEI; DER GUTE MENSCH VON SEZUAN; DER KAUKASISCHE KREIDEKREIS

Geschichten von Herrn Keuner

Die abgedruckten Texte gehören zu den 87 Keuner-Geschichten, die Brecht ab Mitte der 1920er-Jahre bis zu seinem Tod verfasste. Diese kurzen Texte, in deren Mittelpunkt der geistreiche ▸ Herr Keuner steht, setzen sich auf hintergründige Weise mit philosophischen, religiösen, politischen, moralischen und künstlerischen Fragen auseinander. Sie bedienen sich dabei der Form der ▸ Kalendergeschichte, der ▸ Parabel oder der ▸ Anekdote, um in pointiert-zugespitzter Form eine überraschende Erkenntnis zu vermitteln. Im Falle von DER HILFLOSE KNABE geschieht dies durch die doppelte Bestrafung. Indem ihm auch der zweite Groschen abgenommen wird, lernt der Junge, nicht auf die Hilfe anderer zu vertrauen, sondern sich zu wehren.

Geschichten vom Herrn Keuner

Der hilflose Knabe

Herr K. sprach über die Unart, erlittenes Unrecht stillschweigend in sich hineinzufressen, und erzählte folgende Geschichte: „Einen vor sich hin weinenden Jungen fragte ein Vorübergehender nach dem Grund seines Kummers. ‚Ich hatte zwei Groschen für das Kino bei-
5 sammen‘, sagte der Knabe, ‚da kam ein Junge und riß mir einen aus der Hand‘, und er zeigte auf einen Jungen, der in einiger Entfernung zu sehen war. ‚Hast du denn nicht um Hilfe geschrien?‘ fragte der Mann. ‚Doch‘, sagte der Junge und schluchzte ein wenig stärker. ‚Hat dich niemand gehört?‘ fragte ihn der Mann weiter, ihn liebevoll strei-
10 chelnd. ‚Nein‘, schluchzte der Junge: ‚Kannst du denn nicht lauter schreien?‘ fragte der Mann. ‚Nein‘, sagte der Junge und blickte ihn mit neuer Hoffnung an. Denn der Mann lächelte. ‚Dann gib auch den her‘, sagte er, nahm ihm den letzten Groschen aus der Hand und ging unbekümmert weiter.“

Das Wiedersehen

Ein Mann, der Herrn K. lange nicht gesehen hatte, begrüßte ihn mit den Worten: „Sie haben sich gar nicht verändert.“ „Oh!“ sagte Herr K. und erbleichte.

Erfolg

Herr K. sah eine Schauspielerin vorbeigehen und sagte: „Sie ist schön.“ Sein Begleiter sagte: „Sie hat neulich Erfolg gehabt, weil sie schön ist.“ Herr K. ärgerte sich und sagte: „Sie ist schön, weil sie Erfolg gehabt hat.“

Eine ▶ Kalendergeschichte ist eine kürzere, unterhaltsame und lehrreiche Erzählung, die bis ins 19. Jahrhundert in einem Kalender abgedruckt war.

Parabel ▶ S. 248

Eine ▶ Anekdote ist eine kurze Geschichte, mit der eine Person charakterisiert wird.

Die Texte wurden nicht an die neue Rechtschreibung angepasst.

Arbeitsvorschläge

1. Formuliere die Lehre von DER HILFSLOSE KNABE. Berücksichtige dabei den Einleitungssatz.

2. Verändere die Aussage des Textes, indem du einen neuen Schlusssatz schreibst. Erkläre, welche Lehre sich nun ergibt.

3. Erkläre die Reaktion von Herrn K. in DAS WIEDERSEHEN: Was versteht er unter Veränderung, was der Mann?

4. Erläutere den Zusammenhang zwischen Erfolg und Schönheit, den Herr K. und sein Begleiter in ERFOLG herstellen. Diskutiert, welcher Auffassung ihr zustimmt.

Erich Kästner: Fabian.
Die Geschichte eines Moralisten (1931)

Erich Kästner

Vielen ist Erich Kästner nur als Autor von Kinderbuch-Klassikern bekannt. Dabei ist er mit seinen zeitkritischen und humorvollen Gedichten und Erzählungen einer der populärsten Schriftsteller der Weimarer Republik. Nach dem Kriegsdienst, einer Lehrerausbildung und dem Studium geisteswissenschaftlicher Fächer lebt er ab 1927 als freier Schriftsteller und Journalist in Berlin. 1933 gehört er zu den Autoren, deren Werke von den Nationalsozialisten öffentlich verbrannt werden. Kästner wird mehrfach gefangen genommen und kann nur noch im Ausland veröffentlichen, bis er 1943 totales Schreibverbot erhält. Nach dem Zweiten Weltkrieg wird er Mitarbeiter der „Neuen Zeitung" und Mitbegründer von zwei Münchner Kabaretts.

Erich Kästner

Weitere Werke

Gedichte: Doktor Erich Kästners lyrische Hausapotheke; Die dreizehn Monate; Jugendbücher: Emil und die Detektive; Pünktchen und Anton; Das fliegende Klassenzimmer; Das doppelte Lottchen; Erzählung: Drei Männer im Schnee

Fabian. Die Geschichte eines Moralisten

Fabian ist ein zeitkritischer Großstadtroman, der, wie Kästner im Vorwort schreibt, ein politisches Ziel verfolgt: *„Er wollte vor dem Abgrund warnen, dem sich Deutschland und damit Europa näherten. Er wollte mit angemessenen, und das konnte in diesem Fall nur bedeuten, mit allen Mitteln, in letzter Minute Gehör und Besinnung erzwingen."* Die Mittel, mit denen er die traurige Geschichte von Jakob Fabian, einem arbeitslosen Reklametexter im Berlin der 1930er-Jahre erzählt, sind bissige ▶ **Satire** und wehmütiger Humor. Der Roman endet tragisch: Der Nichtschwimmer Fabian ertrinkt bei dem Versuch, einen in den Fluss gefallenen Jungen zu retten.

Satire ▶ S. 22

Fabian. Die Geschichte eines Moralisten, sechstes Kapitel

Jakob Fabian und sein Freund Labude werden Zeugen einer Straßenschie-
ßerei. Sie rufen ein Taxi, um die zwei verwundeten Gegner in ein Kranken-
haus zu bringen.

Sie riefen den Chauffeur und transportierten den Nationalsozialisten
ins Auto, neben den kommunistischen Spielgefährten. Die Freunde
kletterten hinterdrein und gaben dem Chauffeur Anweisung, sie zum
nächsten Krankenhaus zu bringen. Das Auto fuhr los.
5 „Tut's sehr weh?", fragte Labude.
„Es geht", antworteten die beiden Verwundeten gleichzeitig und mus-
terten sich finster.
„Volksverräter!", sagte der Nationalsozialist. Er war größer als der
Arbeiter, etwas besser gekleidet und sah etwa wie ein Handlungsgehilfe
10 aus.
„Arbeiterverräter!", sagte der Kommunist.
„Du Untermensch!", rief der eine.
„Du Affe!", rief der andere.
Der Kommis griff in die Tasche.
15 Labude fasste sein Handgelenk. „Geben Sie den Revolver her!", befahl
er. Der Mann sträubte sich. Fabian holte die Waffe heraus und steckte
sie ein.
„Meine Herren", sagte er. „Dass es mit Deutschland so nicht weitergehen kann, darüber sind wir uns wohl alle einig. Und dass man jetzt
20 versucht, mithilfe der kalten Diktatur unhaltbare Zustände zu verewi-
gen, ist eine Sünde, die bald genug ihre Strafe finden wird. Trotzdem
hat es keinen Sinn, wenn Sie einander Reservelöcher in die entlegens-
ten Körperteile schießen. Und wenn Sie besser getroffen hätten und
nun ins Leichenschauhaus führen, statt in die Klinik, wäre auch
25 nichts Besonderes erreicht. Ihre Partei", er meinte den Faschisten,
„weiß nur, wogegen sie kämpft, und auch das weiß sie nicht genau.
Und Ihre Partei", er wandte sich an den Arbeiter, „Ihre Partei ..."

Arbeitsvorschläge

1. Erkläre die zeitgeschichtlichen Bezüge.

2. Benenne und interpretiere die Komik dieses Textabschnitts.

3. Stelle dar, welche politischen Missstände diese Satire anprangert.

Das epische Theater Bertolt Brechts

Die Theorie

Bertolt Brechts Weltgeltung als moderner Dramatiker beruht auf einer revolutionären Theaterkonzeption. Mit dem epischen Theater wendet er sich gegen das klassische Drama, das die Illusion der Wirklichkeit und die emotionale Einfühlung des Publikums in die Handlung anstrebt. Das epische Theater verfolgt **politische Absichten, die auf eine Veränderung des Einzelnen und der Gesellschaft abzielen**. Ein Mittel, um dieses Ziel zu erreichen, ist der **Verfremdungseffekt**. **Die** ▶ **parabelhaften Dramenhandlungen werden unterbrochen und kommentiert**, z.B. durch Erzähler, Spielleiter, Schauspieler, Chöre, Lieder, Songs, Spruchbänder, Film- oder Tondokumente. Der Zuschauer soll sich nicht mit den Protagonisten identifizieren, sondern sich in kritischer Distanz zu dem Dargestellten ein eigenes Urteil bilden. Auswirkungen hat dies auch auf die Dramenstruktur: An die Stelle des in Akte unterteilten ▶ **geschlossenen Dramas** tritt das offene Drama. Das Bühnengeschehen vermittelt hier nicht mehr den Eindruck einer geschlossenen Handlung, sondern erscheint als eine Folge von Einzelszenen, die an weit auseinanderliegenden Orten und zu verschiedenen Zeiten spielen. Anfang und Ende der Handlung sind offen. Dieser Dramentyp findet sich erstmals bei ▶ **Georg Büchners** WOYZECK. Brecht entwickelte die Theorie des epischen Theaters und ist mit seinen Stücken auch dessen Hauptvertreter.

Parabel ▶ S. 248

geschlossenes Drama ▶ S. 92

Georg Büchner ▶ S. 170 f.

Der gute Mensch von Sezuan

Mit Ausnahme seiner ganz frühen Werke sind Brechts zahlreiche Dramen epische Theaterstücke. Die enormen Aufführungserfolge dieser Schauspiele zeigen, dass hoher Kunstanspruch und kurzweiliges Theatervergnügen kein Widerspruch sind. Am Beispiel von DER GUTE MENSCH VON SEZUAN lassen sich die Praxis des epischen Theaters und der Verfremdungseffekt verdeutlichen. Der gute Mensch von Sezuan, Shen Te, wird für eine gute Tat mit Geld belohnt. Doch schnell stellt sie fest, dass es unmöglich ist, *„Gut zu sein und doch zu leben"*. Deshalb legt sie sich eine Doppelexistenz zu, um den Besitz rücksichtslos zu verwalten. Die Frage, die das Stück aufwirft, bezieht sich aber vor allem auf die westlichen Gesellschaften: Wie kann soziale Gerechtigkeit hergestellt werden? Shen Te drückt ihren Konflikt so aus: *„Gut zu sein und doch zu leben / Zerriß mich wie ein Blitz in zwei Hälften. Ich / Weiß nicht, wie es kam: gut zu sein zu andern / Und zu mir konnte ich nicht zugleich."* Die Dramenhandlung gibt keine eindeutige Antwort. In den berühmten Schlussversen wird stattdessen **der Zuschauer aufgefordert, eine Lösung zu finden:**

Der gute Mensch von Sezuan, Epilog

Verehrtes Publikum, jetzt kein Verdruß:
Wir wissen wohl, das ist kein rechter Schluß.
Vorschwebte uns: die goldene Legende.
Unter der Hand nahm sie ein bitteres Ende.
5 Wir stehen selbst enttäuscht und sehn betroffen
Den Vorhang zu und alle Fragen offen.
Dabei sind wir doch auf Sie angewiesen
Daß Sie bei uns zu Haus sind und genießen.
Wir können es uns leider nicht verhehlen:
10 Wir sind bankrott, wenn Sie uns nicht empfehlen!
Vielleicht fiel uns aus lauter Furcht nichts ein.
Das kam schon vor. Was könnt die Lösung sein?
Wir konnten keine finden, nicht einmal für Geld.
Soll es ein andrer Mensch sein? Oder eine andere Welt?
15 Vielleicht nur andere Götter? Oder keine?
Wir sind zerschmettert und nicht nur zum Scheine!
Der einzige Ausweg wär aus diesem ▶ Ungemach:
Sie selber dächten auf der Stelle nach
Auf welche Weis dem guten Menschen man
20 Zu einem guten Ende helfen kann.
Verehrtes Publikum, los, such dir selbst den Schluß!
Es muß ein guter da sein, muß, muß, muß!

▶ Ungemach – Kummer, Unannehmlichkeit

Der Text wurde nicht an die neue Rechtschreibung angepasst.

Inszenierung von Brechts DER GUTE MENSCH VON SEZUAN

Literaturpreise

Literaturpreise spielen eine große Rolle im literarischen Leben. Dem Schriftsteller bringen die Auszeichnung eines Einzelwerkes oder des Gesamtwerkes Anerkennung und ein Preisgeld. Verlagen, Buchhandel und Medien bieten die Preise Vermarktungsmöglichkeiten und ein lukratives Zusatzgeschäft. Allein im deutschsprachigen Raum gibt es Literaturpreise in Hülle und Fülle. Nach beinahe jedem bekannten Autor wird ein Preis gestiftet. So gibt es einen Goethe-Preis der Stadt Frankfurt, einen Lessing-Preis der Stadt Hamburg, einen Heine-Preis der Stadt Düsseldorf, einen Thomas-Mann-Preis der Stadt Lübeck. Eine noch junge Ehrung ist der Deutsche Buchpreis, mit dem der Börsenverein des Deutschen Buchhandels zum Auftakt der Frankfurter Buchmesse einen deutschsprachigen Roman auszeichnet. Es werden so viele Auszeichnungen vergeben, dass die Öffentlichkeit davon oft nur am Rande Notiz nimmt. Drei Literaturpreise sorgen aber jedes Jahr für Aufsehen.

Der Nobelpreis für Literatur

Die **weltweit bedeutendste literarische Ehrung** ist der Literaturnobelpreis. Er ist einer der fünf Nobelpreise, die alljährlich am 10. Dezember, dem Todestag des Stifters Alfred Nobel, von der Schwedischen Akademie in Stockholm vergeben werden. Das hohe Renommee der Auszeichnung leidet auch nicht darunter, dass nicht jede Nominierung unumstritten ist. **Deutschsprachige Autoren zählen zu den häufigsten Gewinnern.** Darunter befinden sich viele, deren Werk sich noch heute großer Popularität erfreut. ▶ Gerhart Hauptmann erhielt den Nobelpreis 1912, ▶ Thomas Mann 1929, ▶ Hermann Hesse 1946, ▶ Nelly Sachs 1966, ▶ Heinrich Böll 1972, ▶ Elias Canetti 1981, ▶ Günter Grass 1999, ▶ Elfriede Jelinek 2004 und ▶ Herta Müller 2009.

Der Georg-Büchner-Preis

Der **wichtigste Literaturpreis Deutschlands** ist nicht etwa der Goethe-Preis, wie man erwarten könnte, sondern der Georg-Büchner-Preis. Verliehen wird er in Darmstadt von der Deutschen Akademie für Sprache und Dichtung. Der erste Preisträger war ▶ Gottfried Benn im Jahr 1951. Bemerkenswert ist, dass mit Günter Grass, Heinrich Böll, Elias Canetti und Elfriede Jelinek vier Nobelpreisträger auch den Büchner-Preis gewannen.

Gerhart Hauptmann
▶ S. 202, 206

Thomas Mann ▶ S. 262

Hermann Hesse ▶ S. 258

▶ Nelly Sachs (1891–1970) war eine jüdisch-deutsche Schriftstellerin, der der Nobelpreis *„für ihre hervorragenden lyrischen und dramatischen Werke, die das Schicksal Israels mit ergreifender Stärke interpretieren"*, verliehen wurde.

Heinrich Böll ▶ S. 322

▶ Elias Canetti (1905–94) stammt aus einer jüdischen Familie aus Bulgarien. Obwohl er schon vor dem Zweiten Weltkrieg wichtige Werke veröffentlicht hat, wurde er erst danach allmählich einer größeren Öffentlichkeit bekannt.

Günter Grass ▶ S. 316

Elfriede Jelinek ▶ S. 307

▶ Herta Müller (geb. 1953) ist eine deutsche, aus dem Banat in Rumänien stammende Schriftstellerin. Sie setzt sich in ihren Werken mit der rumänischen Diktatur auseinander.

Gottfried Benn ▶ S. 242

Der Ingeborg-Bachmann-Wettbewerb in Klagenfurt

Ein Literaturpreis besonderer Art wird in Klagenfurt vergeben. Die Kandidaten reisen nicht an, um die Auszeichnung entgegenzunehmen, sondern um sie zu erringen. Der Wettbewerb ist nach der 1973 verstorbenen österreichischen Schriftstellerin ▶ **Ingeborg Bachmann** benannt. Es handelt sich um eine **dreitägige Veranstaltung**, bei der die Bewerber einem Saalpublikum und einer Fach-Jury **aus unveröffentlichten Texten vorlesen**. Vorbild waren die Schriftstellertreffen der legendären ▶ **Gruppe 47**. Der alljährlich von großem Medienrummel begleitete Wettbewerb wurde 1977 ins Leben gerufen. 1983 trug sich hier einer der großen Literaturskandale zu. ▶ **Rainald Goetz** ritzte sich vor laufenden Fernsehkameras mit einer Rasierklinge die Stirn auf und beendete seine Lesung blutüberströmt.

▶ Ingeborg Bachmann (1926 – 73), eine österreichische Schriftstellerin, gilt als eine der bedeutendsten deutschsprachigen Lyrikerinnen und Prosaschriftstellerinnen des 20. Jahrhunderts.

Gruppe 47 ▶ S. 304f.

▶ Rainald Goetz (geb. 1954), Mediziner und Historiker, macht in seinem Werk den Widerspruch von Leben und Schreiben zum Thema.

Georg Büchner

Alfred Nobel

Ingeborg Bachmann

Günter Grass

Der Krieg in der erzählenden Literatur

Krieg und Literatur

Krieg und Literatur sind ein uraltes Geschwisterpaar. Das erste Werk der abendländischen Literatur überhaupt, die ▶ ILIAS des Homer, handelt vom Kampf zwischen Griechen und Trojanern. Und auch der erste große deutsche Roman, Grimmelshausens ▶ DER ABENTHEUERLICHE SIMPLICISSIMUS TEUTSCH, spielt im Krieg. Er schildert die Grausamkeiten des Dreißigjährigen Krieges so schonungslos, dass er sich als Antikriegsroman bezeichnen lässt. Gemeinsam ist diesen frühen Darstellungen, zu denen auch das mittelalterliche ▶ NIBELUNGENLIED mit der breit ausgemalten Schlacht zwischen Burgunden und Hunnen zählt: Der Krieg wird als schicksalhaftes Verhängnis und als Schauplatz allgemein menschlicher Erfahrungen wie Leid, Treue, Rache und Tod gesehen. Dies ändert sich mit dem Ersten Weltkrieg. Das Erlebnis der Materialschlachten und des Massensterbens ließ sich nicht mehr als unentrinnbare Bestimmung des Menschen überhöhen. Es bildeten sich **zwei Richtungen** heraus, über den Krieg zu schreiben. **Der eine Typus verherrlicht das Erlebnis des Kampfes als höchste Form männlicher Bewährung, der andere demaskiert den Krieg als sinnlose und des Menschen unwürdige Verrohung.** Um die angemessene Darstellung des Ersten Weltkriegs wurde in den Jahren der Weimarer Republik erbittert gestritten, wie sich am Beispiel zweier bekannter Werke zeigt.

Der Erste Weltkrieg
Ernst Jünger: In Stahlgewittern (1920)

▶ **Ernst Jüngers** tagebuchartige Aufzeichnungen über den Krieg an der Westfront von 1915–1918 sind umstritten. Für die einen dokumentiert die nüchterne, **dem Leid gegenüber fast gleichgültige Haltung des ▶ Chronisten** die ungeschminkte Wahrheit über das Grauen des Stellungs-, Graben- und Gaskrieges. Andere sehen in dem Kriegsbuch die **Heroisierung eines elementaren Überlebenskampfes**, das den Krieg als Naturereignis überhöht, aber über dessen politische oder moralische Berechtigung kaum ein Wort verliert. Jünger erzählt das Fronterlebnis großer Schlachten des Ersten Weltkriegs aus der Sicht eines draufgängerischen Kriegsfreiwilligen, der mehrfach verwundet wird und hohe Tapferkeitsorden erhält.

Homer: ILIAS ▶ S. 40

Hans Jakob Christoffel von Grimmelshausen: DER ABENTHEUERLICHE SIMPLICISSIMUS TEUTSCH ▶ S. 40f.

Nibelungenlied ▶ S. 14

▶ Ernst Jünger (1895–1998) war Schriftsteller, Philosoph, Offizier und Insektenkundler. Sein radikales, anti-demokratisches und elitäres Werk erregt immer wieder Anstoß.

Ein ▶ Chronist ist eine Person, die über historische Ereignisse berichtet.

Erich Maria Remarque: Im Westen nichts Neues (1928)

▶ Erich Maria Remarques IM WESTEN NICHTS NEUES ist der deutsche Weltbestseller schlechthin. Die Verkaufszahlen klingen märchenhaft: über 20 Millionen Exemplare in fast 60 Sprachen. Der ungeheure Erfolg beruht auch auf der Verfilmung (1930), gegen die die Nationalsozialisten mit Krawallen vorgingen. Wie Jüngers IN STAHLGEWITTERN schildert der Roman den Krieg aus der Perspektive eines Soldaten. Das Ergebnis könnte unterschiedlicher nicht sein: Schikane und Drill des Kasernenhofs, mörderisches Schlachtengemetzel und sinnloses Massensterben werden ohne heldenhafte Verklärung dargestellt. Damit wurde der Roman zur wichtigsten **Anklageschrift gegen die Generation der** ▶ **chauvinistischen Lehrer und Eltern, die die Jugend in den Krieg getrieben hatte.**

Der Zweite Weltkrieg

Die Neigung, den Krieg zu beschönigen oder zu verklären, findet sich nach dem Zweiten Weltkrieg nur noch in billigen ▶ **Landserheftchen.** Die bedeutenden **Kriegsromane** – z. B. ▶ **Theodor Plievier:** STALINGRAD, ▶ **Hans Erich Nossack:** DER UNTERGANG, ▶ **Gert Ledig:** VERGELTUNG, ▶ **Heinrich Böll:** DER ENGEL SCHWIEG – **handeln vom unermesslichen Leid der Menschen** und von den widersprüchlichen Rollen, die Deutsche als Täter und Opfer spielten.

▶ Erich Maria Remarque (1898–1970) ist vor allem durch seine pazifistisch geprägten Romane in Erinnerung geblieben.

▶ chauvinistisch – eine extrem nationalistische und militärische Einstellung

▶ Landserhefte sind kriegsverherrlichende Heftchenromane.

▶ Theodor Plievier (1892–1955) wurde durch seine Romantrilogie über die Kämpfe an der Ostfront des Zweiten Weltkriegs bekannt, bestehend aus STALINGRAD, MOSKAU und BERLIN.

▶ Hans Erich Nossack (1901–77) thematisiert in seinem Prosatext DER UNTERGANG als einer der ersten und wenigen Schriftsteller der deutschen Nachkriegsliteratur die Schrecken des Bombenkriegs anhand der Zerstörung seiner Heimatstadt Hamburg.

▶ Gert Ledigs (1921–99) krasse Darstellungsweise von Kriegsereignissen stieß im restaurativen Klima der 1950er-Jahre auf Ablehnung. 1998 – kurz vor seinem Tod – wurde VERGELTUNG als eines der wenigen Beispiele für die literarische Auseinandersetzung mit den alliierten Luftangriffen auf Deutschland wiederentdeckt.

▶ Heinrich Böll ▶ S. 322

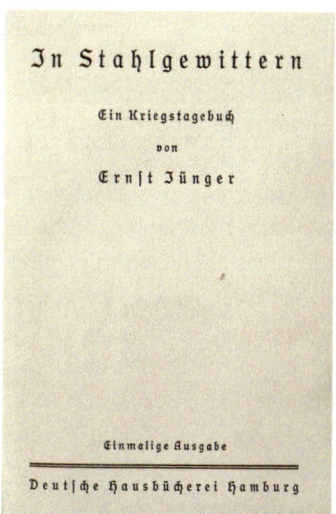

Ernst Jünger: IN STAHLGEWITTERN, **1926**

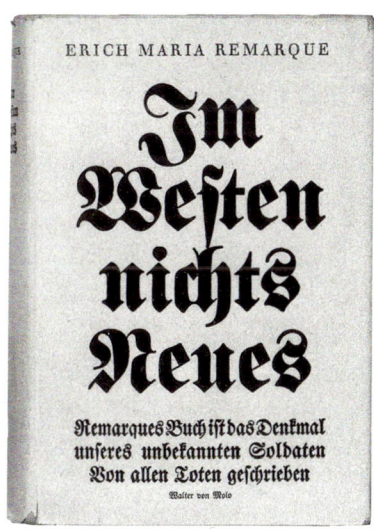

Erich Maria Remarque: IM WESTEN NICHTS NEUES, **1929**

Zusammenfassung

Die erste Demokratie auf deutschem Boden hat einen schweren Stand. Bis auf eine kurze Phase in den 1920er-Jahren, in der sich der Staat politisch stabilisiert und wirtschaftlich erholt, leidet die Republik, die das Kaiserreich abgelöst hat. Sie krankt an Parteienzank, extremistischen Strömungen und mangelnder Akzeptanz in der Bevölkerung. **Kulturell erlebt Deutschland dagegen eine Blütezeit. Berlin wird zu einer Metropole der modernen Künste**, in der besonders das Theaterleben und die Filmindustrie Weltgeltung erringen. Die Literatur jener Jahre, darunter eine Vielzahl herausragender Romane und Dramen, lässt sich nicht mehr eindeutig als Ganzes klassifizieren. Einige Werke können der **Neuen Sachlichkeit** zugeordnet werden. Diese Gegenbewegung zum Expressionismus **wendet sich mit objektiveren, sozialkritischen und satirischen Schreibformen den gesellschaftlichen Problemen der Zeitgeschichte zu.**

Wichtige Begriffe

Bauhaus; episches Theater; Großstadtroman; Montage; Verfremdungseffekt; Zeit- und Gesellschaftsroman

Zusammenfassung der Teilkapitel

Bauhaus – Die Kunstschule **Staatliches Bauhaus Weimar**, 1919 von dem Architekten Walter Gropius gegründet, entwickelt ein künstlerisches Konzept, das revolutionär wirkt. Die angehenden Künstler erhalten in unterschiedlichen Werkstätten eine praktische Ausbildung, wodurch die soziale Barriere zwischen Kunst und Handwerk beseitigt werden soll. Zudem will die Kunst einen Beitrag zur Verbesserung der Lebensverhältnisse leisten. Dazu schafft man lichtdurchfluteten Wohnraum und zweckmäßiges Mobiliar für breite Bevölkerungsschichten. Weltberühmt werden die schnörkellosen Stahl-Glas-Gebäudekonstruktionen, die den Baustil jener Zeit beherrschen.

Autoren und Werke

Hermann Hesse: DER STEPPENWOLF – Harry Haller, genannt der Steppenwolf, leidet unter seiner Doppelnatur. Auf der einen Seite besitzt er große geistige Fähigkeiten und verspürt das Bedürfnis nach gesellschaftlicher Anerkennung. Auf der anderen Seite ist er sich seiner triebhaften Neigungen bewusst. Er verachtet die Massen und ihre spießbürgerlichen Bedürfnisse und entzieht sich ihnen mit seiner Begierde nach Unabhängigkeit, Wildheit und Einsamkeit. Der Roman beschreibt, wie sich die Hauptfigur durch die Lektüre von Büchern und den Konsum bewusstseinserweiternder Drogen selbst verwirklicht.

Alfred Döblin: BERLIN ALEXANDERPLATZ – Der Großstadtroman erzählt von dem vergeblichen Versuch des entlassenen Strafgefangenen Franz Biberkopf, sich wieder in die Gesellschaft einzugliedern. Unglückliche Umstände führen ihn zurück ins Milieu der Verbrecher und Zuhälter. Der eigentliche Held des Romans ist die Metropole Berlin, deren Vielgestaltigkeit sich in den wechselnden Perspektiven und der Montage von unterschiedlichen Wirklichkeitseindrücken spiegelt.

Thomas Mann: MARIO UND DER ZAUBERER – Ein italienischer Zauberer gibt einen Besucher seiner Veranstaltung mit der Verführungskraft seiner Worte und der Hypnose so sehr der Lächerlichkeit preis, dass er von ihm in einer Verzweiflungstat erschossen wird. Die Erzählung lässt sich als politische Parabel auf den italienischen und aufkommenden deutschen Faschismus lesen, da er das Dreiecksverhältnis zwischen teuflischem Anführer, aufgepeitschter Masse und dem schutzlosen Einzelnen demonstriert.

Bertolt Brecht: GESCHICHTEN VOM HERRN KEUNER – Die hintergründige Kalendergeschichte DER HILFLOSE KNABE z. B. verweigert das erwartete Happy End. Die doppelte Bestrafung des bestohlenen Jungen vermittelt die Einsicht, dass man sich nicht auf andere verlassen darf, sondern sich selbst helfen muss.

Erich Kästner: FABIAN. DIE GESCHICHTE EINES MORALISTEN – FABIAN ist ein satirischer und humorvoller Berlin-Roman mit traurigen Untertönen. Der arbeitslose Reklametexter Jakob Fabian scheitert bei der Suche nach einer Anstellung und auch das Glück in der Liebe bleibt ihm versagt. Außerdem wird er in den Strudel des Zeitgeschehens hineingerissen, vor allem in die Straßenkämpfe zwischen Nationalsozialisten und Kommunisten.

Das epische Theater Bertolt Brechts – Brecht revolutionierte das Drama mit seinem Konzept des epischen Theaters. Im Unterschied zum klassischen Theater, das auf eine Illusion der Wirklichkeit und ein mitfühlendes Publikum zielt, will er einen Zuschauer, der in kritischer Distanz zum Bühnengeschehen bleibt. Diese Distanzierung erreicht Brecht über Verfremdungseffekte: Die Dramenhandlung wird unterbrochen und kommentiert, z. B. durch Erzähler, Spielleiter, Schauspieler, Chöre, Lieder, Songs, Spruchbänder, Film- oder Tondokumente. Das epische Theater beabsichtigt eine Änderung des Einzelnen und der Gesellschaft.

Literaturpreise – Literaturpreise gibt es so viele, dass die Öffentlichkeit von der Vergabe oft keine Notiz nimmt. Einige aber ragen heraus. Die weltweit bedeutendste Auszeichnung ist der in Stockholm verliehene Nobelpreis. Der wichtigste deutsche Literaturpreis ist der Georg-Büchner-Preis, der in Darmstadt vergeben wird. Von großem Medieninteresse wird der Klagenfurter Ingeborg-Bachmann-Wettbewerb begleitet. Den Sieger ermittelt ein dreitägiger Lesewettstreit.

Der Krieg in der erzählenden Literatur – Seit ihren Anfängen handelt die Literatur vom Krieg. Als Antworten auf den Dreißigjährigen Krieg, den Ersten und Zweiten Weltkrieg entstanden vielbeachtete Kriegsbücher, zumeist Antikriegsromane wie der Bestseller IM WESTEN NICHTS NEUES von Erich Maria Remarque. Die Literatur der Weimarer Republik kennt allerdings auch Werke wie Ernst Jüngers IN STAHLGEWITTERN, die den Ersten Weltkrieg als Zeit heroischer Bewährung verklären.

Weitere Autoren und Werke
Romane: Lion Feuchtwanger: JÜD SÜSS; ERFOLG; DIE GESCHWISTER OPPENHEIM, Anna Seghers: DER AUFSTAND DER FISCHER VON ST. BARBARA

Arbeitsvorschläge

1. Erläutere, warum das Bild und das Gedicht der Einstiegsseiten (S. 252 f.) der Neuen Sachlichkeit zugeordnet werden können.

2. Nenne die Merkmale der Neuen Sachlichkeit, die die Texte des Kapitels aufweisen.

3. Zeige anhand der Texte, wie die Literatur die politischen und gesellschaftlichen Unruhen der Weimarer Republik spiegelt.

4. Liste Themen und Motive auf, die sich wiederholt in der Literatur der Weimarer Republik finden.

5. Stellt euch in Form von Kurzreferaten Dramen von Bertolt Brecht vor und erklärt deren Verfremdungseffekte. Ihr könnt auch Schlüsselszenen proben und vorspielen.

Öffentliche Verbrennung von Büchern „undeutscher" Autoren vor der Berliner Oper, 10. Mai 1933

Bertolt Brecht

An die Nachgeborenen

Wirklich, ich lebe in finsteren Zeiten!
Das arglose Wort ist töricht. Eine glatte Stirn
Deutet auf Unempfindlichkeit hin. Der Lachende
Hat die furchtbare Nachricht
5 Nur noch nicht empfangen.

Was sind das für Zeiten, wo
Ein Gespräch über Bäume fast ein Verbrechen ist
Weil es ein Schweigen über so viele Untaten einschließt!
Der dort ruhig über die Straße geht
10 Ist wohl nicht mehr erreichbar für seine Freunde
Die in Not sind?

Es ist wahr: ich verdiene noch meinen Unterhalt
Aber glaubt mir: das ist nur ein Zufall. Nichts
Von dem, was ich tue, berechtigt mich dazu, mich sattzuessen.
15 Zufällig bin ich verschont. (Wenn mein Glück aussetzt, bin ich verloren.)

Man sagt mir: Iß und trink du! Sei froh, daß du hast!
Aber wie kann ich essen und trinken, wenn
Ich dem Hungernden entreiße, was ich esse, und
Mein Glas Wasser einem Verdurstenden fehlt?
20 Und doch esse und trinke ich.

Ich wäre gerne auch weise.
In den alten Büchern steht, was weise ist:
Sich aus dem Streit der Welt halten und die kurze Zeit
Ohne Furcht verbringen
25 Auch ohne Gewalt auskommen
Böses mit Gutem vergelten
Seine Wünsche nicht erfüllen, sondern vergessen
Gilt für weise.
Alles das kann ich nicht:
30 Wirklich, ich lebe in finsteren Zeiten!

Der Text wurde nicht an die neue Rechtschreibung angepasst.

Nationalsozialismus und Exil (1933–1945)

▶ **Bolschewismus** ist die
Bezeichnung für die russisch
geprägte kommunistische
Lehre. Als kulturbolschewis-
tisch bezeichneten die
Nationalsozialisten Kunst, die
ihnen zu progressiv erschien.

Bertolt Brecht im Exil ▶ S. 286

Die nationalsozialistische Kulturpolitik

Nach der **Machtergreifung** im Jahr 1933 versuchen die Nationalsozialisten sehr schnell, Kunst und Kultur nach ihren Vorstellungen zu
gestalten. Dabei lehnen sie die moderne Kunst grundsätzlich ab. **Abstrakte Malerei, moderne Musik** und **Literatur**, die nicht das System
unterstützt, gelten ihnen als „undeutsch" und ▶ „kulturbolschewis-
tisch". Sie werden nach Auffassung der Nationalsozialisten von Juden und Kommunisten geschaffen, die sie für die größten Fein-
de des deutschen Volks halten. Diese Kunst wird abgelehnt und als
„entartet" bezeichnet. Im Mai 1933 werden die Bücher solcher Autoren öffentlich verbrannt. Die Kunst soll sich in den Dienst des NS-
Regimes und seiner Rassenideologie stellen. Sie soll Krieg und Sol-
datentum verherrlichen. Damit dieses Ziel erreicht wird, gründet der
Reichspropagandaminister **Joseph Goebbels** 1933 die **Reichskulturkammer.** Dieser dürfen Künstler, die jüdischer Abstammung sind
oder sich kritisch gegen den Nationalsozialismus geäußert haben,
nicht angehören. Das bedeutet für viele Autoren praktisch Berufsver-
bot. Die gleichgeschalteten nationalsozialistischen Künstler bringen
überzeugende Werke allerdings kaum zustande.

Das Exil

Für viele Schriftsteller ist nach der Machtergreifung der Nationalsozialisten klar, dass sie nicht in Deutschland bleiben können. Die
Kommunisten gehören zu den ersten Opfern nationalsozialisti-
scher Verfolgung. Kommunistische Autoren wie ▶ **Bertolt Brecht** und
▶ **Anna Seghers** sind deshalb unter den ersten, die Deutschland verlassen, weil sie hier um ihre Freiheit und ihr Leben fürchten müssen.
Andere Autoren müssen fliehen, weil sie jüdischer Abstammung
sind. Dazu gehört beispielsweise ▶ **Alfred Döblin**, der Verfasser des
Romans BERLIN ALEXANDERPLATZ.
Manche Autoren müssen zwar nicht um ihr Leben fürchten, verlassen Deutschland aber, weil sie hier nicht mehr publizieren dürfen. Sie
hatten in der Weimarer Republik moderne, für die Nazis also „entartete" Literatur veröffentlicht. Zu diesen Autoren gehört beispielsweise
▶ **Ödön von Horváth** (GESCHICHTEN AUS DEM WIENERWALD).
▶ **Thomas Mann** befindet sich zum Zeitpunkt der Machtergreifung
auf Vortragsreise im Ausland. Seine Kinder Klaus und Erika Mann raten ihm vehement davon ab, nach Deutschland zurückzukehren.
Bald befinden sich die meisten Autoren, die in der Weimarer Republik
große, moderne Literatur verfasst haben, im Exil. Die wichtige deut-

sche Literatur der Jahre 1933 bis 1945 wird außerhalb von Deutschland verfasst.

Viele der Autoren hoffen, dass die Exilzeit von kurzer Dauer sein werde. Sie müssen zum Teil unter schwierigen materiellen und psychischen Bedingungen leben – die Veröffentlichungsmöglichkeiten sind äußerst beschränkt; auch sind die Autoren in ihren Exilländern nicht unbedingt gern gesehen oder auch von deutschen Agenten bedroht. Mit der Ausdehnung des Nazi-Reiches müssen sie sich immer wieder neue Exilländer suchen.

Die Innere Emigration

Andere Autoren stehen dem Nationalsozialismus zwar skeptisch gegenüber, aber sie können sich nicht entschließen, Deutschland zu verlassen. So möchte ▶ **Erich Kästner** seine Mutter nicht allein in Deutschland zurücklassen. Diese Autoren versuchen, in Deutschland zu überleben, ohne mit den Nationalsozialisten gemeinsame Sache zu machen. Teilweise ziehen sie sich sozusagen nach innen zurück und schweigen. Daher resultiert der Ausdruck **Innere Emigration**. Andere Autoren veröffentlichen Werke, die in verschlüsselter Form die nationalsozialistische Herrschaft kritisieren sollen. Die Leser sollen die Texte entschlüsseln, die die Nazi-Zensur nicht richtig verstanden hat. Zu diesen Autoren gehören etwa ▶ **Werner Bergengruen**, ▶ **Hans Fallada**, ▶ **Wolfgang Koeppen** und ▶ **Ernst Jünger**. Nach dem Zweiten Weltkrieg entsteht eine harte Auseinandersetzung zwischen den Vertretern des Exils und den Vertretern der Inneren Emigration. Beide Autorengruppen nehmen für sich in Anspruch, ▶ **das „andere Deutschland"** während der Nazi-Herrschaft repräsentiert zu haben.

Anna Seghers im Exil ▶ S. 288

Alfred Döblin ▶ S. 260

Ödön von Horváth ▶ S. 255

Thomas Mann ▶ S. 262

Erich Kästner ▶ S. 266

▶ **Werner Bergengruens** (1892 – 1964) erfolgreichster Roman DER GROSSTYRANN UND DAS GERICHT erschien 1935 und erreichte eine hohe Auflage. Von Kritikern des Nazi-Regimes wurde er als versteckte Abrechnung mit dem Nationalsozialismus verstanden, was jedoch gegenüber der Entstehungsgeschichte des Werkes (es wurde 1926 begonnen) eine Überinterpretation sein kann.

Hans Fallada ▶ S. 300

▶ **Wolfgang Koeppen** (1906 – 96) gilt als einer der bedeutendsten Schriftsteller der Nachkriegszeit. Während des Dritten Reiches hielt er sich mit dem Schreiben von Filmdrehbüchern über Wasser.

Ernst Jünger ▶ S. 272

Den Hitler-Gegnern war es immer wichtig, der Welt zu zeigen, dass Hitler nicht das ganze Deutschland vertrat, sondern dass es auch ein menschliches, freiheitliches und demokratisches Deutschland gab. Dafür hat sich der Name ▶ das „andere Deutschland" eingebürgert.

Epochenmerkmale kurz gefasst

Nationalsozialismus

- „entartete" Kunst
- Exilliteratur
- Innere Emigration
- Bücherverbrennung
- Reichskulturkammer

NS-Kunst und entartete Kunst

Kunst und Architektur im Nationalsozialismus

Die Nationalsozialisten lehnen die Entwicklungen der modernen Kunst ab. Abstrakte Malerei und Jazzmusik gelten ihnen als „undeutsch". Entsprechend wird eine Kunst gefördert, die sich an traditionellen Vorbildern orientiert. Inhaltlich soll sich die Kunst in den Dienst der nationalsozialistischen Ideologie stellen. Die Malerei und die Bildhauerei etwa ahmen den ▶ **Realismus** oder den ▶ **Klassizismus** des 19. Jahrhunderts nach. In diesem Stil gestalten sie Menschen, die der nationalsozialistischen Vorstellung von „Ariern", von einer „nordischen Rasse" entsprechen.

Aufmarsch am Reichsparteitag der NSDAP. Nürnberg, um 1937

Realismus ▶ S. 18off.

Klassizismus ▶ S. 88f.

Am deutlichsten wird das Konzept der nationalsozialistischen Kunst vielleicht in der Architektur. Man ahmt hier auf der einen Seite die Formen des **Klassizismus** nach. So finden sich Säulen, die an die Antike erinnern, und die Gebäude werden streng symmetrisch aufgebaut. Andererseits wirken die Gebäude aber monumental, sogar erschlagend auf den Betrachter. Schlichtheit, große Flächen und wenig Dekoration sollen einen Eindruck von Macht, Größe und Dauerhaftigkeit hervorrufen. Der Einzelne kommt sich vor dieser Architektur klein und unbedeutend vor. Diese Wirkung ist beabsichtigt, und sie passt zur Ideologie des Nationalsozialismus. Der Einzelne ist unwichtig, nur auf das Volk kommt es an und im Zweifel muss sich der Einzelne für das Volk opfern.

Der wichtigste Architekt des Dritten Reichs ist ▶ **Albert Speer**. Er ist der „Leibarchitekt" Hitlers und plant die wichtigsten Bauten des nationalsozialistischen Deutschland. Seine Planungen zeigen alle diese Merkmale, monumentale wie klassizistische.

▶ **Albert Speer** (1905–81) war Generalbauinspektor der Reichshauptstadt und plante zahlreiche Monumentalbauten, die den Herrschaftsanspruch der Nationalsozialisten unterstreichen sollten. Nach dem Krieg wurde er wegen seiner Verbrechen gegen die Menschlichkeit zu 20 Jahren Haft verurteilt.

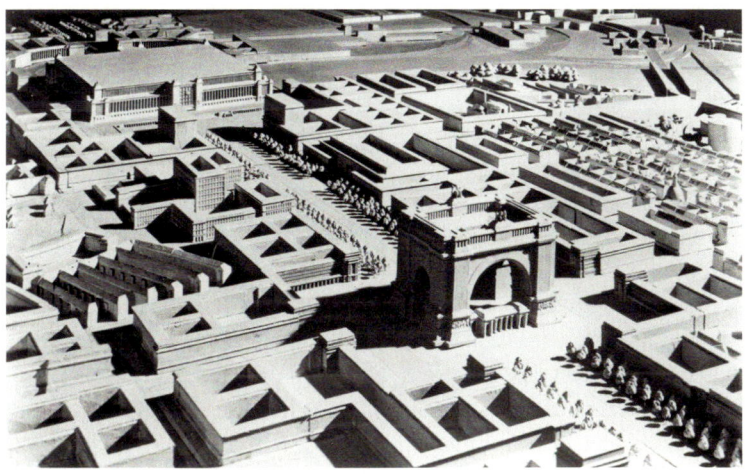

Neugestaltung der Reichshauptstadt, Modell von Albert Speer, 1938/39

Entartete Kunst

Eine Kunst, die sich nicht den Vorstellungen der Nationalsozialisten fügt, wird als „entartet" bezeichnet. Nach deren Auffassung ist diese Kunst „aus der Art geschlagen", d.h., sie wird der „Art", also den vermeintlichen Ansprüchen des deutschen Volkes nicht gerecht. 1936 wird die Kunst der Moderne verboten. ▶ **Expressionismus,** ▶ **Impressionismus,** ▶ **Dadaismus** und ▶ **Neue Sachlichkeit** verschwinden aus den Museen. Die Werke von Künstlern wie ▶ **Max Ernst,** ▶ **Paul Klee** und ▶ **Ernst Barlach** werden zur „entarteten" Kunst erklärt. Ihre Kunst wird ins Ausland verkauft oder für die Ausstellung „Entartete Kunst" gesammelt, die 1936 in München stattfindet. Beim Publikum soll Abscheu gegenüber diesen Arbeiten erweckt werden. Sie sollen als Produkte kranker Hirne erscheinen oder als Ausdruck einer „jüdisch-▶ **bolsche-wistischen**" Kunst, die gegen die deutsche Art gerichtet ist.

Expressionismus ▶ S. 230ff.

Impressionismus ▶ S. 212ff.

Dadaismus ▶ S. 232ff.

Neue Sachlichkeit ▶ S. 252ff.

▶ Max Ernst (1891 – 1976) war Maler, Grafiker und Bildhauer.

Paul Klee ▶ S. 234

▶ Ernst Barlach (1870 – 1938) war Bildhauer, Zeichner und Schriftsteller. Er ist ein wichtiger Vertreter des Expressionismus.

Bolschewismus ▶ S. 278

Plakat der Ausstellung Entartete Kunst, **1937**

Anna Seghers

Zu Anna Seghers Weg ins Exil ▶ S. 288f.

Vorbild für das ▶ KZ Westhofen ist das KZ Osthofen bei Worms.

Anna Seghers: Das siebte Kreuz (1942)

Anna Seghers

Das Leben von Anna Seghers ist typisch für Autorinnen und Autoren, die unter dem Nationalsozialismus ins ▶ Exil gehen mussten. Sie wird in Mainz unter dem Namen Netty Reiling als Kind jüdischer Eltern geboren. Sie heiratet den Ungarn László Radványi und tritt 1928 in Berlin der Kommunistischen Partei bei. Das sind genügend Gründe, die es notwendig machen, nach der Machtergreifung der Nationalsozialisten aus Deutschland zu

Anna Seghers

fliehen. Eine Irrfahrt beginnt, die Seghers über Frankreich ins Exil nach Mexiko führt. Nach dem Zweiten Weltkrieg geht sie in die DDR. Sie wird dort unter anderem Präsidentin des Schriftstellerverbandes. Wie viele Autoren der DDR ist sie hin- und hergerissen zwischen der Loyalität zu dem sozialistischen Staat und der Kritik an Unfreiheit und Unrecht.

Weitere Werke

Romane und Erzählungen: DER AUFSTAND DER FISCHER VON ST. BARBARA; DER AUSFLUG DER TOTEN MÄDCHEN; TRANSIT

Das siebte Kreuz

DAS SIEBTE KREUZ ist einer der bedeutendsten Romane, die während des Exils über die Situation in Deutschland geschrieben wurden. Georg Heisler flieht mit sechs Kameraden aus dem ▶ KZ Westhofen. Der Kommandant des Lagers lässt sieben Kreuze errichten, an die er die Flüchtlinge schlagen lassen will, wenn sie gefangen werden. Heisler aber entkommt. So bleibt das siebte Kreuz leer. Heisler begegnet auf seiner Flucht unterschiedlichen Menschen: einerseits überzeugten Nationalsozialisten, andererseits Menschen, die aus Angst mitmachen, aber auch vielen, die gegen das Regime kämpfen. So entsteht ein Panorama der Gesellschaft in Nazi-Deutschland. Dass das deutsche Volk geschlossen hinter Hitler steht, will Anna Seghers nicht glauben. Heisler jedenfalls findet auf seiner Flucht Menschen, die es möglich werden lassen, dass er nicht zugrunde geht.

Das siebte Kreuz, erstes Kapitel, Teil 1
Auf dem Weg zur Arbeit blickt Franz Marnet, Georg Heislers früherer Freund, auf die Gegend um Mainz.

Hier lagerten die Legionen und mit ihnen alle Götter der Welt, städtische und bäuerliche, Judengott und Christengott, ▸ Astarte und Isis, Mithras und Orpheus. Hier riss die Wildnis, da, wo jetzt Ernst aus Schmiedtheim bei den Schafen steht, ein Bein vorgestellt, einen Arm
5 in der Hüfte, und ein Zipfelchen seines Schals steht stracks ab, als wehe beständig ein Wind. In dem Tal in seinem Rücken, in der weichen verdunsteten Sonne, sind die Völker gargekocht worden. Norden und Süden, Osten und Westen haben ineinandergebrodelt, aber das Land wurde nichts von alledem und behielt doch von allem etwas.
10 Reiche wie farbige Blasen sind aus dem Land im Rücken des Schäfers Ernst herausgestiegen und fast sofort zerplatzt [...]
Bei der Mündung [des Mains in den Rhein] liegt ▸ Mainz. Das stellte dem Heiligen Römischen Reich die Erzkanzler. Und das flache Land zwischen Mainz und Worms, das ganze Ufer war bedeckt von den
15 Zeltlagern der Kaiserwahlen. Jedes Jahr geschah etwas Neues in diesem Land und jedes Jahr dasselbe: dass die Äpfel reiften und der Wein bei einer sanften vernebelten Sonne und den Mühen und Sorgen der Menschen. Denn den Wein brauchten alle für alles, die Bischöfe und Grundbesitzer, um ihren Kaiser zu wählen, die Mönche und Ritter,
20 um ihre Orden zu gründen, die Kreuzfahrer, um Juden zu verbrennen, vierhundert auf einmal auf dem Platz in Mainz, der noch heute der Brand heißt, die geistlichen und weltlichen Kurfürsten, als das Heilige Reich zerfallen war, aber die Feste der Großen lustig wie nie wurden, die ▸ Jakobiner, um die Freiheitsbäume zu umtanzen.

▸ Astarte, Isis, Mithras und Orpheus – Götter und mythische Helden der Antike

In ▸ Mainz fanden im Mittelalter häufig prächtige Hoffeste des Kaisers statt.

▸ Jakobiner – französische Revolutionäre, die 1792 auch die Mainzer Republik gründeten

Arbeitsvorschläge

1. Gib mit eigenen Worten wieder, was du hier über die Gegend um Mainz und ihre Geschichte erfährst. Wie wird die Geschichte der Menschen in Rheinhessen beschrieben? Wer sind ihre Vorfahren? Was bedeutet der Hinweis auf die Reiche, die im Laufe der Zeit kommen und gehen?

2. Die Nazis erhoben den Anspruch, ein *„tausendjähriges Reich"* zu errichten und die *„Herrenrasse"* zu vertreten. Vergleiche diesen Anspruch mit dem Text von Anna Seghers. Welche Rolle spielt der Nationalsozialismus für das Lebensgefühl von Franz Marnet?

3. Erläutere, warum Anna Seghers im ersten Kapitel ihres Romans über Nazi-Deutschland eine derartige Beschreibung aufgenommen hat.

▶ 1881 Stefan Zweig wird als Sohn wohlhabender jüdischer Kaufleute in Wien geboren.

▶ 1899 Beginn des Philosophiestudiums; bereits seit 1897 schriftstellerische und journalistische Tätigkeit

▶ 1914–17 Zweig verbringt den Ersten Weltkrieg bis zu seiner Entlassung im Kriegsarchiv.

▶ 1919 Umzug nach Salzburg

▶ 1934 Emigration nach London

▶ 1939 Annahme der britischen Staatsbürgerschaft

▶ 1940 Emigration nach Brasilien

▶ 1942 Zweig begeht in Petropolis bei Rio de Janeiro gemeinsam mit seiner Frau Charlotte Altmann Selbstmord.

▶ Pazifismus – bedingungsloses Eintreten für Frieden und Gewaltlosigkeit

▶ Gestapo – Geheimpolizei im nationalsozialistischen Deutschland

Stefan Zweig: Schachnovelle (1942)

Stefan Zweig

Stefan Zweig wird 1881 in Wien geboren. Seine Eltern sind wohlhabende Juden. Schon früh fühlt sich Zweig, der im Ersten Weltkrieg zum überzeugten ▶ Pazifisten wird, zum Schreiben berufen. Als die Nationalsozialisten in Deutschland die Macht ergreifen, bekommt auch Zweig deren Einfluss zu spüren, obwohl er damals in Salzburg lebt. Nachdem die Polizei ohne Grund sein Haus durchsucht hat, geht er schon 1934 ins

Stefan Zweig

Exil nach London. 1940 reist er weiter nach Brasilien. Dort nimmt er sich 1942 aus Verzweiflung über die Lage in Europa das Leben.

Weitere Werke

Erzählungen und Romane: Sternstunden der Menschheit, Marie Antoinette; Autobiografie: Die Welt von gestern

Schachnovelle

Stefan Zweig erzählt die Geschichte eines Schachduells zwischen zwei genialen Schachspielern an Bord eines Ozeandampfers. Interessant wird das Duell vor allem durch die unterschiedlichen Charaktere der beiden. Der eine, Mirko Czentovic, ist der amtierende Schachweltmeister. Er ist habgierig, selbstgefällig und ein halber Analphabet, aber das Schachspiel beherrscht er mit kalter Logik wie ein Roboter. Für Zweig stellt er den Prototyp eines faschistischen Menschen dar. Sein Gegenspieler ist der sensible und intelligente Dr. B. Er hat das Schachspiel in der ▶ Gestapohaft gelernt. Um die Folter zu überstehen, hat er sich dort mit Schachpartien beschäftigt und gegen sich selbst Schach gespielt – bis zum Wahnsinn. Nach dem Duell mit Czentovic erleidet er erneut einen Nervenzusammenbruch. Die Niederlage des sensiblen Menschen gegen den Gewaltmenschen zeigt Zweigs resignative Einschätzung der Lage in Europa.

Schachnovelle

Gegen ein Honorar von 250 Dollar erklärt sich der Schachweltmeister Czentovic zu einer Partie gegen eine Gruppe anderer Passagiere bereit.

Aber der Weltmeister ließ – ich hatte nach den Erzählungen meines Freundes derlei schon geahnt – gute zehn Minuten auf sich warten, wodurch allerdings sein Erscheinen dann erhöhten ▸ Aplomb erhielt. Er trat ruhig und gelassen auf den Tisch zu. Ohne sich vorzustellen

▸ Aplomb – Sicherheit im Auftreten, Nachdruck

5 – ,Ihr wisst, wer ich bin, und wer ihr seid, interessiert mich nicht', schien diese Unhöflichkeit zu besagen –, begann er mit fachmännischer Trockenheit die sachlichen Anordnungen. [...] Wir pflichteten selbstverständlich wie schüchterne Schüler jedem Vorschlage bei. Die Farbenwahl teilte Czentovic Schwarz zu; noch im Stehen tat er den

10 ersten Gegenzug und wandte sich dann gleich dem von ihm vorgeschlagenen Warteplatz zu, wo er lässig hingelehnt eine illustrierte Zeitschrift durchblätterte.

Es hat wenig Sinn, über die Partie zu berichten. Sie endete selbstverständlich, wie sie enden musste, mit unserer totalen Niederlage,

15 und zwar bereits beim vierundzwanzigsten Zuge. Dass nun ein Weltschachmeister ein halbes Dutzend mittlerer oder untermittlerer Spieler mit der linken Hand niederfegt, war an sich wenig erstaunlich; verdrießlich wirkte eigentlich auf uns alle nur die ▸ präpotente Art, mit der Czentovic es uns allzu deutlich fühlen ließ, dass er uns

▸ präpotent – übermächtig, aufdringlich

20 mit der linken Hand erledigte. Er warf jedes Mal nur einen scheinbar flüchtigen Blick auf das Brett, sah an uns so lässig vorbei, als ob wir selbst tote Holzfiguren wären, und diese ▸ impertinente Geste erinnerte unwillkürlich an die, mit der man einem räudigen Hund abgewendeten Blicks einen Brocken zuwirft. Bei einiger Feinfühligkeit hätte

▸ impertinent – ungehörig, frech, unausstehlich

25 er meiner Meinung nach uns auf Fehler aufmerksam machen können oder durch ein freundliches Wort aufmuntern. Aber auch nach Beendigung der Partie äußerte dieser unmenschliche Schachautomat keine Silbe, sondern wartete, nachdem er „Matt" gesagt, regungslos vor dem Tische, ob man noch eine zweite Partie von ihm wünsche.

Arbeitsvorschläge

1. Charakterisiere die Figur des Weltmeisters.

2. Erörtere die Frage, ob du es gelungen findest, das Nazi-System in der Figur des Weltmeisters darzustellen.

3. Entwirf eine Figur, mit der du den Nationalsozialismus darstellen würdest.

Leben und Werk Bertolt
Brechts ▶ S. 264

weitere Werke von
Brecht ▶ S. 264

Bertolt Brecht:
Furcht und Elend des Dritten Reiches (1938)

Bertolt Brecht im Exil

Bertolt Brechts Weg ins Exil führt über zwei große und viele kleine Etappen. Er war als kommunistischer Autor bekannt, deswegen wurde die Aufführung seiner Stücke schon vor 1933 von den Nationalsozialisten gestört. Bereits einen Monat nach deren Machtergreifung flieht er aus Deutschland: über Prag, Wien, Zürich und Paris nach Dänemark. Dort bleibt er, bis 1939 der Zweite Weltkrieg ausbricht. In Deutschland waren inzwischen seine Bücher verbrannt worden und Brecht

**Bertolt Brecht mit Lion Feuchtwanger –
im Exil in Santa Monica,1947**

wird die deutsche Staatsbürgerschaft aberkannt. Als deutsche Truppen in Dänemark einfallen, flieht Brecht über Schweden, Finnland und die Sowjetunion in die USA. Hier hofft er, als Drehbuchautor arbeiten zu können. Diese Hoffnung erfüllt sich aber nicht. Brecht lebt im Exil in großer Armut. 1947 verlässt er die USA und kehrt über Paris und die Schweiz nach Deutschland – in die DDR – zurück.

Furcht und Elend des Dritten Reiches

Im Exil in Dänemark entsteht die Szenenfolge FURCHT UND ELEND DES DRITTEN REICHES. Brecht will in 24 Bildern, die in keinem Handlungszusammenhang stehen, zeigen, **wie die Deutschen unter dem Naziregime leiden und wie sie darauf reagieren.** Es treten Menschen aus unterschiedlichen Schichten und aus unterschiedlichen Gegenden Deutschlands auf. Brecht zeigt Eltern, die Angst haben, ihr eigener Sohn könnte ein Spitzel sein und sie ausspionieren. Er zeigt eine jüdische Frau, die sich von ihrem Mann verabschiedet, als sie Deutschland verlässt. Es sind unterschiedliche Reaktionsweisen auf das Naziregime, die Brecht darstellt. Als Mitläufer, mit Furcht und Anpassung, aber auch mit Widerstand reagieren die Menschen auf den Naziterror. Grundlage der Szenen sind Zeitungs- und Augenzeugenberichte.

Furcht und Elend des Dritten Reiches, Bild 2:
Der Verrat

> Dort kommen Verräter, sie haben
> Dem Nachbarn die Grube gegraben
> Sie wissen, daß man sie kennt.
> Vielleicht: die Straße vergißt nicht?
> 5 Sie schlafen schlecht: noch ist nicht
> Aller Tage End

Breslau, 1933. Kleinbürgerwohnung. Eine Frau und ein Mann stehen an der
Tür und horchen. Sie sind sehr blaß.

DIE FRAU. Jetzt sind sie drunten.

10 DER MANN. Noch nicht.

DIE FRAU. Sie haben das Geländer zerbrochen. Er war schon be-
wußtlos, wie sie ihn aus der Wohnung geschleppt haben.

DER MANN. Ich habe doch nur gesagt, daß das ▸ Radio mit den
Auslandssendungen nicht von hier kam.

15 DIE FRAU. Du hast doch nicht nur das gesagt.

DER MANN. Ich habe nichts sonst gesagt.

DIE FRAU. Schau mich nicht so an. Wenn du nichts sonst gesagt
hast, dann hast du eben nichts sonst gesagt.

DER MANN. Das meine ich auch.

20 DIE FRAU. Warum gehst du nicht hin auf die Wache und sagst aus,
daß sie keinen Besuch hatten am Samstag.

Pause

DER MANN. Ich geh nicht auf die Wache. Das sind Tiere, wie sie mit
ihm umgegangen sind.

25 DIE FRAU. Es geschieht ihm recht. Warum mischt er sich in die
Politik.

DER MANN. Aber sie hätten ihm nicht die Jacke zerreißen brauchen.
So dick hat es unsereiner nicht.

DIE FRAU. Auf die Jacke kommt es doch nicht an.

30 DER MANN. Sie hätten sie ihm nicht zerreißen brauchen.

Das Hören ausländischer
▸ Radiosender war im Dritten
Reich verboten.

Der Text wurde nicht an die neue
Rechtschreibung angepasst.

Arbeitsvorschläge

1. Gib mit eigenen Worten die Handlung der Szene wieder.

2. Charakterisiere den Mann und die Frau.

3. Erläutere den Bezug zwischen der Szene und dem einleitenden Gedicht.

zu Leben und Werk Anna
Seghers' ▶ S. 282

Leben im Exil: Anna Seghers

Exil in Frankreich

Der Verlauf von Anna Seghers' Exil ist typisch für viele Autoren. Nach der Machtergreifung der Nationalsozialisten flieht man zunächst ins europäische Ausland. Als der Zweite Weltkrieg beginnt und deutsche Truppen in alle Länder Europas einfallen, ist es dort nicht mehr sicher. Nun geht die Flucht weiter, für die einen nach Übersee, für andere in die Sowjetunion.

Anna Seghers ist Mitglied der Kommunistischen Partei Deutschlands. Außerdem ist sie Jüdin und verheiratet mit einem ungarischen Sozialisten, László Radványi, der sich in der marxistischen Arbeiterschule in Berlin engagiert. Das sind genug Gründe, um Deutschland unmittelbar nach der Machtergreifung der Nationalsozialisten verlassen zu müssen. Die Familie Radványi flieht zunächst nach Zürich. Da die Schweiz Flüchtlingen aber nicht dauerhaft Exil gewährt, führt der Weg weiter nach Paris.

In Paris halten sich viele deutsche Schriftsteller und Intellektuelle auf, die vor den Nationalsozialisten geflohen sind. So leben dort ▶ **Heinrich Mann**, ▶ **Lion Feuchtwanger**, ▶ **Joseph Roth**, ▶ **Alfred Döblin** und andere. Sie bilden eine „Deutsche Kolonie". Man gibt eine deutschsprachige Exil-Tageszeitung heraus, das „Pariser Tagblatt", und eine Reihe von Exilzeitschriften. Für diese Zeitschriften arbeiten auch Anna Seghers und ihr Mann, der außerdem noch die „Freie deutsche Hochschule" leitet.

Heinrich Mann ▶ S. 209

▶ Lion Feuchtwangers
(1884–1958) bekanntestes
Werk ist JUD SÜSS.

Joseph Roth ▶ S. 255

Alfred Döblin ▶ S. 260

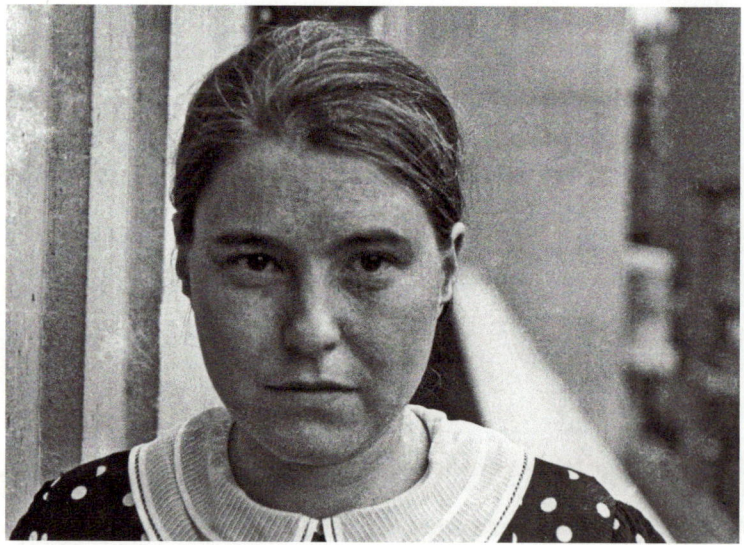

Anna Seghers im Exil

Anna Seghers ist Redaktionsmitglied der „Neuen Deutschen Blätter". Außerdem entstehen zahlreiche literarische Texte und vier große Romane. Der bedeutendste unter ihnen ist DAS SIEBTE KREUZ. Veröffentlicht werden einige der im Exil entstandenen Werke in ▶ **Exil-Verlagen**. Das sind deutschsprachige Verlage, die ihren Sitz im europäischen Ausland, beispielsweise in Holland haben.

Bekannte ▶ Exil-Verlage waren etwa Querido und Allert de Lange in Amsterdam.

Die Flucht von Frankreich nach Mexiko

Mit Beginn des Zweiten Weltkriegs ändert sich die Situation. Anna Seghers und ihr Mann gelten von nun an als „feindliche Ausländer"; László Radványi wird im Lager Le Vernet in Südfrankreich ▶ **interniert**. Anna Seghers muss vor den deutschen Truppen und der Gestapo aus Paris fliehen. Auf einer abenteuerlichen Flucht über Martinique, Santo Domingo, New York und Veracruz gelangt die Familie 1941 nach Mexico City, wo sie bis 1947 bleiben wird. Wie viele Exilanten ist Anna Seghers auf dieser zweiten großen Station des Exils vom deutschen Sprachraum abgeschnitten. Der Roman DAS SIEBTE KREUZ erscheint 1942 auf Englisch in den USA und auf Deutsch in Mexiko. 1944 verfilmt **Fred Zinnemann** das Buch in Hollywood mit **Spencer Tracy** in der Hauptrolle.

Anna Seghers engagiert sich auch in Mexiko gegen Hitler und veröffentlicht Aufsätze in deutschsprachigen Zeitschriften. Der Versuch, ihre Mutter nach Mexiko zu holen, misslingt. Wahrscheinlich wird Hedwig Reiling im März 1942 nach Polen deportiert. Anna Seghers verlässt 1947 das mexikanische Exil wieder und kehrt nach Berlin zurück.

▶ interniert – eingesperrt

Anna Seghers nach ihrer Rückkehr aus dem Exil, 1947

Zusammenfassung

Die Nationalsozialisten lehnen die moderne Kunst ab. Sie fordern eine Kunst, die die nationalsozialistische Ideologie unterstützt, den Rassegedanken propagiert und den Krieg verherrlicht. Autoren, die sich dem verweigern oder die Regierung kritisieren, werden verfolgt und ihre Bücher werden verbrannt. So gehen die meisten bedeutenden Autoren ins Exil. Einige bleiben in Deutschland und ziehen sich in die Innere Emigration zurück.

Wichtige Begriffe

Bücherverbrennung; entartete Kunst; Exil; Innere Emigration

Zusammenfassung der Teilkapitel

NS-Kunst und entartete Kunst – Die Ablehnung der Moderne führt dazu, dass sich nationalsozialistische Künstler an traditionellen Vorbildern orientieren. Die Maler lehnen sich an den Realismus an und gestalten das nationalsozialistische Ideal des arischen Menschen. Die Architekten praktizieren einen monumentalen Klassizismus. Bei Betrachtung der Bauten soll sich der Einzelne klein und unbedeutend fühlen. Moderne Malerei wird als „undeutsch", als „entartet", abgelehnt und verboten.

Autoren und Werke

Anna Seghers: DAS SIEBTE KREUZ – Der berühmte Exilroman erzählt die Geschichte einer erfolgreichen Flucht aus einem KZ. Auf diese Weise entsteht ein Panorama der deutschen Gesellschaft. So will Anna Seghers an vielen Beispielen erklären, wie der Nationalsozialismus an die Macht kommen konnte und warum die Menschen „mitmachen". Die Kommunistin Seghers ist davon überzeugt, dass die meisten Deutschen eigentlich Gegner des Nazi-Regimes sind.

Stefan Zweig: SCHACHNOVELLE – Die bekannteste Novelle Stefan Zweigs beschreibt ein Schachduell auf einem Ozeandampfer. Der eine Schachspieler ist für Zweig der Prototyp des faschistischen Menschen: ein kalter, roboterhafter Logiker, ungebildet und habgierig. Sein Gegner ist ein sensibler und intelligenter Mensch, ein Opfer von Nazi-Verfolgung. Der sensible Mensch unterliegt im Duell. Das ist symbolisch für Zweigs Resignation.

Bertolt Brecht: FURCHT UND ELEND DES DRITTEN REICHES – In einer Szenenfolge, deren einzelne Szenen jeweils für sich stehen, entwirft Brecht ein Panorama der deutschen Gesellschaft in der Zeit des Nationalsozialismus. Er will zeigen, wie die Deutschen unter der Herrschaft der Nazis leben und warum sie mitmachen – aus Angst, aus Opportunismus, aus Naivität. Ähnlich wie für Anna Seghers gilt auch für Brecht, dass er sich nicht vorstellen kann, wie groß die Zustimmung zu Hitler tatsächlich ist.

Leben im Exil: Anna Seghers – Schon früh müssen Menschen als politisch oder rassisch Verfolgte aus dem nationalsozialistischen Deutschland ins europäische Ausland fliehen. Anna Seghers flieht nach Paris. Aktivitäten in Exilorganisationen und Veröffentlichungen in Exilverlagen können nicht darüber hinwegtäuschen, dass die Situation besonders für Schriftsteller im fremdsprachigen Ausland oft katastrophal ist. Mit Kriegsbeginn spitzt sich die Lage zu. Fast alle Exilanten fliehen nun weiter nach Amerika. Anna Seghers geht nach Mexiko.

Weitere Autoren und Werke

Alfred Döblin: PARDON WIRD NICHT GEGEBEN; Lion Feuchtwanger: EXIL; Thomas Mann: JOSEPH UND SEINE BRÜDER; Heinrich Mann: DIE JUGEND DES KÖNIGS HENRI QUATRE; Robert Musil: DER MANN OHNE EIGENSCHAFTEN

Ein Rotarmist hisst die Flagge der Sowjetunion auf dem Reichstag, 2. Mai 1945

Arbeitsvorschläge

1. Erläutere den Begriff Innere Emigration.

2. Nach dem Krieg gibt es erbitterte Auseinandersetzungen darum, ob die Exilanten oder die Vertreter der Inneren Emigration den „richtigen" Weg gewählt haben. Suche Gründe für und gegen die beiden Positionen.

3. Vergleiche die Sprache von DAS SIEBTE KREUZ (S. 283) und der SCHACHNOVELLE (S. 285). Welche Unterschiede fallen dir auf? Versuche, diese Unterschiede zu erklären.

4. Verfasse einen Brief von Anna Seghers an eine Freundin, in dem sie erklärt, warum sie ins Exil gegangen ist und wie sie sich in Paris fühlt.

5. Suche im Internet weitere Bildbeispiele für nationalsozialistische Architektur und erläutere ihre Merkmale.

6. Informiert euch über andere Autoren, die ins Exil gehen mussten, und referiert, wie sich ihr Leben gestaltet hat.

Der zerstörte Reichstag in Berlin

1945–1949 Nachkriegs- literatur

Heinrich Böll

Bekenntnis zur Trümmerliteratur

Die ersten schriftstellerischen Versuche unserer Generation nach 1945 hat
man als Trümmerliteratur bezeichnet, man hat sie damit abzutun versucht.
Wir haben uns gegen diese Bezeichnung nicht gewehrt, weil sie zu Recht
bestand: tatsächlich, die Menschen, von denen wir schrieben, lebten in Trümmern,
5 sie kamen aus dem Kriege, Männer und Frauen in gleichem Maße verletzt,
auch Kinder. Und sie waren scharfäugig: sie sahen. Sie lebten keineswegs in
völligem Frieden, ihre Umgebung, ihr Befinden, nichts an ihnen und um sie
herum war idyllisch, und wir als Schreibende fühlten uns ihnen so nahe,
dass wir uns mit ihnen identifizierten. Mit Schwarzhändlern und den Opfern
10 der Schwarzhändler, mit Flüchtlingen und allen denen, die auf andere Weise
heimatlos geworden waren, vor allem natürlich mit der Generation, der wir
angehörten und die sich zu einem großen Teil in einer merk- und denkwürdigen
Situation befand: sie kehrte heim. Es war die Heimkehr aus einem Krieg, an dessen Ende kaum noch jemand hatte glauben können.
15 Wir schrieben also vom Krieg, von der Heimkehr und dem, was wir im Krieg
gesehen hatten und bei der Heimkehr vorfanden: von Trümmern; das ergab
drei Schlagwörter, die der jungen Literatur angehängt wurden: Kriegs-, Heimkehrer-
und Trümmerliteratur.

Johannes R. Becher

Hymne der Deutschen Demokratischen Republik

Auferstanden aus Ruinen und der Zukunft zugewandt,
lass uns Dir zum Guten dienen, Deutschland, einig Vaterland.
Alte Not gilt es zu zwingen, und wir zwingen sie vereint,
denn es wird uns doch gelingen, dass die Sonne schön wie nie
5 über Deutschland scheint, über Deutschland scheint.

Geschichtlicher Hintergrund

- **08.05.1945** bedingungslose Kapitulation des Deutschen Reiches; später Einrichtung der vier Besatzungszonen, Beginn der Nürnberger Kriegsverbrecherprozesse

- **06.08.1945** Atombombenabwurf auf Hiroshima

- **1947** Beginn des USA-Hilfsprogramms für Europa (Marshallplan)

- **20.06.1948** Währungsreform in den westlichen Besatzungszonen

- **23.05.1949** Gründung der Bundesrepublik Deutschland

- **07.10.1949** Gründung der DDR

Thomas Mann ▶ S. 262

Carl Zuckmayer ▶ S. 255

Alfred Döblin ▶ S. 260

Wolfgang Borchert ▶ S. 296

Gottfried Benn ▶ S. 242

▶ **Wilhelm Lehmann** (1882–1968) wurde in den 1950er- und 1960er-Jahren als bedeutender Naturlyriker angesehen.

▶ **Oskar Loerke** (1884–1941) veröffentlichte Lyrik schon in der Zeit des Expressionismus. Im Dritten Reich wird er der Inneren Emigration zugerechnet.

▶ **Georg Britting** (1891–1964) war in allen drei Gattungen tätig und gilt als Meister der dichten Aussage. Während der NS-Zeit hat er in der Literaturzeitschrift „Das Innere Reich" publiziert.

Nachkriegsliteratur (1945–1949)

Stunde Null

Politisch markiert das Jahr 1945 einen tiefen Einschnitt. Der **Zusammenbruch des Dritten Reiches** hinterließ eine Bilanz des Grauens. 40 Millionen Weltkriegstote allein in Europa, über 10 Millionen Deutsche ohne Heimat, die Städte in Schutt und Asche, Hungersnot.

Nachdem Deutschland zunächst in vier Besatzungszonen aufgeteilt war, folgt, nach anfänglicher Hoffnung für eine gemeinsame Zukunft, im Jahr 1949 die Gründung der deutschen Teilstaaten, der Bundesrepublik Deutschland und der Deutschen Demokratischen Republik, die sich in vieler Hinsicht unterschiedlich entwickeln werden. Damit beginnt der Kalte Krieg, die weltweiten Spannungen, zwischen den Supermächten USA und Sowjetunion.

Im Westen – Trümmer- oder Kahlschlagliteratur

Für die Literatur markiert das Jahr 1945 zunächst die **Hoffnung auf einen Neuanfang**, eine **Stunde Null**. Die Schlagworte hier sind **Trümmer- oder Kahlschlagliteratur**. Eine junge Generation von Autoren, die den Krieg als Soldaten erlebt hatte, will die **Zerstörung von Städten und Menschen** darstellen, und dies in einer kargen, versachlichten Sprache, befreit vom rhetorischen Bombast des Dritten Reiches. Der Glaube an die Möglichkeit einer Stunde Null erweist sich allerdings als Selbsttäuschung. Tonangebend ist zunächst nicht die junge, sondern die ältere Generation von Autoren, die entweder der Inneren Emigration angehörte oder einige aus dem Exil zurückgekehrte Schriftsteller wie ▶ **Thomas Mann**, der jedoch seinen Wohnsitz in der Schweiz nimmt, ▶ **Carl Zuckmayer** oder ▶ **Alfred Döblin**, der enttäuscht bald wieder Deutschland den Rücken kehrt.

Die Tatsache, dass die Stunde Null eine Illusion ist, hat auch weltanschauliche Gründe. Mit der Niederlage Deutschlands schlägt die Stunde der Verdrängung und Rechtfertigung. Dies gilt auch für die beiden großen Erfolgsdramen jener Jahre, ▶ **Wolfgang Borcherts** DRAUSSEN VOR DER TÜR und Carl Zuckmayers DES TEUFELS GENERAL. Sie rücken die deutschen Soldaten und die Bevölkerung als Opfer ins Blickfeld, erwähnen aber nur am Rande, dass sie auch Täter waren. Auch bei ▶ **Gottfried Benn**, dem gefeierten Lyriker der Nachkriegszeit, und bei den aufs Überzeitliche zielenden Naturdichtern ▶ **Wilhelm Lehmann**, ▶ **Oskar Loerke** und ▶ **Georg Britting** finden sich nur versteckte Ansätze eines kritischen Umgangs mit der deutschen Schuld. Selbst die Romane (WO WARST DU, ADAM?, UND SAGTE KEIN EINZIGES WORT) und Erzählungen des späteren Nobelpreisträgers ▶ **Heinrich Böll** zeigen **Deutsche vorwiegend als Opfer und nur selten als Täter**.

Erste Ansätze zu einer Auseinandersetzung mit der Schuld gibt es erst Ende der 1950er-Jahre, z. B. mit SANSIBAR ODER DER LETZTE GRUND von ▶ **Alfred Andersch** oder DIE BLECHTROMMEL von ▶ **Günter Grass**. Noch 1952 stößt ▶ **Paul Celans** Gedicht TODESFUGE bei den Schriftstellern und Kritikern beim Treffen der ▶ **Gruppe 47** auf Ablehnung.

Im Osten – antifaschistisch-demokratische Erneuerung

In der Sowjetischen Besatzungszone soll ein Staat entstehen, der sich die **antifaschistisch-demokratische Erneuerung** auf die Fahnen geschrieben hat, wozu Schriftsteller ihren Beitrag leisten sollen. Am 8. August 1945 wird der finanziell großzügig ausgestattete **Kulturbund zur demokratischen Erneuerung Deutschlands** gegründet. Ihr erster Präsident wird ▶ **Johannes R. Becher**. Seine erste Aufgabe wird es sein, Emigranten und andere Willige in ein Land zu holen, in dem sich für Schriftsteller gute Bedingungen bieten sollen. So wird dem inzwischen fast vergessenen ▶ **Heinrich Mann** der Posten des Kulturministers angeboten, doch er stirbt vor seiner Abreise aus den USA. ▶ **Bertolt Brecht** folgt der Einladung. Sein Verhältnis zu seinem neuen Staat wird nicht immer einfach sein, aber er hat die Position, sich durchzulavieren. Auch ▶ **Anna Seghers** kommt und spielt eine Rolle im literarischen Leben. Aber auch ▶ **Hans Fallada**, der während des Dritten Reichs in Deutschland geblieben war, ist willkommen. So kann man im Osten noch viel weniger von einer **Stunde Null** sprechen als im Westen – junge Autoren kommen eher nicht zum Zug.

Epochenmerkmale kurz gefasst

Nachkriegsliteratur

- keine Stunde Null

Im Westen

- Trümmer- und Kahlschlagliteratur
- Darstellung des Krieges und der Nachkriegsnot
- karge, schnörkellose, versachlichte Sprache
- Darstellung von Deutschen als Opfer des Krieges, erst allmählich auch Darstellung von Deutschen als Täter

Im Osten

- Ziel: antifaschistisch-demokratische Erneuerung
- gute Bedingungen für Autoren des Exils und der Inneren Emigration
- kaum Chancen für junge Schriftsteller

Heinrich Böll ▶ S. 322; BEKENNTNIS ZU TRÜMMERLITERATUR ▶ S. 293

▶ Alfred Andersch (1914–80) galt lange als bedeutender zeitkritischer Autor der Nachkriegsliteratur und war Gründungsmitglied der Gruppe 47. Inzwischen werden Stimmen laut, die die Integrität seines Verhaltens während des Dritten Reiches anzweifeln.

Günter Grass ▶ S. 316. Die Veröffentlichung seines Erinnerungsbuchs BEIM HÄUTEN DER ZWIEBEL (2006), in dem Grass sich zu seiner Vergangenheit in der Waffen-SS bekennt, löste eine umfangreiche Debatte um seine Rolle als moralische Instanz im Nachkriegsdeutschland aus.

▶ Paul Celan (1920–70, eigentlich *Paul Ancel*, woraus das Anagramm *Celan* entstand) gilt als einer der bedeutendsten Lyriker der Nachkriegszeit. TODESFUGE ▶ S. 306f.

Gruppe 47 ▶ S. 304f.

▶ Johannes R. Becher (1891–1958) hat schon in Kurt Pinthus' MENSCHHEITSDÄMMERUNG (▶ S. 238) veröffentlicht. Die Zeit des Dritten Reiches hatte er im sowjetischen Exil verbracht. Becher schrieb die HYMNE (▶ S. 293) der DDR.

Heinrich Mann ▶ S. 209

Bertolt Brecht ▶ S. 286

Anna Seghers ▶ S. 282

Hans Fallada ▶ S. 300

Borcherts Kurzgeschichten ▶ S. 302f.

Wolfgang Borchert: Draußen vor der Tür (1947)

Wolfgang Borchert

Wolfgang Borchert wurde zur Galionsfigur der Nachkriegsliteratur. Das ist kein Zufall. In seiner Person **verdichten sich die Leiderfahrungen der Kriegsgeneration.** 1940 wird Borchert von der Gestapo aufgrund politisch unerwünschter Gedichte verhaftet. 1941 wird er an die Ostfront abkommandiert, wo er an Gelbsucht und Fleckfieber schwer erkrankt und zweimal wegen „Wehrkraftzersetzung" bestraft wird. Borchert erlebt das Kriegsende lebensgefährlich erkrankt und bleibt die Monate bis zu seinem Tod an das Krankenbett gefesselt. In die-

Wolfgang Borchert

ser Zeit schreibt er seine berühmten ▶ **Kurzgeschichten** und Gedichte sowie das Hör- und Schauspiel DRAUSSEN VOR DER TÜR. Einen Tag vor der Uraufführung an den Hamburger Kammerspielen stirbt Borchert.

Weitere Werke

Das GESAMTWERK (darin Kurzgeschichten wie DAS BROT, DIE KÜCHENUHR und NACHTS SCHLAFEN DIE RATTEN DOCH).

Draußen vor der Tür

Das meistgespielte Nachkriegsdrama, zunächst als Hörspiel geschrieben, ist das berühmteste Werk der Trümmer- und Kahlschlagliteratur. Es handelt vom unbarmherzigen **Schicksal des Russlandheimkehrers Beckmann:** Seine Frau hat einen anderen; die Eltern sind tot; sein ehemaliger Oberst lacht ihn aus; ein Kabarettdirektor weist ihn ab. Selbst Gott und der Tod, die ihm symbolisch erscheinen und die er um Hilfe bittet, wenden sich ab. Der Schlusssatz des Dramas bündelt seine Verlassenheit: *„Gibt denn keiner, keiner Antwort???"*

Draußen vor der Tür, 3. Szene
Beckmann besucht seinen alten Oberst, der ihm im Krieg die Verantwortung
für ein Sonderkommando übertragen hatte, bei dem elf Soldaten starben.

OBERST. Was wollen Sie denn von mir?

BECKMANN. Ich bringe sie Ihnen zurück.

OBERST. Wen?

BECKMANN (*beinahe naiv*). Die Verantwortung. Ich bringe Ihnen die
5 Verantwortung zurück. Haben Sie das ganz vergessen, Herr Oberst?
Den 14. Februar? Bei ▶ Gorodok. Es waren 42 Grad Kälte. Da kamen Sie doch in unsere Stellung, Herr Oberst, und sagten: Unteroffizier Beckmann. Hier, habe ich geschrien. Dann sagten Sie [...]:
Unteroffizier Beckmann, ich übergebe Ihnen die Verantwortung für
10 die zwanzig Mann. Sie erkunden den Wald östlich Gorodok und machen nach Möglichkeit ein paar Gefangene, klar? Jawohl, Herr Oberst,
habe ich da gesagt. [...] Dann haben wir die ganze Nacht erkundet,
und dann wurde geschossen, und als wir wieder in Stellung waren, da fehlten elf Mann. Und ich hatte die Verantwortung. [...] Aber
15 nun ist der Krieg aus, nun will ich pennen, nun gebe ich Ihnen die
Verantwortung zurück, Herr Oberst, ich will sie nicht mehr, ich gebe
sie Ihnen zurück, Herr Oberst.

OBERST. Aber mein lieber Beckmann, Sie erregen sich unnötig.
So war das doch gar nicht gemeint.

20 BECKMANN (*ohne Erregung, aber ungeheuer ernsthaft*). Doch. Doch,
Herr Oberst. So muss das gemeint sein. Verantwortung ist doch nicht
nur ein Wort, eine chemische Formel, nach der helles Menschenfleisch
in dunkle Erde verwandelt wird. Man kann doch Menschen nicht für
ein leeres Wort sterben lassen. Irgendwo müssen wir doch hin mit
25 unserer Verantwortung. Die Toten – antworten nicht. Gott – antwortet nicht. Aber die Lebenden, die fragen. [...] Es sind nur elf Frauen,
Herr Oberst, bei mir sind es nur elf. Wie viel sind es bei Ihnen, Herr
Oberst? Tausend? Zweitausend?

▶ Gorodok ist eine kleine Stadt nordöstlich von Moskau.

Arbeitsvorschläge

1. Benenne die Merkmale der Trümmer- und Kahlschlagliteratur, die sich in dieser Szene finden.

2. Borchert ging es mit seinem Drama um die Idee des Pazifismus (d. h., er trat für Frieden und Gewaltlosigkeit ein). Erörtere am Beispiel dieser Szene, ob die Absicht deutlich wird.

3. Untersuche diese Szene im Hinblick darauf, ob Deutsche als Opfer des Krieges oder als Täter dargestellt werden. Begründe anschließend, ob du den Vorwurf für gerechtfertigt hältst, das Stück würde die deutsche Schuld verharmlosen.

Die ▶ naturmagische Lyrik preist die Natur als beseelt, unwandelbar und zeitlos gegenüber der Gesellschaft.

Gruppe 47 ▶ S. 304f.

Hörspiel ▶ S. 303

Georg-Büchner-Preis ▶ S. 270

Günter Eich: Inventur (1948)

Günter Eich

Günter Eich gilt als der wichtigste Lyriker der Trümmer- und Kahlschlagliteratur. Seine Nachkriegsgedichte stehen im Zeichen der **Aufbruchstimmung**, mit denen die junge Autorengeneration einen Neuanfang, eine Stunde Null, herbeiführen wollte. Das sollte mithilfe einer **unverbrauchten, vom Schwulst befreiten Sprache geschehen**. Der schon in der Weimarer Republik hervorgetretene Dichter führte die ▶ naturmagische Lyrik zu

Günter Eich

einem Höhepunkt, war Gründungsmitglied und erster Preisträger der ▶ **Gruppe 47**, Schöpfer des poetischen ▶ **Hörspiels** (Träume) und Meister von sprachexperimentellen Prosatexten (Maulwürfe).

Eichs Werk wurde vielfach ausgezeichnet, u. a. mit dem Preis der Gruppe 47, dem Hörspielpreis der Kriegsblinden und dem ▶ **Georg-Büchner-Preis**.

Weitere Werke

Lyriksammlungen: Abgelegene Gehöfte, Botschaften des Regens; Kurzprosa: Maulwürfe; Hörspiel: Träume.

Inventur

▶ Inventur ist das meistzitierte Gedicht der Trümmer- und Kahlschlagliteratur. Der Titel ist doppeldeutig. Zum einen beschreibt er nüchtern, **was einem Kriegsgefangenen an Gegenständen noch geblieben ist**. Zum anderen kündigt er eine **poetische Bestandsaufnahme** an: die Suche nach Inhalten und **Ausdrucksformen**, die durch die Nationalsozialisten nicht in Verruf geraten sind. Auffallend ist der Verzicht auf poetische Gestaltungsmittel wie Metrum und Reim sowie die lakonische Wortwahl. Damit distanziert sich das Gedicht vom hohlen Pathos und rhetorischen Bombast der NS-Zeit.

Inventur

Dies ist meine Mütze,
dies ist mein Mantel,
hier mein Rasierzeug
im Beutel aus Leinen.

5 Konservenbüchse:
Mein Teller, mein Becher,
ich hab in das Weißblech
den Namen geritzt.

Geritzt hier mit diesem
10 kostbaren Nagel,
den vor begehrlichen
Augen ich berge.

Im Brotbeutel sind
ein Paar wollene Socken
15 und einiges, was ich
niemand verrate,

so dient es als Kissen
nachts meinem Kopf.
Die Pappe hier liegt
20 zwischen mir und der Erde.

Die Bleistiftmine
lieb ich am meisten:
Tags schreibt sie mir Verse,
die nachts ich erdacht.

25 Dies ist mein Notizbuch,
dies meine Zeltbahn,
dies ist mein Handtuch,
dies ist mein Zwirn.

▶ Inventur – Bestandsaufnahme des Vermögens und der Schulden eines Unternehmens zu einem bestimmten Zeitpunkt.

Gernhardt: Inventur 96 oder Ich zeig Eich mein Reich ▶ S. 360f.

Arbeitsvorschläge

1. Der Sprecher macht Inventur: Er zählt auf, worüber er noch verfügt. Erläutere, welche Bedeutung die einzelnen Gegenstände für ihn besitzen.

2. Schreibe die Aussagen heraus, an denen du erkennst, dass der Schriftsteller eine Bestandsaufnahme seiner Lebensumstände macht.

3. Nenne die Merkmale der Trümmer- und Kahlschlagliteratur, die dieses Gedicht enthält.

Hans Fallada

▶ **1893** Hans Fallada (d.i. Rudolf Ditzen) wird in gut-bürgerlichen Verhältnissen geboren.

▶ **1913** Landwirtschafts-schüler

▶ **1914** Kriegsfreiwilliger; aus gesundheitlichen Gründen nach wenigen Tagen entlassen

▶ **ab 1920** erste Roman-veröffentlichungen, aber auch Gefängnisauf-enthalte

▶ **ab 1930** schriftstelleri-sche Erfolge; Fallada kann als freier Schriftsteller leben, kommt aber auch immer wieder mit dem Gesetz in Konflikt.

▶ **ab 1939** Da seine Werke immer ablehnen-der beurteilt wurden, wendet sich Fallada politisch unverfänglicher Unterhaltungsliteratur zu.

▶ **1945** für eine kurze Zeit Bürgermeister in Feldberg; anschließend Übersiedlung nach Berlin in das von der Außenwelt abgeschotteten Quartier Majakowskiring („*das Städtchen*")

▶ **1947** Hans Fallada stirbt an Herzversagen.

Johannes R. Becher ▶ S. 295

Hans Fallada: Jeder stirbt für sich allein (1947)

Hans Fallada

1932 hatte Hans Fallada KLEINER MANN – WAS NUN? veröffentlicht, einen Roman, der wie kaum ein anderer die Weimarer Zeit und die Atmosphäre der Krisenjahre zeigt. Doch Suchtprobleme machen Fal-lada immer wieder angreifbar. Er kommt mit den Nationalsozialisten in Konflikt, bleibt aber während des Krieges in Deutschland und arbeitet seinen Roman DER EI-SERNE GUSTAV so um, dass er den Nationalsozialisten genehm ist. Nach dem Krieg stellt ▶ Johannes R. Becher ihm eine Villa und Geld zur Verfügung und erwartet von

Hans Fallada

ihm den *„großen Roman"* über den Nationalsozialismus. Hierfür wer-den ihm Auszüge aus der Gestapo-Akte des Ehepaars Otto und Elise Hampel zur Verfügung gestellt, das wegen seines Widerstands gegen Hitler hingerichtet worden war. Nach einigem Zögern schreibt Fallada trotz seiner angeschlagenen Gesundheit den Roman in gerade einmal vier Wochen. Das Buch wird 1947 nach Falladas Tod veröffentlicht. 2009 erscheint eine englische Übersetzung, die ein großer Erfolg wird. Daraufhin kommt 2011 eine deutsche Neuausgabe heraus, ebenfalls ein Erfolg.

Weitere Werke

BAUERN, BONZEN UND BOMBEN; WER EINMAL AUS DEM BLECHNAPF FRISST; WIR HATTEN MAL EIN KIND; WOLF UNTER WÖLFEN

Jeder stirbt für sich allein

Nachdem ihr Sohn gefallen ist, entschließen sich Otto und Anna Quan-gel, wie das Ehepaar im Roman heißt, zum Widerstand gegen Hitler, in-dem sie Postkarten schreiben, die sie in Häusern mit regem Publikums-verkehr auslegen. Damit wollen sie andere Menschen zum Widerstand anregen. Umgeben sind sie von einer Reihe weiterer durchschnittlicher Protagonisten, von denen keiner dem anderen traut: Die Menschen be-gegnen einander mit Angst und Argwohn. So entsteht ein Bild einer mo-ralisch ausgezehrten Gesellschaft. Die Quangels werden schließlich von der Gestapo gefasst und zum Tode verurteilt.

Jeder stirbt für sich allein, 18. Kapitel

Otto Quangel hat lange überlegt, wie der Widerstand aussehen soll, den er leisten will. An einem Sonntagmorgen teilt er sein Vorhaben seiner Frau mit.

Und was wollte er tun? Gar nichts, etwas lächerlich Kleines, so etwas, das ganz in seiner Art lag, etwas Stilles, Abseitiges, das ihm seine Ruhe bewahrte. Karten wollte er schreiben, Postkarten mit Aufrufen gegen den Führer und die Partei, gegen den Krieg, zur Aufklärung
5 der Mitmenschen, das war alles. Und diese Karten wollte er nun nicht etwa an bestimmte Menschen senden oder als Plakate an die Wände kleben, nein, er wollte sie nur auf den Treppen sehr begangener Häuser niederlegen, sie dort ihrem Schicksal überlassen, ganz unbestimmt, wer sie aufnahm, ob sie nicht gleich zertreten wurden, zer-
10 rissen ... Alles in ihr empörte sich gegen diesen gefahrlosen Krieg aus dem Dunkeln. Sie wollte tätig sein, es musste etwas getan werden, von dem man eine Wirkung sah!
Quangel aber, nachdem er zu Ende geredet hatte, schien gar keine Erwiderung von seiner Frau zu erwarten, die da still mit sich kämp-
15 fend in ihrer Sofaecke saß. Sollte sie ihm nicht doch lieber etwas sagen?
Er war aufgestanden und wieder zum Lauschen an die Flurtür gegangen. Als er zurückkam, nahm er nur die Decke vom Tisch, faltete sie zusammen und hängte sie sorgfältig über die Stuhllehne. Dann ging
20 er an den alten Mahagonisekretär, suchte das Schlüsselbund aus seiner Tasche hervor und schloss auf.
Während er noch im Schranke kramte, entschloss sich Anna. Zögernd sagte sie: „Ist das nicht ein bisschen wenig, was du da tun willst, Otto?"
Er hielt inne in seiner Kramerei, noch gebückt dort stehend, drehte er
25 den Kopf seiner Frau zu. „Ob wenig oder viel, Anna", sagte er, „wenn sie uns darauf kommen, wird es uns unsern Kopf kosten ..."

Arbeitsvorschläge

1. Fasse mit eigenen Worten zusammen, was du über Anna und Otto Quangel erfährst.

2. Was meinst du: Ist es *„wenig oder viel"* (Z. 25), was Otto Quangel vorhat?

3. Laut Gestapo-Akte verraten Otto und Elise Hampel einander während der Verhöre. Man nimmt an, dass Hans Fallada das Ende der Hampels nicht kannte. Stelle Vermutungen an, warum man ihm deren Ende vorenthalten hat.

Kurzgeschichte und Hörspiel

Neue Literaturgattungen

Auch wenn es eine Stunde Null im Sinne eines völligen Neuanfangs nie gab, so verlangt die Trümmer- und Kahlschlagliteratur im Westen nach **Ausdrucksformen, die unbelastet sind** von dem, was die Nationalsozialisten als Kunst angesehen hatten, und sich **zur Darstellung der leidvollen Erfahrungen der Kriegs- und Nachkriegszeit eignen.** Diese finden sich in den noch unverbrauchten Gattungen der Kurzgeschichte und des literarischen Hörspiels.

Die Kurzgeschichte

Wolfgang Borchert ▶ S. 296

Heinrich Böll ▶ S. 322; Bölls erste Kurzgeschichten erschienen 1950 in der Sammlung WANDERER, KOMMST DU NACH SPA

▶ Ernest Hemingway (1899–1961) gilt als einer erfolgreichsten US-amerikanischen Schriftsteller des 20. Jahrhunderts. Für DER ALTE MANN UND DAS MEER erhielt er 1954 den Literaturnobelpreis.

Vorformen der Kurzgeschichte findet man in der deutschen Literatur schon zu Beginn des 20. Jahrhunderts. Die vor allem für die Feuilletons der Tageszeitungen geschriebenen Texte boten aber meist nur leichte Unterhaltung. **1947 ist das eigentliche Geburtsjahr der Kurzgeschichte** als ernst zu nehmende Literaturgattung. In diesem Jahr erscheinen die Kurzgeschichten von ▶ **Wolfgang Borchert** und ▶ **Heinrich Böll**, den ersten herausragenden Repräsentanten dieser Form. Ihr Muster war die amerikanische Short Story, die in Deutschland auch durch den Einfluss der westlichen Besatzungsmächte stärker bekannt wurde. Besonders die sprachlich reduzierten Geschichten ▶ **Ernest Hemingways** entsprachen dem Stilideal der Trümmer- und Kahlschlagliteratur. Die Gattungsmerkmale – **Realismus, Bezug zur Alltagswirklichkeit, Zuspitzung einer krisenhaften Momentaufnahme, offene Form** – prädestinierten die Kurzgeschichte zum Ausdrucksmittel für die Erfahrungen der Kriegs- und Nachkriegszeit. Borchert und Böll spiegeln in Einzelschicksalen das Zerstörerische und Sinnlose des Krieges. Sie zeigen Seelenleid und Hungersnot, erzählen aber auch von Freundschaft und Menschlichkeit mitten in den Trümmerlandschaften.

Wolfgang Borcherts Lesebuchgeschichten

Borcherts LESEBUCHGESCHICHTEN sind Miniaturen. Sie enthalten die Merkmale, die auch seine längeren Texte auszeichnen: Verdichtung, Prägnanz, Pointierung und eine Verurteilung des Krieges und seiner Folgen. Ein Beispiel:

Zwei Männer sprachen miteinander.

Na, wie ist es?

Ziemlich schief.

Wie viel haben Sie noch?

5 Wenn es gut geht: viertausend.

Wie viel können Sie mir geben?

Höchstens achthundert.

Die gehen drauf.

Also tausend.

10 Danke.

Die beiden Männer gingen auseinander.

Sie sprachen von Menschen.

Es waren Generale.

Es war Krieg.

Das Hörspiel

Das Hörspiel gab es schon in der Weimarer Republik. Es bot aber vor allem leichte Unterhaltungskost. Das literarisch anspruchsvolle Hörspiel entwickelt sich nach dem Krieg. In dem Jahrzehnt, das ▶ Borcherts DRAUSSEN VOR DER TÜR (1947) folgte, entstanden im Westen Wortkunstwerke, die Epoche machten, darunter ▶ Günter Eichs einflussreiche TRÄUME (1951), Heinrich Bölls ZUM TEE BEI DR. BORSIG, ▶ Friedrich Dürrenmatts DIE PANNE (1956), ▶ Max Frischs BIEDERMANN UND DIE BRANDSTIFTER (1956) und ▶ Ingeborg Bachmanns DER GUTE GOTT VON MANHATTAN (1958). Mit dem Siegeszug des Fernsehens verliert das Hörspiel an Bedeutung. Es erlebt noch einmal einen Höhepunkt mit den Sprachexperimenten von ▶ Friederike Mayröcker, ▶ Ernst Jandl und ▶ Gerhard Rühm. Auch heute werden in Deutschland immer noch viele Hörspiele produziert.

Ingeborg Bachmann: DER GUTE GOTT VON MANHATTAN

Ingeborg Bachmann
Der gute Gott von Manhattan
Hörspiel

Borchert: DRAUSSEN VOR DER TÜR ▶ S. 296f.

Günter Eich ▶ S. 298

Friedrich Dürrenmatt ▶ S. 320

Max Frisch ▶ S. 318

Ingeborg Bachmann ▶ S. 271

▶ Friederike Mayröcker (geb. 1924) experimentiert in ihrer Lyrik und Prosa.

▶ Ernst Jandl (1925 – 2000) ist vor allem durch seine experimentelle Lyrik in der Tradition der Konkreten Poesie (▶ S. 43) bekannt.

▶ Gerhard Rühms (geb. 1930) Arbeiten sind im Grenzbereich von Musik, Sprache, Gestik und Visuellem angesiedelt.

Gruppe 47

Was ist die Gruppe 47?

Die Gruppe 47 war im literarischen Leben Westdeutschlands eine einzigartige und folgenreiche Einrichtung. Schriftsteller, Literaturkritiker, Verleger, Lektoren und Journalisten trafen sich regelmäßig von 1947 bis 1967 und in späteren Jahren noch vereinzelt. **Bei den Zusammenkünften wurden Manuskripte vorgelesen und diskutiert.** Diese Literaturveranstaltungen übten so großen Einfluss auf die Publikation von Büchern aus, dass sie insgeheim den Kurs bestimmten, den die Nachkriegsliteratur im Westen einschlug.

> ▶ Hans Werner Richter (1908–93) ist weniger mit eigenen Werken bekannt geworden. Dafür erlangte er als Initiator der Gruppe 47 Berühmtheit und Anerkennung.
>
> Alfred Andersch ▶ S. 295

Die Initiative für die Gruppe 47 ging von dem Autor ▶ **Hans Werner Richter** aus. Nachdem die amerikanische Militärregierung die von ihm und ▶ **Alfred Andersch** gemeinsam herausgegebene Nachkriegszeitschrift „Der Ruf" neun Monate nach ihrem ersten Erscheinen verboten hatte, sucht er nach einem neuen **Forum für die Gegenwartsliteratur**. Er lädt Schriftsteller, die an seiner Zeitschrift mitgewirkt hatten, nach Bannwaldsee bei Füssen ein und bittet sie, Manuskripte vorzulesen, die gemeinsam besprochen werden. Damit ist die Gründungsidee für die Gruppe 47 geboren.

Das Format der Veranstaltungen ändert sich zwei Jahrzehnte lang kaum. An wechselnden Orten, anfänglich zweimal jährlich, dann jährlich, finden auf persönliche Einladung Richters die Treffen statt. In den zwei Jahrzehnten beteiligen sich insgesamt **über 200 Schriftsteller** mit einer Lesung.

Ziele die Gruppe 47

Die Gruppe 47 hatte keine Satzung, keine Mitgliederlisten und offiziell auch kein literarisches Programm. In der Praxis zeigen sich jedoch klare Tendenzen. Schon die Auswahl der Teilnehmer verdeutlicht, dass Richter eine Öffentlichkeit für die jungen Vertreter der Trümmer- und Kahlschlagliteratur schaffen will, die im Sinne der **Stunde Null** einen **literarischen und auch politischen Neuanfang** anstreben. Das bedeutet eine Wendung gegen die ältere Generation der

Innere Emigration ▶ S. 279

aus dem Exil Heimkehrenden und der ▶ **Inneren Emigration**, die an stärker traditionelle Schreibformen anknüpft.

Schon der Ablauf der Veranstaltung versteht sich als Ritual. Einer Lesung folgt jeweils eine Runde, in der die Zuhörer Lob und Tadel vortragen können, auf die die Lesenden nicht reagieren dürfen. Die Macht der Kritiker fordert allerdings auch Opfer. Prominentestes

Paul Celan: TODESFUGE ▶ S. 306

Beispiel ist Paul Celan, dessen Vortrag der ▶ TODESFUGE auf Unverständnis und Ablehnung stieß, sodass der Lyriker jeder weiteren Tagung der Gruppe 47 fernblieb.

Die Bedeutung der Gruppe 47

Die Treffen der Gruppe 47 üben eine Wirkung aus, die einer Literaturmesse gleicht. Das Stelldichein von einflussreichen Repräsentanten des literarischen Betriebs, das mit großem Medienaufwand verbunden ist, **fördert die Karriere zahlreicher Schriftsteller.** ▶ Günter Eich, ▶ Heinrich Böll, ▶ Ilse Aichinger, ▶ Ingeborg Bachmann, ▶ Martin Walser, ▶ Günter Grass, ▶ Peter Bichsel, ▶ Jürgen Becker, ▶ Hans Magnus Enzensberger, ▶ Siegfried Lenz und zahlreiche weitere erringen hier ihren ersten Lorbeer.

Dazu trägt auch der **Förderpreis der Gruppe 47** bei, der vielen von ihnen verliehen wird. Die meisten Gruppenmitglieder stehen für ein **gesellschaftlich engagiertes Schreiben,** das der deutschen Literatur wieder zu internationaler Anerkennung verhelfen soll. Ein Nachfahre der Gruppe 47 ist der seit 1977 ausgetragene ▶ Ingeborg-Bachmann-Wettbewerb.

Treffen der Gruppe 47

Günter Eich ▶ S. 298

Heinrich Böll ▶ S. 322

▶ Ilse Aichinger (geb. 1921) ruft in ihren Werken zur Kritik an politischen und gesellschaftlichen Zuständen auf und spricht sich gegen falsche Harmonie und Geschichtsvergessenheit aus.

Ingeborg Bachmann ▶ S. 271

▶ Martin Walser (geb. 1927) zeigt in immer wieder neuen Variationen das Scheitern seiner Helden an der gesellschaftlichen Realität.

Günter Grass ▶ S. 316

▶ Peter Bichsel (geb. 1935), ein Schweizer Schriftsteller, ist vor allem durch kleine Formen, Kurzprosa und Gedichte, bekannt.

▶ Jürgen Becker (geb. 1932) ist Lyriker, Prosaist und Hörspielautor.

▶ Hans Magnus Enzensberger (geb. 1929) hat vor allem als Lyriker, Essayist, Herausgeber, Übersetzer und Redakteur das literarische Leben begleitet.

▶ Siegfried Lenz (geb. 1926) ist einer der bekanntesten deutschsprachigen Erzähler der Nachkriegs- und Gegenwartsliteratur.

Ingeborg-Bachmann-Wettbewerb / Preis ▶ S. 271

Der Holocaust in der Literatur

Ab 1979 setzte sich in Deutschland ▶ ‚Holocaust‘ als Bezeichnung für den nationalsozialistischen Massenmord durch. Auslöser war die Ausstrahlung einer gleichnamigen amerikanischen Fernsehsendung.

▶ Primo Levi (1919–87) schloss sich dem antifaschistischen Widerstand an, kam deshalb ins KZ Fossili und wurde nach Auschwitz deportiert. Von den 650 italienischen Juden, mit denen er in Auschwitz angekommen war, überlebten nur fünf.

▶ Jorge Semprún (1923–2011), spanischer Schriftsteller, dessen Werk meist in französischer Sprache geschrieben ist, kämpfte gegen die Franco-Diktatur in Spanien und in der französischen Résistance. Sein überwiegend autobiografisches Werk klagt die Grausamkeiten von Exil, Krieg und Deportation an.

▶ Imre Kertész (geb. 1929) wurde wegen seiner jüdischen Abstammung als Fünfzehnjähriger über Auschwitz ins Konzentrationslager Buchenwald verschleppt.

▶ Jonathan Littell (geb. 1967) ist ein französischer Schriftsteller amerikanischer Herkunft, dessen Familie osteuropäische Wurzeln hat. DIE WOHLGESINNTEN schrieb er nach jahrelanger Recherchearbeit in nur 120 Tagen nieder.

Paul Celan ▶ S. 295

Die Darstellung des Massenmords

Der zuert im Amerikanischen verwendete Begriff ▶ Holocaust, wörtlich ‚Brandopfer‘, **bezeichnet die nationalsozialistische Vernichtungspolitik.** Im engeren Sinne bezieht er sich auf die jüdischen Opfer, die in den Konzentrationslagern ermordet worden sind. Die umfangreiche Literatur über dieses Verbrechen umfasst sowohl fiktionale Texte als auch die Berichte Überlebender. Zu den berühmtesten Werken zählen IST DAS EIN MENSCH? (1947) des Italieners ▶ Primo Levi, DIE GROSSE REISE (1963) des Spaniers ▶ Jorge Semprún, ROMAN EINES SCHICKSALLOSEN (1975) des ungarischen Nobelpreisträgers ▶ Imre Kertész und DIE WOHLGESINNTEN (2006) des Amerikaners ▶ Jonathan Littell. Aber auch in der deutschsprachigen Literatur gibt es in den drei großen literarischen Gattungen – der Lyrik, dem Drama und der Epik – herausragende Gestaltungen des Themas.

Paul Celan: Todesfuge (1945)

▶ Celans Gedichtsammlung MOHN UND GEDÄCHTNIS (1952) enthält das bekannteste Gedicht über die Vernichtung der Juden in den Konzentrationslagern, die 1945 entstandene TODESFUGE. Schon die erste Strophe schockiert mit beklemmenden Bildern eines Totentanzes zwischen Mördern und Opfern:

> Schwarze Milch der Frühe wir trinken sie abends
> wir trinken sie mittags und morgens wir trinken sie nachts
> wir trinken und trinken
> wir schaufeln ein Grab in den Lüften da liegt man nicht eng
> 5 Ein Mann wohnt im Haus der spielt mit den Schlangen der schreibt
> der schreibt wenn es dunkelt nach Deutschland dein goldenes Haar
>   Margarete
> er schreibt es und tritt vor das Haus und es blitzen die Sterne er
>   pfeift seine Rüden herbei
> 10 er pfeift seine Juden hervor lässt schaufeln ein Grab in der Erde
> er befiehlt uns spielt auf nun zum Tanz

Besonders das berühmt gewordene ▶ Oxymoron *„Schwarze Milch“* wurde zum Inbegriff des Unmenschlichen: Milch spendet hier nicht Leben, sondern bringt täglich Verderben und Tod. Wenn auch die Hauptaussage unmissverständlich ist, so ist Celan doch ein Meister der ▶ hermetischen Lyrik, die ▶ Chiffren seiner Gedichte sind nicht leicht aufzulösen. Mit welcher Intensität der Holocaust hier dargestellt wird, wird deutlich, wenn man sich auf das Gedicht als „Fuge“, wie Celan es im Titel ankündigt, einlässt. Wie bei einer **musikalischen Fuge** werden Themen zusammengefügt, angespielt und erweitert.

Bruno Apitz: Nackt unter Wölfen (1958)

▶ **Bruno Apitz** stellt in seinem 1958 in Ost-Berlin erschienenen Roman einen Vorfall in den letzten Kriegsmonaten im Konzentrationslager Buchenwald bei Weimar dar: Im Frühjahr 1945 schmuggelt der Jude Jankowski, mit einem der Transporte aus Auschwitz kommend, einen in einem Koffer versteckten dreijährigen Jungen ins KZ ein. Das Kind wird, trotz der Gefahr, die seine Entdeckung für alle bedeuten würde, von einer kommunistischen Widerstandgruppe betreut. Der Titel verweist auf das Kind, das zum Bezugpunkt der Handlung wird: In der Auseinandersetzung der kommunistischen Kämpfer mit den SS-Wächtern lassen sich unterschiedliche Verhaltensweisen im Umgang mit der Gefahr darstellen.

Elfriede Jelinek: Rechnitz (Der Würgeengel) (2008)

Auch zu Beginn des 21. Jahrhunderts ist der Holocaust nach wie vor ein Thema in der Literatur. ▶ **Elfriede Jelinek** z. B. greift in RECHNITZ (DER WÜRGEENGEL) auf das Geschehen in der Nacht vom 25. März 1945 auf Schloss Rechnitz (an der österreichischen Grenze zu Ungarn gelegen) zurück. Hier feierten SS-Offiziere, Gestapo-Führer und einheimische Getreue des Nazi-Regimes ein wildes *„Gefolgschaftsfest"*, in dessen Verlauf fast 200 jüdische Zwangsarbeiter brutal getötet wurden. Jelinek versammelt in ihrem Stück eine kleine Gesellschaft von Berichterstattern. In sprachlichen Suchbewegungen, Schicht um Schicht abtragend, nähert sie sich der Ungeheuerlichkeit der Tat.

Ein ▶ **Oxymoron** ist eine rhetorische Figur, die die Verbindung zweier sich widersprechender Begriffe bezeichnet.

hermetisch ▶ S. 215

Chiffre ▶ S. 232

▶ **Bruno Apitz** (1900 – 79) trat 1927 der Kommunistischen Partei bei und befand sich seit 1934 in Haft, die letzten Jahre davon im KZ Buchenwald.

▶ **Elfriede Jelinek** (geb. 1946) schreibt gegen Missstände im öffentlichen, politischen und privaten Leben an. Ihr Stil ist dabei oft sarkastisch, provokant.

Zusammenfassung

Der Zusammenbruch von Nazideutschland, die Einteilung Deutschlands in vier Besatzungszonen, die zwei unterschiedlichen Machtblöcken zugeordnet sind, der dadurch ausgelöste Beginn des Kalten Kriegs führen zu unterschiedlichen Entwicklungen in der Kulturpolitik in Ost und West. Im Westen bekennt sich eine junge Generation von Schriftstellern zur **Trümmer- und Kahlschlagliteratur:** Die Werke sollen das Elend der Nachkriegszeit in einer schmucklosen, versachlichten Sprache abbilden. Die Hoffnung auf die **Stunde Null** eines völligen Neuanfangs ist allerdings eine Selbsttäuschung. Das liegt trotz der **Gruppe 47** zum einen am Einfluss der aus der Emigration zurückkehrenden älteren Generation und zum anderen an weltanschaulichen Gründen. Zunächst werden deutsche Soldaten und die Zivilbevölkerung überwiegend als Opfer des Krieges dargestellt. Dies ändert sich allmählich, sodass die Literatur der 1950er-Jahre ein differenzierteres Bild der deutschen Schuld widerspiegelt.

Im Osten sollen die Schriftsteller ihren Teil zur **antifaschistisch-demokratischen Erneuerung** leisten. Der erste Präsident des Kulturbunds Johannes R. Becher holt Emigranten und auch Autoren der Inneren Emigration ins Land und bietet ihnen gute Bedingungen für ihre Arbeit. Somit gibt es auch hier keine **Stunde Null** – junge Autoren spielen in den direkten Nachkriegsjahren keine Rolle.

Wichtige Begriffe

Gruppe 47; Holocaust; Hörspiel; Kulturbund zur demokratischen Erneuerung Deutschlands; Kurzgeschichte; Stunde Null; Trümmer- und Kahlschlagliteratur

Zusammenfassung der Teilkapitel

Autoren und Werke

Wolfgang Borchert: DRAUSSEN VOR DER TÜR – Das erfolgreichste Drama der Nachkriegszeit ist ein Paradestück der Trümmer- und Kahl-schlagliteratur. Der Titel ist symbolisch, denn der Kriegsheimkehrer Beckmann stößt bei der Suche nach Wiedereingliederung in die Gesellschaft und nach einem Lebenssinn überall auf verschlossene Türen.

Günter Eich: INVENTUR – Das bekannteste Gedicht der Trümmer- und Kahlschlagliteratur beschreibt wortkarg die wenigen Gegenstände, die einem Kriegsgefangenen geblieben sind. Der Titel lässt sich auch auf den Neubeginn der Literatur nach dem Krieg beziehen, die zunächst eine Bestandsaufnahme dessen durchführt, was inhaltlich und sprachlich nicht durch die Nationalsozialisten kaputt gemacht wurde.

Hans Fallada: JEDER STIRBT FÜR SICH ALLEIN – Der Roman entsteht in der direkten Nachkriegszeit auf Veranlassung der Leiters des Kulturbundes Johannes R. Becher und beruht auf einem authentischen Fall. Durch den Tod ihres Sohnes veranlasst, schreibt und verteilt das Ehepaar Quangel Postkarten, in denen es zum Widerstand gegen Hitler aufruft. Mit ihnen will es andere Menschen zum Widerstand bewegen. Über die Quangels hinaus entsteht ein Bild durchschnittlicher Menschen im Dritten Reich. Der Roman wurde mehr als 60 Jahre nach seiner Erstveröffentlichung neu aufgelegt und nicht nur in Deutschland ein großer Erfolg.

Kurzgeschichte und Hörspiel – In der Kurzgeschichte nach amerikanischem Vorbild und im Hörspiel fanden die Autoren der Nachkriegszeit Ausdrucksmöglichkeiten, die geschichtlich unbelastet waren und sich zur Darstellung des Kriegs- und Nachkriegsleids anboten. Wolfgang Borchert setzte 1947 sowohl mit seinen verdichteten, andeutungsreichen Kurzgeschichten als auch mit seinem Hörspiel DRAUSSEN VOR DER TÜR Maßstäbe. Stilprägend waren außerdem die Kurzgeschichten von Heinrich Böll und das Hörspiel TRÄUME von Günter Eich.

Gruppe 47 – Die Gruppe 47 war ein loser Zusammenschluss von Schriftstellern, Literaturkritikern, Verlegern, Lektoren und Journalisten. Auf Initiative von Hans Werner Richter fanden von 1947 bis 1967 regelmäßig Treffen an wechselnden Orten statt. Die Autoren lasen Manuskripte vor, die anschließend diskutiert wurden. Der Einfluss dieser Veranstaltungen auf die Entwicklung der Nachkriegsliteratur und die Karrierechancen von Schriftstellern war gewaltig.

Der Holocaust in der Literatur – Mit dem Massenmord, den die Nationalsozialisten vor allem in den Konzentrationslagern an Juden verübten, beschäftigt sich die Weltliteratur seit dem Zweiten Weltkrieg.

Das Thema findet sich auch in der deutschen Literatur, so direkt nach dem Krieg Paul Celan in seinem dunkel verschlüsselten Gedicht TODESFUGE, in der DDR Bruno Apitz in seinem Roman NACKT UNTER WÖLFEN, in dem er unterschiedliche Verhaltensweisen beim Umgang mit der Gefahr zeigt, oder im 21. Jahrhundert Elfriede Jelinek in ihrem Theaterstück RECHNITZ (DER WÜRGEENGEL), in dem sie der brutalen Ermordung von jüdischen Zwangsarbeitern während eines Gefolgschaftsfests gegen Ende des Kriegs durch SS-Offiziere, Gestapo-Führer und andere Getreue nachforscht.

Weitere Autoren und Werke

Westen: Elisabeth Langgässer: DAS UNAUSLÖSCHLICHE SIEGEL; Hermann Kasack: DIE STADT HINTER DEM STROM; Hans Erich Nossack: DER UNTERGANG; Max Frisch: NUN SINGEN SIE WIEDER; DIE CHINESISCHE MAUER; Nelly Sachs: IN DEN WOHNUNGEN DES TODES; Thomas Mann: DOKTOR FAUSTUS; Gottfried Benn: STATISCHE GEDICHTE

Osten: Johannes R. Becher: AUSGEWÄHLTE DICHTUNG AUS DER ZEIT DER VERBANNUNG; Bertolt Brecht: DIE TAGE DER COMMUNE; KLEINES ORGANON FÜR DAS THEATER; Heinrich Mann: EIN ZEITALTER WIRD BESICHTIGT; Anna Seghers: DER AUSFLUG DER TOTEN MÄDCHEN; DIE TOTEN BLEIBEN JUNG; DIE RÜCKKEHR

Arbeitsvorschläge

1. Nenne die Merkmale der Trümmer- und Kahlschlagliteratur, die sich in den Texten dieses Kapitels finden. Berücksichtige dabei auch Heinrich Bölls BEKENNTNIS ZUR TRÜMMERLITERATUR (S. 293).

2. Erörtere, ob die Texte von Johannes R. Becher (S. 293) und Hans Fallada (S. 301) die Forderung an die Kulturpolitik der Sowjetischen Besatzungszone nach Auseinandersetzung mit Krieg und Faschismus erfüllen.

3. Begründe, ob die hier abgedruckten Textbeispiele der Trümmer- und Kahlschlagliteratur (S. 297, 299) noch aktuell sind. Oder sind sie nur noch von (literatur-)geschichtlichem Interesse?

4. Stelle den dramatischen Text DRAUSSEN VOR DER TÜR (S. 297) oder den Roman JEDER STIRBT FÜR SICH ALLEIN (S. 301) in einem Kurzreferat vor. Zeige, dass der Text für die Nachkriegsliteratur des Teils Deutschlands, in dem er entstanden ist, typisch ist.

5. Schreibe ein Gedicht oder eine Kurzgeschichte im Stil der Trümmer- und Kahlschlagliteratur. Lasse dich hierbei von Eichs INVENTUR (S. 299) oder von Borcherts LESEBUCHGESCHICHTEN (S. 303) inspirieren.

6. Informiere dich über die Geschichte der HYMNE DER DEUTSCHEN DEMOKRATISCHEN REPUBLIK (S. 293) und stelle sie in einem Kurzreferat vor.

Arbeitgeberpräsident Hanns Martin Schleyer während seiner Entführung durch die RAF, 1977

1949–1989 Literatur im Westen

Peter Weiss

Die Ermittlung

ZEUGE 3: [...] Wir müssen die erhabene Haltung fallen lassen
dass uns diese Lagerwelt unverständlich ist
Wir kannten alle die Gesellschaft
aus der das Regime hervorgegangen war
das solche Lager erzeugen konnte
Die Ordnung die hier galt
war uns in ihrer Anlage vertraut
deshalb konnten wir uns auch noch zurechtfinden
in ihrer letzten Konsequenz
in der der Ausbeutende in bisher unbekanntem Grad
seine Herrschaft entwickeln durfte
und der Ausgebeutete
noch sein eigenes Knochenmehl
liefern musste

Helmut Heissenbüttel

negative Dialektik I

im nein das ja
im ja im nein das nein
im nein im ja im nein das ja
im ja im nein im ja im nein das nein
im nein im ja im nein im ja im nein das ja
im ja im nein im ja im nein im ja im nein das nein

ach wie kanns möglich sein

Geschichtlicher Hintergrund

- 1949–63 Konrad Adenauer wird erster deutscher Bundeskanzler.

- 17.06.1953 Volksaufstand in der DDR

- 1954 Patt bei den Atomwaffen der USA und UdSSR

- 1955 Die Bundesrepublik Deutschland wird in die Nato aufgenommen. Die DDR wird Teil des Warschauer Paktes.

- 1961 Bau der Berliner Mauer; die Grenze zwischen Ost- und Westeuropa wird unüberwindlich.

- 1968 Protest- und Reformbewegungen in den USA und in ganz Europa

- 1969 Willy Brandt wird zum ersten sozialdemokratischen Kanzler der Bundesrepublik gewählt; Beginn der neuen Ostpolitik

- 1977 „Deutscher Herbst"– RAF-Terroristen (Rote Armee Fraktion) ermorden Siegfried Buback, Jürgen Ponto, Hanns Martin Schleyer und entführen die Lufthansa-Maschine „Landshut".

- 1982 Helmut Kohl wird deutscher Bundeskanzler.

- 1989 Fall der Berliner Mauer; Revolution der Menschen in Osteuropa

▶ engagierte Literatur – Literatur, die sich das Ziel setzt, direkt politische Veränderungen zu bewirken

Literatur im Westen (1949–1989)

Zwischen Verdrängung, Engagement und Experiment

Es ist nicht leicht, die Literatur zwischen 1949 und 1989 in wenigen Schlagworten zusammenzufassen – zu unterschiedlich sind die Entwicklungen. Von einer einheitlichen Epoche kann keine Rede sein. Während im Westen anfänglich ein Klima der **Verdrängung und Rechtfertigung** herrschte, ist besonders für die 1960er-Jahre eine zunehmende Politisierung zu beobachten. In den USA und in ganz Europa bilden sich Protest- und Bürgerrechtsbewegungen: In den USA formiert sich der Protest gegen den Krieg in Vietnam, Bürgerrechtler kämpfen in der Folge der Ermordung Martin Luther Kings um gleiche Rechte für Farbige. In Europa kommt es zu diversen intensiven zivilen Auseinandersetzungen. Der Protest erreicht auch das Privatleben. Alternative Formen des Zusammenlebens werden erprobt, Hippies und Flowerpower verschrecken die Bürger.

In Deutschland wehren sich vor allem junge Leute dagegen, dass 15 Jahre nach Kriegsende immer noch Menschen, die als Nazis aktiv waren, in einflussreichen Positionen sitzen. Viele junge Menschen begeistern sich für die marxistische Weltanschauung.

Politisch engagierte Literatur

In diese Auseinandersetzungen greift auch die Literatur der Zeit ein, denn viele Autoren wollen mit ihren Arbeiten auf die Politik Einfluss nehmen und schreiben politisch ▶ engagierte Literatur. ▶ Rolf Hochhuth und ▶ Peter Weiss machen ▶ Dokumentarisches Theater und wollen damit die Auseinandersetzung mit der NS-Vergangenheit vorantreiben. Das Gleiche gilt für ▶ Günter Grass mit DIE BLECHTROMMEL, in der er die Geschichte der ersten Hälfte des Jahrhunderts aus der Sicht eines Dreijährigen darstellt. ▶ Heinrich Böll greift in seinem Roman DIE VERLORENE EHRE DER KATHARINA BLUM die Bild-Zeitung direkt an. Viele Autoren, wie etwa Günter Grass, engagieren sich in den 1970er-Jahren für die SPD, weil sie sich für die ▶ neue Ostpolitik Willy Brandts begeistern. Andere Autoren, wie etwa ▶ Franz Xaver Kroetz, treten der DKP (Deutsche Kommunistische Partei) bei.

Experimentieren mit Sprache

Andere Autoren sehen es nicht als Aufgabe der Literatur an, in die Politik einzugreifen. Literatur besteht aus Sprache und so ist für sie die Sprache auch das eigentliche Thema von Literatur. Sie denken über Sprache nach, experimentieren mit ihr. Neue und ungewohnte Formulierungen werden gesucht, Formulierungen, die intensive Gefühle auslösen, ein erweitertes Verständnis ermöglichen. Ein wichtiger Vertreter dieser **sprachbewussten Literatur** ist ▶ Peter Handke. Selbstbewusst verkündet er im Titel eines Buches: Ich bin ein Bewohner des ▶ Elfenbeinturms. Andere wichtige Vertreter sind etwa ▶ Thomas Bernhard und ▶ Ernst Jandl mit seiner ▶ Konkreten Poesie.

Die Schweiz

Die Schweizer Autoren ▶ Max Frisch und ▶ Friedrich Dürrenmatt liefern einen wesentlichen Beitrag zur deutschsprachigen Literatur insbesondere in den 1960er- und 1970er-Jahren. Einerseits verfassen sie ▶ Theaterstücke, die in der Tradition der Brecht'schen Parabeln stehen. Andererseits leisten sie als Romanautoren Herausragendes. So denkt Max Frisch in seinen Romanen Stiller und Mein Name sei Gantenbein über Identität nach und kritisiert in Homo Faber den Glauben des modernen Menschen an die Technik. Friedrich Dürrenmatt experimentiert mit der Gattung ▶ Kriminalroman.

Neue Subjektivität, neues Erzählen, Postmoderne

In den 1980er-Jahren entsteht Literatur, die auch mit Sprache spielt. Dieses Sprachspiel ist aber nicht mehr Selbstzweck; es werden wieder Geschichten erzählt, eher subjektiv, d.h. persönlich, geprägte. Man spricht von **neuer Subjektivität** und **neuem Erzählen**. In der **Postmoderne** bahnt sich ein neuartiger Umgang mit der Tradition an. Man greift auf Werke, Versatzstücke, Gattungen früherer Epochen zurück und integriert sie spielerisch zu einem neuen Ganzen. Als Vertreter dieser Richtung gelten ▶ Patrick Süskind und ▶ Christoph Ransmayr, die mit Das Parfüm und Die letzte Welt Ende der 1980er-Jahre Bestseller schreiben.

Epochenmerkmale kurz gefasst

Literatur im Westen

- engagierte Literatur
- experimentelle Literatur: Erforschung der Möglichkeiten und Grenzen von Sprache
- neues Erzählen
- Politisierung der Literatur: Auseinandersetzung mit NS-Vergangenheit, marxistische Gesellschaftskritik
- 68er-Bewegung
- Schweizer Autoren: Frisch und Dürrenmatt

Rolf Hochhut ▶ S. 326

Peter Weiss ▶ S. 327; Die Ermittlung ▶ S. 311

Dokumentarisches Theater ▶ S. 326f.

Günter Grass ▶ S. 316

Heinrich Böll ▶ S. 322

▶ **neue Ostpolitik** – Unter Willy Brandt sucht die Bundesrepublik die Aussöhnung mit den Völkern Osteuropas.

▶ **Franz Xaver Kroetz** (geb. 1946) ist Regisseur, Schriftsteller, Theaterautor und Schauspieler, der vor allem in den 1970er- und 1980er-Jahren wirkte.

▶ **Peter Handkes** (geb. 1942) Erzählungen und Dramen zeichnen sich durch eine hochstilisierte Sprache aus.

Der ▶ **Elfenbeinturm** steht für einen Ort der Abgeschiedenheit, in dem sich Schriftsteller zurückziehen, um die Wirren der realen Welt aus ihrer Literatur heraushalten zu können.

▶ **Thomas Bernhards** (1931–89) Werke, Romane, Erzählungen und Dramen, bestehen oft aus Monologen der Hauptpersonen vor den eher stummen Zuhörern.

Ernst Jandl ▶ S. 303

Konkrete Poesie ▶ S. 43

Max Frisch ▶ S. 318

Friedrich Dürrenmatt ▶ S. 320

Kriminalroman ▶ S. 160f.

Patrick Süskind ▶ S. 324

▶ **Christoph Ransmayr** (geb. 1954) studierte Philosophie und Ethnologie und verbindet in seiner Prosa Realität und Fiktion.

Das Jahr 1968 und die Studentenbewegung

1968 in Europa und in Amerika

In den 1960er-Jahren vollziehen sich umfassende gesellschaftliche Veränderungen in Europa und in den USA. Viele dieser Veränderungen gipfeln im Jahr 1968. Deshalb ist „1968" zum Inbegriff dieser Veränderungen geworden.

▶ Emanzipation ist die Selbstbefreiung von Unterdrückung und Bevormundung.

Es bilden sich Bewegungen, die man zusammenfassend als ▶ **Emanzipationsbewegungen** bezeichnen kann. Die Menschen befreien sich von Bevormundung und Unterdrückung und fordern von der Regierung Reformen, die Staat, Gesellschaft und Wirtschaft demokratischer machen sollen. In den USA kämpft die **Bürgerrechtsbewegung** für gleiche Rechte für farbige und weiße Bürger. 1968 wird der Führer der Bürgerrechtsbewegung, **Martin Luther King**, erschossen. Gleichzeitig wachsen die Proteste

▶ Vietnamkrieg – 1965 greifen die USA in den vietnamesischen Bürgerkrieg zwischen dem kommunistischen Norden und dem antikommunistischen Süden Vietnams ein. Der Krieg wird für die USA zur militärischen und politischen Katastrophe.

▶ Prager Frühling ist eine Bezeichnung für die freiheitlichen kommunistischen Reformen in der Tschechoslowakei.

gegen den ▶ **Krieg in Vietnam**. In der Tschechoslowakei versuchen die Kommunisten unter Alexander Dubček mit dem ▶ **Prager Frühling**, einen ▶ **humanen und freiheitlichen Kommunismus** zu verwirklichen. Im August 1968 marschieren Truppen des Warschauer Pakts in die Tschechoslowakei ein, um dieses Experiment zu beenden.

Martin Luther King

Niederschlagung des Prager Frühlings, 21. August 1968

In Frankreich verbünden sich im Mai 1968 Studenten mit Arbeitern und fordern von der Regierung Reformen, die Staat, Gesellschaft und Wirtschaft demokratischer machen sollen. Tagelang legen Generalstreiks das Land lahm.

Hippies in den USA und Europa konsumieren Drogen und praktizieren freie Sexualität, um sich von der bürgerlichen Moral abzusetzen, die sie als spießig empfinden.

Studentenbewegung und RAF in Deutschland

In der Bundesrepublik Deutschland formiert sich 1968 der Protest der Studentenbewegung. Sie wendet sich zunächst dagegen, dass die Gesellschaft der Bundesrepublik ihre nationalsozialistische Vergangenheit noch nicht aufgearbeitet hat, denn oft sitzen an wichtigen Positionen immer noch die gleichen Leute wie im Nationalsozialismus. An den Universitäten versucht sie, verkrustete Strukturen aufzubrechen. „Unter den ▶ Talaren – Muff aus ▶ tausend Jahren" wird zu einem Slogan der Studentenbewegung. Außerdem wehrt man sich gegen die ▶ Notstandsgesetze, die 1968 vom Bundestag verabschiedet werden. Immer mehr wird die Studentenbewegung jedoch zu einer grundsätzlichen Opposition gegen das bestehende System. Man fordert ein sozialistisches Deutschland, jedoch nicht nach dem Vorbild der DDR. Oft kommt es bei Demonstrationen zu Auseinandersetzungen mit der Polizei. Der wichtigste Anführer der Studenten ist **Rudi Dutschke**, der 1968 bei einem Attentat lebensgefährlich verletzt wird.

Zu einer Radikalisierung kommt es am Anfang der 1970er-Jahre: Andreas Baader, Ulrike Meinhoff, Gudrun Ensslin und andere bilden die Terrorgruppe „Rote Armee Fraktion" (RAF). In den 1970er-Jahren halten sie mit ihren Terroranschlägen Deutschland in Atem. Den Höhepunkt erreicht der Terror im „Deutschen Herbst" 1977. Nacheinander werden Generalbundesanwalt Siegfried Buback, der Bankier Jürgen Ponto und Arbeitgeber-Präsident Hanns Martin Schleyer ermordet. Außerdem wird die Lufthansa-Maschine „Landshut" entführt, um inhaftierte Terroristen freizupressen.

▶ **Talar** – traditionelle Kleidung von Universitätsprofessoren

▶ **tausend Jahre** – Anspielung auf den Nationalsozialismus, der sein Regime als tausendjähriges Reich bezeichnete

▶ **Notstandsgesetze** – 1968 beschlossene Ergänzung des Grundgesetzes: Im Notfall (Krieg, Naturkatastrophen etc.) kann die Regierung auch ohne das Parlament Gesetze erlassen und die Grundrechte der Bürger einschränken.

Rudi Dutschke

316 de of 394

Als ▶ DANZIGER TRILOGIE werden drei zwischen 1959 und 1963 erschienene Werke bezeichnet, die in Danzig spielen: DIE BLECHTROMMEL, KATZ UND MAUS sowie HUNDEJAHRE.

Günter Grass: Die Blechtrommel (1959)

Günter Grass

Als Günter Grass 1999 den Nobelpreis für Literatur erhält, gilt diese Auszeichnung vor allem seinem Debütroman, der seinen Weltruhm begründet. DIE BLECHTROMMEL ist ein Markenzeichen: Sie rangiert an der Spitze der meistverkauften Romane in Deutschland, wurde in über 20 Sprachen übersetzt, gilt als Wendepunkt der Nachkriegliteratur und zugleich als Deutschlands bedeutendster Beitrag zur Weltliteratur seit

Günter Grass

dem Zweiten Weltkrieg. Grass' Werk ist stark von seiner Lebensgeschichte und den politischen Entwicklungen in Deutschland geprägt. Die Kindheits- und Jugenderfahrungen des Autors klingen in der ▶ DANZIGER TRILOGIE an; die politisch „wilden" 1960er- und 1970er-Jahre der Bundesrepublik mit seinem Engagement für die SPD hält AUS DEM TAGEBUCH EINER SCHNECKE fest; mit der Wiedervereinigung Deutschlands beschäftigt sich EIN WEITES FELD; eine persönliche Bilanz der geschichtlichen Ereignisse zieht MEIN JAHRHUNDERT, das Schicksal der Ostvertriebenen schildert IM KREBSGANG.

Weitere Werke

GESAMMELTE GEDICHTE; Romane und Erzählungen: KATZ UND MAUS; HUNDEJAHRE; ÖRTLICH BETÄUBT; DER BUTT; DIE RÄTTIN; BEIM HÄUTEN DER ZWIEBEL; Drama: DIE PLEBEJER PROBEN DEN AUFSTAND

Die Blechtrommel

Die Blechtrommel knüpft mit den fantastischen Erzähleinfällen und einer großen Sprachgewalt an den ▶ barocken Schelmen- und Kriegsroman an. Hauptfigur und Ich-Erzähler ist der Blechtrommler Oskar Matzerath, ein erwachsener Zwerg, der in einer Irrenanstalt einsitzt. Sein Lebensbericht blickt auf die Wirren der deutschen und europäischen Geschichte in der ersten Hälfte des 20. Jahrhunderts zurück. Matzerath beobachtet das Heraufziehen des Nationalsozialismus nicht nur scharfsinnig, sondern manipuliert das Geschehen mit seiner Kaltschnäuzigkeit und seinen Fähigkeiten, zu trommeln und Glas zu zersingen.

Die Blechtrommel, erstes Buch

Oskar ist eine vielschichtige und widersprüchliche Kunstfigur. Sein zwergenhaftes Aussehen und sein Getrommel sind eine Maskerade, die ihm spitzbübische Anpassung und heimlichen Widerstand ermöglichen. Er kann sogar als Parodie Hitlers verstanden werden, der sich als Trommler seiner Bewegung bezeichnete. Der folgende Textabschnitt schildert, wie Oskar eine Parteikundgebung der Nationalsozialisten stört, indem er unter der Tribüne zu trommeln beginnt.

Als wollte man ihm diesen Nachruf auf die Opfer der Bewegung bestätigen, mischte sich gleich darauf massives Gebumse auf kalbsfellbespannten Trommeln in die Trompeterei. Jene Gasse, die mitten durch die Menge zur Tribüne führte, ließ von weit her heranrückende Uniformen ahnen, und Oskar stieß hervor: „Jetzt mein Volk, paß
5 auf, mein Volk!"
Die Trommel lag mir schon maßgerecht. Himmlisch locker ließ ich die Knüppel in meinen Händen spielen und legte mit Zärtlichkeit in den Handgelenken einen kunstreichen, heiteren Walzertakt auf
10 mein Blech, den ich immer eindringlicher, Wien und die Donau beschwörend, laut werden ließ, bis oben die erste und zweite ▸ **Landsknecht**trommel an meinem Walzer Gefallen fand, auch Flachtrommeln der älteren Burschen mehr oder weniger geschickt mein Vorspiel aufnahmen. Dazwischen gab es zwar Unerbittliche, die kein
15 Gehör hatten, die weiterhin Bumbum machten, und Bumbumbum, während ich doch den Dreivierteltakt meinte, der so beliebt ist beim Volk. [...] Und als ich durch mein Astloch hindurch ins Freie spähte, doch dabei fleißig weitertrommelte, bemerkte ich, daß das Volk an meinem Walzer Spaß fand, aufgeregt hüpfte, es in den Beinen hatte:
20 schon neun Pärchen tanzten, wurden vom Walzerkönig gekuppelt.

Aufgrund der Thematik und der Erzählperspektive wird DIE BLECHTROMMEL oft mit Grimmelshausens DER ABENTHEUERLICHE SIMPLICISSIMUS TEUTSCH (▸ S. 40f.) verglichen.

Schelmenroman ▸ S. 41

Kriegsroman ▸ S. 40

Bei seinem Erscheinen löste der Roman einen Skandal aus. Ihm wurden – in Verkennung des ironisch-grotesken Erzählstils – Blasphemie (Gotteslästerung) und Pornografie vorgeworfen.

Eine der erfolgreichsten deutschen Literaturverfilmungen (▸ S. 371) ist DIE BLECHTROMMEL von Volker Schlöndorff aus dem Jahre 1979. Sie erhielt den Oscar für den besten ausländischen Film und die Goldene Palme des Filmfestivals in Cannes.

Ein ▸ **Landsknecht** ist ein zu Fuß kämpfender Soldat. Bei dieser Parteiveranstaltung hatten Landsknechte die Aufgabe, Marschmusik zu trommeln.

Der Text wurde nicht an die neue Rechtschreibung angepasst.

Arbeitsvorschläge

1. Fasse zusammen, was Oskars Walzer bei den Anwesenden bewirkt und wie diese Szene Komik erzeugt.

2. Erkläre, wie Oskars Schilderung seiner Musikeinlage die Herrschenden verspottet.

3. Stelle dar, wie Oskar im Verborgenen Widerstand gegen das Regime leistet.

Max Frisch: Andorra (1962)

Max Frisch

▶ 1911 Max Frisch wird in Zürich geboren.

▶ 1930 Beginn des Germanistikstudiums in Zürich

▶ 1931 vermehrt journalistische Tätigkeit, nach dem Tod des Vaters auch zur Sicherung des Lebensunterhalts

▶ 1934 erster Roman: JÜRG REINHART

▶ 1936 Beginn des Architekturstudiums

▶ 1942 Hochzeit mit Gertrude von Meyenburg

▶ 1958 Beginn der Beziehung zu Ingeborg Bachmann

▶ 1968 zweite Ehe mit Marianne Oellers

▶ 1991 Frisch stirbt in Zürich.

Friedrich Dürrenmatt ▶ S. 320

Max Frisch

Zusammen mit seinem Schweizer Landsmann ▶ Friedrich Dürrenmatt gehört Max Frisch zu den einflussreichsten deutschsprachigen Autoren der zweiten Hälfte des 20. Jahrhunderts. Und ähnlich wie Dürrenmatt hat auch Frisch sowohl mit seinen Romanen als auch mit seinen Theaterstücken Meilensteine der deutschsprachigen Nachkriegsliteratur geschaffen. Das große Thema in den Werken Frischs ist „Identität": Wer bin ich? Wie werde ich der, der ich bin? Könnte ich auch

Max Frisch

ein ganz anderer sein? Aber auch im Verhältnis zum Mitmenschen wird diese Frage wichtig: Wie gut kenne ich den anderen? Bin ich offen für ihn? Oder mache ich mir mein Bild von ihm, das ich ihm dann aufzwinge? In einem seiner Tagebücher notiert Frisch den Satz: „*Du sollst dir kein Bildnis machen.*" Er wird zum Motto für große Teile seines Werks.

Weitere Werke

Romane: STILLER; HOMO FABER; MEIN NAME SEI GANTENBEIN; Theaterstücke: BIEDERMANN UND DIE BRANDSTIFTER; DON JUAN ODER DIE LIEBE ZUR GEOMETRIE; Tagebücher

Das Verhältnis ▶ Andorra vs. Land der Schwarzen ist oft gedeutet worden als Analogie zum Verhältnis Schweiz vs. Nazi-Deutschland. Max Frisch weist darauf hin, dass Andorra ein Modell ist, das „*mit dem wirklichen Kleinstaat dieses Namens*" nichts zu tun hat.

episches Theater ▶ S. 268f.

▶ Antisemitismus – Feindschaft gegen die Juden

Andorra

Auch das Stück ▶ ANDORRA steht formal in der Tradition von ▶ **Brechts Parabel**. Es kreist um die Frage nach Identität, nach dem Bild, das wir uns von anderen machen; um Vorurteile und den Einfluss, den sie auf uns haben. Der junge Andri lebt in dem kleinen Land Andorra. Angeblich ist er ein jüdisches Waisenkind, das der Lehrer aus dem benachbarten Land der Schwarzen vor ▶ antisemitischen Verfolgungen gerettet hat. Aber auch in Andorra gibt es Vorurteile, die man Andri aufzwingt. Als sich herausstellt, dass Andri tatsächlich kein Jude, sondern der Sohn des Lehrers ist, gerät er in eine Identitätskrise. Als die „*Schwarzen*" Andorra überfallen, machen sie Jagd auf Juden ...

Andorra, zwölftes Bild

Um alle Juden ausfindig zu machen, veranstalten die „Schwarzen" eine „Judenschau": Die Andorraner müssen barfuß und mit verhülltem Gesicht über einen Platz marschieren. Ein „Judenschauer" betrachtet sie und pfeift, wenn er einen Juden zu erkennen glaubt.

SOLDAT. [...] Halt. –
Der Lehrer nimmt sein Tuch ab.
Nicht Sie, der dort, der andre!
Der Vermummte rührt sich nicht.
5 Tuch ab!
Der Judenschauer erhebt sich.
DOKTOR. Der hat den Blick. Was hab ich gesagt? Der sieht's am
Gang ...
SOLDAT. Drei Schritt vor! [...]
10 SOLDAT. Drei Schritt zurück.
Der Vermummte gehorcht.
Lachen!
DOKTOR. Er hört's am Lachen ...
SOLDAT. Lachen! oder sie schießen.
15 *Der Vermummte versucht zu lachen.*
Lauter!
Der Vermummte versucht zu lachen.
DOKTOR. Wenn das kein Judenlachen ist ...
Der Soldat stößt den Vermummten.
20 SOLDAT. Tuch ab, Jud, es hilft dir nichts. Tuch ab. Zeig dein Gesicht.
Oder sie schießen.
LEHRER. Andri?!
SOLDAT. Ich zähl auf drei.
Der Vermummte rührt sich nicht.
25 SOLDAT. Eins –
LEHRER. Nein!
SOLDAT. Zwei –
Der Lehrer reißt ihm das Tuch ab.
SOLDAT. Drei ...
30 LEHRER. Mein Sohn!

Der Text wurde nicht an die neue Rechtschreibung angepasst.

Arbeitsvorschläge

1. Nimm begründet Stellung zum Verhalten des Doktors.

2. Beschreibe Frischs Gestaltungsmittel in dieser Szene.

3. Erläutere, warum Andri als Jude erkannt wird, obwohl er kein Jude ist.

Friedrich Dürrenmatt

▶ 1921 Friedrich Dürrenmatt wird in Konolfingen bei Bern geboren. Der Vater war Pfarrer.

▶ 1935 Umzug nach Bern

▶ 1941–46 Matura (Abitur) und Beginn eines Studiums in Philosophie, Germanistik und Naturwissenschaften in Bern und Zürich

▶ 1946 Heirat mit Lotti Geißler; drei Kinder

▶ 1947 Uraufführung des ersten Theaterstücks

▶ 1983 Tod Lottis

▶ 1984 zweite Ehe mit Charlotte Kerr

▶ 1990 Dürrenmatt stirbt in Neuenburg.

Kriminalroman ▶ S. 161

▶ grotesk – eine Verbindung von Gegensätzlichem, die gleichzeitig komisch und unheimlich wirkt

Weitere Theaterstücke, die die Frage nach der ▶ Verantwortung der Wissenschaftler behandeln, sind Brechts Leben des Galilei und Kipphardts In der Sache J. Robert Oppenheimer (▶ S. 326f.)

Friedrich Dürrenmatt: Die Physiker (1962)

Friedrich Dürrenmatt

Das Werk Friedrich Dürrenmatts besteht fast ausschließlich aus Komödien und ▶ Kriminalromanen – aber die Komödien sind ganz eigener Art. Der Schweizer ist davon überzeugt, dass nur noch seine ▶ grotesken Komödien die aberwitzig gewordene Wirklichkeit des 20. Jahrhunderts angemessen abbilden können. Natürlich sind diese Komödien dann nicht mehr wirklich heiter, sondern geprägt von galligem,

Friedrich Dürrenmatt

schwarzem Humor: Man kann über die Sinnlosigkeit der Welt nur noch lachen. Sein Satz *„Uns kommt nur noch die Komödie bei"*, hat das Theater des 20. Jahrhunderts geprägt. Seine größten Erfolge feiert Dürrenmatt in den Jahren 1950 bis 1966.

Weitere Werke

Kriminalromane: Der Richter und sein Henker; Der Verdacht; Das Versprechen; Justiz; Komödien: Romulus der Grosse; Der Besuch der alten Dame; Achterloo

Die Physiker

Der Physiker Johann Wilhelm Möbius hat Erkenntnisse gewonnen, die die Welt in den Untergang treiben könnten. Um die Welt davor zu schützen, spielt er den Verrückten und zieht sich in ein Irrenhaus zurück. Aber sein Plan misslingt. Zwei Geheimdienstler, die unterschiedliche Systeme repräsentieren, sind darauf angesetzt, ihn zu bespitzeln und für ihre Seite zu gewinnen; letztendlich ist es aber die Irrenärztin selbst – die verrückteste von allen –, die sich schon in den Besitz seiner Erkenntnisse gebracht hat. Dürrenmatt thematisiert mit dieser Komödie die Frage nach der ▶ Verantwortung des Wissenschaftlers für die Folgen seiner Erfindungen. Aber er gibt auf das Problem auch eine für ihn typische Antwort: Die Vorstellung des modernen Menschen, durch vernünftige Planung die Zukunft beherrschen zu können, ist ein lächerlicher Irrtum. Denn der Mensch kann nie alle möglichen Faktoren voraussehen.

Die Physiker, 2. Akt

Zwei weitere Physiker sind als Agenten für unterschiedliche Geheimdienste in das Irrenhaus gekommen. Sie tun, als seien sie verrückt und hielten sich für Albert Einstein und Isaac Newton. Tatsächlich versuchen sie, Möbius jeweils für ihre Seite zu gewinnen. Nachdem alle drei Physiker ihre Krankenschwester ermordet haben, kommt es zum „Showdown", in dem alle ihre Masken fallen lassen:

MÖBIUS. Es gibt Risiken, die man nie eingehen darf: Der Untergang der Menschen ist ein solches. Was die Welt mit den Waffen anrichtet, die sie schon besitzt, wissen wir, was sie mit jenen anrichten würde, die ich ermögliche, können wir uns denken. Dieser Einsicht habe ich
5   mein Handeln untergeordnet. Ich war arm. Ich besaß eine Frau und drei Kinder. An der Universität winkte Ruhm, in der Industrie Geld. Beide Wege waren zu gefährlich. Ich hätte meine Arbeiten veröffentlichen müssen, der Umsturz unserer Wissenschaft und das Zusammenbrechen des wirtschaftlichen Gefüges wären die Folgen gewesen.
10   Die Verantwortung zwang mir einen anderen Weg auf. Ich ließ meine akademische Karriere fahren, die Industrie fallen und überließ meine Familie ihrem Schicksal. Ich wählte die ▶ **Narrenkappe**. Ich gab vor, der König Salomo erscheine mir, und schon sperrte man mich in ein Irrenhaus.
15   NEWTON. Das war doch keine Lösung!
MÖBIUS. Die Vernunft forderte diesen Schritt. Wir sind in unserer Wissenschaft an die Grenzen des Erkennbaren gestoßen. [...] Wir haben das Ende unseres Weges erreicht. Aber die Menschheit ist noch nicht so weit. Wir haben uns vorgekämpft, nun folgt uns niemand
20   nach, wir sind ins Leere gestoßen. Unsere Wissenschaft ist schrecklich geworden, unsere Forschung gefährlich, unsere Erkenntnis tödlich. Es gibt für uns Physiker nur noch die Kapitulation vor der Wirklichkeit. Sie ist uns nicht gewachsen. Sie geht an uns zugrunde. Wir müssen unser Wissen zurücknehmen, und ich habe es zurückgenommen.
25   men. Es gibt keine andere Lösung, auch für euch nicht.
EINSTEIN. Was wollen Sie damit sagen?

▶ Narrenkappe – im Karneval häufig getragene Mütze; hier: Symbol für den Narren bzw. Irren

Der Text wurde nicht an die neue Rechtschreibung angepasst.

Arbeitsvorschläge

1. Gib in deinen eigenen Worten den Gedankengang von Möbius wieder.

2. Beantworte die Frage Einsteins, indem du erläuterst, welche Folgerungen sich daraus für Einstein und Newton ergeben.

3. Verfasse einen Brief an Möbius, in dem du ihm schreibst, ob du sein Verhalten richtig oder falsch findest und ob du es für eine Lösung hältst oder nicht.

Heinrich Böll

► Springerpresse – Sammelbegriff für Zeitungen, die der konservative Verleger Axel Springer herausgab; z. B. „Bild".

Die ► Friedensbewegung war eine Protestbewegung gegen die atomare Aufrüstung, die sich ab 1980 formierte.

► Boulevardpresse ist ein Teil des Zeitungswesens, der weniger von Abonnenten lebt als Laufkundschaft und deshalb reißerisch auf sich aufmerksam machen muss. Bekanntestes Blatt ist „Bild".

Heinrich Böll:
Die verlorene Ehre der Katharina Blum (1974)

Heinrich Böll

Heinrich Böll hat seine Aufgabe als Schriftsteller immer darin gesehen, engagiert zu den Ereignissen seiner Zeit Stellung zu nehmen. Das beginnt schon mit seinen ersten Werken. In ihnen verarbeitet er seine Kriegs- und Nachkriegserfahrungen und leistet mit seinen ► Kurzgeschichten einen wichtigen Beitrag zur ► Trümmerliteratur. In den 1950er-, 1960er- und 1970er-Jahren setzt er sich in seinen Romanen immer wieder mit

Heinrich Böll

der politischen Situation in der Bundesrepublik kritisch auseinander. Dabei ist die nationalsozialistische Vergangenheit ebenso Thema wie der Einfluss der ► Springerpresse auf das politische Leben in Deutschland. 1972 erhält er den Nobelpreis für Literatur. Aber nicht nur in seinen Werken ergreift Böll Partei: Um 1980 unterstützt er die ► Friedensbewegung und ist Redner bei deren Demonstrationen.

Weitere Werke

Romane: Billard um halb zehn; Ansichten eines Clowns; Kurzgeschichten: Wanderer, kommst du nach Spa...

Die verlorene Ehre der Katharina Blum

Der Roman ist Bölls Beitrag zur Debatte um den ► RAF-Terrorismus, der zu Beginn der 1970er-Jahre seinen Anfang nimmt. Böll ist der Auffassung, dass die öffentliche Debatte zur Hysterie neigt und dass die Springerpresse diese Hysterie anheizt. Er erzählt die Geschichte der Katharina Blum, einer jungen Frau, die eine Nacht mit einem Fremden verbringt. Als dieser Fremde – zu Unrecht, wie sich später zeigt – verdächtigt wird, ein Terrorist zu sein, beginnt die ► Boulevardpresse eine menschenverachtende Berichterstattung über die mutmaßliche „Terroristenbraut". Als Katharinas Leben zerstört ist, bringt sie in ihrer Wut und Verzweiflung den verantwortlichen Journalisten um.
Das Buch brachte Böll den Vorwurf ein, ein Sympathisant des RAF-Terrors zu sein.

Die verlorene Ehre der Katharina Blum, Kapitel 23

Die ZEITUNG berichtet intensiv über das private Umfeld Katharina Blums. Dabei praktiziert sie eine ganz eigene Art von Journalismus. (Blorna und Hiepertz sind Arbeitgeber der Katharina Blum.)

Unter der Überschrift: „Rentnerehepaar ist entsetzt, aber nicht überrascht", fand Blorna noch auf der letzten Seite eine rot angestrichene Spalte:

Der pensionierte Studiendirektor Dr. Berthold Hiepertz und Frau Erna
5 *Hiepertz zeigten sich entsetzt über die Aktivitäten der Blum, aber nicht „sonderlich überrascht". In Lemgo, wo eine Mitarbeiterin der ZEITUNG sie bei ihrer verheirateten Tochter, die dort ein Sanatorium leitet, aufsuchte, äußerte der ▸ Altphilologe und Historiker Hiepertz, bei dem die Blum seit 3 Jahren arbeitet: „Eine in jeder Beziehung radikale Person, die uns ge-*
10 *schickt getäuscht hat."*

(Hiepertz, der mit Blorna später telefonierte, schwor, Folgendes gesagt zu haben: „Wenn Katharina radikal ist, dann ist sie radikal hilfsbereit, planvoll und intelligent – ich müsste mich schon sehr in ihr getäuscht haben, und ich habe eine vierzigjährige Erfahrung als Pädagoge hin-
15 ter mir und habe mich selten getäuscht.")

Fortsetzung von Seite 1;

„Der völlig gebrochene ehemalige Ehemann der Blum, den die ZEITUNG anlässlich einer Probe des Trommler- und Pfeiferkorps Gemmelsbroich aufsuchte, wandte sich ab, um seine Tränen zu verbergen. Auch die übrigen
20 *Vereinsmitglieder wandten sich, wie Altbauer Meffels es ausdrückte, mit Grausen von Katharina ab, die immer so seltsam gewesen sei und immer so prüde getan habe. Die harmlosen Karnevalsfreuden eines redlichen Arbeiters jedenfalls dürften getrübt sein."*

▸ Altphilologe – ein Wissenschaftler, der die Sprachen Griechisch oder Latein und die Literatur der klassischen Antike studiert hat

Arbeitsvorschläge

1. Vergleiche die Aussage von Dr. Hiepertz und die Darstellung der ZEITUNG. Welche Worte des Interviewten greift die ZEITUNG auf, wie verändert sie diese Worte, wie ändert sich deren Bedeutung?

2. Untersuche die sprachlichen Mittel, mit denen die ZEITUNG (Z. 17ff.) versucht, den Leser auf die Seite des Ex-Ehemanns zu ziehen und gegen Katharina einzunehmen.

3. Nimm begründet Stellung zu Vor- und Nachteilen der Boulevardpresse.

Postmoderne ▶ S. 313

▶ Helmut Dietl (geb. 1944) ist Regisseur und Drehbuchautor.

▶ Parfumeur – Hersteller von Parfüm

▶ Identität – eigene Persönlichkeit; auch: das Wissen, wer man ist

Patrick Süskind: Das Parfum (1985)

Patrick Süskind

Patrick Süskind ist es gelungen, einerseits ein Erfolgsautor zu sein, dessen Arbeiten bei einem breiten Publikum ankommen, und sich andererseits hohes Ansehen in den Medien und in der Wissenschaft zu erwerben. Seinen Durchbruch als Romanautor schafft er 1985 mit DAS PARFUM, einem Roman, der ▶ postmoderne Züge aufweist: Er enthält zahlreiche Anspielungen auf literarische Texte und spielt mit Merkmalen verschiedenster Gattungen. Das Buch wird zum Weltbest-

Patrick Süskind

seller und 2006 auch verfilmt. Schon vorher hatte Süskind als Drehbuchautor auf sich aufmerksam gemacht. Zusammen mit dem Regisseur ▶ Helmut Dietl schuf er die Fernsehserien MONACO FRANZE und KIR ROYAL. Immer wieder gelingt Süskind die Gratwanderung, literarisch anspruchsvolle Arbeiten zu einem Publikumserfolg zu machen.

Weitere Werke

Einakter: DER KONTRABASS; Novelle: DIE TAUBE; Drehbücher: MONACO FRANZE; KIR ROYAL; ROSSINI (alle mit Helmut Dietl)

Das Parfum

Der Roman DAS PARFUM erzählt, so der Untertitel, DIE GESCHICHTE EINES MÖRDERS. Bei genauerem Hinsehen jedoch erzählt der Roman die Geschichte einer Welt, die sich ihrem Protagonisten über den Geruch erschließt. Jean Grenouille, 1738 in Paris geboren, zeichnet sich durch einen hervorragenden Geruchssinn aus. Dies ermöglicht ihm die Ausbildung zu einem ▶ Parfumeur. Gleichzeitig hat er aber keinen eigenen Körpergeruch. So bleibt er in der Gesellschaft einsam und entwickelt keine eigene ▶ Identität. Seine besondere Fähigkeit lässt ihn jedoch zu einem Jäger nach Düften werden: Er bringt 25 schöne Mädchen um und konserviert ihren Duft in einem Parfum. Durch dieses Parfum lieben ihn alle Menschen – aber es ist nicht sein eigener Duft, den sie lieben …

Das Parfum, erster Teil, Kapitel 1
Im ersten Kapitel erzählt Süskind die Geburt Grenouilles:

Und natürlich war in Paris der Gestank am größten, denn Paris war die größte Stadt Frankreichs. Und innerhalb von Paris wiederum gab es einen Ort, an dem der Gestank ganz besonders ▶ **infernalisch** herrschte, zwischen der Rue aux Fers und der Rue de la Ferronnerie, nämlich
5 den Cimetière des Innocents. Achthundert Jahre lang hatte man hierher die Toten des Krankenhauses Hôtel-Dieu und der umliegenden Pfarrgemeinden verbracht, achthundert Jahre lang Tag für Tag die Kadaver zu Dutzenden herbeigekarrt und in lange Gräben geschüttet, achthundert Jahre lang in den Grüften und Beinhäusern Knöchelchen
10 auf Knöchelchen geschichtet. Und erst später, am Vorabend der Französischen Revolution, nachdem einige der Leichengräben gefährlich eingestürzt waren und der Gestank des überquellenden Friedhofs die Anwohner nicht mehr zu bloßen Protesten, sondern zu wahren Aufständen trieb, wurde er endlich geschlossen und aufgelassen, [...]
15 und man errichtete an seiner Stelle einen Marktplatz für ▶ **Viktualien**. Hier nun, am allerstinkendsten Ort des gesamten Königreichs, wurde am 17. Juli 1738 Jean-Baptiste Grenouille geboren. Es war einer der heißesten Tage des Jahres. Die Hitze lag wie Blei über dem Friedhof und quetschte den nach einer Mischung aus fauligen Melonen und
20 verbranntem Horn riechenden Verwesungsbrodem in die benachbarten Gassen. Grenouilles Mutter stand, als die Wehen einsetzten, an einer Fischbude in der Rue aux Fers und schuppte ▶ **Weißlinge**, die sie zuvor ausgenommen hatte. Die Fische, angeblich erst an Morgen aus der Seine gezogen, stanken bereits so sehr, daß ihr Geruch den
25 Leichengeruch überdeckte. Grenouilles Mutter aber nahm weder den Fisch- noch den Leichengeruch wahr, denn ihre Nase war gegen Gerüche im höchsten Maße abgestumpft, und außerdem schmerzte ihr Leib, und der Schmerz tötete alle Empfänglichkeit für äußere Sinneseindrücke. Sie wollte nur noch, daß der Schmerz aufhöre, sie
30 wollte die eklige Geburt so rasch als möglich hinter sich bringen.

▶ infernalisch – höllisch, katastrophal

▶ Viktualien – Lebensmittel (bayr.)

▶ Weißlinge – Fischsorte

Der Text wurde nicht an die neue Rechtschreibung angepasst.

Arbeitsvorschläge

1. Erzähle in deinen eigenen Worten die Geschichte dieses Marktes, sodass deutlich wird, warum er der „*allerstinkendste Ort des gesamten Königreichs*" (Z. 16) ist.

2. Untersuche die Sprache dieses Ausschnitts und zeige, wie der Verfasser dem Leser die Gerüche besonders plastisch vorstellbar macht.

3. Schreibe eine eigene Geschichte, in der Gerüche, die du dem Leser vermitteln musst, eine besondere Rolle spielen.

Das Dokumentarische Theater

Eine neue Form des politischen Theaters

▶ Politisches Theater setzt
sich die Aufgabe, die politische Meinung der Zuschauer
zu verändern.

Das Dokumentarische Theater entsteht in den 1960er-Jahren des
20. Jahrhunderts und ist eine neue Form des ▶ politischen Theaters.
Die Autoren schreiben Stücke, die entweder aus bearbeiteten Dokumenten – z. B. aus Protokollen von Gerichtsverhandlungen – bestehen oder die ihre Handlung mit historischen Dokumenten belegen
und beweisen. Der Zuschauer soll im Theater direkt mit der gesell-
schaftlich-politischen Wirklichkeit konfrontiert werden. Er soll gezwungen werden, zu politischen Themen Stellung zu beziehen und
eine eigene Meinung zu entwickeln. So entsteht ein ganz neuer Wirk-
lichkeitsbezug des Theaters. Die wichtigsten Vertreter sind Rolf Hochhuth, Heinar Kipphardt und Peter Weiss.

Rolf Hochhuth: Der Stellvertreter (1963)

▶ Rolf Hochhuth (geb. 1931)
ist Dramatiker. Sein größter
Erfolg war sein Erstlingswerk
DER STELLVERTRETER.

Holocaust ▶ S. 306

In seinem Stück DER STELLVER-
TRETER behauptet ▶ Rolf Hochhuth, der Papst hätte die Möglichkeit gehabt, den ▶ Holocaust
zu verhindern, wenn er öffentlich
dagegen protestiert hätte. Er erzählt die Geschichte des jungen
Jesuitenpaters Ricardo, der von
Hitlers Massenmord an den Juden erfährt und den Papst bittet,
öffentlich dagegen zu protestieren. Der Papst weigert sich jedoch. Entsetzt über diese Haltung
des Papstes geht Ricardo aus So-
lidarität mit den deportierten Ju-

Rolf Hochhuth

den ins KZ und wird dort umgebracht. Obwohl die Figur Ricardos
und die ganze Handlung erfunden sind, bringt Hochhuth doch viele
historische Persönlichkeiten auf die Bühne und versucht, in einem
historischen Anhang die Richtigkeit seiner Thesen zu beweisen. Das
Stück wurde ein großer Skandal. Bis heute fassen viele Menschen es
als ungerechten Angriff gegen den Papst auf.

Heinar Kipphardt: In der Sache J. Robert Oppenheimer (1964)

▶ Heinar Kipphardt
(1922–82) trat besonders mit
Dramen über Gegenwarts-
themen in Erscheinung.

▶ Heinar Kipphardts IN DER SACHE J. ROBERT OPPENHEIMER wirft
die Frage nach der Verantwortung auf, die der Naturwissenschaftler
für die Folgen seiner Forschung hat. Oppenheimer war einer der
Wissenschaftler, die an der Entwicklung der Atombombe im Zweiten

Weltkrieg beteiligt waren. Nach dem Krieg wird er verhört, da er verdächtigt wird, aus Sympathie mit den Kommunisten die Arbeit der Forscher verlangsamt zu haben. Im Lauf der Verhandlung wird immer deutlicher, dass Oppenheimer meint, dass der Wissenschaftler sich eher der Moral und der ganzen Menschheit als nur seinem Land verpflichtet fühlen sollte. Das Stück gilt heute als eines der großen **Naturwissenschaftlerdramen** aus der Mitte des 20. Jahrhunderts.

Peter Weiss: Die Ermittlung (1965)

DIE ERMITTLUNG ist ein Stück über den Frankfurter Auschwitzprozess im Jahr 1965, in dem erstmals die Ereignisse im KZ Auschwitz umfassend aufgeklärt wurden. ▸ Peter Weiss verfolgt diesen Prozess, und noch während der Prozess läuft, hat Weiss sein Stück fertig: Es besteht aus ausgewählten Auszügen aus den Prozessprotokollen, die Weiss so anordnet, dass der Zuschauer den Weg der Opfer mitverfolgen kann. Das Stück beginnt mit Zeugenaussagen über die ▸ Rampe und endet mit Aussagen über die Verbrennungsöfen. Dabei will Weiss, der überzeugter Marxist ist, in seiner Auswahl deutlich machen: Es wäre jedem einzelnen Täter möglich gewesen, das Mitmachen zu verweigern. DIE ERMITTLUNG gilt heute als das wichtigste dokumentarische Theaterstück und als eine der gelungensten Verarbeitungen des Holocaust auf der Bühne.

▸ **Peter Weiss** (1916 – 82) war Jude und floh mit seinen Eltern aus Deutschland. Er lebte nach dem Krieg in Schweden; DIE ERMITTLUNG ▸ S. 311

▸ **Rampe** – Hier kamen die Züge mit den Deportierten in Auschwitz an. Sie wurden sofort in zu Vernichtende und Zwangsarbeiter unterteilt.

Szene aus DIE ERMITTLUNG, **1965**

Verlagswesen, Neue Medien, Literaturkritik

Das Verlagswesen in Deutschland

Ein Verlag ist ein Unternehmen, das die Aufgabe hat, die Werke der Autoren dem Publikum zugänglich zu machen. Er kauft die Nutzungsrechte für Manuskripte an, druckt die Arbeiten, macht Werbung für sie und liefert sie an Buchhandlungen.

Es gibt verschiedenen Arten von Verlagen, z. B. Publikumsverlage, die sich an ein breites Publikum richten, Fachbuchverlage, die nur ein kleines Publikum von Spezialisten erreichen wollen, Hörbuchverlage, daneben natürlich auch Zeitungsverlage und Zeitschriftenverlage.

Im Jahr 2011 sind 1700 Verlage Mitglied im Börsenverein des deutschen Buchhandels. Das Spektrum reicht von winzigen Verlagen, in denen zwei Personen arbeiten, bis hin zu riesigen Konzernen, die international agieren. Allerdings teilt eine relativ kleine Zahl von Verlagen den größten Teil des Marktes unter sich auf. So beherrschen z. B. im Jahr 2005 rund 100 Verlage 65 Prozent des Marktes. Für kleine Verlage ist es kaum möglich, auf dem Markt zu konkurrieren. Deshalb kommt es in den letzten Jahren zu immer stärkerer Konzentration – kleine Verlage werden von großen aufgekauft. Scheinbar existieren die kleinen Verlage oft weiter, denn es gibt noch Bücher, die ihren Namen tragen. Tatsächlich sind sie aber zu einem Teil eines größeren Unternehmens geworden.

Ullstein Verlagsgebäude

Die Konkurrenz der Neuen Medien

Jugendliche zwischen 15 und 24 Jahren verbringen durchschnittlich 14 Stunden wöchentlich im Internet. Damit schlägt das Internet die ▸ **Printmedien** um Längen. Insbesondere die Zeitungen und Zeitschriften spüren diese Konkurrenz deutlich: Der Markt geht seit Jahren zurück. Aber auch am Buchmarkt ist das Internet nicht spurlos vorübergegangen. So gehen die Umsätze zurück und Verlage melden Konkurs an. Die Branche versucht zu reagieren: Zeitungsverlage greifen zu einer ▸ **Cross-Media-Strategie**. Das bedeutet, die Druckausgabe einer Zeitung und ihr Internetauftritt ergänzen einander und Abonnenten bekommen Zugriff auf zusätzliche Informationen im Internet. Bei Buchverlagen tritt zu Beginn des 21. Jahrhunderts das ▸ **E-Book** in Konkurrenz zum gedruckten Produkt. Mit ihm kann man unzählige Bücher mit sich herumtragen, sie äußerst schnell und oft günstiger als die gedruckte Ausgabe erwerben. Selbst eingefleischte Buchliebhaber merken, dass ihnen nicht die Buchdeckel und raschelnde Seiten wichtig sind, sondern die Inhalte, die sie lesen wollen. Andererseits veralten elektronische Datenspeicher schnell, sodass man gespannt sein kann, in welche Richtung die Entwicklung in den nächsten Jahren gehen wird.

▸ **Printmedien** – gedruckte Medien wie Bücher, Zeitungen und Zeitschriften

▸ **Cross-Media** – Die Printausgabe einer Zeitung und ihr Internetauftritt ergänzen einander, Zeitungsartikel werden multimedial aufbereitet.

▸ **E-Book** – Bücher werden digital verfügbar gemacht und entweder auf speziellen Lesegeräten oder auf PCs gelesen.

Literaturkritik

Wenn neu erschienene Bücher in Zeitungen vorgestellt, besprochen und beurteilt werden, so nennt man das Literaturkritik. In den Zeitungen finden sich solche Literaturkritiken auf der Seite **Feuilleton**, dem Kulturteil der Zeitung. Es gibt aber auch Literaturkritiken in Radio, Fernsehen und Internet. Für das Publikum ist die Literaturkritik eine wichtige Möglichkeit, um sich über Neuerscheinungen zu informieren. Für die Verlage ist sie eine wichtige Werbemöglichkeit: Eine Kritik in einer großen überregionalen Tageszeitung kann für ein Werk eine zusätzliche Auflage bedeuten. Fast noch größer ist die wirtschaftliche Bedeutung von Empfehlungen im Fernsehen. Bekannte Literaturkritiker wie ▸ **Marcel Reich-Ranicki** haben deswegen eine wirtschaftliche Macht, die oft unterschätzt wird.

Marcel Reich-Ranicki

▸ **Marcel Reich-Ranicki** (geb. 1920) war in der zweiten Hälfte des 20. Jahrhunderts ein einflussreicher Literaturkritiker in Deutschland.

Kinder- und Jugendliteratur

Was ist Kinder- und Jugendliteratur?

Der Begriff Kinder- und Jugendliteratur ist nicht leicht abzugrenzen. Zunächst meint er Bücher, die speziell für Kinder und Jugendliche geschrieben wurden. Es gab aber auch immer schon Literatur, die ursprünglich für Erwachsene gedacht war, aber häufig von Kindern und Jugendlichen gelesen wurde – die WINNETOU-Romane ▸ Karl Mays etwa. Außerdem gibt es Bücher, die ursprünglich für Jugendliche geschrieben wurden, dann aber auch von Erwachsenen gelesen werden; aktuelles Beispiel sind Joanne ▸ K. Rowlings HARRY-POTTER-Romane.

Die Anfänge: Aufklärung und Romantik

Literatur, die speziell für Kinder und Jugendliche geschrieben wird, gibt es eigentlich erst seit der Aufklärung. Bis dahin hatte man die Vorstellung, dass Kinder einfach kleine Erwachsene sind. So brauchte man keine eigene Literatur für sie. Erst seit ▸ Rousseau gibt es die Vorstellung, dass Kindheit und Jugend etwas Besonderes sind. Seitdem gibt es auch eigene Kinder- und Jugendliteratur.

Es war klar, dass diese Literatur ihre jungen Leser erziehen sollte. Was in der Kinder- und Jugendliteratur Thema wurde, hing also von den jeweiligen Erziehungsidealen ab: Die ▸ Aufklärung wollte die jungen Leser moralisch bessern, die ▸ Romantik sie zur Fantasie erziehen. Das

Karl May ▸ S. 193

▸ Joanne K. Rowling (geb. 1965) ist eine britische Schriftstellerin, die durch ihre HARRY-POTTER-Romane zu einer der erfolgreichsten Schriftstellerinnen aller Zeiten wurde.

Jean-Jacques Rousseau ▸ S. 50

Aufklärung ▸ S. 46ff.
Romantik ▸ S. 122ff.

Erich Kästner: EMIL UND DIE DEDEKTIVE, **1931**

Astrid Lindgren: PIPPI LANGSTRUMPF, **1945**

19. Jahrhundert vermittelte Rollenbilder. So wurden Jungs zu Helden und Abenteurern und Mädchen zu braven Ehefrauen erzogen.

Mädchenliteratur

Im 19. Jahrhundert entstanden Klassiker der Mädchenliteratur, die vorbildhafte Lebensläufe von Frauen erzählen, oft von der Kindheit bis ins hohe Alter. Sie wurden bis weit ins 20. Jahrhundert hinein gelesen. Zu den bekanntesten Büchern dieser Zeit gehört ▸ **Emmy von Rhodens** Der Trotzkopf.

Erich Kästner

In der **Weimarer Republik** vollzieht sich eine Revolution des Jugendbuchs, denn Kinder und Jugendliche werden nun als Leser ernst genommen. Man schreibt Bücher, die nicht nur erziehen, sondern auch auf hohem literarischem Niveau unterhalten sollen. Die Romane spielen in der Großstadt, die jugendlichen Heldinnen und Helden sprechen „wie im richtigen Leben" und lehnen sich gegen Erwachsene auf. Diese Bücher sind der ▸ **Neuen Sachlichkeit** zuzuordnen, und ▸ **Erich Kästner** ist der wichtigste Autor (Emil und die Detektive). Leider wird diese Entwicklung durch den Nationalsozialismus unterbrochen.

Astrid Lindgren

Nach dem Krieg ist es vor allem ▸ **Astrid Lindgrens** Pippi Langstrumpf, die eine erneute Revolution des Kinder- und Jugendbuchs nach sich zieht. Diese neue Literatur will gar nicht mehr erziehen. Die Streiche, die die Heldin spielt, und das Chaos, das sie anrichtet, machen Spaß. Außerdem ist Pippi den Erwachsenen durchgängig überlegen und greift deren Autorität an.

Fantastische und realistische Literatur

Spätestens seit dem Zweiten Weltkrieg kann man die Kinder- und Jugendliteratur in zwei Grundströmungen unterteilen. Die eine erzählt fantastische Abenteuer, die in fantastischen oder märchenhaften Welten ablaufen. Hierzu gehören Autoren wie ▸ **Otfried Preußler** (Krabat), ▸ **Michael Ende** (Die unendliche Geschichte), ▸ **Cornelia Funke** (Tintenherz) und vor allem Joanne K. Rowling. Auf der anderen Seite gibt es Autoren, die versuchen, die Lebenswelt der Kinder und Jugendlichen realistisch darzustellen. Dazu gehören etwa ▸ **Kirsten Boie** (Paule ist ein Glücksgriff) oder ▸ **Gudrun Pausewang** (Die Kinder von Schewenborn).

▸ Emmy von Rhodens (1829–85) Der Trotzkopf gehörte über Generationen zur Standard-Lektüre heranwachsender junger Mädchen.

Neue Sachlichkeit ▸ S. 252ff.

Erich Kästner ▸ S. 266

▸ Astrid Lindgren (1907–2002) war eine schwedische Schriftstellerin. Mit Büchern wie Pippi Langstrumpf, Michel aus Lönneberga und Ronja Räubertochter zählt sie zu den bekanntesten Kinder- und Jugendbuchautorinnen überhaupt.

Weitere Werke von ▸ Otfried Preußler (geb. 1923): Der kleine Wassermann; Der Räuber Hotzenplotz; Das kleine Gespenst; Die kleine Hexe.

Weitere Werke von ▸ Michael Ende (1929–95): Jim Knopf und Lukas der Lokomotivführer; Jim Knopf und die wilde 13; Momo; Der Satanarchäolügenialkohöllische Wunschpunsch.

Weitere Werke von ▸ Cornelia Funke (geb. 1958): Tintenblut; Tintentod, Die wilden Hühner u. a.; Gespensterjäger auf eisiger Spur u. a.

Weitere Werke von ▸ Kirsten Boie (geb. 1950): Das Ausgleichskind; Erwachsene reden, Marco hat was getan; Entschuldigung, flüsterte der Riese.

Weitere Werke von ▸ Gudrun Pausewang (geb. 1928): Die Not der Familie Caldera; Die Wolke.

Zusammenfassung

In der Literatur der Bundesrepublik Deutschland lassen sich in der zweiten Hälfte des 20. Jahrhunderts zwei beherrschende Tendenzen erkennen: Einerseits entsteht eine Literatur, die sich politisch engagiert. Das passt zu den Protestbewegungen der 1960er-Jahre. In der Bundesrepublik steht dabei die Auseinandersetzung mit der nationalsozialistischen Vergangenheit im Mittelpunkt. Eine andere Hauptrichtung ist das experimentelle Schreiben, das spielerisch und experimentierend die Grenzen der Sprache austestet und reflektiert.

Die beiden Schweizer Max Frisch und Friedrich Dürrenmatt setzen in den 1960er- und 1970er-Jahren Maßstäbe sowohl im Bereich des Dramas als auch in der Romanliteratur. In den 1980er-Jahren wird im Rahmen der Postmoderne mit der Tradition gespielt, man greift auf Versatzstücke, Elemente aus verschiedenen Gattungen zurück und kombiniert sie spielerisch zu einem neuen Ganzen.

Wichtige Begriffe

Bürgerrechtsbewegung; Dokumentarisches Theater; Parabel; Postmoderne; RAF; Studentenbewegung; Vietnamkrieg

Zusammenfassung der Teilkapitel

Das Jahr 1968 und die Studentenbewegung – In Amerika und Europa (West und Ost) bilden sich Protestbewegungen. In Deutschland präsentiert sich diese Protestbewegung vor allem als Studentenbewegung, die nach und nach zur grundsätzlichen Opposition gegen das System wird. Mit der „Rote Armee Fraktion" (RAF) kommt es zu einer weiteren Radikalisierung.

Autoren und Werke

Günter Grass: DIE BLECHTROMMEL – Der Held und Erzähler dieses ironischen Schelmenromans ist ein Kleinwüchsiger, der den Aufstieg und Untergang des Dritten Reichs aus der Froschperspektive darstellt. In seinen grotesken Jugend-, Front- und Liebesabenteuern ist er Opfer und Täter zugleich, zeigt am Ende aber mehr Schuldeinsicht als viele seiner Zeitgenossen.

Max Frisch: ANDORRA – In einer Parabel erzählt Max Frisch die Geschichte des Jungen Andri, der für einen Juden gehalten wird. Antisemitischen Vorurteilen ausgesetzt, entwickelt Andri immer mehr vermeintlich jüdische Züge. Frisch stellt damit sein großes Thema Identität in einen gesellschaftlichen Zusammenhang.

Friedrich Dürrenmatt: DIE PHYSIKER – Dürrenmatts sehr pessimistische Komödie thematisiert die Frage nach der Verantwortung der Wissenschaft: Drei Wissenschaftler spielen die Wahnsinnigen, damit die gefährlichen Resultate ihrer Forschung nicht in die Hände der Menschheit gelangen. Der Versuch misslingt.

Heinrich Böll: DIE VERLORENE EHRE DER KATHARINA BLUM – Für Heinrich Böll ist sein Schreiben immer engagierte Stellungnahme zu aktuellen Themen. Mit diesem Text greift er einerseits die in seinen Augen hysterische Terroristenfurcht der 1970er-Jahre, andererseits den Boulevard-Journalismus an. Katharina Blum gerät unschuldig in den Verdacht, eine Affäre mit einem Terroristen gehabt zu haben. Daraufhin verfolgt der Reporter einer Boulevardzeitung sie und zerstört durch seinen Klatschjournalismus ihr Leben. In ihrer Verzweiflung bringt Katharina ihn um.

Patrick Süskind: DAS PARFUM – Süskinds Weltbestseller erzählt die Geschichte Jean Grenouilles, der einen fantastischen Geruchssinn hat, selbst aber keinen Geruch ausströmt. *„Um ein betörendes Parfum herzustellen, wird er zum Mörder von 25 Mädchen. Die Geschichte eines Mörders"* (so lautet der Untertitel des Romans) stellt eine Welt dar, die ganz aus Düften besteht.

Das Dokumentarische Theater – In den 1960er-Jahren entsteht eine Form des Theaters, die versucht, sich möglichst direkt zur Wirklichkeit zu äußern und die Wirklichkeit zu beeinflussen. Hierzu arbeiten die Autoren in ihre Dramen Passagen ein, die realen Dokumenten entnommen sind, z. B. Protokollen von Gerichtsverhandlungen, oder sie beweisen in einem wissenschaftlichen Anhang, dass die dargestellten Ereignisse sich tatsächlich so ereignet haben. Wichtigste Vertreter dieses dokumentarischen Theaters sind Rolf Hochhuth, Peter Weiss und Heinar Kipphardt.

Verlagswesen, Neue Medien, Literaturkritik – Obwohl es in Deutschland fast 2000 Verlage gibt, wird der Markt durch wenige große Unternehmen beherrscht, die immer mehr kleinere Verlage aufkaufen. Das gilt für Buch- und für Zeitungsverlage. Die neuen Medien werden zu einer immer größeren Konkurrenz, auf die die Verlage reagieren.

Kinder- und Jugendliteratur – Literatur, die speziell für junge Leser geschrieben wird, gibt es erst seit der Aufklärung. Sie dient traditionell erzieherischen Zielen. Erst im 20. Jahrhundert entsteht eine Literatur, die literarische Qualität für Kinder produzieren will. Wichtige Vertreter sind Erich Kästner und Astrid Lindgren. Die neuere Kinder- und Jugendliteratur kann man in realistische und fantastische Literatur unterteilen.

Weitere Autoren und Werke

Thomas Bernhard: DIE MACHT DER GEWOHNHEIT; ALTE MEISTER; Peter Handke: PUBLIKUMSBESCHIMPFUNG; DER KURZE BRIEF ZUM LANGEN ABSCHIED; Uwe Johnson: JAHRESTAGE; Franz Xaver Kroetz: STALLERHOF; Botho Strauß: PAARE, PASSANTEN

Arbeitsvorschläge

1. Vergleiche die sprachliche Gestaltung von Bölls DIE VERLORENE EHRE DER KATHARINA BLUM (S. 323) mit der von Süskinds PARFUM (S. 325). Welche Gemeinsamkeiten und Unterschiede fallen auf? Kannst du die Unterschiede erklären?

2. Erörtere die Frage, ob man mit erfundenen oder mit dokumentarisch verbürgten Geschichten die Gegenwart besser kritisieren kann. Wo, glaubst du, liegen die Vorteile eines erfundenen, wo die Vorteile eines dokumentarischen Stoffes? Welcher ist eindrucksvoller?
Du kannst für diese Aufgabe die Seiten über das Dokumentarische Theater (S. 326f.) und über Frisch (S. 318f.) oder Dürrenmatt (S. 302f.) heranziehen.

3. Erörtere die Frage, ob und in welchem Maße Kinder- und Jugendliteratur erzieherischen Zielen dienen soll. Nenne fünf Buchbeispiele.

4. Erstellt in Partner- oder Gruppenarbeit eine Wandzeitung mit Bildern und Texten von Autoren aus der Zeit von 1949 – 89. Greift dabei nicht nur auf die Texte aus diesem Buch zurück.

Aufstand des 17. Juni 1953

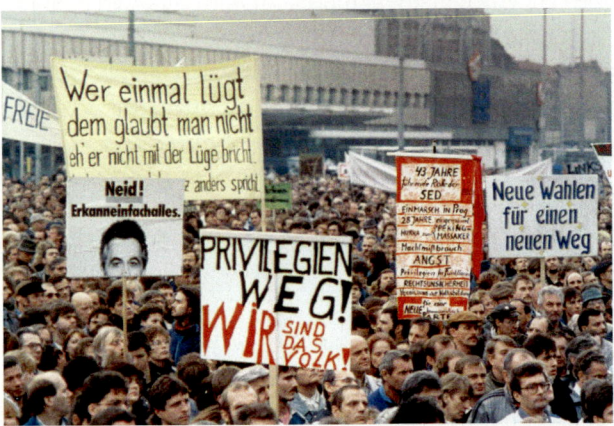

Demonstrationen am 04.11.1989 in Ostberlin

1949–1989 Literatur in der Deutschen Demokratischen Republik

Christa Wolf

Der geteilte Himmel

Früher suchten sich Liebespaare vor der Trennung einen Stern, an dem sich abends ihre Blicke treffen konnten. Was sollen wir uns suchen?
„Den Himmel wenigstens können sie nicht zerteilen", sagte
5 Manfred spöttisch.
Den Himmel? Dieses ganze Gewölbe von Hoffnung und Sehnsucht, von Liebe und Trauer? „Doch", sagte sie leise. „Der Himmel teilt sich zuallererst."

Bertolt Brecht

Der Radwechsel

Ich sitze am Straßenrand
Der Fahrer wechselt das Rad.
Ich bin nicht gern, wo ich herkomme.
Ich bin nicht gern, wo ich hinfahre.
5 Warum sehe ich den Radwechsel
Mit Ungeduld?

Geschichtlicher Hintergrund

1953 Der Volksaufstand in der DDR wird mithilfe sowjetischer Panzer niedergeschlagen.

1959 Auf der 1. Bitterfelder Konferenz werden die Arbeiter der DDR aufgefordert, zur Feder zu greifen.

1961 Bau der Mauer

1968 Niederschlagung des „Prager Frühlings", eines kommunistischen Reformversuchs, durch Truppen des Warschauer Pakts

1971 Erich Honecker wird Vorsitzender der SED.

1975 Nach einer Tournee in der Bundesrepublik darf der kritische Liedermacher Wolf Biermann nicht in die DDR zurück und wird ausgebürgert. Viele DDR-Künstler protestieren und verlassen die DDR.

1986 In der Sowjetunion kommt Michail Gorbatschow an die Macht und versucht eine Reform des Sozialismus.

1989 Massendemonstrationen in Leipzig und Berlin; Absetzung Honeckers; Fall der Mauer

1990 Wiedervereinigung

▶ **SED** – Die Sozialistische Einheitspartei Deutschlands entstand 1947 aus der Zwangsvereinigung von KPD und SPD. Sie war die Staatspartei der DDR und eigentliches Machtzentrum.

Literatur in der Deutschen Demokratischen Republik (1949–1989)

Literatur im real existierenden Sozialismus

Real existierender Sozialismus – das ist die Bezeichnung der ▶ SED für die Staats- und Gesellschaftsform, die in der DDR herrscht. Die Regierenden erwarten selbstverständlich, dass auch die Literatur den **Aufbau des Sozialismus** in der DDR unterstützt. Eine Literatur, die den Sozialismus grundsätzlich kritisiert, ist nicht denkbar. Damit sind auch viele DDR-Schriftsteller einverstanden. Die Frage allerdings ist: Wie sieht die Unterstützung aus, die die Literatur dem Sozialismus geben kann und geben soll? Ist nur begeisterte Zustimmung und eine schönfärberische Darstellung der DDR-Wirklichkeit erlaubt? Kann man Kritik üben, wenn diese Kritik an Missständen dazu dient, den Sozialismus weiterzuentwickeln? Die meisten Autoren hoffen auf Letzteres, die SED stellt sich eher Ersteres vor.

Die DDR-Kulturpolitik

Die **DDR-Kulturpolitik** ist ein Hin und Her: **Kurze Phasen relativer Liberalität wechseln mit brutaler Unterdrückung** Andersdenkender. Selbst Autoren wie ▶ **Bertolt Brecht** und ▶ **Christa Wolf**, die die DDR grundsätzlich befürworten, geraten auf diese Weise immer wieder mit der Staatsmacht aneinander. Andere passen sich an oder gehen auf konsequenten Konfrontationskurs.

Entwicklungsphasen der DDR-Literatur

Man unterscheidet immer wieder fünf Phasen in der Entwicklung der DDR-Literatur:

Erste Phase

Bis etwa Anfang der 1950er-Jahre wurde die DDR-Literatur dominiert durch die **Heimkehrer aus dem Exil**. Ihr Thema war vor allem **die Auseinandersetzung mit dem Krieg und dem Faschismus**.

Zweite Phase

1952 fasst die SED ausdrücklich den Beschluss, den Sozialismus in der DDR aufzubauen. Diesem Ziel soll auch die Literatur dienen – es entsteht die sogenannte **Aufbauliteratur**. Von Parteiseite wird eine Orientierung am sogenannten ▶ **Sozialistischen Realismus** verlangt – das ist die offizielle **Kunstdoktrin**, die in der Sowjetunion schon lange gilt. Außerdem fördert man die sogenannte **Produktionsliteratur**: Das Leben und die Arbeit in den sozialistischen Betrieben soll zum

Thema der Literatur werden, Arbeiter sollen selbst zur Feder greifen. Wichtige Vertreter sind ▸ Heiner Müller und ▸ Peter Hacks.

Dritte Phase

Nach dem Bau der Mauer entspannt sich für einige Jahre das Klima: Wenn man die DDR ohnehin nicht verlassen kann, dann darf man auch Missstände kritisieren, um sie zu verbessern. Es entsteht die ▸ Ankunftsliteratur, die den Helden auch in Konflikte mit der Gesellschaft bringt. Wichtigste Vertreterin ist Christa Wolf. 1965 zieht die SED die Zügel wieder an.

Vierte Phase

Der Amtsantritt Erich Honeckers 1971 führt zu einer erneuten Liberalisierung. Autoren wie Christa Wolf, ▸ Christoph Hein und ▸ Volker Braun experimentieren mit modernen Schreibformen und schaffen den Anschluss an die Moderne. Diese Liberalisierung hält allerdings nicht lange an: 1976 wird der kritische Liedermacher ▸ Wolf Biermann aus der DDR ausgebürgert. Das ist das Signal, dass die Regierung nun wieder mit aller Härte Systemtreue von den Autoren fordert. Wichtige DDR-Autoren protestieren gegen Biermanns Ausbürgerung und manche verlassen die DDR.

Fünfte Phase

Nach dem Hin und Her zwischen offensiver und systemtreuer Literaturpolitik der 1970er-Jahre, verläuft die Entwicklung in den 1980er-Jahren auf sehr unterschiedlichen Wegen: Einerseits entsteht eine Untergrund-Literatur und eine alternative Szene bildet sich heraus. Andererseits resignieren viele Schriftsteller. Christa Wolf, Christoph Hein, Volker Braun und andere schaffen Literatur, die zu der besten der 1980er-Jahre in Deutschland zählt.

Bertolt Brecht ▸ S. 264; sein Gedicht DER RADWECHSEL auf ▸ S. 335 kann auch als Zeugnis von Brechts zweifelnder Haltung gelesen werden.

Christa Wolf ▸ S. 342; DER GETEILTE HIMMEL ▸ S. 335

▸ Sozialistischer Realismus – Die sozialistische Wirklichkeit sollte in der Kunst mit den Mitteln des Realismus dargestellt werden. Andere Inhalte und Stile wurden als „Formalismus" verurteilt.

▸ Heiner Müller (1929 – 95) erlangte Bedeutung vor allem als Dramatiker.

▸ Peter Hacks (1928 – 2003) war Dramatiker, Lyriker, Erzähler und Essayist.

Brigitte Reimanns Roman ANKUNFT IM ALLTAG erscheint 1961 und gibt der Richtung der ▸ Ankunftsliteratur ihren Namen.

▸ Christoph Hein (geb. 1944) wurde in den 1980er-Jahren durch seine erfolgreiche Novelle DER FREMDE FREUND bekannt, die in der Bundesrepublik unter dem Titel DRACHENBLUT erschien.

▸ Volker Braun (geb. 1939) beschäftigt sich seit Beginn seiner schriftstellerischen Tätigkeit kritisch mit der DDR. Während der Wende gehörte er zu den Befürwortern eines eigenständigen „dritten Weges" für die DDR.

Wolf Biermann ▸ S. 346f.

Epochenmerkmale kurz gefasst

Literatur in der Deutschen Demokratischen Republik

- Sozialistischer Realismus vs. literarisches Experiment
- Literatur zwischen Engagement für den Sozialismus und Kritik am Sozialismus
- Kulturpolitik zwischen relativer Liberalität und Repression
- Produktionsliteratur
- Aufbauliteratur und Ankunftsliteratur

Ausbürgerung Wolf Biermanns ▶ S. 346f.

▶ Ghetto – Wohnviertel, in dem zwangsweise alle Juden der Stadt angesiedelt sind

Holocaust ▶ S. 306f.

Jurek Becker: Jakob der Lügner (1969)

Jurek Becker

Einem breiten Publikum wurde Jurek Becker durch die Fernsehserie LIEBLING KREUZBERG bekannt. Er wird im polnischen Lodz als Kind jüdischer Eltern geboren. 1945 zieht die Familie in die DDR, weil man hofft, im Sozialismus vor Antisemitismus geschützt zu sein. Jurek Becker ist ein erfolgreicher Autor in der DDR, bis er 1976 gegen die ▶ Ausbürgerung Wolf Biermanns protestiert. 1977 siedelt er in die Bundesrepublik Deutschland über, wo er weiterhin erfolgreich arbeitet.

Jurek Becker

Weitere Werke

Romane: IRREFÜHRUNG DER BEHÖRDEN; DER BOXER; BRONSTEINS KINDER; AMANDA HERZLOS; Drehbücher: JAKOB DER LÜGNER; LIEBLING KREUZBERG

Jakob der Lügner

JAKOB DER LÜGNER erzählt die Geschichte des Juden Jakob Heym, der 1944 in einem polnischen ▶ Ghetto lebt. Durch Zufall erfährt Jakob auf der Sicherheitswache der Deutschen aus einer Radiomeldung, dass die russische Armee nicht mehr weit vom Ghetto entfernt ist. Mit dieser Nachricht möchte er den anderen Ghettobewohnern Mut machen. Da sein Entkommen aus dem Polizeirevier zu unglaubwürdig ist, behauptet Jakob, er besitze heimlich ein Radio (was den Bewohnern des Ghettos verboten ist), durch das er von der nahenden russischen Armee erfahren habe. Von nun an muss Jakob immer neue Meldungen über den Vormarsch der Roten Armee erfinden. Damit gibt er den Bewohnern des Ghettos neue Hoffnung und neuen Lebensmut. Den Abtransport der Bewohner in ein Vernichtungslager kann er aber nicht verhindern. Für viele ist JAKOB DER LÜGNER einer der gelungensten Romane über den ▶ Holocaust – und das, obwohl (oder gerade weil) Becker über weite Strecken eine humoristische Erzählweise wählt. Andere halten den Roman gerade deswegen für misslungen: Diese Erzählweise sei dem Thema Judenvernichtung nicht angemessen.

Jakob der Lügner

Der fromme Jude Herschel Stramm befürchtet eine Strafe für alle Bewohner des Ghettos, wenn die Deutschen erfahren, dass Jakob verbotenerweise ein Radio besitzt. Er betet zu Gott.

Von dem Radio ist an jenem Abend die Rede, von dieser im Augenblick alles beherrschenden Sorge, Herschel erklärt Gott haarklein die unabsehbaren Folgen, wenn Gedankenlosigkeit und mangelnde Vorsicht die Schwätzer ein deutsches Ohr übersehen lassen, und schon
5 ist es passiert, die Schwätzer werden nach geltendem Gesetz zur Verantwortung gezogen, und auch die schweigenden Mitwisser. Und es wird behauptet werden, dass wir alle Mitwisser sind, dass die Neuigkeit um keinen einen Bogen gemacht hat, sie werden sogar recht damit haben. Außerdem muss es nicht einmal ein deutsches Ohr sein, das
10 zufällig in der Nähe steht, es gibt auch getarnte deutsche Ohren, nur du weißt, wie viel Spitzel unter uns herumlaufen. Oder einer will die eigene Haut retten und verrät es aus eigenem Antrieb, Lumpen gibt es überall, auch das weißt du, ohne dein Einverständnis wären sie nicht auf der Welt. [...] Lass die Deutschen nichts von dem Radio er-
15 fahren, dir ist bekannt, wozu sie fähig sind. Oder noch besser, wenn ich dir einen Vorschlag unterbreiten darf, vernichte dieses verfluchte Radio, es wäre die glücklichste Lösung.
Bei solchem Stand der Dinge beginnt plötzlich die Glühbirne unter der Decke zu flackern, Herschel achtet zuerst nicht darauf, aber
20 dann sieht er mit geweiteten Augen nach oben, blitzartig wird er erleuchtet, was das zu bedeuten hat. Gott hat ihn erhört, die Gebete waren nicht umsonst, zur rechten Zeit schickt er sein Zeichen, die Empfangsbestätigung, und gleich ein Zeichen, wie man es sich praktischer nicht vorstellen kann, dafür ist er eben Gott! Ohne Strom wird
25 das Radio verurteilt sein, endlich den Mund zu halten, das Licht flackert umso mehr, je inbrünstiger Herschel betet. [...]
Stolz und in Maßen glücklich, wie es die Umstände eben erlauben, legt sich Herschel nach getaner Arbeit ins Bett und nimmt gelassen die Glückwünsche ▶ Romans entgegen.

▶ **Roman** ist Herschels Mitbewohner.

Arbeitsvorschläge

1. Erkläre, warum Herschel glaubt, sein Gebet sei erhört worden.

2. Erläutere, wie der Text eine komische Wirkung hervorruft.

3. Erörtere die Frage, ob man den Holocaust komisch darstellen darf.

Ausbürgerung Wolf Biermanns ▶ S. 346f.

Johann Wolfgang Goethe: DIE LEIDEN DES JUNGEN WERTHERS ▶ S. 70f.

Ulrich Plenzdorf:
Die neuen Leiden des jungen W. (1972)

Ulrich Plenzdorf

Auch Ulrich Plenzdorf gehört zu den Autoren, die die DDR nicht grundsätzlich ablehnen. In seinen Dramen, Erzählungen und Drehbüchern nimmt er sich das Recht, die Unfreiheit des Einzelnen zu kritisieren. Er profitiert von der relativen Liberalisierung der DDR-Kulturpolitik in der ersten Hälfte der 1970er-Jahre. So können seine Werke in der DDR veröffentlicht und kontrovers diskutiert werden. 1976 schließt

Ulrich Plenzdorf

er sich dem **Protest gegen die** ▶ **Ausbürgerung Wolf Biermanns** an. Schon in der DDR, insbesondere aber nach der Wende macht sich Plenzdorf einen Namen als Drehbuchschreiber.

Weitere Werke

Filmdrehbuch: DIE LEGENDE VON PAUL UND PAULA (1973, einer der besten und erfolgreichsten DDR-Filme); darauf basierend der Roman: LEGENDE VON GLÜCK OHNE ENDE

Die neuen Leiden des jungen W.

Edgar Wibeau, ein 17-jähriger **Jugendlicher** aus der DDR, flieht aus seiner spießigen Heimatstadt nach **Berlin**. Hier wohnt er in einer Gartenlaube und bastelt an einer Erfindung. Er verliebt sich in eine Kindergärtnerin, die er Charlie nennt, die aber mit Dieter verlobt ist, den sie auch heiratet. Auf dem Klo der Laube findet Edgar Goethes Briefroman ▶ DIE LEIDEN DES JUNDEN WERTHERS, den er zunächst merkwürdig findet. Doch mehr und mehr merkt er, dass seine Situation der von Werther ähnelt, und er schickt seinem Freund Willi Tonbänder mit Werther-Zitaten. Beim Versuch, seine Erfindung zu erproben, erleidet er einen Stromschlag. Der Text ist im Jargon von DDR-Jugendlichen geschrieben und bringt Dinge zur Sprache, die bis zu diesem Zeitpunkt tabu waren, wie z. B. das Recht auf Individualität, auf eigene Entfaltung, auf nicht normiertes Leben.

Die neuen Leiden des jungen W.

Edgar besucht Dieter, den Verlobten Charlies. In dessen Zimmer fallen ihm die nach Größe geordneten Werke von Marx, Engels und Lenin auf.

Das Buch besteht aus einer Mischung aus Zeugenaussagen einerseits und Edgars eigenen Kommentaren andererseits, der aus dem Jenseits sein Leben erzählt.

Ich hatte nichts gegen Lenin und die. Ich hatte auch nichts gegen den Kommunismus und das, die Abschaffung der Ausbeutung auf der ganzen Welt. Dagegen war ich nicht. Aber gegen alles andere. Dass man Bücher nach der Größe ordnet zum Beispiel. Den meis-
5 ten von uns geht es so. Sie haben nichts gegen den Kommunismus. Kein einigermaßen intelligenter Mensch kann heute was gegen den Kommunismus haben. Aber ansonsten sind sie dagegen. [...]
Das Einzige in dem ganzen Zimmer war noch Dieters Luftgewehr, ein Knicklauf. Er hatte es über das Bett gehängt. Ich holte es lässig run-
10 ter, ohne zu fragen, und fing an damit rumzufummeln. Ich hielt die Spritze auf dieses Paar am Strand, auf Dieter, auf Charlie. Bei Charlie kam Dieter endlich in Bewegung. Er drehte mir den Lauf weg.
Ich fragte: Geladen?
Und Dieter: Trotzdem. Ist schon zu viel vorgekommen.
15 Solche Opa-Sprüche brachten mich immer fast gar nicht um. Trotzdem sagte ich nichts. Ich hielt mir bloß den Lauf an die Schläfe und drückte ab. Das brachte ihn endlich aus der Reserve: Das Ding ist kein Spielzeug! *So viel* Grips wirst du doch haben!
Dabei riss er mir die Flinte aus der Hand.
20 Ich ließ sofort meine schärfste Waffe sprechen, Old Werther:
Mein Freund ..., der Mensch ist Mensch, und das bisschen Verstand, das einer haben mag, kommt wenig oder nicht in Anschlag, wenn Leidenschaft wütet und die Grenzen der Menschheit einen drängen.

Die DDR sah sich selbst als Vollenderin aller fortschittlichen und humanen Tendenzen in der deutschen Geschichte. Dazu zählte auch Goethe, der zum sogenannten „Erbe" der DDR gehörte. Plenzdorf spielt damit, dass Goethe eher auf der Seite des Einzelnen als der DDR-Gesellschaft steht.

Arbeitsvorschläge

1. Vergleiche den Text mit dem Auszug aus Goethes WERTHER (S. 71). Beachte dabei einerseits den Inhalt, andererseits die Sprache. Wo erkennst du Parallelen, wo Unterschiede?

2. Erläutere Edgars Aussagen zu Kommunismus und nach Größe geordneten Büchern. Was hat er mit „*Aber ansonsten sind sie dagegen*" (Z. 7) gemeint? Wie steht diese Aussage mit den geordneten Büchern in Zusammenhang?

3. Suche dir einen Text in diesem Buch und schreibe ihn in eine moderne Jugendsprache um.

Christa Wolf: Kassandra (1983)

Ausbürgerung Wolf Biermanns ▶ S. 346f.

Christa Wolf

Christa Wolf ist in vielem eine typische Repräsentantin der DDR-Literatur: Sie macht nie ein Hehl daraus, dass sie Sozialistin ist, sie macht aber immer klar, dass sie sich den Sozialismus nicht wie in der DDR umgesetzt vorstellt. So ist sie hin- und hergerissen zwischen **Loyalität** gegenüber dem SED-Staat und **Protest**. Sie ist Mitglied der SED und sie protestiert gegen die ▶ **Ausbürgerung Wolf Biermanns**. Sie arbeitet kurzzeitig für die Stasi, wird aber selbst auch von der Stasi bespitzelt. Sie demonstriert 1989 gegen die SED-Diktatur, appelliert aber an die Menschen, die

Christa Wolf

DDR nicht zu verlassen, sondern den Sozialismus gemeinsam zu reformieren. Diese Haltung Wolfs führt dazu, dass 1990 ein **Literaturstreit** über ihre Person ausbricht; einige Journalisten und Literaten werfen ihr vor, eigentlich eine Fürsprecherin der DDR gewesen zu sein.

Weitere Werke

Erzählungen: DER GETEILTE HIMMEL; NACHDENKEN ÜBER CHRISTA T.

Kassandra

Kassandra ist die Tochter des trojanischen Königs **Priamos** und die Schwester von Hektor und Paris. Außerdem ist sie Seherin. Sie hat die Niederlage Trojas gegen die Griechen vorausgesehen. Nun wird sie als Gefangene nach Mykene gebracht, wo sie sterben wird. Im Rückblick erzählt sie die Geschichte des ▶ **Trojanischen Kriegs**. Dabei wird deutlich, dass die Griechen von Anfang an ein unmenschliches, ▶ **patriarchalisches** System vertreten. In Troja herrscht zunächst ein menschliches, ▶ **matriarchalisches** System. Im Lauf der Zeit wird es dem griechischen aber immer ähnlicher. (Man kann das als Gleichnis auf **Kapitalismus** und **Sozialismus** lesen.) Kassandra durchschaut die ideologischen Rechtfertigungen. Christa Wolf schildert aus einer ▶ **feministischen** Perspektive die Konfrontation von zwei Systemen, die beide **von Männern beherrscht** werden.

Kassandra

Ein Pulk von Griechen, dicht bei dicht sich haltend, gepanzert und die Schilde um sich herum wie eine lückenlose Wand, stürmte, einem einzigen Organismus gleich, mit Kopf und Gliedern, unter nie vernommenem Geheul an Land. Die äußersten, so war es wohl ge-
5 meint, wurden von den schon erschöpften Troern bald erschlagen. Die der Mitte zu erschlugen eine viel zu hohe Zahl der unsern. Der Kern, so sollte es sein, erreichte das Ufer, und der Kern des Kerns: der Griechenheld Achill. Der sollte durchkommen, selbst wenn alle fielen. Der kam auch durch. So macht man das, hörte ich mich fieb-
10 rig zu mir selber sagen, alle für einen. Was jetzt. Schlau ging er nicht auf Hektor los, den die andern Griechen übernahmen. Er holte sich den Knaben Troilos, der ihm von gut dressierten Leuten zugetrieben wurde wie das Wild dem Jäger. So macht man das. Mein Herz begann zu hämmern. Troilos stand, stellte sich dem Gegner, kämpfte. Und
15 zwar regelrecht, so wie er es gelernt, wenn Edele mit Edlen kämpfen. Treulich hielt er sich an die Gesetze der Kampfspiele, in denen er seit Kindheit glänzte. Troilos! Ich bebte. Jeden seiner Schritte wußte ich voraus, jede Wendung seines Halses, jede Figur, die er mit seinem Leib beschrieb. Aber Achill. Achill das Vieh ließ sich auf des Knaben
20 Angebot nicht ein. Vielleicht verstand ers nicht. Achill erhob sein Schwert, das er mit beiden Händen packte, hoch über den Kopf und ließ es auf den Bruder niedersausen. Für immer fielen alle Regeln in den Staub. So macht man das.

Der ▶ **Trojanische Krieg** fand wahrscheinlich um 1200 v. Chr. statt. Er ist ein wesentliches Ereignis der griechischen Sagen. Die Griechen griffen Troja an, weil der trojanische Königssohn Paris die Gattin des griechischen Fürsten Menelaos, Helena, entführt hatte. Troja wurde durch die Griechen zerstört. Das wichtigste literarische Zeugnis dieses Krieges ist Homers ILIAS. ▶ S. 40

▶ **Patriarchat** – Männerherrschaft

▶ **Matriarchat** – Frauenherrschaft; nach feministischer Auffassung folgen Patriarchat und Matriarchat grundsätzlich unterschiedlichen Prinzipien.

Der ▶ **Feminismus** ist eine Weltanschauung, die die Gleichberechtigung der Frau fordert und gesellschaftliche Ereignisse vor allem als Kampf zwischen den Geschlechtern versteht.

Der Text wurde nicht an die neue Rechtschreibung angepasst.

Arbeitsvorschläge

1. Achill erscheint erst, als schon viele Griechen gefallen und viele Trojaner ermüdet sind; er kämpft nicht gegen den starken Hektor, sondern gegen den Knaben Troilus, und er lässt ihn sich von „gut dressierten Leuten" (Z. 12) zutreiben. Erläutere den Zweck und das Ziel, das Achill mit dieser Kampfweise verfolgt.

2. Die Erzählerin bezeichnet Achill als „Griechenheld" (Z. 8). Nimm zu der Frage Stellung, ob du Achill für einen Helden hältst, und vergleiche ihn mit anderen Helden, die du kennst. Welche Vorstellung von Heldentum steckt hinter Achill?

3. Für Christa Wolf ist Achills Art zu kämpfen typisch für den Kapitalismus und seine Werte. Kannst du diesen Gedanken erläutern?

Das Berliner Ensemble

Bertolt Brecht ▶ S. 286.
Am 30.10.1947 wird Brecht
zu einer Befragung vor das
Komitee gegen unamerika-
nische Umtriebe geladen.
Obwohl die Befragung gut
verläuft, verlässt er am näch-
sten Tag die USA.
Am 27. Mai 1949 meldet sich
Brecht in Berlin polizeilich an.
Am 12.11.1949 ist die offizi-
elle Eröffnung des Berliner
Ensembles.

Premieren des ▶ Berliner
Ensembles unter anderem:
HERR PUNTILA UND SEIN
KNECHT MATTI (1949)
WASSA SCHELESNOWA
(Maxim Gorki) (1949)
DER HOFMEISTER (Jacob
Michael Reinhold Lenz) (1950)
BIBERPELZ; ROTER HAHN
(Gerhart Hauptmann) (1951)
MUTTER COURAGE UND IHRE
KINDER (1951)
DIE MUTTER (1951)
DER ZERBROCHENE KRUG
(Heinrich von Kleist) (1952)
URFAUST (Goethe) (1952)
DER KAUKASISCHE KREIDE-
KREIS (1954)
u. a.

▶ Helene Weigl (1900–71)
war Schauspielerin. Viele der
Frauengestalten in Brechts
Werk sind von ihr beeinflusst,
fast alle hat sie verkörpert.

Der ▶ Intendant ist der
Direktor eines Theaters. Er ist
verantwortlich für den künstlerischen und den wirtschaftlichen Erfolg einer Bühne.

Das ▶ Deutsche Theater
ist bis heute eines der
bedeutendsten Theater
Berlins. Das Berliner
Ensemble durfte zunächst
dessen Bühne mitbenutzen.
Die eigenen Produktionen
des Deutschen Theaters mit
seinem eigenen Ensemble
gingen unterdessen weiter.

Brechts Rückkehr nach Europa

Nach dem Krieg ist für ▶ Bertolt Brecht klar, dass er wieder in den deutschen Sprachraum zurück möchte. Aber nicht die sozialistische DDR scheint das bevorzugte Ziel für ihn zu sein: Kontakte entstehen in die Schweiz und nach Österreich. Im Mai 1949 aber ist es dann doch so weit und Bertolt Brecht kehrt nach (Ost-)Berlin zurück.

Die offizielle DDR bereitet ihm einen großen Empfang. Man bemüht sich dort sehr, zu zeigen, dass man das bessere Deutschland ist, indem man den Exilanten, die von den Nazis vertrieben worden waren, eine Heimat gibt und ihnen ihre künstlerische Tätigkeit ermöglicht. Das gilt natürlich auch für Brecht und man gibt ihm die Möglichkeit, ein eigenes Theaterensemble aufzubauen, das ▶ Berliner Ensemble. Es bekommt Probebedingungen, von denen Theatermacher auch heute noch träumen, und seine Frau ▶ Helene Weigel wird die ▶ Intendantin.

Umzug in das Theater am Schiffbauerdamm

Helene Weigel und Bertolt Brecht

Das Berliner Ensemble ist zunächst nur zu Gast im ▶ Deutschen Theater. 1954 erfolgt der Umzug in ein eigenes Theater: ins Theater am Schiffbauerdamm, in dem schon Brechts größter Erfolg vor dem Krieg, die ▶ DREIGROSCHENOPER, uraufgeführt wurde. Brecht und Weigel erproben nun einerseits auf dem Theater die großen Stücke Brechts, die während des Exils entstanden sind. Andererseits werden Stücke der Weltliteratur im typischen „Brecht-Stil" des ▶ epischen Theaters inszeniert. Das Berliner Ensemble gehört in den 1950er-Jahren zu den angesehensten Bühnen Europas. Man unternimmt triumphale Tourneen unter anderem nach Brügge, Amsterdam, Paris, London und Warschau. Besonders die MUTTER COURAGE und DER KAUKASISCHE KREIDEKREIS erregen Aufsehen. In der DDR jedoch ist Brecht nicht unumstritten: Immer wieder wirft man ihm vor, die Regeln des ▶ Sozialistischen Realismus zu verletzen.

Die ▶ DREIGROSCHENOPER schrieb Brecht gemeinsam mit Kurt Weill (Musik) in den Jahren 1927/28.

episches Theater ▶ S. 268f.

Sozialistischer Realismus ▶ S. 337

Theater am Schiffbauerdamm

Nach Brechts Tod

1956 stirbt Bertolt Brecht. Helene Weigel leitet das Theater bis zu ihrem Tod 1971. Danach beginnt eine wechselvolle Geschichte: Ruth Berghaus wird Intendantin des Theaters, aber ihr Versuch, experimentelles, modernes Theater am Schiffbauerdamm zu machen, wird von der Politik, vom Publikum und vom Ensemble selbst nicht akzeptiert. 1977 übernimmt der frühere Brecht-Assistent Manfred Wekwerth das Theater – und macht es zu einer langweiligen Bühne, auf der immer wieder nur Brechts klassische Dramen im Stil der 1950er-Jahre aufgeführt werden. Die Jahre nach der Wende 1989 waren chaotisch für das Berliner Ensemble. Seit dem Jahr 2000 leitet aber Claus Peymann das Berliner Ensemble und hat es wieder zu einer der führenden Bühnen Deutschlands gemacht.

Die rote Leuchtreklame mit der Aufschrift „Berliner Ensemble", die sich auf dem Dach des Theaters am Schiffbauerdamm dreht, ist bis heute eines der Wahrzeichen Berlins.

Wolf Biermann

▶ 1936 Wolf Biermann
wird in Hamburg geboren.
Sein Vater war Kommunist
und wurde in Auschwitz
ermordet.

▶ 1953 Übersiedlung in
die DDR; Studium und
Regieassistenz am Berliner
Ensemble

▶ 1965 absolutes
Publikations- und
Auftrittsverbot

▶ 1976 Biermann unter-
nimmt eine Tournee nach
Westdeutschland –
Aberkennung der DDR-
Staatsbürgerschaft und
Verbot der Wiedereinreise;
offener Brief von DDR-
Künstlern gegen die
Ausbürgerung.

Die Lieder Wolf Biermanns

Wolf Biermanns
Ausbürgerung...

Es ist ein Konzert, das in die
Geschichte eingehen wird: Am
13. November 1976 steht der
DDR-Liedermacher Wolf Biermann in der Kölner Sporthalle
auf der Bühne. Seit Jahren hatte
er in der DDR nicht mehr auftreten dürfen, jetzt hatten die
DDR-Behörden grünes Licht
gegeben für eine Tournee in die
Bundesrepublik   Deutschland.
Von der Bühne herab kritisiert

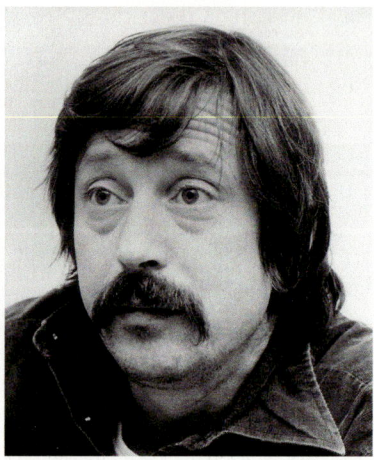

Wolf Biermann

Biermann die DDR immer wie-
der, lässt aber keinen Zweifel daran, dass er zu diesem Staat steht. Drei
Tage nach dem Konzert erkennt die DDR Biermann die Staatsbürgerschaft ab, weil er seine staatsbürgerlichen Pflichten grob verletzt habe.
Wolf Biermann darf nicht mehr in die DDR zurückkehren.

Dabei ist Biermann **DDR-Bürger aus Überzeugung**: Mit 17 Jahren siedelte er in die DDR über, wo er studierte und als Regieassistent am
Berliner Ensemble tätig war. Seit dem Ende der 1950er-Jahre beginnt
er, **Gedichte und Songs** zu verfassen und vorzutragen. In diesen Texten macht er kein Hehl daraus, dass er **Kommunist** ist und deshalb
zur DDR steht, dass er aber dort eine große **Diskrepanz** zwischen den
Idealen des Kommunismus und der **Realität** sieht.

Darauf reagieren die DDR-Oberen gereizt: 1965 wird ein **Publikations-
und Aufführungsverbot** über Biermann verhängt. Biermann veröffentlicht von nun an seine Texte und Schallplatten in **Westdeutschland**.

Die Ausbürgerung 1976 ist der Höhepunkt dieser Unterdrückung eines unbequemen Künstlers. Sie ist ein Wendepunkt in der DDR-Kulturpolitik, und sie wird zu einem Wendepunkt in der Geschichte der
DDR: Die relative **Liberalisierung**, die seit Beginn der 1970er-Jahre
geherrscht hatte, ist beendet. Autoren und andere Kulturschaffende
protestieren mit einem **offenen Brief** gegen die Ausbürgerung Biermanns. Der Druck auf die Unterzeichner wird erhöht, und nach und
nach verlassen sie die DDR in Richtung Bundesrepublik. Biermanns
frühere Lebensgefährtin, die Schauspielerin Eva-Maria Hagen, deren
Tochter Nina Hagen, die Schauspieler Katharina Thalbach, Manfred
Krug, Armin Müller-Stahl – das sind nur einige, die der DDR den

Rücken kehren. Spätestens jetzt hat dieser Staat allen Kredit bei vielen Intellektuellen verspielt.

... und sein Werk

Wolf Biermann hat auch Gedichtbände veröffentlicht. Ihre ganze Wirkung entfalten seine Texte aber erst, wenn er sie selbst zur Gitarre vorträgt. Insofern ist Biermann eher Liedermacher als Lyriker, auch wenn seine Arbeiten immer wieder in Gedichtsammlungen auftauchen. In seinen Liedern fordert er **existentielle Rechte** für den Einzelnen ein. Gerade die sinnlichen und gefühlsmäßigen Bedürfnisse des Individuums sind ihm wichtig. Nach Biemanns Meinung kann und soll gerade der Kommunismus dem Einzelnen helfen. In der DDR jedoch sieht es anders aus: Vom Einzelnen wird die Unterordnung unter den Staat und die Gesellschaft gefordert, seine sinnlichen und gefühlsmäßigen Bedürfnisse werden nicht berücksichtigt. Deshalb sind für Biermann auch Texte politisch, denen man das auf den ersten Blick nicht anmerkt – Liebeslieder etwa, die bei ihm oft bis an die Grenze zur Obszönität gehen (dass er pornografisch sei, wurde ihm in der DDR immer wieder vorgeworfen).

▶ Peter Huchel (1903–81) war ein wichtiger Lyriker der DDR. Nicht weniger bedeutend war seine Tätigkeit als Chefredakteur der Zeitschrift „Sinn und Form", in der manche Texte in der DDR veröffentlicht werden konnten, die sonst keine Veröffentlichungsmöglichkeit fanden.

Zu seinen schönsten Texten gehört das Lied ERMUTIGUNG, das Biermann für ▶ Peter Huchel geschrieben hat, der ebenfalls ins Visier der DDR-Obrigkeit geraten war.

Ermutigung

> Du, lass dich nicht verhärten
> In dieser harten Zeit
> Die all zu hart sind, brechen
> Die all zu spitz sind, stechen
> 5   und brechen ab sogleich

Das Lied ist eine Aufforderung an alle, die von den Herrschenden unterdrückt werden, nicht aufzugeben. Dazu gehört auch, die Härte der Unterdrückung zu ertragen, aber selbst nicht hart zu werden, menschlich zu bleiben, auf Hass nicht mit Hass zu antworten. Biermann führt nicht in erster Linie moralische Gründe für seine Forderung an. Sich zu verhärten ist nicht deswegen schlecht, weil es böse wäre. Der Harte schadet sich selbst, denn *„die zu hart sind, brechen"*.

Wolf Biermann in seiner Wohnung in Ostberlin

Das geteilte Deutschland in der Literatur

Die Teilung Deutschlands und der Kalte Krieg

1949 werden die Bundesrepublik Deutschland und die DDR gegründet. Von diesem Moment an ist Deutschland in zwei Staaten geteilt. Aber die deutsche Teilung ist lediglich ein Teil der europäischen Teilung, die sich nach dem Zweiten Weltkrieg immer mehr zementiert hat: Das kommunistische Sowjetrussland und die USA stehen sich als ideologische Gegner im ▶ Kalten Krieg gegenüber, der Westen Europas (und die Bundesrepublik) ist mit den USA verbündet, der Osten mit der Sowjetunion. Die Grenze zwischen beiden Lagern verläuft mitten durch Deutschland. Seit dem Bau der Berliner Mauer im Jahr 1961 ist die Grenze nahezu unüberwindlich geworden. Auch die Literatur muss das thematisieren, wenn sie ernst genommen werden will. Sie tut das sowohl in der DDR als auch in der Bundesrepublik Deutschland. Dabei lassen sich verschiedene Blickwinkel auf das Thema erkennen.

Der ▶ Kalte Krieg ist die Konfrontation der Supermächte USA und UdSSR, die jederzeit zu einem heißen, also wirklichen Krieg zu werden drohte.

Im Osten: Christa Wolf und Reiner Kunze

Zu den ersten DDR-Texten, die den Bau der Mauer thematisieren, gehört Christa Wolfs Roman DER GETEILTE HIMMEL aus dem Jahr 1961. ▶ Christa Wolf erzählt die Geschichte des Mädchens Rita Seidel, das Ende August 1961 – also nach dem Bau der Mauer – einen körperlichen und seelischen Zusammenbruch gehabt, vielleicht sogar einen Selbstmordversuch unternommen hat. Ihr Leben wird in Rückblenden erzählt: Rita ist überzeugt vom Sozialismus und möchte bei dessen Aufbau helfen. Ihr Freund Manfred fühlt sich jedoch eingeengt und geht, kurz bevor die Mauer gebaut wird, nach West-Berlin. Die Liebenden sind für immer getrennt. Christa Wolfs Roman wird in der DDR sehr kontrovers diskutiert, denn obwohl Rita für den Sozialismus eintritt, werden die Partei und der Mauerbau für viele SED-Funktionäre zu negativ geschildert.

Christa Wolf ▶ S. 342; Auszug aus DER GETEILTE HIMMEL ▶ S. 335

Während Christa Wolf eigentlich hinter der DDR steht und deshalb die innerdeutsche Grenze als trauriges Schicksal, aber nicht als Verbrechen sieht, wird der DDR-Autor ▶ Reiner Kunze immer mehr zum Gegner und Ankläger der DDR. Als er 1976 seinen Prosaband DIE WUNDERBAREN JAHRE schreibt, versucht er gar nicht erst, ihn in der DDR zu veröffentlichen. Der Band mit Kurzgeschichten erscheint in der Bundesrepublik. Das Buch ist eine Anklage der DDR: Kunze wirft ihr vor, dass Jugendliche dort nicht Jugendliche sein dürfen, sondern gezwungen werden, sich an das spießige und brutale System anzupassen. Zu den erschütterndsten Geschichten zählt die Erzählung SCHIESSBEFEHL. Eine Mutter erzählt vom Tod ihres Sohnes Gerhard.

▶ Reiner Kunze (geb. 1933) orientierte sich zunächst am Sozialistischen Realismus, distanzierte sich später zunehmend von den Vorstellungen der SED. 1977 ging er in die Bundesrepublik und ist als herausragender Lyriker hoch angesehen.

Erst nach und nach begreift der Leser, was die Mutter nicht begreift: Gerhard ist beim Versuch, aus der DDR zu fliehen, erschossen worden, und die Behörden tarnen das als Selbstmord. Reiner Kunze wurde nach dem Erscheinen des Buches aus dem DDR-Schriftstellerverband ausgeschlossen und ging 1977 in den Westen.

Im Westen: Peter Schneider

Auch im Westen wird die deutsche Teilung, wenn auch eher selten, thematisiert. Ein Beispiel dafür ist ▶ Peter Schneiders Erzählung DER MAUERSPRINGER aus dem Jahr 1982: Ein Schriftsteller aus West-Berlin ist anfänglich erstaunt darüber, dass er selbst die Teilung als normal empfindet. Er macht sich auf die Suche nach Geschichten aus dem geteilten Deutschland. Mit anderen Schriftstellern aus Ost und West spricht er über solche Geschichten, und so entsteht eine Reihe von Prosaskizzen, wie z. B. die des arbeitslosen Sozialhilfeempfängers Herrn Kabe, der aus Langeweile fünfzehn Mal die Mauer überspringt und danach im Osten und im Westen psychiatrisch behandelt wird.

▶ Peter Schneider (geb. 1940), in Westdeutschland geboren und lange Zeit in (West-)Berlin lebend, gestaltet oft halbautobiografische Situationsbilder, Mischformen aus Dokumentation und Fiktion.

In den Geschichten – und in den dazwischen geschobenen Erfahrungen und Überlegungen des Ich-Erzählers hinsichtlich Befindlichkeiten und Weltsicht sowohl diesseits als jenseits der Mauer – geht es um die Frage, was die Teilung Deutschlands für die Menschen bedeutet: Die Menschen in Ost- und Westdeutschland haben zwar eine gemeinsame Geschichte und eine gemeinsame Sprache, sie sind sich aber durch die Teilung fremd geworden. Die Einzelgeschichten fügen sich zu keiner zusammenhängenden Geschichte mehr zusammen. Die inzwischen fast sprichwörtliche Formulierung *„die Mauer im Kopf"* stammt aus der Erzählung von Peter Schneider.

Demonstranten auf dem Alexanderplatz in Ost-Berlin, 4. November 1989

Zusammenfassung

Die Führung der DDR verlangt von der Literatur, dass sie den Aufbau des Sozialismus unterstützt. Damit sind viele Autoren grundsätzlich einverstanden; allerdings ist für sie auch konstruktive Kritik Unterstützung, die bei aller grundsätzlichen Zustimmung zum Sozialismus auf Fehlentwicklungen aufmerksam macht. Die regierende SED sieht das anders: In der DDR-Kulturpolitik wechseln Phasen relativer Freiheiten und Phasen harter Unterdrückung. Im Laufe der Zeit wird eine oppositionelle Haltung unter den Autoren immer häufiger.

Wichtige Begriffe

Ankunftsliteratur; Aufbauliteratur; Biermann-Ausbürgerung; Produktionsliteratur; real existierender Sozialismus; Sozialistischer Realismus

Zusammenfassung der Teilkapitel

Autoren und Werke

Jurek Becker: JAKOB DER LÜGNER – Jakob Heym, Bewohner des jüdischen Ghettos in einer polnischen Stadt 1944, hat aus dem Radio in der Sicherheitswache erfahren, dass sich russische Truppen näherten, um das Ghetto zu befreien. Diese Nachricht erzählt er den anderen Ghettobewohnern, die daraus neue Hoffnung schöpfen. Da sein Entkommen aus der Wache unglaubwürdig ist, behauptet er, verbotenerweise ein Radio zu besitzen. So fordern die Ghettobewohner neue Nachrichten, die Jakob – die Hoffnung weiter schürend – erfindet. Der Roman gilt für viele als eine der gelungensten literarischen Darstellungen des Holocaust. Andere meinen, die Erzählweise sei dem Thema Judenvernichtung nicht angemessen.

Ulrich Plenzdorf: DIE NEUEN LEIDEN DES JUNGEN W. – Erzählt wird die Geschichte Edgar Wibeaus, der aus seiner spießigen Heimatstadt nach Berlin flieht, sich dort in die Kindergärtnerin Charlie verliebt und schließlich durch einen Unfall stirbt. Dabei kommentiert er seine Erfahrungen mit Zitaten aus Goethes WERTHER. Der Roman ist eine Abrechnung mit dem spießigen DDR-System aus der Sicht eines Jugendlichen.

Christa Wolf: KASSANDRA – Der Roman erzählt die Geschichte des trojanischen Kriegs und des Untergangs von Troja aus der Sicht der trojanischen Seherin Kassandra auf dem Weg zu ihrer Hinrichtung. Christa Wolf konfrontiert dabei die harte, auf Kampf und Konkurrenz ausgerichtete Männerwelt der Griechen mit der humaneren, von Frauen bestimmten Gesellschaft in Troja. Diese ähnelt anfangs einem idealen Sozialismus, wird tatsächlich der Welt der Griechen aber immer ähnlicher.

Das Berliner Ensemble – In Ostberlin baut Bertolt Brecht im Theater am Schiffbauerdamm sein eigenes Theaterensemble, das Berliner Ensemble, auf. Hier erprobt er seine Stücke und seine epische Spielweise. Obwohl (oder weil) Brecht oftmals vorgeworfen wird, gegen das Konzept des Sozialistischen Realismus zu verstoßen, wird das Berliner Ensemble zur angesehensten Bühne der DDR. Die Nachfolge Brechts gestaltet sich wechselhaft. Neuerungen und Weiterentwicklungen werden bald unterbunden. Auch nach der Wende dauert es einige Zeit, bis das Berliner Ensemble wieder einiges an Anerkennung gewinnen kann.

Die Lieder Wolf Biermanns – Wolf Biermann macht aus seiner grundsätzlichen Zustimmung zum Sozialismus kein Hehl, behält sich aber das Recht vor, in seinen Liedern Fehlentwicklungen zu kritisieren. Als er sich 1976 zu einer Tournee in der Bundesrepublik aufhält, wird ihm die DDR-Staatsbürgerschaft entzogen; er darf nicht in die DDR zurückkehren. Eine Welle von Protesten und Ausreiseanträgen anderer Künstler ist die Folge. Die Biermann-Ausbürgerung gilt als Wendepunkt für die DDR-Kulturpolitik.

Das geteilte Deutschland in der Literatur – Nach dem Bau der Berliner Mauer im Jahr 1961 ist die Teilung Deutschlands auch in der DDR-Literatur immer wieder ein Thema. Fast immer nutzen die Autoren dieses Thema zu einer Kritik an der DDR. Wo diese Kritik differenziert und moderat ist, wie bei Christa Wolf, wird sie in Grenzen akzeptiert. Die grundsätzliche und rücksichtslose Kritik eines Reiner Kunze jedoch führt zu Repressalien gegen den Autor. Im Westen ist der Blickwinkel zwangsläufig ein anderer. In Peter Schneiders DER MAUERSPRINGER kommt das Erstaunen des Ich-Erzählers darüber, dass ihn das Vorhandensein der Mauer im alltäglichen Leben nicht wirklich bewusst ist, zum Ausdruck. Doch im Laufe der Erzählung stellt er immer mehr fest, wie stark sich die Sicht auf Dinge bei Menschen in Ost und West unterscheidet, wie hoch *„die Mauer im Kopf"* schon geworden ist.

Weitere Autoren und Werke
Volker Braun: DER KIPPER; LENINS TOD; WIR UND NICHT SIE; Heiner Müller: DER LOHNDRÜCKER; DIE UMSIEDLERIN; GERMANIA TOD IN BERLIN; Christoph Hein: DER FREMDE FREUND; HORNS ENDE; DIE RITTER DER TAFELRUNDE; Hermann Kant: DIE AULA; Sarah Kirsch: Lyrikbände, z. B. LANDAUFENTHALT; ZAUBERSPRÜCHE; Günter Kunert: Lyrikbände, z. B. UNTER DIESEM HIMMEL; DAS KLEINE ABER

Arbeitsvorschläge

1. Erläutere die Begriffe Aufbauliteratur und Ankunftsliteratur. Wichtige Informationen dazu findest du auf den Seiten „Bild der Epoche" (S. 336f.). Falls notwendig, recherchiere nach weiteren Informationen in der Bibliothek oder im Internet.

2. Nimm begründet Stellung zu der Frage, ob und inwieweit du es akzeptabel findest, dass der Staat der Kunst Vorschriften macht.

3. Erörtere mit deinen Mitschülern, ob die Schreibstile von Ulrich Plenzdorf (S. 341) und Christa Wolf (S. 343) noch euer Lebensgefühl treffen. Warum bzw. warum nicht?

4. Interpretiere Brechts kurzes Gedicht RADWECHSEL (S. 335) als Stellungnahme zu seinem Leben in der DDR.

5. Erstellt gemeinsam eine Mindmap, aus der deutlich wird, wie nah oder wie fern die in diesem Kapitel dargestellten Autoren dem DDR-System stehen. Schreibt in die Mitte groß „DDR". Schreibt dann beispielsweise den Namen „Reiner Kunze" ganz weit von der Mitte entfernt auf das Blatt – auf S. 348f. erfahrt ihr, dass Kunze gar nicht erst versucht hat, seine Anklage gegen die DDR dort zu veröffentlichen. Wo stehen andere Autoren: Wolf Biermann (S. 346f.), Christa Wolf (S. 342), Bertolt Brecht (S. 344f.) usw.?

Der Fall der Mauer, 9. November 1989

Volker Braun

Das Eigentum

Da bin ich noch: mein Land geht in den Westen.
KRIEG DEN HÜTTEN FRIEDE DEN PALÄSTEN.
Ich selber habe ihm den Tritt versetzt.
Es wirft sich weg und seine magre Zierde.
5 Dem Winter folgt der Sommer der Begierde.
Und ich kann *bleiben wo der Pfeffer wächst.*
Und unverständlich wird mein ganzer Text.
Was ich niemals besaß, wird mir entrissen.
Was ich nicht lebte, werd ich ewig missen.
10 Die Hoffnung lag im Weg wie eine Falle.
Mein Eigentum, jetzt habt ihrs auf der Kralle.
Wann sag ich wieder *mein* und meine alle.

Geschichtlicher Hintergrund

– **1986** Der russische Staatschef Michail Gorbatschow kündigt „Glasnost" und „Perestroika" an.

– **September 1989** Ungarn genehmigt allen DDR-Flüchtlingen die Ausreise in den Westen.

– **Oktober 1989** Egon Krenz löst Erich Honecker als Staats- und Parteichef ab; Massendemonstrationen in Leipzig und Ost-Berlin

– **9. November 1989** Die DDR-Führung lässt die Grenzen zur Bundesrepublik Deutschland und zu West-Berlin öffnen.

– **März 1990** freie Wahlen zur DDR-Volkskammer

– **3. Oktober 1990** Beitritt der DDR zur Bundesrepublik

– **1994** Abzug der letzten russischen Truppen

Das Gedicht DAS EIGENTUM (▶ S. 353) von Volker Braun (▶ S. 337) erschien 1990 in der Tageszeitung „Neues Deutschland". Es ist nur ein leises Gedicht, ein Abgesang auf einen Staat, auf den viele große Hoffnungen gesetzt hatten, aber es löste eine Kontroverse über die Funktion von Literatur in Ost und West aus. Der zweite Vers spielt auf den HESSISCHEN LANDBOTEN (▶ S. 165) von Georg Büchner an.

Christa Wolf ▶ S. 342

Monika Maron ▶ S. 358

▶ Uwe Tellkamp (geb. 1968) hatte mit DER TURM 2008 einen großen Erfolg.

Literatur der Gegenwart (ab 1990)

Die Wende

Der **Fall der Berliner Mauer** läutet ein neues Zeitalter ein. Mit der **Wiedervereinigung** der beiden deutschen Staaten und dem Zusammenbruch der Sowjetunion endet die Epoche, die aus der Nachkriegsordnung hervorgegangen war. Eingeleitet hat diesen Auflösungsprozess der letzte Präsident der Sowjetunion, Michail Gorbatschow, mit seiner Politik von „Glasnost" (= Offenheit der Staatsführung gegenüber der Bevölkerung) und „Perestroika" (= Umbau des politischen und gesellschaftlichen Systems). Überwunden sind damit auch die weltweiten Ost-West-Spannungen des Kalten Krieges, in dem sich die Atommächte des Warschauer Paktes und der NATO feindlich gegenüberstanden. Auf diese Zeitenwende reagiert die Literatur mit **gegensätzlichen Tendenzen.**

Was bleibt? – Die Gegenwart des Vergangenen

WAS BLEIBT ist der Titel einer Erzählung von ▶ Christa Wolf aus dem Jahre 1990. Sie handelt von der Auseinandersetzung einer Ostberliner Schriftstellerin mit dem **Überwachungs- und Unrechtsstaat der DDR.** Der nüchterne Blick, mit dem die Autorin Bilanz zieht, kann als Motto für eine Vielzahl von Werken dienen, die nach der Wende Erinnerungsarbeit leisten. Christa Wolf beschäftigt sich auch in MEDEA. STIMMEN damit, wie eine Frau in einem totalitären und von Männern beherrschten Regime ihre Identität bewahren kann. Die Aktualisierung und Umdeutung der griechischen Sage von der Kindsmörderin Medea enthält deutliche Anspielungen auf die DDR. Auch die Schriftstellerin ▶ Monika Maron erzählt in ihrem Roman STILLE ZEILE SECHS davon, wie sich eine Ostberliner Historikerin von Männern emanzipiert, die den Unrechtsstaat repräsentieren. ▶ Uwe Tellkamps in Dresden spielender Roman DER TURM zeichnet am Beispiel von Einzelschicksalen ein Bild vom Leben im Sozialismus vor der Wende. Im Mittelpunkt der Handlung stehen drei Familienmitglieder und ihre unterschiedlichen Erfahrungen mit dem DDR-Regime. Die Desillusionierung der Ostdeutschen nach der Wiedervereinigung schildern ▶ Ingo Schulze (SIMPLE STORYS) und ▶ Christoph Hein (WILLENBROCK).
Die veränderten politischen Umstände führen auch zu einem **Rückblick auf die nationalsozialistische Vergangenheit und den Zweiten Weltkrieg.** In ▶ Walter Kempowskis ECHOLOT geschieht dies in dokumentarischer Form. Die monumentale Tagebuch-Collage stellt Tagebücher, Briefe, Notizen und Zeitungsmeldungen nebeneinander. Auch die autobiografischen Erinnerungen von ▶ Ruth Klüger, WEITER

LEBEN. EINE JUGEND, ▸ Martin Walser, EIN SPRINGENDER BRUNNEN, und ▸ Günter Grass, BEIM HÄUTEN DER ZWIEBEL, erzählen von der Kindheit und Jugend im Dritten Reich. Bemerkenswert ist, dass die junge Generation von Schriftstellern, die nicht mehr zu den unmittelbaren Zeitzeugen gehört, über den Nationalsozialismus schreibt. Bestseller sind: ▸ Bernhard Schlinks DER VORLESER, ▸ Uwe Timms DIE ENTDECKUNG DER CURRYWURST und AM BEISPIEL MEINES BRUDERS, ▸ Hans-Ulrich Treichels DER VERLORENE sowie die sprachlich sehr anspruchsvollen Romane von ▸ Julia Franck (DIE MITTAGSFRAU) und ▸ Herta Müller (ATEMSCHAUKEL).

Rückzug ins Private

Die Gegenwartsliteratur ist nicht nur Vergangenheitsliteratur und die Wiedervereinigung löst nicht nur das Bedürfnis nach historischer Rückbesinnung aus. Es breitet sich auch das Gefühl aus, die großen politischen Konflikte der deutschen Geschichte seien beigelegt. In der Literatur spiegelt sich dies in einem **Rückzug in Alltagsthemen wie Liebe, Ehe, Familie, Freundschaft und Sexualität.** Einige dieser Werke sind schon Schulklassiker wie DAS MUSCHELESSEN von ▸ Birgit Vanderbeke, SCHLAFES BRUDER von ▸ Robert Schneider, DER SONNTAG, AN DEM ICH WELTMEISTER WURDE von ▸ Friedrich Christian Delius, DAS BLÜTENSTAUBZIMMER von ▸ Zoë Jenny, SOMMERHAUS, SPÄTER von ▸ Judith Hermann und REGENROMAN von ▸ Karen Duve. Einen Sonderfall stellen die ▸ interkulturelle und die ▸ Popliteratur dar.

Epochenmerkmale kurz gefasst

Literatur der Gegenwart

- zum einen: Rückblick auf die DDR und das Dritte Reich
- zum anderen: Rückzug in private Themen
- häufig witziger, ironischer Umgang mit der deutschen Geschichte
- Gattungen:
  – Popliteratur – orientiert sich am Lebensgefühl der jüngeren Generation und handeln von Konsum, Drogen und Sex
  – interkulturelle Literatur – Werke von Autoren, die zwei Kulturräumen angehören

▸ Ingo Schulze (geb. 1962) begleitete mit seinen Werken die Nachwendezeit kritisch.

Christoph Hein ▸ S. 337

▸ Walter Kempowski (1929–2007) verarbeitete (auto-)biografisches Material.

▸ Ruth Klüger (geb. 1931) ist eine US-amerikanische Literaturwissenschaftlerin aus Wien.

Martin Walser ▸ S. 305

Günter Grass ▸ S. 316

Bernhard Schlink ▸ S. 356

▸ Uwe Timm (geb. 1940) kommentiert in seinen Werken Veränderungen kritisch.

▸ Hans-Ulrich Treichel (geb. 1952) gelang der Durchbruch in der Mitte der 1980er-Jahre.

▸ Julia Franck (geb. 1970) beschäftigt sich mit ihrer Familiengeschichte.

Herta Müller ▸ S. 270

▸ Birgit Vanderbeke (geb. 1956) gestaltet Themen der Alltagswelt mit viel Ironie.

▸ Robert Schneiders (geb. 1961) Erstlingsroman wurde erst von 24 Verlagen abgelehnt.

▸ Friedrich Christian Delius (geb. 1943) erhielt 2011 den Büchner-Preis.

▸ Zoë Jennys (geb. 1974) DAS BLÜTENSTAUBZIMMER wurde in 27 Sprachen übersetzt.

▸ Judith Hermanns (geb. 1970) Erzählungen treffen den Nerv der Großstadtelite.

▸ Karen Duve (geb. 1961) schreibt Erzählungen.

interkulturelle Literatur ▸ S. 366 f.

Popliteratur ▸ S. 368 f.

Bernhard Schlink

Bernhard Schlink: Der Vorleser (1995)

Bernhard Schlink

Im März 1999 wird Bernhard Schlink eine seltene Ehre zuteil. Er ist zu Gast in Oprah's Book Club, der populären amerikanischen TV-Büchershow. Damit erreicht der Rummel um seinen Welterfolg DER VORLESER einen Höhepunkt. Der Roman klettert auf Platz eins der Bestsellerliste der „New York Times", wird in über dreißig Sprachen übersetzt und mit renommierten nationalen und internationalen Buchpreisen ausgezeichnet. Schlinks Gesamtwerk, zu dem auch Kriminalromane gehören, wird von

Bernhard Schlink

der **Frage nach Recht und Unrecht** beherrscht. Das ist sicher kein Zufall. Schlink, der Sohn eines Theologieprofessors, ist **Jurist** und war von 1982 bis 2009 Professor für Öffentliches Recht an verschiedenen Universitäten.

Weitere Werke

Kriminalromane: SELBS JUSTIZ (gemeinsam mit Walter Popp); DIE GORDISCHE SCHLEIFE; SELBS BETRUG; SELBS MORD; Erzählungen: LIEBESFLUCHTEN; SOMMERLÜGEN

Der Vorleser

Der Vorleser handelt von der **Schuld und Sühne eines nationalsozialistischen Verbrechens**. Der Ich-Erzähler Michael Berg, ein Schüler der Nachkriegszeit, geht ein Verhältnis mit der zwanzig Jahre älteren Straßenbahnschaffnerin Hanna Schmitz ein, die sich von ihm aus Werken der Weltliteratur vorlesen lässt. Im Verlauf der Handlung entpuppt sie sich als Analphabetin und ehemalige KZ-Aufseherin. Der Erzähler wird als Jura-Student Zeuge des Prozesses gegen seine ehemalige Geliebte und schickt ihr später selbst besprochene Tonkassetten ins Gefängnis. An Hanna wird ihm bewusst, dass die Verbrecher des Dritten Reiches aus der Mitte des Volkes kamen und wie tief ihn sein Mitgefühl selbst in die Vergangenheit verstrickt hat.

Der Vorleser

Als Aufseherin eines KZ lädt Hanna Schmitz schwere Schuld auf sich. Sie ist
mitverantwortlich dafür, dass Gefangene in einem verschlossenen Gebäude
grausam verbrennen. Zu den Überlebenden gehört ein Mädchen, das später
als Hauptzeugin im Prozess gegen Hanna aussagt. Dieser vermacht Hanna
ihre kleine Erbschaft. Als Hanna nach achtzehn Jahren Gefangenschaft be-
gnadigt wird, nimmt sie sich am Tag vor ihrer Entlassung das Leben. Der
Ich-Erzähler führt Hannas Auftrag aus und überbringt das Erbe.

Ich erzählte von Hannas Tod und Auftrag.

„Warum ich?"

„Ich vermute, weil Sie die einzige Überlebende sind."

„Was soll ich damit?"

5 „Was immer Sie für sinnvoll halten."

„Und Frau Schmitz damit die ▸ Absolution geben?"

Zuerst wollte ich abwehren, aber Hanna verlangte in der Tat viel.
Die Jahre der Haft sollten nicht nur auferlegte Sühne sein; Hanna
wollte ihnen selbst einen Sinn geben, und sie wollte mit dieser ihrer

10 Sinngebung anerkannt werden. Ich sagte das.

Sie schüttelte den Kopf. Ich wusste nicht, ob sie damit meine Deutung
ablehnen oder Hanna die Anerkennung verweigern wollte.

„Können Sie ihr nicht die Anerkennung ohne die Absolution geben?"

Sie lachte. „Sie mögen sie, nicht wahr? Wie ist eigentlich ihr Verhältnis

15 zueinander gewesen?"

Ich zögerte einen Moment. „Ich war ihr Vorleser. Es fing an, als ich
fünfzehn war, und ging weiter, als sie im Gefängnis saß."

„Wie haben Sie ..."

„Ich habe ihr Kassetten geschickt. Frau Schmitz war fast ihr ganzes

20 Leben lang Analphabetin; sie hat erst im Gefängnis lesen und schreiben gelernt."

„Warum haben Sie das alles gemacht?"

„Wir hatten, als ich fünfzehn war, eine Beziehung."

„Sie meinen, Sie haben zusammen geschlafen?"

25 „Ja."

▸ Absolution – Freisprechung,
Vergebung von Sünden

Arbeitsvorschläge

1. Erläutere Form und Bedeutung dieses Gesprächs.

2. Stelle dar, wie Schuld und Sühne auch dieses Gespräch beherrschen.

3. Erkläre mithilfe dieses Textauszugs, wie sich der Roman mit der nationalsozialistischen
   Vergangenheit auseinandersetzt.

Monika Maron

▸ Paläontologie – die Wissenschaft von den Lebewesen vergangener Erdperioden, z. B. von Dinosauriern

Monika Maron: Animal triste (1996)

Monika Maron

Monika Marons Leben und Werk spiegelt die **wechselhafte deutsch-deutsche Geschichte** wider. Sie wird im Berlin des Zweiten Weltkriegs geboren. Die Familie zieht 1951 vom Westen der Stadt in den Osten, wo ihr Stiefvater, Karl Maron, als DDR-Innenminister ein hohes Amt bekleidet. Ab 1976 arbeitet Monika Maron als freiberufliche Schriftstellerin in der DDR, kurzzeitig ist sie auch für den Staatssicherheitsdienst

Monika Maron

tätig, von dem sie später selbst observiert wird. Ihr erster Roman FLUGASCHE kritisiert die Umweltpolitik in der DDR und darf deshalb dort nicht erscheinen. 1988 siedelt sie nach Hamburg über, von wo sie 1992 nach Berlin zurückkehrt.

Weitere Werke

DAS MISSVERSTÄNDNIS; DIE ÜBERLÄUFERIN; STILLE ZEILE SECHS; PAWELS BRIEFE; ENDMORÄNEN; ZWEI BRÜDER; GEDANKEN ZUR EINHEIT 1989–2009

Animal triste

ANIMAL TRISTE ist eine **Liebesgeschichte aus der Zeit der Wiedervereinigung.** Die Ich-Erzählerin, eine ▸ **Paläontologin** aus Ostberlin, lernt kurz nach der Wende einen Insektenforscher aus Ulm namens Franz kennen. Mit ihm erhofft sich die Fünfzigjährige das späte Geschenk einer uneingeschränkten Liebesbeziehung: *„Man kann im Leben nichts versäumen als die Liebe."* Ihrem gemeinsamen Glück stehen jedoch die beiden sehr unterschiedlichen Lebensgeschichten im Weg, die durch die deutsche Teilung geprägt sind. Franz bringt es nicht übers Herz, sich von seiner Ehefrau zu trennen. Eines Tages kehrt er nicht wieder, wahrscheinlich infolge eines tödlichen Unfalls. Die Erzählerin zieht sich zurück, vergeblich auf die Rückkehr des Geliebten hoffend.

Animal triste

Nach dem plötzlichen Verschwinden ihres Geliebten blickt die Erzählerin auf ihr Leben vor der Wende zurück.

Wie jedes Leben in Osteuropa geriet auch meins unter die Willkür des Absurden und wurde grausam zugerichtet. Unser Museum besaß außer dem Brachiosaurus überhaupt eine der herrlichsten Saurier-Sammlungen, die auf der Welt zu sehen waren. Wir hatten einen
5 Dicraeosaurus, einen Dysalotosaurus, den Kentrurosaurus, Plateosaurus, Bradysaurus, und vor allem hatten wir den Urvogel, den wundervollen, kostbaren Urvogel. Aber mich, die ich ihre Liebhaberin und Erfinderin sein wollte, hatte man zu ihrer Putzfrau gemacht. Ich durfte sie verwalten und nach brüchigen Stellen an ihren Gelenken
10 suchen, aber nicht nach ihren Schwestern und Brüdern in Montana, New Jersey, im Connecticut Valley oder im Tal des Red Deer River. Ich durfte nicht die seltsamen vogelartigen Fußspuren sehen, die Pliny Moody aus South Hadley, Massachusetts, schon am Anfang des neunzehnten Jahrhunderts in seinem eigenen Garten gefunden hat. Ich
15 durfte nicht einmal zu Kongressen fahren, wo ich Leute hätte treffen können, die das alles gesehen hatten.
Niemand, der sich in seinem Leben nicht für eine Sache mehr interessiert hat als für alle anderen, der nicht beseelt war von dem Wunsch, über diese eine Sache alles Erfahrbare aufzuspüren, zu sehen, anzu-
20 fassen, wird mein Unglück verstehen können. Etwa dreihundert Meter von unserem Museum entfernt verlief die Mauer, die man rund um die westeuropäische ▶ Enklave inmitten von Ostdeutschland, um den westlichen Teil Berlins, gebaut hatte. Ich habe es in den Jahrzehnten ihrer Existenz als zweitrangig empfunden, dass sie mich von dem
25 größeren Teil meiner Stadt trennte, obwohl es mich bis zuletzt verwunderte, dass dieser Gangsterstreich gelungen war und die vier Millionen Bewohner der Stadt die steinerne Anmaßung hinnahmen, wie die Kalifornier es hinnehmen müssten, wenn die ▶ Andreasspalte eines Tages endgültig aufbräche.

▶ Enklave – fremdes Staatsgebiet, das vom eigenen eingeschlossen ist

▶ Andreasspalte – die Verschiebung von Gesteinsplatten vor der kalifornischen Küste

Arbeitsvorschläge

1. Beschreibe die Entbehrungen, unter denen die Erzählerin vor der Wende leidet.

2. Erläutere, inwiefern das Leben der Wissenschaftlerin *„unter die Willkür des Absurden"* (Z. 1 f.) geraten ist.

3. Deute den Vergleich, den der letzte Satz zieht.

Heinrich Heine ▶ S. 172

▶ Otto Waalkes (geb. 1948), oft Otto genannt, ist ein norddeutscher Komiker.

Günter Eich: INVENTUR ▶ S. 298 f.

Robert Gernhardt: Inventur 96 oder Ich zeig Eich mein Reich (1996)

Robert Gernhardt

Robert Gernhardts Werk steckt so voller **hintergründigem Humor**, dass man ihn oft als den ▶ Heinrich Heine der Gegenwart bezeichnet hat. Der Schriftsteller, Maler, Zeichner und Satiriker widmet sein gesamtes Kunstschaffen dem Komischen. Er ist Redakteur der Satirezeitschrift „Pardon", Mitbegründer und Mitarbeiter des Satiremagazins „Titanic", schreibt Sketche und Drehbücher für ▶ Otto Waalkes und zeichnet Cartoons für

Robert Gernhardt

„Die Zeit" und die „Frankfurter Allgemeine Zeitung". Neben Satiren gibt er **Gedichtbände** und Kinderbücher heraus, illustriert von seiner ersten Ehefrau, der Malerin Almut Gernhardt. Robert Gernhardt erhält unzählige Preise, darunter den Heinrich-Heine-Preis der Stadt Düsseldorf. Seit 2008 ist er selbst der Namensgeber eines Literaturpreises.

Weitere Werke

DIE WAHRHEIT ÜBER ARNOLD HAU (mit F. W. Bernstein und F. K. Waechter); BESTERNTE ERNTE (mit F. W. Bernstein); DIE BLUSEN DES BÖHMEN (darin die Erzählung DIE FALLE); GERNHARDTS ERZÄHLUNGEN; REIM UND ZEIT; PROSAMEN; GESAMMELTE GEDICHTE

Inventur 96 oder Ich zeig Eich mein Reich

In zahlreichen Gedichten erzeugt Gernhardt Komik mit dem Verfahren der **Kontrafaktur**. Das heißt: Er schafft ein neues Kunstwerk, indem er ein älteres unter Beibehaltung von Formmerkmalen parodiert. In diesem Fall „aktualisiert" er ▶ Günter Eichs berühmtes Nachkriegsgedicht INVENTUR, das beschreibt, wie ein Kriegsgefangener die wenigen Habseligkeiten überblickt, die er zum Überleben benötigt. Dagegen setzt Gernhardts Gedicht das Lebensgefühl der Gegenwart. Die Wirklichkeit wird nur noch über Medien und damit aus zweiter Hand erfahren.

Inventur 96 oder Ich zeig Eich mein Reich

Dies ist mein Schreibtisch
dies ist mein Drehstuhl,
hier mein Computer,
darunter der Drucker.

5 Telefonanlage:
Mein Hörer, mein Sprecher.
After the beep
You can leave a message.

Sie können die Nachricht
10 natürlich auch faxen.
Ich ruf Sie so bald wie
möglich zurück.

Im Hängeschrank sind
die Korrespondenzen
15 und einiges, was ich
niemand verrate,

sonst kostet dies Wissen
noch mal meinen Kopf.
Der ▸ **Kelim** hier liegt
20 zwischen mir und den Dielen.

▸ **Kelim** – orientalischer Teppich

Das Kopiergerät dort
ist mir am liebsten.
Tags kopiert es die Texte,
die nachts ich getippt.

25 Dies ist mein Notizbuch,
dies sind meine Tagebücher,
dies ist meine Bibliothek,
dies ist mein Reich.

Arbeitsvorschläge

1. Erkläre den Titel des Gedichts.

2. Vergleiche dieses Gedicht mit Eichs INVENTUR (S. 299). Benenne Gemeinsamkeiten.

3. Deute die auffallenden Unterschiede, besonders im Hinblick auf die Lebens- und Arbeitsbedingungen eines Schriftstellers.

Thomas Brussig

▶ 1964 Thomas Brussig wird in Ostberlin geboren.

▶ 1984 Abschluss als Baufacharbeiter (Berufsausbildung mit Abitur)

▶ 1984–90 wechselnde Jobs, u. a. als Museumspförtner, Tellerwäscher, Reiseleiter und Hotelportier; dazwischen Wehrdienst

▶ 1990 Studium der Soziologie in Berlin – nicht abgeschlossen

▶ 1993–2000 Besuch der Filmhochschule in Babelsberg

▶ ab 1995 freiberuflicher Schriftsteller

Als ▶ Wenderomane werden die Romane bezeichnet, die vom Fall der Berliner Mauer und von der Wiedervereinigung handeln.

Thomas Brussig: Am kürzeren Ende der Sonnenallee (1999)

Thomas Brussig

Bei der Frage nach dem repräsentativen Autor der Wiedervereinigung fällt oft der Name Thomas Brussig. Dies liegt besonders an dem Roman HELDEN WIE WIR, mit dem ihm 1995 der literarische Durchbruch gelingt. Die bissige **Satire** auf den Mauerfall bringt ihm auch international große Anerkennung ein. Eine ironische Auseinandersetzung mit der DDR, seinem Geburtsland, ist schon sein Debüt, der Schulroman WASSERFARBEN. Brussig **kann für seine** ▶ **Wenderomane aus**

Thomas Brussig

der eigenen Lebensgeschichte schöpfen. Der 1964 geborene Ostberliner verbringt seine Kindheit in der DDR, besucht dort die Schule, arbeitet in Gelegenheitsjobs und absolviert seinen Grundwehrdienst. Nach der Wende studiert er zunächst Soziologie in Berlin und besucht dann die Filmhochschule in Babelsberg.

Weitere Werke

WASSERFARBEN (unter dem Pseudonym Cordt Berneburger); HELDEN WIE WIR; LEBEN BIS MÄNNER

Am kürzeren Ende der Sonnenallee

Die Sonnenallee liegt direkt an der Berliner Mauer. Im Schatten von Todesstreifen und Schießbefehl trifft sich hier in den Jahren vor der Wende eine Clique von Jugendlichen, zu welcher Mario gehört. Ihr Lebensgefühl und ihre Konflikte sind die Themen des Romans. Vor allem geht es darum, **wie man sich einrichtet in einem politischen System der allgegenwärtigen Bespitzelung und Freiheitsberaubung.** Brussig schildert die Liebesgeschichten, den Einfluss westlicher **Popmusik** und die täglichen Überlebensstrategien mit versöhnlichem Humor und Witz, ohne die Zeit in der DDR damit zu verklären.

Am kürzeren Ende der Sonnenallee

Mario interessiert sich vor allem für Mädchen und Popmusik. Er lernt eine etwas ältere Malerin kennen, die ihn mit in ihre Wohnung nimmt.

Den ganzen Abend, die ganze Nacht redeten sie miteinander. Es hatte mit Marios improvisierter Frage nach der unpolitischen Studienrichtung begonnen und wurde zu einer ersten Lektion ▶ Existentzialismus. Denn Marios Fahrstuhl-Bekanntschaft lächelte
5 nur wie ▶ Mona Lisa – sie war aber Existenzialistin durch und durch. Niemand muss etwas tun, was er nicht tun will. Die Existenzialistin beschwor Mario. Jeder hat die Verantwortung für sich, und jeder ist auch an seinem Unglück schuld. Denn du hast immer die Freiheit, dich zu entscheiden, sagte sie, und du kannst niemandem die Schuld
10 geben für das, was du tust. Für Mario war das alles was ganz, ganz anderes ... Es war alles so neu und so GROSS. Hier ging es wirklich um Freiheit, um was Besonderes, um alles. Und wie jemand, dessen Fenster zum Todesstreifen ging, das Hohelied der Freiheit sang, es geradezu beschwor, das imponierte Mario nicht nur, es änderte
15 sein Leben. ▶ Edith Piaf sang den ganzen Abend *Non, je ne regrette rien*, immer wieder, immer wieder. Wir sind zur Freiheit verurteilt, rief die Existenzialistin, als sie die dritte Flasche ▶ Bärenblut entkorkte, deren Etiketten sie aber mit handgeschriebenen ▶ Chateau-Lafitte-Etiketten überklebt hatte. Mario fragte, ob sie auch dazu verurteilt
20 sind, immer dieses Lied zu hören. Ja, erwiderte die Existenzialistin, denn erstens schaltet der Plattenspieler nicht ab, und zweitens wird alles ewig weitergehen, wenn du nicht selbst aufstehst. [...] „Wir sind zur Freiheit verurteilt", sagte sie. „Weißt du, was das für die Mauer bedeutet? Was ▶ Sartre zur Berliner Mauer sagen würde?" Mario war
25 noch nicht richtig vertraut mit dem Existenzialismus, deshalb musste er raten: „Dass ich irgendwann in den Westen fahren darf." „Nein", sagte sie, „das genaue Gegenteil." „Dass ich *nie* in den Westen fahren darf?", fragte Mario. „Dass es sie irgendwann nicht mehr geben wird", sagte die Existenzialistin, und das war für Mario so ungeheu-
30 erlich, das überstieg alles Vorstellbare.

Der ▶ Existentzialismus ist eine philosophische Strömung, in deren Zentrum die Existenz des Menschen steht. Ein wichtiger Grundgedanke: Weil das Dasein keinen höheren Sinn hat, muss der Mensch in Freiheit einen eigenen Lebensentwurf wählen.

Die ▶ Mona Lisa ist ein weltberühmtes Ölgemälde von Leonardo da Vinci, das eine rätselhaft lächelnde Frau zeigt.

▶ Edith Piaf (1915 – 63) war eine französische Chansonsängerin. Ihr bekanntestes Lied heißt NON, JE NE REGRETTE RIEN (dt.: Nein, ich bereue nichts).

▶ Bärenblut ist ein lieblicher bulgarischer Rotwein, der in der DDR abgefüllt wurde.

Das ▶ Chateau Lafitte bei Bordeaux ist eines der berühmtesten Weingüter der Welt.

▶ Jean-Paul Sartre (1905 – 80) war ein französischer Philosoph und Hauptvertreter des Existenzialismus.

Arbeitsvorschläge

1. Erläutere die Gedanken zur Freiheit, die die Existenzialistin äußert.

2. Erkläre und interpretiere die Bedeutung der westlichen Einflüsse, die sich in dem Textauszug finden.

3. Zeige, dass es sich um eine ironische und humorvolle Auseinandersetzung mit der DDR-Vergangenheit handelt. Woran kann man dies erkennen?

Daniel Kehlmann: Ruhm. Ein Roman in neun Geschichten (2009)

Daniel Kehlmann

Daniel Kehlmann entstammt einer Münchner Künstlerfamilie. Sein Vater ist Regisseur, seine Mutter Schauspielerin. 1981 zieht die Familie nach Wien um, wo Kehlmann zur Schule geht und studiert. Bis 2005 gilt er als junges, hoffnungsvolles Schriftstellertalent. Er hat fünf Romane veröffentlicht, darunter die vielbeachtete Satire ICH UND KAMINSKI, Förderpreise erhalten und als Gastdozent in Mainz und Wiesbaden Poe-

Daniel Kehlmann

tik-Vorlesungen gehalten. Einem größeren Publikum ist er allerdings noch unbekannt. Das ändert sich, als DIE VERMESSUNG DER WELT erscheint. Mit einem Schlag ist Kehlmann ein international gefragter Autor. Der Roman um den Mathematiker Carl Friedrich Gauß und den Naturforscher Alexander von Humboldt wird ein Welterfolg. Er führt die nationalen Bestsellerlisten monatelang an und gehört 2006 zu den weltweit meistverkauften Büchern. Den Titel seines nächsten Romans, RUHM. EIN ROMAN IN NEUN GESCHICHTEN, haben Literaturkritiker als selbstironische Anspielung auf sein neues Renommee als Erfolgsschriftsteller verstanden.

Weitere Werke

ICH UND KAMINSKI; DIE VERMESSUNG DER WELT

Ruhm. Ein Roman in neun Geschichten

RUHM ist ein raffiniert konstruierter Roman. Er setzt sich aus neun Geschichten zusammen, die auf beklemmend-komische Weise von Doppelgängern, verwechselten und wechselnden Identitäten, dem Versagen moderner Kommunikationsmittel und der Macht des Zufalls erzählen. Mit fortschreitender Lektüre wird deutlich, wie die einzelnen Figuren und Handlungsstränge miteinander so verflochten sind, dass am Ende alles mit allem in Beziehung steht. Kehlmann treibt dabei ein hintergründiges Spiel mit der Wirklichkeit und verwischt die Grenzen zum Fiktionalen und Virtuellen.

Ruhm. Ein Roman in neun Geschichten
Rosalie geht sterben

Das folgende Gespräch ist Teil der dritten Geschichte des Romans. Sie er-
zählt von einer alten Frau namens Rosalie, die an Krebs leidet und zur
▶ **Sterbehilfe** *in die Schweiz reist. Unterwegs wird ihr deutlich, dass sie für*
den Tod noch nicht bereit ist. Sie bittet den Erzähler der Geschichte, sie am
Leben zu lassen. Dieser Erzähler ist Leo Richter, die Hauptfigur der zweiten
und neunten Geschichte.

▶ Sterbehilfe – Beihilfe zum
Sterben ist in Deutschland
umstritten und nicht legal,
anders als in der Schweiz.

Es liegt doch alles in deiner Hand. Laß mich leben!

Das geht nicht, antwortete ich irritiert. Rosalie, was hier mit dir geschieht, ist dein Zweck. Dafür habe ich dich erfunden. Theoretisch
könnte ich vielleicht eingreifen, aber dann wäre alles sinnlos! Das
5 heißt, ich kann es eben nicht.

Blödsinn, sagt sie. Gerede. Irgendwann wirst auch du an der Reihe
sein, und dann wirst du betteln wie ich.

Das ist doch etwas anderes!

Und wirst nicht verstehen, warum für dich keine Ausnahme gemacht
10 wird.

Das kann man nicht vergleichen. Du bist meine Erfindung, und ich
bin ...

Ja?

Ich bin real!

15 So?

Vertrau mir. Es wird nicht wehtun. Dafür wenigstens kann ich sorgen,
das verspreche ich dir. Meine Geschichte –

Entschuldigung, aber auf die pfeife ich. Wahrscheinlich wird sie nicht
einmal gut!

20 Ich schweige wütend, und damit Rosalie nicht wieder anfängt, lasse ich sie schon ein paar Minuten später am Flughafen ankommen
– das Auto hat sich unwirklich schnell bewegt, die Straßen sind zu
einem Gemenge von Farben verwischt, und schon steigt sie aus, keine Schlange am Check-in-Schalter, kein Warten an der Sicherheits-
25 kontrolle, und sie sitzt am Gate, umgeben von lauten Kindern und
Geschäftsleuten, und weiß gar nicht, wie ihr geschehen ist.

Der Text wurde nicht an die neue
Rechtschreibung angepasst.

Arbeitsvorschläge

1. Benenne die Themen, die in diesem Textauszug anklingen.

2. Beschreibe die unterschiedlichen Wirklichkeitsebenen, auf denen die Handlung spielt.

3. Erläutere die Rolle, die der erfundene Erzähler der Geschichte spielt. Berücksichtige,
   dass es sich bei Leo Richter um einen sprechenden Namen handelt.

Interkulturelle Literatur

Eine Literatur, die Grenzen überschreitet

▶ ethnisch – einer sprachlich
und kulturell einheitlichen
Volksgruppe angehörend

Die ▶ ethnische und kulturelle Vielfalt in der deutschen Bevölkerung spiegelt sich in der wachsenden interkulturellen Literatur. Dieser Begriff bezeichnet Werke von Autoren, die zwei Kulturräumen angehören, wodurch sie in ihr Schreiben einen doppelten Sozialisation- und Erfahrungsschatz einbringen können, sodass die These nicht abwegig erscheint, dass sie die deutsche Literatur von den Rändern der Gesellschaft her intensiv befruchten. In Deutschland hat ein Teil der interkulturellen Literatur ihren Ursprung in der Arbeitsmigration der 1950er-, 1960er-Jahre. Man spricht in dieser allerersten Phase von Gastarbeiterliteratur, die sich auf Themen der Arbeitswelt konzentriert. Da 1973 diese Art der Arbeitsmigration durch einen Anwerbestop endet, die ehemaligen „Gastarbeiter" aber bleiben, setzt sich in den 1980er-Jahren die Bezeichnung Migrantenliteratur durch, was darauf verweisen soll, dass die Autoren in den deutschsprachigen Raum gezogen (migriert) sind. Sie erzählen häufig von den Erfahrungen, die Zuwanderer machen. Oft sind es Konflikte, die sich aus den Spannungen unterschiedlicher Lebensweisen oder aus dem Zusammenleben von Menschen mit ungleichen Einstellungen ergeben. Doch inzwischen ist auch dieser Begriff zu eng. Viele der nicht-deutschstämmigen Autoren kamen als Kleinkinder nach Deutschland oder wurden hier geboren. Sie stammen aus den verschiedensten Ländern und Kulturen und sie haben die unterschiedlichsten Gründe, weshalb sie Deutsch als Literatursprache wählen. Auch gibt es Autoren aus Gebieten, in denen sie einer deutschsprachigen Minderheit angehörten. Deshalb verwendet man heute den weiter gefassten Begriff der interkulturellen Literatur. Thematisch lässt sie sich nicht mehr festlegen. Auf längere Sicht stellt sich die Frage, ob eine solche Kategorie noch sinnvoll sein wird: Vielleicht wird es ein Charakteristikum des 21. Jahrhunderts sein, dass Leben und somit Literatur Grenzen überschreitet.

Feridun Zaimoglu: Kanak Sprak (1995)

▶ Feridun Zaimoglu
(geb. 1964) kam 1965 nach
Deutschland.

Der bekannteste türkischstämmige Autor ist ▶ Feridun Zaimoglu, der seit seiner Kindheit in Deutschland lebt. Bekannt wurde er mit KANAK SPRAK, einem Buch, in dem in nachgedichteten Interviews 24 Deutschtürken – „Kanaksta" (= kanak + youngster = kanakster / kanaksta) – eine Antwort auf die Frage zu geben versuchen: „Wie lebt es sich als Kanake in Deutschland?" Die Befragten fühlen sich am Rand der Gesellschaft, ohne Chance. Zur Darstellung entwickelt Zaimoglou die rebellische Sprecherpose der Kanak Sprak, einer Kunstsprache mit geheimen Zeichen, die Elemente des Rap übernimmt und in der das

Schimpfwort *„Kanake"* zu einem positiven Begriff wird. Das Buch und der Folgeband KOPPSTOFF (1999) machten ihn zum Kultautor. Mit seinen zahlreichen weiteren Veröffentlichungen und Arbeiten für das Theater ist Zaimoglu einer der wichtigsten Autoren der Gegenwart.

Wladimir Kaminer: Russendisko (2000)

Der in Moskau geborene ▶ **Wladimir Kaminer** konnte für seinen Berlin-Roman RUSSENDISKO auf seine eigenen Erfahrungen bei der Eingliederung in die deutsche Hauptstadt zurückgreifen. Die hochkomischen Geschichten um Asylanträge, Schwulenbars, bulgarische Imbissbuden und vietnamesische Zigarettenhändler entwerfen ein schillerndes Bild vom Großstadtdschungel. Wladimir Kaminer reist oft durch Deutschland, um seine Texte vorzutragen.

▶ Wladimir Kaminer (geb. 1967) kam 1990 nach Berlin.

Ilija Trojanow: Der Weltensammler (2006)

Schon die Liste der Länder, in denen der aus Bulgarien stammende ▶ Ilija Trojanow in seiner Jugend gelebt hat, zeigt, dass er viele Wurzeln hat. In seinem späteren Leben er-fährt er sich weitere Gegenden und sammelt Er-fahrungen, über die er für Zeitungen oder in Reportagebänden schreibt. In seinem erzählerischen Werk beruft er sich ebenfalls auf Fakten. So folgt er in seinem historischen Roman DER WELTENSAMMLER dem Leben des englischen Offiziers Richard Francis Burton (1821–90), der bei seinen Aufenthalten und Reisen, anders als seine durch englische Augen blickende Landsleute, seine Lebensgewohnheiten ablegt, die Sprache des Landes lernt, die jeweilige Religion annimmt, sich also der Fremde aussetzt. Einige seiner Begleiter – Diener, Schreiber, Lehrer, Beamte – erhalten eine Stimme und so sieht der Leser Land und Kultur aus verschiedensten Blickwinkeln: Ein Gegenbild zu polarisierenden Aussagen gegen Fremde und Feindbilder entsteht.

▶ Ilija Trojanow (geb. 1965) kam 1971 über Jugoslawien und Italien nach Deutschland. Anschließend ging seine Familie nach Kenia. Deutsch lernte er in Internaten.

Autor Wladimir Kaminer bei einer seiner Tanzveranstaltungen, 2000

Popliteratur

Medienstars

Die Geschichte der deutschen Popliteratur beginnt mit einem Paukenschlag: *„Ich schneide ein Loch in meinen Kopf, in die Stirne schneide ich das Loch. Mit meinem Blut soll mir mein Hirn auslaufen."* Als ▶ Rainald Goetz, ein Mediziner mit Punkfrisur, diese Sätze aus seinem Manuskript S∪BITO beim ▶ Ingeborg-Bachmann-Preis 1983 vorliest, schlitzt er sich vor laufenden Kameras mit einer Rasierklinge die Stirn auf und liest blutüberströmt weiter.

Kalkulierte Provokation? Spiel mit den Medien? Spektakel für die Öffentlichkeit? Selbstinszenierung? Dieser Auftritt setzt Maßstäbe für eine neue Form literarischer Werke, für die sich der Begriff Popliteratur eingebürgert hat. Wie Popmusik geht er auf das Englische „popular" (beliebt, weit verbreitet) zurück und teilt einige ihrer Merkmale. So hebt Popliteratur **die Grenzen zwischen anspruchsvoller und unterhaltender Literatur auf**, beschreibt das **Lebensgefühl junger Menschen, spielt auf bekannte Fernsehsendungen und Musikszenen an, zielt auf ein Massenpublikum ab und handelt von Konsum, Drogen und Sex**. Ende der 1990er-Jahre feiern die Medien die ▶ Popliteraten, deren Lesungen große Säle füllen, oft wie Popmusiker. Danach wird es schnell still um sie.

Christian Kracht: Faserland (1995)

In den 1990er-Jahren genießen einige Popromane Kultstatus. Der Schweizer ▶ Christian Kracht leitete den Aufschwung der Popliteratur mit seinem Roman F∀SERLAND ein. Der Held besitzt die für Figuren der Popliteratur typische „Coolness", d. h., er gibt sich distanziert und emotionslos. Auf einer trostlosen Reise durch Deutschland in die Schweiz erlebt er ausschweifende Partys, bei denen es um Drogen, Sex und Markenkleidung geht. Die beschriebene Generation sucht den besonderen „Kick". Ihr Lebensgefühl aber besteht aus müder Resignation und Hoffnungslosigkeit.

Benjamin von Stuckrad-Barre: Soloalbum (1998)

Der Medienstar unter den Popliteraten ist ▶ Benjamin von Stuckrad-Barre. Vor seinem literarischen Durchbruch war er Musikjournalist und Moderator beim Musiksender MTV. Dies spiegelt sich in dem Roman S∘LOALBUM, dem er seinen Durchbruch verdankt. Er schildert den Lebensstil der 1990er-Jahre. Die Hauptfigur ist ein junger Mann, der von seiner Freundin verlassen worden ist. Um über seinen Liebeskummer hinwegzukommen, tröstet er sich mit Alkohol, Drogen, Sex und vor allem mit der Musik der britischen Band Oasis.

Rainald Goetz ▶ S. 271

Ingeborg-Bachmann-Wettbewerb / -Preis ▶ S. 271

Als ▶ Popliteratur gelten auch Werke von Matthias Politycki (geb. 1955), Thomas Meinecke (geb. 1955), Max Goldt (geb. 1958), Andreas Neumeister (geb. 1959), Sven Regener (geb. 1961), Wiglaf Droste (geb. 1961), Sibylle Berg (geb. 1962), Elke Naters (geb. 1963), Tim Staffel (geb. 1963) und Frank Goosen (geb. 1966).

▶ Der Schweizer Christian Kracht (geb. 1966) arbeitet auch als Journalist. Sein 2001 erschienener Roman „1979" wurde von der Kritik als Abgesang auf die Popliteratur gewertet.

▶ Benjamin von Stuckrad-Barre (geb. 1975) ist Schriftsteller und Journalist. Seine Medienwirksamkeit litt, als seine Kokainsucht bekannt wurde. Die Zeit des Entzugs dokumentierte die Fotografin Herlinde Koelbl in R∀USCH UND R∪HM (2003).

Alexa Hennig von Lange: Relax (1997)

Ähnlich populär wie Stuckrad-Barre ist ▸ Alexa Hennig von Lange, die ebenfalls nicht nur als Schriftstellerin im Rampenlicht der Öffentlichkeit steht. Sie modelte für Benetton, moderierte die Kindersendung „Bim Bam Bino" und schrieb Drehbücher für die Unterhaltungssendung „Gute Zeiten, schlechte Zeiten". Ihr Roman RELAX erzählt zweimal die Geschichte eines Wochenendes, einmal aus der Sicht eines jungen Mannes, einmal aus der Sicht seiner Freundin. Auch hier geht es um Sex und vor allem um den Konsum von Drogen in allen Formen. Dies wird so detailreich beschrieben, dass Komik entsteht.

Benjamin Lebert: Crazy (1999)

1999 erschien auch der ▸ Adoleszenzroman CRAZY von ▸ Benjamin Lebert, dessen Veröffentlichung von gewaltigem Medienrummel begleitet war und der mit über einer Million verkaufter Exemplare zum Bestseller wurde. Der damals sechszehnjährige Autor erzählt die stark autobiografisch gefärbte Internatsgeschichte um eine Jugendclique und deren erste Erfahrungen mit Drogen, Alkohol und dem anderen Geschlecht.

▸ Alexa Hennig von Lange (geb. 1973) ist Schriftstellerin und Moderatorin. 2001 erhielt sie für ICH HABE EINFACH GLÜCK den „Deutschen Jugendliteraturpreis".

Ein ▸ Adoleszenzroman handelt von der Übergangszeit zwischen Kindheit und Erwachsensein. Typische Themen sind die Ablösung vom Elternhaus, erste Erfahrungen mit dem anderen Geschlecht und der Konsum von Drogen und Alkohol.

▸ Benjamin Lebert (geb. 1982) schrieb Beiträge für die Jugendbeilage „Jetzt" der „Süddeutschen Zeitung", wodurch die Verlagslektorin Kiepenheuer & Witsch auf ihn aufmerksam wurde und ihn ermutigte, seine Erfahrungen in einem Roman zu fassen.

Popliterat Benjamin von Stuckrad-Barre bei einer Lesung

Literaturverfilmungen

Literatur und Film

Literatur und Film stehen schon immer in einem Wechselverhältnis. Seit es den Film gibt, greift er auf literarische Stoffe zurück und übernimmt Erzählmittel wie Handlungsführung, Konfliktgestaltung oder Figurenkonstellation. Aber auch umgekehrt lernte die Literatur vom Film. Ein berühmtes Beispiel ist Döblins Großstadtroman BERLIN ALEXANDERPLATZ, der nach Prinzipien der Montage und des Schnitts gestaltet ist.

Am deutlichsten wird die enge Beziehung von Literatur und Film in der Literaturverfilmung, der **Übersetzung einer literarischen Vorlage in das Medium Film**. Vereinfacht lassen sich **zwei Formen der Adaption**, der Anpassung des einen Mediums an das andere, unterscheiden: Zum einen die **Illustration**, die sich treu an den literarischen Text anlehnt und ihn mehr oder weniger bebildert; zum anderen die **Transformation**, die mit den besonderen Möglichkeiten des Films aus der Vorlage etwas Neues schafft. Ein Beispiel: ROSEN IM HERBST von Rolf Jugert ist eine Verfilmung von Theodor Fontanes Roman EFFI BRIEST, die sehr nahe an der Vorlage bleibt, also eher eine Illustration darstellt. FONTANE EFFI BRIEST von Rainer Werner Fassbinder und EFFI BRIEST von Hermine Huntgeburth sind dagegen freie Transformationen des Stoffes. Den Regelfall stellen Mischformen dar. Wegen der bildungsbürgerlichen Hochschätzung des Buches gegenüber dem Film kämpft die Literaturverfilmung noch immer mit

Szene aus dem Film ES GESCHAH AM HELLICHTEN TAG, 1958

Vorurteilen. Das liegt an dem Pauschalurteil, das Lesen eines Buches erfordere Aktivität, während das Betrachten eines Films eine passive Konsumentenhaltung verlange. Zudem werden Literaturverfilmungen oft nur danach beurteilt, wie werkgenau sie die Vorlage umsetzen: ein Vergleich, der unter Missachtung der filmischen Darstellungsmittel meist zugunsten des literarischen Originals gegenüber der filmischen Kopie ausfällt. Dabei ist das **Verhältnis von Buch und Film nicht immer eindeutig.** Denn dass ein Film auf ein literarisches Werk zurückgeht, ist nicht selbstverständlich. Friedrich Dürrenmatt zum Beispiel schrieb erst das Drehbuch zu dem Krimi Es geschah am helllichten Tag und auf dieser Grundlage schließlich die Erzählung Das Versprechen. Auch Jurek Becker plante seinen Erfolgsroman Jakob der Lügner von Beginn an als Film.

Berühmte Verfilmungen deutschsprachiger Literatur

Zwei deutsche Regisseure erlangten mit ihren Literaturverfilmungen Weltruhm. Rainer Werner Fassbinders Meisterwerk ist die vierzehnteilige Verfilmung von Döblins Roman Berlin Alexanderplatz. Volker Schlöndorff gelang 1979 mit Die Blechtrommel – nach dem Roman von Günter Grass – ein Film, dem eine seltene Ehre zuteil wurde. Er wurde als erster deutscher Film mit einem Oscar als bester fremdsprachiger Film ausgezeichnet. Außerdem erhielt er die Goldene Palme in Cannes.

Aus dem Repertoire der deutschen Literatur schöpfen auch international renommierte Regisseure. Berühmte Beispiele sind Thomas Manns Novelle Der Tod in Venedig, die der Italiener Luchino Visconti verfilmte, und Arthur Schnitzlers Traumnovelle, auf der der Film Eyes Wide Shut des amerikanischen Regisseurs Stanley Kubrick beruht. Im letzteren Fall dürfte der Film sogar bekannter sein als die Buchvorlage.

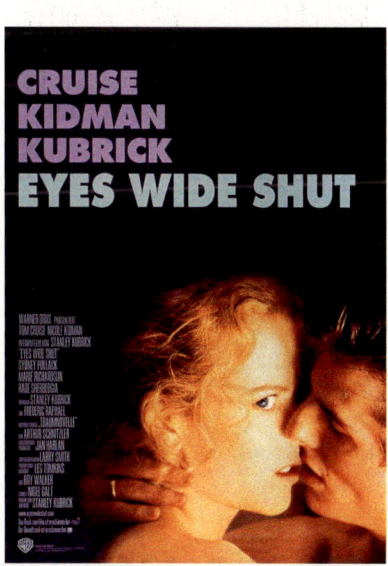

Kinoplakat von Eyes Wide Shut, **1999**

— 1974 Fontane Effi Briest (nach Theodor Fontane). Regie: Rainer Werner Fassbinder

— 1975 Die verlorene Ehre der Katharina Blum (nach Heinrich Böll). Regie: Volker Schlöndorff und Margarethe von Trotta

— 1978 Woyzeck (nach Georg Büchner). Regie: Werner Herzog

— 1979 Die Blechtrommel (nach Günter Grass). Regie: Volker Schlöndorff

— 1980 Berlin Alexanderplatz (nach Alfred Döblin). Regie: Rainer Werner Fassbinder

— 1981 Der Zauberberg (nach Thomas Mann). Regie: Hans W. Geißendörfer

— 1982 Die Wahlverwandtschaften (nach Johann Wolfgang Goethe). Regie: Claude Chabrol

— 1990 Homo faber (nach Max Frisch). Regie: Volker Schlöndorff

— 1999 Eyes Wide Shut (nach Arthur Schnitzlers Traumnovelle). Regie: Stanley Kubrick

— 2000 Jahrestage (nach Uwe Johnson). Regie: Margarethe von Trotta

— 2008 Buddenbrooks (nach Thomas Mann). Regie: Heinrich Breloer

— 2009 Effi Briest (nach Theodor Fontane). Regie: Hermine Huntgeburth

Zusammenfassung

Mit dem **Fall der Berliner Mauer** und der deutschen **Wiedervereinigung** begann auch für die Literatur ein neues Zeitalter. Seit 1990 lassen sich **zwei gegensätzliche Richtungen** beobachten:

– Die Gegenwartsliteratur ist **Vergangenheitsliteratur**. Das Ende der deutsch-deutschen Spannungen führte zu literarischer **Erinnerungsarbeit**. Zahlreiche Werke handeln vom Leben in der Diktatur der **DDR** und des **Dritten Reiches**.

– Aus der Überwindung der politischen Gegensätze zwischen Ost und West folgt ein literarischer **Rückzug ins Private**. Viele Romane beschäftigen sich mit **Alltagsthemen wie Liebe, Ehe, Freundschaft und Sexualität**. Dies gilt auch für die **interkulturelle Literatur** und die **Popliteratur**.

Wichtige Begriffe
interkulturelle Literatur; Literaturverfilmung; Popliteratur; Wenderoman

Zusammenfassung der Teilkapitel
Autoren und Werke

Bernhard Schlink: DER VORLESER – Der Roman erzählt die Geschichte von Hanna Schmitz, einer Analphabetin, die als ehemalige KZ-Aufseherin für den grausamen Tod vieler Menschen mitverantwortlich ist und nach dem Krieg vor Gericht gestellt wird. Ihrem Geliebten, dem zwanzig Jahre jüngeren Ich-Erzähler, wird nach und nach bewusst, wie sehr er selbst durch sein Mitgefühl und sein Engagement für die Verurteilte in die Vergangenheit verstrickt ist.

Monika Maron: ANIMAL TRISTE – Der in der Ich-Form erzählte Liebesroman spielt in der Zeit der Wiedervereinigung. Eine Ostberliner Paläontologin und ein Ulmer Insektenforscher verlieben sich ineinander. Aufgrund ihrer unterschiedlichen Herkunft und Prägung findet ihr Liebesglück keine Erfüllung. Nach dem Verschwinden des Geliebten blickt die Erzählerin auf die Zeit vor der Wende zurück.

Robert Gernhardt: INVENTUR 96 ODER ICH ZEIG EICH MEIN REICH – Das Gedicht ist ein ironisches Spiel mit Günter Eichs berühmtem Nachkriegsgedicht INVENTUR. Gernhardt lehnt sich eng an die Form und den Satzbau seiner Vorlage an. Die Aussagen zu den Arbeits- und Lebensbedingungen des Schriftstellers weichen aber stark davon ab und zeichnen das Bild eines technikabhängigen Lebens aus zweiter Hand.

Thomas Brussig: AM KÜRZEREN ENDE DER SONNENALLEE – Der humorvolle Roman schildert das Lebensgefühl von DDR-Jugendlichen kurz vor der Wende. Die Sonnenallee, die in unmittelbarer Nähe der Berliner Mauer liegt, ist der Ort, an dem sich eine Clique regelmäßig trifft. Es geht um Liebesbeziehungen, den Einfluss westlicher Popmusik und die alltäglichen Überlebensstrategien in einer Diktatur.

Daniel Kehlmann: RUHM. EIN ROMAN IN NEUN GESCHICHTEN – Die neun Geschichten des Romans stecken voller Komik, Rätsel und Unheil. Sie kreisen um die Frage nach dem Sinn des Lebens, dem Wesen unserer Identität und der Macht moderner Kommunikationsmittel. Kehlmann treibt ein hintergründiges Spiel mit der Wirklichkeit, bei dem sich erst am Ende herausstellt, wie die einzelnen Personen und Handlungen der Geschichten zusammengehören.

Interkulturelle Literatur – Als interkulturelle Literatur bezeichnet man Werke in deutscher Sprache von nicht deutschstämmigen Schriftstellern. Sie handelt oft von kulturellen Konflikten, die sich aus der Zuwanderung ergeben. Zu den erfolgreichen Autoren gehören der türkischstämmige Feridun Zaimoglu, Wladimir Kaminer aus Moskau und Ilija Trojanow, der bulgarischer Herkunft ist.

Popliteratur – Als Popliteratur werden Werke bezeichnet, die – vergleichbar der Popmusik – vom Lebensgefühl junger Menschen erzählen, das von Drogen, Sexualität, Musik, Markenartikeln und Fernsehkonsum geprägt ist. Popliteraten wie Christian Kracht, Benjamin von Stuckrad-Barre, Alexa Hennig von Lange und Benjamin Lebert genießen in den 1990er-Jahren den Status von Medienstars und füllen mit ihren Auftritten große Säle.

Literaturverfilmungen – Eine Literaturverfilmung ist die Übertragung eines literarischen Werks in das Medium Film. Man unterscheidet zwischen zwei Formen der filmischen Adaption: Die Illustration ist werkgetreu, die Transformation frei. In der Praxis überwiegen Mischformen. Literaturverfilmungen der beiden deutschen Regisseure Rainer Werner Fassbinder und Volker Schlöndorff erlangten Weltruhm.

Weitere Autoren und Werke

Hans Joachim Schädlich: SCHOTT; Marcel Beyer: FLUGHUNDE; Heiner Müller: GERMANIA 3. GESPENSTER AM TOTEN MANN; Urs Widmer: TOP DOGS; Arnold Stadler: EIN HINREISSENDER SCHROTTHÄNDLER; Frank Goosen: LIEGEN LERNEN; Michael Kumpfmüller: HAMPELS FLUCHTEN; Florian Illies: GENERATION GOLF; Brigitte Kronauer: TEUFELSBRÜCK; Sven Regener: HERR LEHMANN; Peter Stamm: UNGEFÄHRE LANDSCHAFT; Ulla Hahn: DAS VERLORENE WORT; Thomas Hettche: DER FALL ARBOGAST; Julie Zeh: ADLER UND ENGEL; Bodo Kirchhoff: SCHUNDROMAN; Markus Werner: AM HANG; Martin Suter: LILA, LILA; Wolf Haas: DAS WETTER VOR 15 JAHREN; Katharina Hacker: DIE HABENICHTSE; Ingo Schulze: HANDY. DREIZEHN GESCHICHTEN IN ALTER MANIER; Wilhelm Genazino: MITTELMÄSSIGES HEIMWEH; Martin Mosebach: DER MOND UND DAS MÄDCHEN; Ralf Rothmann: FEUER BRENNT NICHT; Sibylle Berg: DER MANN SCHLÄFT

Arbeitsvorschläge

1. Die Gegenwartsliteratur ist Vergangenheitsliteratur. Begründe mithilfe der Textauszüge dieses Kapitels, ob diese Aussage zutrifft.

2. Ironie und Komik spielen in der Gegenwartsliteratur eine große Rolle. Erläutere, für welche Texte des Kapitels dies zutrifft.

3. Beschreibe das Bild vom Leben in der DDR, das ANIMAL TRISTE (S. 359) und AM KÜRZEREN ENDE DER SONNENALLEE (S. 363) zeichnen.

4. Stellt euch Romane der interkulturellen (d. h. von Autoren, die zwei Kulturräumen angehören, S. 366 f.) oder der Popliteratur (S. 368 f.) vor und haltet deren Merkmale fest.

5. Schaut euch die Literaturverfilmung eines Buches an, das ihr gelesen habt, und erörtert, ob es sich eher um eine Illustration (die sich treu an den literarischen Text anlehnt und ihn mehr oder weniger bebildert) oder eine Transformation (die mit den besonderen Möglichkeiten des Filmes aus der Vorlage etwas Neues schafft) handelt.

6. Stelle in der Klasse ein Buch vor, das in den letzten Jahren erschienen ist und das dich besonders interessiert.

Verzeichnis wichtiger Begriffe

Adoleszenzroman – Roman, der von der Übergangszeit zwischen Kindheit und Erwachsensein handelt

Akt – in sich geschlossener, der Gliederung eines Handlungsablaufs entsprechender Abschnitt eines Dramas

Alexandriner – Vers, dessen Metrum ein sechshebiger Jambus ist. Nach der dritten Hebung folgt ein Sinneinschnitt (Mittelzäsur). Dadurch besteht er im Grunde aus zwei Halbversen und eignet sich zur Betonung von Gegensätzen, wie es zum Beispiel für die Barockdichtung wichtig war.

Alliteration – rhetorische Figur, Hervorhebung von zwei oder mehr Wörtern durch gleichen Anfangslaut

Anekdote – kurze Geschichte, die man erzählt, um eine Person zu charakterisieren

Antikriegsroman – Roman, der die Grausamkeiten des Krieges anprangert

Aphorismus – kurze literarische Form, die knapp zugespitzt und rhetorisch reizvoll einen Gedanken formuliert

Autobiografie – Darstellung vor allem des geistig-seelischen Entwicklungsprozesses des eigenen Lebens

Ballade – Gedicht, das eine Geschichte erzählt und dabei mit dramatischen Elementen arbeitet. Die Ballade vereinigt somit die drei Grundgattungen: epische Erzählweise, dramatische Gestaltung, lyrische Elemente. Man unterscheidet der Form nach Volks- und Kunstballaden, dem Inhalt nach naturmagische Balladen, historische Balladen, Heldenballaden, Ideenballaden, politische Balladen.

Belletristik – „schöne" Literatur, die man zur Unterhaltung liest, vor allem Romane und Erzählungen

Blankvers – fünfhebiger, reimloser Jambus

Briefroman – Roman, der überwiegend aus Briefen eines oder mehrerer Verfasser besteht, wodurch der Leser sich besonders gut in den oder die Verfasser einfühlen kann

Bürgerliches Trauerspiel – dramatische Gattung in Prosa, entstand zu Zeiten der Aufklärung und gestaltete Aspekte des bürgerlichen Standes

Chiffre – rhetorische Figur, rätselhaft verschlüsselte Metapher, deren Sinn nur aus dem Zusammenhang und oft nur assoziativ ermittelt werden kann

Collage/Montage – Text, der in Anlehnung an die Klebebilder der Bildenden Kunst aus unterschiedlichem Material zusammengesetzt ist

Comic – Erzählung einer Geschichte als eine Folge von gezeichneten Bildern, die mit erzählendem Text und/oder wörtlicher Rede kombiniert werden. Autorencomics sind Comics, die eindeutig bestimmten Autoren zuzuordnen sind.

Dialog – eine mündlich oder schriftlich geführte Rede und Gegenrede zwischen zwei oder mehreren Personen

Dinggedicht – Gedicht, das einen Gegenstand, ein Tier oder eine Pflanze einfühlend darstellt, um das innere Wesen des Gegenstands, des Tiers oder der Pflanze zu offenbaren

Dokumentarisches Theater – Theaterform, die dokumentarisches Material (zum Beispiel Protokolle, Zeugenaussagen, Briefe, Fotos, Akten) verwendet, um eine möglichst genaue Wiedergabe der Wirklichkeit zu erreichen. Das Dokumentarische Theater will vor allem gesellschaftskritisch und politisch wirken.

Dramatik – Neben Lyrik und Epik eine der drei literarischen Grundgattungen: Texte, die auf der Bühne aufgeführt werden

Emblem – Sinnbild, kleine Kunstform, die sich aus drei Teilen zusammensetzt: Überschrift, Bild und Bildunterschrift

Endreim – gebräuchlichste Form des Reims, Gleichklang von Wörtern am Versende, zum Beispiel als Paarreim (die letzten Wörter in je zwei aufeinanderfolgenden Versen reimen sich: aabb) oder Kreuzreim (das letzte Wort eines Verses reimt sich mit dem letzten Wort der übernächsten Verszeile)

engagierte Literatur – Literatur, die sich das Ziel setzt, direkt politische Veränderungen zu bewirken

Epigramm – kurzes Gedicht, das einen Sachverhalt in geistreich-zugespitzter Form erläutert

Epik – neben Lyrik und Dramatik eine der drei literarischen Grundgattungen: jede Art erzählender Dichtung in Versen oder in Prosa (Romane, Erzählungen, Novellen usw.)

episches Theater – von Bertolt Brecht entwickelt, Integration von Elementen der Epik auf der Theaterbühne, Abwendung von der klassischen Illusionsbühne. Der Zuschauer soll sich nicht mit den Protagonisten identifizieren, sondern sich in kritischer Distanz zum Dargestellten ein eigenes Urteil bilden. Wichtiges Element ist der Verfremdungseffekt.

Epos (Pl.: Epen) – längere Verserzählung, die nicht mündlich überliefert, sondern schriftlich aufgezeichnet wurde. Sie besteht in der Regel aus gleichartig gebauten Versen und Strophen. Oft werden Sagen- oder Geschichtsstoffe behandelt.

erlebte Rede – Wiedergabe von Gedanken einer Person im Indikativ der 3. Person (er, sie) und meist im sogenannten epischen Präteritum

Essay – Text, der sich mit einem kulturellen, politischen und gesellschaftlichen Thema in geistreicher Weise auseinandersetzt

Fabel – kurze lehrhafte Geschichte, in der Tiere auftreten, die sich wie Menschen verhalten, wodurch menschliche Verhaltensweisen und Eigenschaften verständlich gemacht werden

Figur – in der Dichtung auftretende fiktive Person, auch Charakter genannt

Figurengedicht – Gedicht, bei dem der Inhalt des Textes über das Schrift- oder Druckbild auch grafisch dargestellt wird

Figurenkonstellation – Beziehungsgeflecht, in dem Figuren eines literarischen Werks zueinander stehen

Fiktion – Schaffung einer eigenen Welt durch Literatur, Film, Malerei oder andere Formen der Darstellung

Flugschrift – meist kurzer Text von einem anonymen Autor mit einem politischen oder religiösen Thema, der in hoher Auflage verbreitet wird

Fragment – nicht vollständiges Werk, Bruchstück. Die Frühromantiker verwendeten das Fragment bewusst als Ausdrucksmittel.

geschlossenes Drama – streng aufgebautes Drama in fünf (oder drei) Akten. Es gelten die Einheiten der Zeit (die Handlung dauert höchstens 24 Stunden), des Ortes (sie spielt nur an einem Ort) und der Handlung (es wird genau eine Handlung von Anfang bis Ende erzählt).

Gesellschaftsroman (auch Zeitroman) – Roman, der in erster Linie das Leben einer Gesellschaft schildert und die Konflikte, die sich aus den Gegebenheiten ergeben

Graphic Novel – grafischer Roman; Comic, der in Umfang, Thema und Grafik den traditionellen Comicrahmen sprengt

Groteske – Dichtung, in der Komisches und Grausiges, Lächerliches und Schreckliches eng verbunden sind. Für manche neuere Autoren ist die Groteske die angemessene Darstellungsform der Welt.

Heldenlied – kürzere Erzählung in Versen, die die Taten vorbildlicher Kämpfer preist. Sie stammt oft von einem anonymen Verfasser und war zum mündlichen Vortrag bestimmt. Das Heldenlied gehört zur germanischen Dichtung des Mittelalters.

Hexameter – Vers des antiken Epos; sechs Hebungen mit relativ freien Senkungen

Hörspiel – dramatisierte, rein akustische Inszenierung mit verteilten Sprecherrollen, Geräuschen und Musik. Hörspiele werden für den Rundfunk entwickelt. Der Übergang zur Klangkunst ist fließend.

Hymne – ursprünglich ein religiöser Lob- und Preisgesang, der im 18. Jahrhundert zu einer Gattung wird, die Ergriffenheit und Begeisterung ausdrückt und auf Reime und ein regelmäßiges Versmaß verzichtet

Idylle – harmonische, verklärte Bilder oder Zustände, die friedlich auf Leser und Zuschauer wirken

innerer Monolog – Wiedergabe der Gedanken und Gefühle einer Figur in der 1. Person Singular Präsens (ich). Beim Leser entsteht der Eindruck einer Innensicht und der Teilnahme an einem Selbstgespräch.

interkulturelle Literatur – Literatur von Autoren, die aus einer von mindestens zwei Kulturräumen geprägten Sichtweise schreiben

Ironie – Redeweise, in der das Gegenteil des eigentlichen Wortlauts gemeint ist, wodurch sich der Autor vom Gesagten distanziert

Jambus – Versfuß (kleinste Einheit des Versmaßes), der aus einer unbetonten (Senkung) und einer betonten (Hebung) Silbe besteht

Kadenz – metrische Gestaltung des Versendes. Männliche Kadenz: Der Vers endet mit einer betonten Silbe (z. B. *Mond*). Weibliche Kadenz: Der Vers endet mit einer unbetonten Silbe (z. B. *Sonne*).

Kalendergeschichte – kürzere, unterhaltsame und lehrreiche Erzählung, die bis ins 19. Jahrhundert auf einem Kalender abgedruckt war

Katastrophe – besonders in der Tragödie: der entscheidende Wendepunkt, der die Lösung des Konflikts bringt

Kinder- und Jugendliteratur – Literatur die in der Regel speziell für Kinder und Jugendliche geschrieben wird

Knittelvers – im Paarreim stehender Vers mit vier betonten und beliebig vielen unbetonten Silben

Komödie – Bühnenstück mit komischem oder heiterem Inhalt und gutem Ausgang, oft auch als Lustspiel bezeichnet

Konkrete Poesie – sprachliches Material, Laute, Buchstaben, Silben und Wörter, werden so kombiniert, dass eine visuelle oder klangliche Wirkung entsteht. Deshalb kommen der grafischen Gestaltung oder dem Vortrag besondere Bedeutung zu.

Kriminalroman – Roman, der in der Regel ein Verbrechen und seine Verfolgung und Aufklärung durch die Polizei, einen Detektiv oder eine Privatperson beschreibt

Kurzgeschichte – kurze erzählende Form, die durch Realismus, Bezug zur Alltagswirklichkeit, Zuspitzung einer krisenhaften Momentaufnahme und offene Form gekennzeichnet ist. Diese Kennzeichen prädestinierten die Kurzgeschichte zum Ausdrucksmittel für die Erfahrungen der Kriegs- und Nachkriegszeit.

Lautgedicht – Gedicht, bei dem der Sinn nicht durch die Bedeutung von Wörtern hergestellt wird, sondern durch die Verbindung von Buchstaben oder Lauten

Leitmotiv – künstlerisches Mittel, das in der Gesamtheit des Werkes immer wieder zu finden ist. So können Farben, Stimmungen, Symbole, Personen, Sätze u.a. als Leitmotiv verwendet werden.

Lyrik – neben Epik und Dramatik eine der drei literarischen Grundgattungen: Texte in gebundener Sprache (Gedichte)

lyrisches Ich – fiktiver Sprecher/fiktive Sprecherin in einem Gedicht

Märchen – kleinere Prosaerzählung fantastisch-wunderbarer Begebenheiten aus freier Erfindung ohne zeitlich-räumliche Festlegung. Man unterscheidet Volks- und Kunstmärchen.

Meisterlied – nach starren Regeln gedichtetes Lied der Zunfthandwerker des 14.–16. Jahrhunderts

Metapher – rhetorische Figur, Übertragung eines Wortes auf einen anderen Sinnbereich, um diesen zu veranschaulichen

Metrum – Wechsel von betonten und unbetonten Silben

Minnesang – Hauptform der höfischen Lyrik im Mittelalter: Minne bezeichnet die Beziehung zwischen dem Sänger des Liedes und der von ihm verehrten unerreichbaren adligen Dame.

Monolog – Selbstgespräch, vor allem im Drama

naturmagische Lyrik – Lyrik, die die Natur als beseelt, unwandelbar und zeitlos gegenüber der Gesellschaft preist

Novelle – kürzere Prosaerzählung, in deren Mittelpunkt *„eine sich ereignete unerhörte Begebenheit"* (Goethe) steht: ein zentraler Konflikt, der auf einen Wendepunkt zusteuert. Oft finden sich in Novellen auch Techniken der Vorausdeutung wie Leitmotive oder Dingsymbole.

Ode – feierliches Gedicht, ursprünglich in der Antike zur Musikbegleitung vorgetragene Dichtung; reimlos, strenge (nicht alternierende) metrische Form. Die Ode hat Themen wie Liebe, Freundschaft oder Natur zum Inhalt.

offenes Drama – Dramenform, die im Gegensatz zum geschlossenen Drama keinen streng gesetzmäßigen Aufbau zeigt. Es fehlt häufig die Einteilung in Akte, die Hauptfigur wird nur in einzelnen Momentaufnahmen gezeigt.

Oxymoron – rhetorische Figur, bei der eine Formulierung aus zwei gegensätzlichen, einander (scheinbar) widersprechenden oder sich gegenseitig ausschließenden Begriffen gebildet wird

Parabel – Beispielerzählung, deren übertragene Bedeutung eine allgemeine Wahrheit oder Weisheit vermittelt. Der Leser muss von der Bildebene (das, was erzählt wird) auf die Sachebene (das, was tatsächlich gemeint ist) schließen.

Parodie – literarischer Text, der in verzerrender, übertreibender oder verspottender Absicht ein anderes Werk nachahmt

Personifikation – rhetorische Figur, die Tieren, Pflanzen, Gegenständen, toten Personen oder abstrakten Wesenheiten eine Stimme gibt oder menschliche Züge verleiht

politische Lyrik – Gedichte, die den Leser dazu bringen wollen, bestimmte politische Positionen einzunehmen und sich zu engagieren.

Printmedien – gedruckte Medien wie Bücher, Zeitungen und Zeitschriften

Prosa – ungebundene Rede im Gegensatz zur Formulierung in Versen oder in bewusst rhythmischer Sprache

Protagonist – ursprünglich Hauptdarsteller in einem Drama, heute wird der Begriff oft für die handelnden Personen verwendet. Der Gegenspieler des Protagonisten wird als Antagonist bezeichnet.

Reihungsstil – Aneinanderreihung scheinbar zusammenhangloser Einzelbilder

Reim – vgl. Endreim, Stabreim

Rezeption – Aufnahme und Verarbeitung von früheren Epochen, Motiven und literarischen Werken

Rhetorik – Redekunst; Lehre von der guten, wirkungsvollen Rede

rhetorische Frage – Scheinfrage, auf die keine Antwort erwartet wird. Sie dient der Bekräftigung der Aussage.

Sage – kurze, mündlich überlieferte Erzählung von unglaubhaften, fantastischen Ereignissen, die aber als Wahrheitsbericht aufgebaut ist oder auf tatsächlichen Begebenheiten beruht

Satire – kritische Entlarvung politisch-gesellschaftlicher Missstände oder menschlichen Fehlverhaltens mit den Mitteln der Komik. Durch Übertreibung, Ironie oder Spott wird Kritik an Personen oder Ereignissen geübt.

Schauerliteratur – literarisches Genre der Fantastik, die das Bedürfnis der Leser nach Gruselgeschichten stillen will

Schelmenroman – Roman, in dessen Mittelpunkt ein schalkhafter Ich-Erzähler steht, den die Fügungen des Schicksals in turbulente Abenteuer verstricken. Als Überlebenskünstler, der die Sympathie des Lesers auf seiner Seite hat, ist der Schelm in schwierigen Situationen auf List, Verschlagenheit und Glück angewiesen. Häufig werden Missstände der Zeit entlarvt.

Schwank – knappe anekdotenhaft zugespitzte Erzählung eines lustigen Einfalls oder einer komischen Begebenheit, auch in dramatischer Form

schwarzer Humor – Darstellungsweise, mit der normalerweise als ernst betrachtete oder makabre Themen wie Verbrechen, Krankheit und Tod in satirischer oder bewusst verharmlosender Weise behandelt werden

Sekundenstil – Technik der Dichtung des Naturalismus, die versucht, kleinste Bewegungen, Gesten, Geräusche und Nuancierungen in ihrer zeitlichen Abfolge so genau wie möglich darzustellen. Die Dialoge in Dramen werden deshalb durch ausführliche Regieanweisungen unterbrochen.

Sonett – Gedichtform mit vierzehn Versen, zumeist verteilt auf vier Strophen: zwei Quartette (Vierzeiler) und zwei Terzette (Dreizeiler); häufiges Reimschema: abba abba cdc dcd. Das Sonett war zum Beispiel im Barock eine beliebte Gedichtform.

soziales Drama – Drama, in dem Angehörige unterer Gesellschaftsschichten auftreten. Es will Mitleid für diese Schichten hervorrufen und die gesellschaftlichen Situation dieser Schichten verbessern.

Spruchgedicht – mittelalterliches Gedicht, das der politischen, moralischen oder religiösen Belehrung dient

Stabreim – Anlautreim, d. h., die Anfangslaute von Wörtern klingen gleich. Er ist eng mit der Alliteration verwandt.

Ständeklausel – verbindlich in Barock und früher Aufklärung: In der Tragödie darf nur das Schicksal von Königen und hohem Adel dargestellt werden, die Komödie hat dagegen bürgerliche Personen und ihre Schwächen zum Gegenstand.

Symbol – bildhaftes, über die eigentliche Bedeutung des Wortes hinausweisendes, mehrdeutiges Zeichen

Szene/Auftritt – meist bühnentechnisch bedingte Unterteilung eines Akts, begrenzt durch Auf- oder Abtreten von Personen

Tagelied – Lied, das zur Gattung des Minnesangs gehört. Es schildert Abschied und Trennung der Liebenden im Morgengrauen nach einer unerlaubten Liebesnacht.

Tragik – Zusammenstoß zweier Werte, die einander widersprechen. Der Mensch, der sich zwischen diesen beiden Werten entscheiden muss, macht sich schuldig, obwohl er keine Wahl hatte, nicht schuldig zu werden.

Tragödie – Bühnenstück, in dem die Hauptfigur in einem schicksalhaften Konflikt steht, der zur Katastrophe, d. h. der unausweichliche Verschlechterung für den tragischen Helden, führt.

Trivialliteratur – literarische Werke von inhaltlich und sprachlich geringem Anspruch, die aus vorwiegend kommerziellen Gründen auf den Geschmack des breiten Lesepublikums zielen

Trochäus – Versfuß (kleinste Einheit des Versmaßes), der aus einer betonten (Hebung) und einer unbetonten (Senkung) Silbe besteht

Utopie – Gestaltung eines idealen Zustandes. Man weiß, dass dieser nie wahr werden wird, will sich ihn aber trotzdem als Ziel vor Augen halten.

Verfremdungseffekt – wichtiges Element des epischen Theaters. Die Dramenhandlung wird unterbrochen und kommentiert, zum Beispiel durch Erzähler, Spielleiter, Schauspieler, Chöre, Lieder, Songs, Spruchbänder, Film- oder Tondokumente.

Volkslied – volkstümliches Lied, das vorwiegend mündlich überliefert wurde und meist eine große Verbreitung hat. Die sogenannte Volksliedstrophe besteht aus vier Versen mit dem Reimschema abab.

Wenderoman – Roman, der vom Fall der Berliner Mauer und von der Wiedervereinigung handelt

Zeitroman – vgl. Gesellschaftsroman

Textquellen

Mittelalter und Frühe Neuzeit

S. 9: Walther von der Vogelweide: All mîn fröide lît an einem wîbe. In: Mittelhochdeutsche Texte und Übertragungen. Hg., üs. und mit einem Anhang versehen v. Helmut Brackert. Frankfurt/M.: Fischer 1983, S. 140f.

S. 9: Sebastian Brant: Das Narrenschiff. In: Kurt Rothmann: Kleine Geschichte der deutschen Literatur. Reclam: Stuttgart 2003, S. 35 (Übersetzung vom Herausgeber).

S. 15: Das Nibelungenlied. Üs. v. Helmut Brackert. Frankfurt/M.: Fischer 1970, S. 6f.

S. 17: Wolfram von Eschenbach: Parzival. Üs. v. Wilhelm Hertz. Stuttgart: Reclam 1980, S. 68ff.

S. 19: Walther von der Vogelweide: Under der linden. In: Das Buch der Gedichte. Hg. v. Karl Otto Conrady. Frankfurt/M.: Hirschgraben 1987, S. 46f. © Fischer, Üs. v. Peter Wapnewski.

S. 21: Hermann Bote: Till Eulenspiegel. In: Ingeborg Haas: Schwänke des 16. Jahrhunderts. Literatur im Unterricht. Didaktische Interpretationen 4. Moritz Schauenburg Verlag o.J.

S. 23: Hans Sachs: Der fahrende Schüler im Paradies. In: Ders.: Meistergesänge – Fastnachtsspiele – Schwänke. Stuttgart: Reclam 1968, S. 22ff.

Barock

S. 31: Christian Hoffmann von Hoffmannswaldau: Vergänglichkeit der Schönheit. In: Das große deutsche Gedichtbuch. Hg. v. Karl Otto Conrady. Frankfurt/M.: Athenäum 1987, S. 136f.

S. 37: Andreas Gryphius: Es ist alles eitel. In: Das große deutsche Gedichtbuch. Hg. v. Karl Otto Conrady. Frankfurt/M.: Athenäum 1987, S. 110.

S. 39: Paul Fleming: Wie er wolle geküsset sein. In: Das große deutsche Gedichtbuch. Hg. v. Karl Otto Conrady. Frankfurt/M.: Athenäum 1987, S. 84.

S. 41: Hans Jacob Christoph von Grimmelshausen: Der abentheuerliche Simplicissimus Teutsch. Durchgesehene Ausgabe. Stuttgart: Reclam 1996, S. 25ff.

S. 42: Theodor Kornfeld: Ein Sanduhr. In: Albrecht Schöne: Das Zeitalter des Barock. Texte und Zeugnisse. München: Beck 1988.

S. 43: Friedrich von Logau: Kennzeichen eines guten Freundes. In: Poetische Sprachspiele. Vom Mittelalter bis zur Gegenwart. Hg. v. Klaus Peter Dencker. Stuttgart: Reclam 2002.

S. 43: Reinhard Döhl: Apfel. In: Konkrete Poesie. Hg. v. Eugen Gomringer. Stuttgart: Reclam 1972, S. 38. © Barbara Döhl.

Aufklärung

S. 47: Immanuel Kant: Beantwortung der Frage: Was ist Aufklärung? In: Ders.: Werke in sechs Bänden. Bd. 6. Hg. v. Wilhelm Weischedel. Wiesbaden: Insel 1964, S. 53.

S. 53: Gotthold Ephraim Lessing: Emilia Galotti. In: Ders.: Werke in drei Bänden. Bd. 1. Hg. v. Jost Perfahl, Otto Mann. München: Winkler 1969–1972, S. 708f.

S. 55: Gotthold Ephraim Lessing: Nathan der Weise. In: Ders.: Werke in drei Bänden. Bd. 1. Hg. v. Jost Perfahl, Otto Mann. Bd. 1. München: Winkler 1969–1972, S. 776ff.

S. 57: Friedrich Gottlieb Klopstock: An Sie. In: Aufklärung und Empfindsamkeit. Hg. v. Adalbert Elschenbroich. Lizenzausgabe. München: Hanser o. J., S. 418f.

S. 59: Gotthold Ephraim Lessing: Fabel. In: Ders.: Werke in drei Bänden. Bd. 1. Hg. v. Jost Perfahl, Otto Mann. München: Winkler 1969–1972, S. 1003.

S. 59: Robert Musil: Es lobt sich selbst ... / Sonniger Dichter. In: Ders.: Gesammelte Werke in neun Bänden. Bd. 7: Kleine Prosa, Aphorismen, Autobiographisches. Hg. v. Adolf Frisé. Reinbek bei Hamburg: Rowohlt 1981, S. 820.

S. 59: Georg Christoph Lichtenberg: Werke in einem Band. Hg. v. Wolfgang und Barbara Promies. Lizenzausgabe. München: Hanser o.J., S. 149.

Sturm und Drang

S. 67: Johann Gottfried Herder: Von deutscher Art und Kunst. In: Sturm und Drang. Bd. 1. Hg. v. Heinz Nicolai. München: Winkler 1971, S, 300.

S. 67: Johann Wolfgang von Goethe: Willkommen und Abschied. In: Ders.: Gedenkausgabe der Werke, Briefe und Gespräche. Bd. 4. Hg. v. Ernst Beutler. Zürich: Artemis 1949, S. 48f.

S. 68: Johann Wolfgang von Goethe: Zum Schakespears Tag. In: Ders.: Gedenkausgabe der Werke, Briefe und Gespräche. Bd. 4. Hg. v. Ernst Beutler. Zürich: Artemis 1949, S. 125.

S. 68: Johann Wolfgang von Goethe: Die Leiden des jungen Werthers. In: Ders.: Gedenkausgabe der Werke, Briefe und Gespräche. Bd. 4. Hg. v. Ernst Beutler. Zürich: Artemis 1949, S. 389.

S. 69: Friedrich Schiller: Die Räuber. In: Ders.: Sämtliche Werke in 5 Bänden. Bd. 1. Hg. v. Gerhard Fricke und Herbert G. Göpfert. München: Hanser 1981, S. 504.

S. 71: Johann Wolfgang von Goethe: Die Leiden des jungen Werthers. In: Ders.: Gedenkausgabe der Werke, Briefe und Gespräche. Bd. 4. Hg. v. Ernst Beutler. Zürich: Artemis 1949, S. 424ff.

S. 73: Johann Wolfgang von Goethe: Prometheus. In: Ders.: Gedenkausgabe der Werke, Briefe und Gespräche. Bd. 1. Hg. v. Ernst Beutler. Zürich: Artemis 1949, S. 320f.

S. 75: Friedrich Schiller: Die Räuber. In: Ders.: Sämtliche Werke in 5 Bänden. Bd. 1. Hg. v. Gerhard Fricke und Herbert G. Göpfert. München: Hanser 1981, S. 502ff.

S. 77: Friedrich Schiller: Kabale und Liebe. In: Ders.: Sämtliche Werke in 5 Bänden. Bd. 1. Hg. v. Gerhard Fricke und Herbert G. Göpfert. München: Hanser 1981, S. 808f.

S. 78: Johann Wolfgang von Goethe: Die Leiden des jungen Werthers. In: Ders.: Gedenkausgabe der Werke, Briefe und Gespräche. Bd. 4. Hg. v. Ernst Beutler. Zürich: Artemis 1949, S. 382.

Klassik

S. 85: Johann Wolfgang von Goethe: Wilhelm Meisters Lehrjahre. In: Ders.: Gedenkausgabe der Werke, Briefe und Gespräche. Bd. 7. Hg. v. Ernst Beutler. Zürich: Artemis 1949, S. 155.

S. 85: Johann Wolfgang von Goethe: Hermann und Dorothea. In: Ders.: Gedenkausgabe der Werke, Briefe und Gespräche. Bd. 3. Hg. v. Ernst Beutler. Zürich: Artemis 1949, S. 207ff.

S. 91: Johann Wolfgang von Goethe: Iphigenie auf Tauris. In: Ders.: Gedenkausgabe der Werke, Briefe und Gespräche. Bd. 6. Hg. v. Ernst Beutler. Zürich: Artemis 1949, S. 203ff.

S. 93: Johann Wolfgang von Goethe: Faust. Der Tragödie erster Teil. In: Ders.: Gedenkausgabe der Werke, Briefe und Gespräche. Bd. 5. Hg. v. Ernst Beutler. Zürich: Artemis 1949, S. 155f.

S. 95: Friedrich Schiller: Wilhelm Tell. In: Ders.: Sämtliche Werke in 5 Bänden. Bd. 2. Hg. v. Gerhard Fricke und Herbert G. Göpfert. München: Hanser 1981, S. 998f.

S. 96: Johann Wolfgang von Goethe: Zur Ballade. In: Ders.: Gedenkausgabe der Werke, Briefe und Gespräche. Bd. 2. Hg. v. Ernst Beutler. Zürich: Artemis 1949, S. 613.

S. 97: Johann Wolfgang von Goethe: Erlkönig. In: Ders.: Gedenkausgabe der Werke, Briefe und Gespräche. Hg. v. Ernst Beutler. Band 1. Zürich: Artemis 1949, S. 115.

Zwischen Klassik und Romantik

S. 105: Heinrich von Kleist: Amphitryon. In: Ders.: Werke in einem Band. Hg. v. Helmut Sembdner. München: Carl Hanser Verlag 1966, S. 247.

S. 105: Friedrich Hölderlin: Hälfte des Lebens. In: Das große deutsche Gedichtbuch. Hg. v. Karl Otto Conrady . München: Artemis & Winkler 1993, S. 215.

S. 109: Jean Paul: Leben des vergnügten Schulmeisterlein Maria Wutz in Auenthal. In: Ders.: Werke in drei Bänden. Bd. 1. Hg. v. Norbert Miller. München: Hanser 1969, S. 346.

S. 111: Friedrich Hölderlin: Hyperions Schicksalslied. In: Das große deutsche Gedichtbuch. Hg. v. Karl Otto Conrady. München: Artemis 1991, S. 206.

S. 113: Heinrich von Kleist: Der zerbrochne Krug. In: Ders.: Werke in einem Band. Hg. v. Helmut Sembdner. München: Hanser 1966, S. 175.

S. 114: Heinrich von Kleist: Die Marquise von O. In: Ders.: Werke in einem Band. Hg. v. Helmut Sembdner. München: Hanser 1966, S. 687.

S. 115: Heinrich von Kleist: Michael Kohlhaas. In: Ders.: Werke in einem Band. Hg. v. Helmut Sembdner. München: Hanser 1966, S. 587.

Romantik

S. 123: Joseph von Eichendorff: Wünschelrute. In: Gedichte der Romantik. Hg. v. Wolfgang Frühwald. Stuttgart: Reclam 1984, S. 332.

S. 123: Ludwig Tieck: Melancholie. In: Gedichte der Romantik. Hg. v. Wolfgang Frühwald. Stuttgart: Reclam 1984, S. 147.

S. 129: Novalis: Heinrich von Ofterdingen. In: Ders.: Werke und Briefe. Hg. v. Alfred Keletat. München 1962, S. 145f.

S. 131: Karoline von Günderode: Der Kuss im Traume. In: Dies.: Gedichte, Prosa, Briefe. Hg. v. Heinz Schlaffer. Stuttgart: Reclam 1998, S. 50.

S. 133: E.T.A. Hoffmann: Das Fräulein von Scuderi: Stuttgart: Reclam 1991, S. 56.

S. 135: Joseph von Eichendorff: Aus dem Leben eines Taugenichts. Stuttgart: Reclam 1977, S. 3.

S. 137: Joseph von Eichendorff: Sehnsucht. In: Gedichte der Romantik. Hg. v. Wolfgang Frühwald. Stuttgart: Reclam 1984, S. 331.

Biedermeier

S. 147: Eduard Mörike: Denk es, oh Seele! In: Ders.: Werke in einem Band. Hg. v. Herbert G. Göpfert. München: Hanser 1981, S. 94.

S. 153: Annette von Droste-Hülshoff: Die Judenbuche. In: Dies.: Ausgewählte Werke. Hg. v. Clemens Heselhaus. München: Hanser 1959, S. 283f.

S. 155: Adalbert Stifter: Bergkristall. In: Ders.: Gesammelte Werke. Bd. 2: Novellen 2. Hg. v. Dietmar Grieser. München: Nymphenburger 1982, S. 244.

S. 156: Annette von Droste-Hülshoff: Am dritten Sonntage nach Ostern. In: Dies.: Ausgewählte Werke. Hg. v. Clemens Heselhaus. München: Hanser 1959, S. 533.

S. 157: Nikolaus Lenau: Vergänglichkeit. In: Ders.: Sämtliche Werke. Stuttgart/Leipzig: DVA 2000, S. 9.

S. 157: Eduard Mörike: Er ist's. In: Ders.: Werke in einem Band. Hg. v. Herbert G. Göpfert. München: Hanser 1981, S. 39.

Junges Deutschland und Vormärz

S. 165: Georg Büchner: Der hessische Landbote. In: Ders.: Werke und Briefe in einem Band. Hg. v. Karl Pörnbacher u.a. München: Hanser o.J., S. 247f.

S. 171: Georg Büchner: Woyzeck. In: Ders.: Werke und Briefe in einem Band. Hg. v. Karl Pörnbacher u.a. Lizenzausgabe. München: Hanser o.J., S. 202.

S. 173: Heinrich Heine: Die schlesischen Weber. In: Das große deutsche Gedichtbuch. Hg. v. Karl Otto Conrady. München: Artemis 1993, S. 318.

S. 174: Georg Herwegh: Wiegenlied. In: Das große deutsche Gedichtbuch. Hg. v. Karl Otto Conrady. München: Artemis & Winkler 1993, S. 334.

S. 175: August Heinrich Hoffmann von Fallersleben: Das Lied der Deutschen. In: Das große deutsche Gedichtbuch. Hg. v. Karl Otto Conrady. München: Artemis & Winkler 1993, S. 340.

Realismus

S. 181: Gottfried Keller: Der grüne Heinrich. In: Ders.: Werke in drei Bänden. Bd. 2. Hg. v. Helmuth Nürnberger. München: Winkler o.J., S. 234.

S. 183, 185: Gottfried Keller: Romeo und Julia auf dem Dorfe. In: Ders.: Werke in drei Bänden. Bd. 1. Lizenzausgabe. München: Winkler. o.J., S. 64, 137f.

S. 189: Theodor Storm: Der Schimmelreiter. In: Ders.: Werke in zwei Bänden. Bd. 2. Hg. v. Johannes Klein, Karl Pörnbacher. München: Winkler 1977, S. 777.

S. 189: Theodor Fontane: Effi Briest. In: Ders.: Werke in vier Bänden. Bd. 4. Hg. v. Helmuth Nürnberger. Lizenzausgabe. München: Hanser o.J., S. 663f.

S. 194: Wilhelm Busch: Max und Moritz. In: Ders.: Sämtliche Werke. Hg. v. Rolf Hochhut. Gütersloh: Bertelmann 1982.

Naturalismus

S. 199: Arno Holz: Unterm Heiligenschein. In: Ders.: Werke. Hg. v. Emrich und Anita Holz. Neuwied: Luchterhand Verlag 1961ff.

S. 199: Hermann Conradi: Herbst. In: Ders.: Gesammelte Schriften. Bd. 1. Hg. v. Paul Ssymank, Gustav Werner Peters. München/Leipzig: Georg Müller o.J., S. 91.

S. 203: Gerhart Hauptmann: Bahnwärter Thiel. Stuttgart: Reclam 1978, S. 15f.

S. 205: Arno Holz und Johannes Schlaf: Papa Hamlet. Ein Tod. Stuttgart: Reclam 1966, S. 59f.

S. 207: Gerhart Hauptmann: Die Weber. In: Ders.: Dramen. Berlin: Ullstein 1970, S. 12.

Impressionismus und Symbolismus

S. 213: Hermann Bahr: Die Überwindung des Naturalismus. In: Karl E. Keiner: Deutsche Literatur. Von den Anfängen bis zur Gegenwart. Mainz: Ernesti Literaturverlag 2005, S. 314f.

S. 219: Hugo von Hofmannsthal: Ein Brief. In: Die deutsche Literatur. Texte und Zeugnisse. Band VII: 1880–1933. Hg. v. Walther Killy. München: Beck 1988, S. 312ff.

S. 221: George, Stefan: Komm in den totgesagten Park. In: Ders.: Gedichte. Hg. v. Robert Boehringer. Eine Auswahl. Stuttgart: Reclam 1960, S. 15.

S. 223: Rainer Maria Rilke: Der Panther. In: Ders.: Sämtliche Werke. Hg. v. Rilke-Archiv in Verbindung mit Ruth Sieber-Rilke. Besorgt durch Ernst Zinn. Bd. 1. Wiesbaden: Insel 1955, S. 505.

S. 225: Arthur Schnitzler: Traumnovelle. Stuttgart: Reclam 2006, S. 96f.

S. 227: Peter Altenberg: Kaffeehaus. In: Wien und seine Kaffeehäuser. Hg. v. Petra Naumann. München: Heyne 1997, S. 121 (aus: Vita ipsa, Berlin 1918).

Expressionismus und Dadaismus

S. 231: Margarethe Susmann: Der Expressionismus. In: Paul Raabe (Hg.): Expressionismus: Der Kampf um eine literarische Bewegung. München: Deutscher Taschenbuch Verlag 1965.

S. 231: Hans Arp: Metamorphosen 1915–1965. Hg. v. Peter Dering. Sulgen: Niggli.

S. 237: Else Lasker-Schüler: Weltende. In: Dies.: Gesammelte Werke in drei Bänden. Bd. 1: Gedichte 1902–1943. Hg. v. Friedhelm Kemp. Frankfurt/M.: Suhrkamp 1997.

S. 239: Jakob van Hoddis: Weltende. In: Ders.: Weltende. Gedichte. Hg. v. Paul Raabe. Zürich: Arche 2001.

S. 241: Franz Kafka: Die Verwandlung. Texte und Kommentar. Frankfurt/M.: Suhrkamp BasisBibliothek 1999, S. 9. © Fischer Frankfurt/M., Hg. v. Paul Raabe.

S. 243: Gottfried Benn: Morgue I. Kleine Aster. In: Ders.: Sämtliche Gedichte. Stuttgart: Klett-Cotta 1998.

S. 245: Hugo Ball: Karawane. In: Ders.: Gesammelte Gedichte. Zürich: Arche, 1963, S. 28.

S. 247: Kurt Schwitters: An Anna Blume. Merzgedicht I. In: Ders.: Anna Blume und ich. Die gesammelten „Anna Blume"-Texte. Hg. v. Ernst Schwitters. Zürich: Arche, 1965, S. 46.

S. 248: Franz Kafka: Gibs auf! In: Sämtliche Erzählungen. Hg. v. Paul Raabe. Frankfurt/M.: Fischer 1970, S. 320f.

Neue Sachlichkeit und Weimarer Republik

S. 253: Erich Kästner: Sachliche Romanze. In: Das Buch der Gedichte. Hg. v. Karl Otto Conrady. Frankfurt/M.: Hirschgraben 1987, S. 376. © Atrium.

S. 259: Hermann Hesse: Der Steppenwolf. Frankfurt/M.: Suhrkamp 1955, S. 30f.

S. 261: Alfred Döblin: Berlin Alexanderplatz. München: dtv 1965, S. 144. © Walter, Olten, Hg. v. Walter Muschg.

S. 263: Thomas Mann: Mario und der Zauberer. In: Ders.: Die Erzählungen. Frankfurt/M.: Fischer 1986, S. 851f.

S. 265: Bertolt Brecht: Geschichten vom Herrn Keuner. In: Ders.: Gesammelte Werke 12. Prosa 2. Hg. v. Elisabeth Hauptmann. Frankfurt/M.: Suhrkamp 1967, S. 381, 383, 387.

S. 267: Erich Kästner: Fabian. Die Geschichte eines Moralisten. Frankfurt/M./Berlin/Wien: Ullstein 1980, S. 50f. © Atrium.

S. 269: Bertolt Brecht: Der gute Mann von Sezuan. In: Ders.: Gesammelte Werke 4. Stücke 4. Hg. v. Elisabeth Hauptmann. Frankfurt/M.: Suhrkamp 1967, S. 1607.

Nationalsozialismus und Exil

S. 277: Bertolt Brecht: An die Nachgeborenen. In: Gesammelte Werke 9. Gedichte 2. Hg. v. Elisabeth Hauptmann. Frankfurt/M.: Suhrkamp 1967, S. 722f.

S. 283: Anna Seghers: Das siebte Kreuz. Darmstadt und Neuwied: Luchterhand 1985, S. 10f. © Aufbau, Berlin.

S. 285: Stefan Zweig: Schachnovelle. Frankfurt/M.: Fischer 2010, S. 32ff.

S. 287: Bertolt Brecht: Furcht und Elend des Dritten Reiches. In: Gesammelte Werke 3. Stücke 3. Hg. v. Elisabeth Hauptmann. Frankfurt/M.: Suhrkamp 1967, S. 1078.

Nachkriegsliteratur

S. 293: Heinrich Böll: Bekenntnis zur Trümmerliteratur. In: Ders.: Essayistische Schriften und Reden 1952–1963. Hg. v. Bernd Balzer. Köln: Kiepenheuer & Witsch 1979, S. 31ff.

S. 293: Johannes R. Becher: Hymne der Deutschen Demokratischen Republik. Schmuckblatt mit dem Text der DDR-Hymne. DDR, 1960er-Jahre. Deutsches Historisches Museum, Berlin.

S. 297: Wolfgang Borchert: Draußen vor der Tür und ausgewählte Erzählungen. Reinbek: Rowohlt 1995, S. 25f.

S. 299: Günter Eich: Inventur. In: Das Buch der Gedichte. Hg. v. Karl Otto Conrady. Frankfurt/M.: Hirschgraben 1987, S. 456. © Suhrkamp.

S. 301: Hans Fallada: Jeder stirbt für sich allein. Berlin: Aufbau 2011, S. 181f.

S. 303: Wolfgang Borchert: Lesebuchgeschichten. In: Ders.: Draußen vor der Tür und ausgewählte Erzählungen. Hamburg: Rowohlt 1995, S. 82.

S. 306: Paul Celan: Todesfuge. In: Ders.: Ausgewählte Gedichte. Frankfurt/M.: Suhrkamp 1996, S. 18f.

Literatur im Westen

S. 311: Peter Weiss: Die Ermittlung. Frankfurt/M.: Suhrkamp 1965, S. 85f.

S. 311: Helmut Heissenbüttel: negative Dialektik 1. In: Das große deutsche Gedichtbuch. Hg. v. Karl Otto Conrady. München: Artemis & Winkler 1991, S. 700. © Patmos.

S. 317: Günter Grass: Die Blechtrommel. Frankfurt/M./Hamburg: Fischer 1962, S. 97f. © Steidl.

S. 319: Max Frisch: Andorra. In: Ders.: Gesammelte Werke in zeitlicher Folge. Bd. 4. Hg. v. Hans Mayer, Walter Schmitz. Frankfurt/M.: Suhrkamp 1976.

S. 321: Friedrich Dürrenmatt: Die Physiker. Zürich: Arche 1962, S. 63. © Diogenes.

S. 323: Heinrich Böll: Die verlorene Ehre der Katharina Blum. München: dtv 1979, S. 37f. © Kiepenheuer & Witsch.

S. 325: Patrick Süskind: Das Parfum. Zürich: Diogenes 1985, S. 6f.

Literatur in der Deutschen Demokratischen Republik

S. 335: Christa Wolf: Der geteilte Himmel. Frankfurt/M.: Suhrkamp 2008, S. 238.

S. 335: Bertolt Brecht: Der Radwechsel. In: Gesammelte Werke 10. Lyrik 3. Hg. v. Elisabeth Hauptmann. Frankfurt/M: Suhrkamp 1967, S. 1009.

S. 339: Jurek Becker: Jakob der Lügner. Frankfurt/M.: Suhrkamp 1982, S. 86.

S. 341: Ulrich Plenzdorf: Die neuen Leiden des jungen W. Frankfurt/M.: Suhrkamp 1976, S. 80ff.

S. 343: Christa Wolf: Kassandra. Darmstadt/Neuwied: Luchterhand 1984, S. 83f. © Suhrkamp.

S. 347: Wolf Biermann: Ermutigung. In: Das große deutsche Gedichtbuch. Hg. v. Karl Otto Conrady. München: Artemis & Winkler 1991, S. 786. © Hoffmann und Campe.

Literatur der Gegenwart

S. 353: Volker Braun: Das Eigentum. In: Ders.: Texte in zeitlicher Folge. Bd. X. Halle/Leipzig: Mitteldeutscher Verlag 1993, S. 52.

S. 357: Bernhard Schlink: Der Vorleser. Zürich: Diogenes 1997, S. 201.

S. 359: Monika Maron: Animal triste. Frankfurt/M.: Fischer 1996, S. 32f.

S. 361: Robert Gernhardt: Inventur 96 oder Ich zeig Eich mein Reich. In: Ders.: Lichte Gedichte. Zürich: Haffmans 1997, S. 102f.

S. 363: Thomas Brussig: Am kürzeren Ende der Sonnenallee. Frankfurt/M.: Fischer Taschenbuch Verlag 2008, S. 75f.

S. 365: Daniel Kehlmann: Ruhm. Ein Roman in neun Geschichten. Reinbek: Rowohlt 2009, S. 64.

Personenregister / Anonyme Werke

Sachregister

Bildquellen

360°-Berlin/Claudia Esch-Kenkel: S.191

action press: S. 221, 369 (H. Koch)

Bridgeman: S. 34

akg-images: S. 8 (2), 13 (2), 16, 18, 20, 22, 24 (1),
26, 30 (Joseph Martin), 33, 35 (2), 37, 45, 46
(1, 2), 50, 51 (1, 2), 56 (Heiner Heine), 58 (1,
2), 59, 60, 62, 63, 65, 66 (1, 2), 70, 78 (1, 2),
84 (2 Bildarchiv Monheim), 88 (Bildarchiv
Monheim), 90, 92, 94 (Bildarchiv Steffens),
96, 98 (1, 2), 107, 110, 112, 116, 121, 122 (Joseph
Martin), 126, 128, 130, 132 (De Agostini Pict.
Lib.), 134, 138, 139, 140 (1, 2), 142, 146, 150,
151, 152, 154, 157 (1, 2), 158, 159 (1 u.2 Imagno),
164 (North Wind Picture), 167, 170, 172, 175 (1,
2), 176, 179, 180 (Erich Lessing), 186, 188, 190,
193, 194 (Sammlung Rauch), 198, 200, 202, 212
(2), 217, 218, 220, 227 (Erich Lessing), 230 (3),
235, 240 (Archiv Klaus Wagenbach), 241 (Archiv
Klaus Wagenbach), 242, 244, 252, 256, 257, 264,
271 (1, 2), 276, 281 (1, 2), 292, 296, 300, 305,
307, 314 (2, L. Bielik), 315, 320, 322, 326 (Doris
Poklekowski), 330 (1), 334 (1, 2), 352

Artothek: S. 119 (Hans Hinz), 212 (1), 216

BilderBox: S. 249, 251

bpk-images: S. 14, 72, 84 (Das Gleimhaus,
Halberstadt/Ulrich Schrader), 100 (Alfredo
Dagli Orti), 104 (Staatliche Kunstsammlung
Dresden, Herbert Boswank), 108, 136, 141,
169, 177 (Willi Saeger), 192 (1), 204 (1), 211,
222, 224, 230 (2 Hamburger Kunsthalle/ Elke
Walford), 234, 260, 273 (1 SBB/ Dietmar Katz),
286, 291 (Voller Ernst)

Cinetext: S. 76 (Delphi), S. 161 (Constantin Film),
327 (Henschel Theater-Archiv), 370, 371

David Seymour/magnum: S. 288

Davids/Darmer: S. 329

Dt. Literaturarchiv: S. 239

F1online: S.24 (2)

Fotolia: S. 80 (M. Fürhacker), 89 (snaptitude)

Goethe-Museum, Düsseldorf: S. 79

Imago: S. 328 (Schöning), 367 (H. Rudel)

Interfoto: S. 8 (1), 25 (Photoaisa), 35 (1), 38, 127,
163 (Bildarchiv Hansmann), 174 (Sammlung
Rauch), 184, 230 (1), 236, 238, 245 (Bildarchiv
Hansmann), 254, 258, 271 (3), 280, 284, 318,
340, 344

Mauritius images: S. 117

Kleist-Archiv Sembdner, Heilbronn: S. 115 (1, 2)

picture-alliance/dpa: S. 74, 83 (maxppp), 192 (2),
237 (Pop-Eye), 282

Piper Verlag, München: S. 303

Süddeutsche Zeitung Photo: S. 195 (Rue des
Archives/PVDE), 324 (Alfred Haase)

Tate, London: S. 223

Ullstein Bild: S. 13 (1), 36, 40, 52 (Granger Collection),
54 (Röhrbein), 61, 99, 204 (2), 206, 208, 209,
229, 243 (Süddeutsche), 246, 262 (A. Pisarek),
266 (Imagno), 269, 271 (4), 273 (2), 289, 298,
310 (dpa), 314 (1), 316, 338, 342, 345, 346, 347
(Mehner), 349, 356, 358, 360, 362, 364

Verlagsgruppe Oetinger: S. 330 (2)

Westend 61/vario images: S. 81